Martin Obler

Ich hätte ihr so gern geholfen

Aus dem Amerikanischen von
Barbara Orth

BASTEI-LÜBBE-TASCHENBUCH
Band 61 308

1. Auflage August   1994
2. Auflage September 1994

Deutsche Erstveröffentlichung
© 1993 by Dr. Martin Obler
Die amerikanische Originalausgabe erschien unter
dem Titel MOIRA bei New Horizon Press, New Jersey
© der deutschen Ausgabe 1994 by Gustav Lübbe Verlag GmbH,
Bergisch Gladbach
Printed in Great Britain,
Einbandgestaltung: Manfred Peters
Titelfoto: BAVARIA
Satz: hanseatenSatz-bremen, Bremen
Druck und Bindung: Cox & Wyman Ltd.
ISBN 3-404-61308-2

Der Preis dieses Bandes versteht sich einschließlich
der gesetzlichen Mehrwertsteuer.

Von allen Plagen der Menschheit
ist jene die ärgste, die die Seele quält.

DANKSAGUNG

Drei Jahre lang habe ich an diesem Buch geschrieben und ich habe nicht allein daran gearbeitet. Offiziell bin ich zwar der einzige Autor, aber zwei Menschen haben mich unterstützt und sehr viel zu Gestalt und Inhalt dieses Werks beigetragen. Die ersten fünf Kapitel zusammen mit meiner Tochter Dita Obler, die mir dabei half, Gesamtkonzept und Ziel dieses Buchs festzulegen. Als erfolgreiche Soziologin verfügt Dita über ein tiefes Verständnis für Menschen. Besonders wertvoll erwiesen sich ihr großes redaktionelles Talent und ihr scharfes Urteil, die mich zu klarem Ausdruck zwangen. Auf diese Weise entstand ein wesentlich ehrlicherer und ernsthafterer Bericht, als er mir allein je gelungen wäre. Ich bin ebenso stolz auf ihre schriftstellerischen wie auf ihre gedanklichen Beiträge. Darüber hinaus wird sie mir zu dem Zeitpunkt, an dem dieses Buch veröffentlicht wird, mein erstes Enkelkind geschenkt haben! Der zweite Teil dieses Buchs, vom sechsten Kapitel bis zum Ende, entstand in Zusammenarbeit mit Peter English. Ich kenne Peter English seit über zwanzig Jahren und habe mich für ihn entschieden wegen seiner außergewöhnlichen Begabung als professioneller Schriftsteller und wegen seines ausgezeichneten Gespürs für Psychologie. Sein Beitrag zu diesem Buch war enorm. Peter schrieb nicht nur große Abschnitte um und machte sie dadurch lesbarer, er bereicherte meine Arbeit auch durch viele eigene Anregungen. Ursprünglich arbeiteten wir beide zusammen an *Two Way Mirror*, er steuerte damals einen Essay über Gruppentherapie bei. Im Augenblick schwebt uns ein neues gemeinsames Projekt vor, bei dem es um zwei unterschiedliche Perspektiven einer Psychoanalyse gehen wird.

Ich schätze Peters großes Wahrheitsbedürfnis, das sich auf ihn selbst wie auch auf die Welt richtet. Ich bewundere seine Fähigkeit, intensive Kontakte zu ganz unterschiedlichen Menschen zu pflegen.

Viele liebe Freunde und Kollegen haben viel Zeit und Mühe in dieses Manuskript investiert. Es sind zu viele, um sie hier alle zu nennen, aber ich danke ihnen für ihre unermüdliche Hilfe. Ihre Vorschläge zu Inhalt und Form waren unbezahlbar.

Zuletzt schulde ich meiner Frau Robyn und unseren vier Kindern Dita, Gil, Alicia und Ricky unermeßlichen Dank für ihre Geduld und ihre liebevolle Unterstützung.

HINWEIS DES AUTORS

Dieses Buch beruht auf meinen tatsächlichen Erfahrungen. Um andere und mich zu schützen, habe ich mir die Freiheit genommen, die Namen einiger Personen zu ändern und habe je nach Bedarf Szenen hinzugefügt oder weggelassen. In manchen Fällen sind die Figuren dieses Buchs aus mehreren realen Personen zusammengesetzt, und manchmal wurde die Chronologie der Ereignisse verändert.

EINFÜHRUNG

Nach all den Jahren höre ich immer noch die Schreie. Sind es die Schreie eines vergeudeten Lebens? Sind es die Schreie des Geistes einer verlorenen Frau? Oder sind es Schreie aus meiner eigenen Kindheit, als mein Vater und meine Mutter um Macht, Sex und Gewalt stritten, obwohl ihr eigentliches Problem ihre Armut war.

Sind Moiras Schreie, die ich höre, in Wirklichkeit die meiner Schwester? Ich wußte zwar immer, daß meine Schwester als geistig behindert galt, verstand aber nie, was ihr eigentlich fehlte. Diese Verwirrung ist leicht zu entschuldigen. Ich war erst vier Jahre alt, als meine Schwester zusammenbrach, und sechs, als ich sie zum letztenmal in dieser Anstalt sah. Aber in Moiras Fall lassen mir meine Verwirrung und meine Schuldgefühle bis heute eine Ruhe.

Sie war meine erste Patientin. Ich war ihr Therapeut, und es war meine Aufgabe, das Wesen ihrer psychischen Krankheit aufzudecken. Moira und ich sollten wie ein Team zusammenarbeiten, ihre Identität zerlegen und wieder neu zusammensetzen. Damals konnte ich noch nicht wissen, daß die Beziehung zwischen uns sehr lang und intensiv werden würde.

PROLOG

Der Überfall

Als Moira die Bank betrat, fiel ihr der dunkelhaarige, angespannt wirkende junge Mann sofort auf, der sich nervös umsah. Beinahe instinktiv griff sie nach dem kühlen Silberknauf ihrer Dienstpistole. Sie verspürte ein aufgeregtes Kribbeln, als ob etwas geschehen würde.

Während der Mann am Schalterfenster stand, ging die Alarmanlage los. Der Mann, der jetzt eine braune Tasche unter den Arm gepreßt und eine Waffe gezückt hatte, rannte ein paar Leute um, während er auf den Ausgang, eine Pendeltür, zu stürzte. Innerhalb weniger Sekunden hatte Moira ihre Pistole gezogen und die Verfolgungsjagd aufgenommen. Sie erreichte die Tür genau in dem Augenblick, als der Räuber auf die Straße treten wollte. Die Tür schlug zurück und schlug ihm die Waffe aus der Hand. Er drehte sich um, ihre Blicke trafen sich. Moiras Bauch- und Beckenmuskeln spannten sich an. Die Tür bewegte sich wieder, die Waffe rutschte auf den Gehsteig. Der Mann begann die Straße hinabzulaufen. Moira stürmte aus der Tür, hob die Pistole und zielte. In dem Moment, als sie schießen wollte, wurde ihr Blick unwiderstehlich von dem Gewehr des Mannes angezogen, das auf dem Gehsteig lag. Sie konnte die Augen einfach nicht davon lösen. Wie hypnotisiert bückte sie sich, um das Gewehr aufzuheben. Ein stechender Schmerz schoß durch ihren Rücken. Die Intensität überraschte sie und verschlug ihr den Atem. Niemals zuvor hatte sie dieses Gefühl erlebt. Ihr schwindelte, sie schwankte vor und zurück und glaubte, in Ohnmacht zu fallen. Dann wurde sie sich ganz plötzlich wieder der Situation bewußt. Sie begann den Räuber zu verfolgen, blieb aber bald stehen. Es war zwecklos weiterzulaufen. Es war zu spät. Der Mann war verschwunden.

Zitternd stand Moira auf dem Gehweg, während Polizeiwagen mit flackernden Lichtern und heulenden Sirenen heranbrausten.

1

Die erste Sitzung

Der kühle Wind wehte mir ins Gesicht, als ich mich der Lewin-Klinik in Flatbush näherte. Ich empfand die frische Luft als angenehm.

Ich war in Brownsville aufgewachsen und wußte daher nur zu gut, daß die Luft in Brooklyn in langen heißen Sommern besonders unerträglich sein konnte. Die Bewohner von Brooklyn schleppten sich in der Hitze dahin, und die Luft schien es ihnen gleichzutun. Es war fast so, als würde sie den Atem anhalten, während sich ein schwerer Geruch verbreitete.

In diesem übelriechenden Brooklyner Sommer wurde der Schmelztiegel wörtliche und sinnliche Wirklichkeit, während eine Million Einwandererfamilien ihre Abendessen zubereiteten. Die Düfte ergossen sich in diese schwüle Atmosphäre, wo sie sich vermischten und von der heißen Sonne gebacken wurden. Das Erlebnis war einfach unvergleichlich. Der versprochene Sommerwind ließ auf sich warten. Erst die kühleren Herbstwinde, die aus Kanada herunterkamen, würden endlich Erleichterung bringen. Ich kannte diese Gegend wie keine andere. Hier lebten die Italiener, Iren und Juden, mit denen ich aufgewachsen war, mit denen ich gestritten und die ich geliebt hatte. Obwohl ich in die intellektuelle Welt der Universität und nach Manhattan entflohen war, verspürte ich hierher noch Bindungen. Und deshalb bin ich auch später nach Brooklyn zurückgekehrt, um meine eigene psychotherapeutische Praxis zu gründen.

Es war der 10. Oktober 1963, mein erster Tag als praktizierender Psychologe. Und obwohl mir diese Gegend und die Leute, die meine Patienten werden würden, so vertraut waren, fühlte ich mich nervös und angespannt.

Ich war inzwischen verheiratet und hatte begonnen, eine eigene Familie zu gründen. Als Student der klinischen Psychologie hatte ich gerade meine Prüfungen beendet und begann nun mit meiner praktischen Ausbildung: Psychotherapie unter fachkundiger Supervision. Finanziell und als Psychologe kämpfte ich ums Überleben.

Nun hatten die langen Vorbereitungsjahre einen Höhepunkt erreicht. Das Arbeitsleben sollte für mich nun endlich beginnen. Meine Aufregung war spürbar. Alle möglichen Fragen schwirrten mir durch den Kopf. Konnte ich es schaffen? War ich bereit? Würde ich Erfolg haben? Mein Magen krampfte sich zusammen. Erst überfiel mich ein Gefühl der Erregung, dann ein Gefühl von Übelkeit, als ich den Klinikeingang und damit meine Zukunft nur noch wenige Meter vor mir liegen sah.

Ich ging weiter. Nun hatte ich die Eingangstür erreicht. Ich blieb kurz stehen, nahm meinen ganzen Mut zusammen und atmete tief durch. Dann zog ich die Tür auf und trat ein.

Ich sah mich um, als ich das schäbige Wartezimmer betrat. Im nächsten Moment fiel mein Blick auf eine attraktive Frau in blauer Uniform, die steif in der äußersten Ecke des Raums saß. Sie war Ende dreißig oder Anfang vierzig und hatte lange dunkelblonde Locken, die sie immer wieder unter ihren marineblauen Hut zurückzuschieben versuchte. Ich fragte mich, ob sie meine erste Patientin sein würde. Die Frau schien sehr angespannt zu sein und rutschte auf ihrem Stuhl hin und her, als könnte sie einfach nicht ruhig sitzenbleiben.

Sogar von weitem sah es so aus, als leide sie unter starken Schmerzen. Ich starrte sie an, und ein seltsames Gefühl überfiel mich. Als sie mich sah, wirkte sie plötzlich traurig, und sie beugte sich vor, als flehe sie um Hilfe. Versteinert schaute ich zur Seite. Als ich nach unten blickte, sah ich, daß meine Hände zitterten. Sahen alle Leute, die nach Hilfe suchten, so niedergeschlagen aus? Wieder erfaßte mich Panik. Ich zwang mich dazu, tief durchzuatmen und sagte mir im stillen immer wieder vor: *Vergiß das, du bist der Therapeut. Denk daran, daß sie dich brauchen. Sie müssen das Gefühl haben, sich auf dich verlassen zu können.* Das schien mich zu beruhigen. Langsam ging ich auf den Schreibtisch der Empfangsdame zu.

»Gail, kann ich bitte die Karte des ersten Patienten haben?«

Gail, eine nette füllige Frau mit kaffeebrauner Haut, war wie eine Mutter für uns Psychologen in der praktischen Ausbildung. Sie lächelte aufmunternd.

»Natürlich, Doktor Obler. Ihre Patientin sitzt bereits dort.« Sie zeigte in die Richtung der jungen Frau.

»Ich bin sofort fertig«, antwortete ich mit lauter, unsicherer Stimme.

Ich zog mich in den kleinen Raum zurück, der mir als Büro diente, setzte mich und studierte die Akte, die Gail mir gegeben hatte. Die Akte war von meinem Supervisor, dem berühmten Dr. S. Mardoff, vorbereitet worden, den ich noch kennenlernen sollte. Alle graduierten Studenten hatten mir berichtet, wie anstrengend es sei, für ihn zu arbeiten, stimmten jedoch auch darin überein, daß sein Ruf als Psychologe mir viele bisher verschlossene Türen öffnen würde. Er hatte alle psychiatrischen Erstgespräche persönlich geführt und war verantwortlich für die Diagnose jedes einzelnen Patienten.

Mein erster eigener Fall war Moira McCarthy. Dr. Mardoff beschrieb sie als »eine hysterische Persönlichkeit mit schizoiden Zügen, leidet an psychosomatischen Reaktionen im unteren Rückenbereich«. Aus seinen Notizen entnahm ich, daß sie in Bensonhurst lebte, einer Mittelklasse-Wohngegend in Brocklyn. Sie stammte aus einer großen Familie, von denen die meisten für das Police Department arbeiteten. Sie selbst war zur Polizei gegangen, nachdem zwei ihrer Kinder geboren waren. Für eine Frau aus ihren Verhältnissen war das zu jener Zeit recht ungewöhnlich. Sie hatte als Polizistin im Patrouillendienst gearbeitet, bevor sie, offenbar infolge einer tätlichen Auseinandersetzung mit einem Kriminellen, verletzt worden war. Nach drei Monaten intensiver medizinischer Betreuung und einiger Persönlichkeitstests hatte das Department darauf bestanden, sie zur Behandlung in eine Klinik zu schicken.

Gail meldete sich über die Sprechanlage. »Ihre Patientin wartet, Dr. Obler«, sagte sie nachsichtig.

Ich versuchte aufzustehen, konnte mich aber nicht bewegen. Es war, als wäre ich an meinen Stuhl gefesselt.

Da ich keine Antwort gab, kam Gail zu mir ins Zimmer.

»Kommen Sie«, meinte sie, als sie meinen ängstlichen Gesichtsausdruck bemerkte, »ich werde Ihnen helfen.« Sie faßte mich am Arm und zog mich aus dem Sessel. Zusammen betraten wir das Wartezimmer.

Ich versuchte, so gefaßt wie möglich zu wirken, als ich auf Moira zuging. Sicher hatte sie sich schon gewundert, wo ich blieb, denn sie sah mich seltsam an.

Umständlich begrüßte ich sie. »Hallo, mein Name ist Marty Obler. Ich werde Ihr Therapeut sein.« Bei den letzten Worten krächzte ich, als sei ich im Stimmbruch. Gail brach in lautes Gelächter aus. Moira blieb stumm, aber auf ihrer Stirn bildeten sich Schweißtropfen.

Schweigend gingen Moira und ich über den Flur zum Behandlungszimmer. Dabei fiel mir wieder einmal auf, wie düster unsere Räumlichkeiten waren. Die Zimmer und der Flur waren eng und kahl und in einem typischen Krankenhausgelb gestrichen. Es gab keine Fenster und keine Bilder an den Wänden. Ich sah zu Moira hinüber, um festzustellen, ob sie das ebenfalls registrierte. Aber sie schien voll und ganz mit dem Gang über den Flur beschäftigt zu sein. Sie lief vornübergebeugt und schwankte leicht. Sie erinnerte mich an die alten Leute aus meiner Nachbarschaft, die sich langsam über die Straße schleppten.

Nichts an Moiras Erscheinung verriet, daß sie eine Polizistin war. Nach ihrer Körpersprache zu urteilen, schien sie eine schüchterne, gehemmte Frau zu sein, eine Frau voller Ängste, die mit dem Leben nicht zurechtkam. Viele der jungen Frauen, mit denen ich in Brownsville aufgewachsen war, waren auf diese Weise vorzeitig gealtert. Dem Leben hilflos ausgeliefert, schienen sie ihre Schicksalsschläge einfach hinzunehmen und jeden Schlag wie einen Angriff auf ihren Körper zu erleben.

Als wir endlich im Behandlungszimmer mit der laut tickenden Wanduhr, der grellen Beleuchtung und den schäbigen Plastikstühlen standen, war ich dermaßen angespannt, daß ich erstmals nach langer Zeit wieder das dringende Bedürfnis verspürte, irgend etwas zu berühren, damit das Zittern endlich aufhörte. Ich hatte geglaubt, dieses zwanghafte Verhalten seit meiner Kindheit unter Kontrolle zu haben. Anscheinend stimmte das nicht. Ich bekam eine erste Ahnung davon, daß es kaum einen Unterschied zwischen Therapeut und Patient gibt. Lediglich die Werkzeuge, die uns zur Verfügung stehen, unterscheiden uns voneinander. Meine Ausbildung war ein solches Werkzeug.

Als ich zu Moira hinübersah, stellte ich fest, daß sie ebenfalls zitterte. Ich hätte sie am liebsten in die Arme genommen. Ich verspürte plötzlich ein Mitgefühl für sie, das auf meiner Identifikation mit ihr beruhte. In diesem Augenblick wußte ich, daß unsere Freundschaft begonnen hatte.

Moira suchte sich einen Stuhl aus, der in der entgegengesetzten Zimmerecke stand, weit entfernt von dem wackligen Schreibtisch und dem Stuhl, der offenbar für mich bestimmt war. Sie versuchte, so viel Distanz wie möglich zwischen uns zu bringen. Ich dachte kurz daran, den Patientenstuhl auf der anderen Seite des Schreibtischs herumzudrehen, um mehr in ihrer Nähe zu sitzen. Aber ich war mir nicht sicher, ob das eine gute Idee war. Mußte der Arzt nicht hinter dem Schreibtisch sitzen? Ich setzte mich schließlich hinter den Schreibtisch, nicht weil ich ihren Versuch respektierte, sich durch diese Distanz zu schützen, sondern um mich hinter den Konventionen zu verstecken und mich selbst zu schützen.

Moiras Rücken schien jetzt zu schmerzen, und sie hatte Schwierigkeiten, auf dem harten Plastikstuhl bequem zu sitzen. Sie versuchte, sich möglichst wenig auf sich selbst zu konzentrieren, konnte aber nicht ruhig sitzen. Sie zappelte unaufhörlich herum und spielte mit ihrem Haar, das ständig über ihre außergewöhnlich grünen Augen fiel. Jedesmal schob sie es mit geröteten, abgearbeiteten Händen zurück. Im Gegensatz dazu war ihr Gesicht blaß und zart. Ihr aufgeschossener Körper, ihr langer Hals, die zierlichen Augen und ihr Mund wurden dominiert von einer hakenförmigen Nase. Dem klinischen Bericht zufolge war sie zweiundvierzig Jahre alt.

Ich beobachtete ihr Gesicht ganz genau, während wir ein wenig plauderten. Wenn das Leben sie mehr geschont hätte, wäre sie sicher eine wunderschöne Frau. Die Anspannung und der Schmerz, der sich in ihrem angestrengten Gesichtsausdruck spiegelte, und ihr verdrehter Körper bewiesen deutlich, daß es nicht so war. Und dennoch, auch wenn sich bereits erste Fältchen um die Augen abzeichneten, so war sie doch bemerkenswert hübsch.

Nach einer Weile schwiegen wir beide. Ich sah sie an und fragte mich, worüber wir als nächstes sprechen sollten. Sie starrte in die Luft.

Ich versuchte, ihr Schweigen zu interpretieren, konnte aber die Spannung zwischen uns nicht ertragen. Aus Verzweiflung brach ich das Schweigen und wiederholte ein sinnloses »Ich bin Martin Obler, und mir wurde Ihr Fall übertragen. Ich werde Ihr Psychotherapeut sein. Wie kann ich Ihnen helfen?« Ich lächelte nervös, stand auf, ging zu ihr und hielt ihr erneut die Hand hin. Mit erzwungenem Lächeln griff Moira danach.

»Was passiert mit mir?« fragte sie und hielt noch immer meine Hand. »Ich gehöre nicht in eine Klapsmühle wie diese. Ich bin Polizistin. Wissen Sie, was es für eine Polizistin bedeuten kann, hier zu sein?«

Ich fühlte mich unbehaglich und zog meine Hand zurück. Wie sollte ich ihr nur helfen? Ich war derjenige, der die Situation im Griff haben und Trost zusprechen sollte. Ich unterdrückte den Impuls, einzugreifen und sie herauszureißen. Statt dessen ließ ich sie weiterreden.

»Ich bin ein guter Mensch«, sagte sie.

»Psychische Probleme haben nichts mit Moral zu tun«, warf ich ein. »Gut und schlecht sind Maßstäbe, die in der Kirche gelten, aber nicht in einer Psychotherapie.«

Moira zuckte zusammen, als ich die Kirche erwähnte. Sie fuhr fort: »Das Police Department ist mein ganzes Leben. Und jetzt zwingt man mich hierherzukommen. Wo ich herstamme, denken die Leute, es sei dasselbe wie ein Irrenhaus.«

Ich nickte verständnisvoll. »Das ist nur ein altes Vorurteil.«

»Sie sagen das so leicht. Was habe ich denn getan, um so

etwas zu verdienen? Ich bin ehrlich, und ich lüge und betrüge nicht. Ich habe schreckliche Angst, meinen Job zu verlieren. Sie vertrauen mir nicht mehr. Es ist nicht so, daß ich simuliere, ich habe wirklich Schmerzen. Ich hatte einen Unfall und habe mir den Rücken verletzt. Aber ich will nicht mit Ihnen darüber reden.«

Erneut saßen wir uns schweigend gegenüber. Die Spannung zwischen uns hatte sich verändert. Während sie bei Moira zugenommen hatte, war ich langsam ruhiger geworden. Dieser psychotherapeutische Dialog war vertrautes Gebiet für mich. Ich hatte diese Art Austausch in meiner eigenen Therapie erlebt. Solange sich das Gespräch um sie drehte, fühlte ich mich sicherer. Ich mußte nur die Rollen vertauschen und das Spiel so spielen, wie es mein Therapeut getan hatte.

Eine weitere lange Pause folgte. Dann geschah etwas Ungewöhnliches. Als Moira diesmal auf ihrem Stuhl herumrutschte, schien ihr Körper eine neue Haltung einzunehmen. Die Rückenschmerzen hatten offenbar nachgelassen. Mit raschen Bewegungen öffnete sie die obersten Knöpfe ihrer Bluse und zog ihren Rock ein winziges Stück hoch. Dann lehnte sie sich behaglich zurück und schlug die Beine übereinander. Die Verwandlung war kaum zu bemerken, und zunächst nahm ich sie gar nicht bewußt wahr. Ich war ganz in meine eigenen Gedanken versunken und zuckte zusammen, als sie plötzlich mit veränderter tiefer und rauher Stimme sprach. Sie hatte auf einmal einen merkwürdigen Akzent, vielleicht einen europäischen oder britischen.

»Sie sehen aus wie ein Kind, Doktor«, sagte sie und sah mich aus ihren smaragdgrünen Augen an. »Aber ich weiß, daß wir miteinander klarkommen werden. Lassen Sie mich nur machen.« Sie fuhr fort, mit einer Bestimmtheit und einer Energie, die sie zuvor nicht gehabt hatte. »Als ich Sie dort draußen im Wartezimmer sah, war mir sofort klar, wie nervös Sie waren. Ich konnte die Angst in Ihren Augen erkennen. Wissen Sie, da draußen, wo ich herkomme, sind wir stark genug, alles anzugehen. Lehnen Sie sich nur zurück, mein lieber Doktor, ich werde mich um alles kümmern.«

Ich war wie erstarrt. Schon wieder war die Situation völlig umgekippt. Ich fühlte mich nicht länger überwältigt von ihrer früheren Verletzlichkeit. Mit dieser Art von Veränderung hatte ich keinerlei Erfahrung. Versuchte Sie mich zu manipulieren? Wie sollte ich mich jetzt verhalten? Sollte ich diese plötzliche Verwandlung akzeptieren? Sollte ich bohrende Fragen stellen? Ich wußte es nicht.

War das dieselbe passive, beklagenswerte Frau, die mich vom Wartezimmer hierherbegleitet hatte? Ihr Benehmen war plötzlich bestimmend, aggressiv. Ich war völlig verwirrt. Die Situation glitt mir aus den Händen. Ich bemühte mich, meine Autorität wiederherzustellen, indem ich ein neues Thema anschnitt.

»Moira«, begann ich und versuchte, meiner Stimme einen möglichst festen Klang zu geben, »erzählen Sie mir von Ihren Rückenschmerzen. Wann haben sie begonnen? Was ist passiert?«

Ihr Gesicht rötete sich, und sie wischte meine Fragen mit einer Handbewegung fort. Aber sie reagierte weder ängstlich, noch fiel sie in ihr ursprüngliches zaghaftes Verhalten zurück. Statt dessen explodierte sie. »Schauen Sie in den Bericht, Yoyo! Hören Sie mit dem Mist auf! Sie wissen alles über meine Rückenschmerzen, warum sie schuld daran sind, daß ich hier bin, meine Supervisoren und diese ganzen Testergebnisse. Es wird ziemlich mühsam, das alles für Sie zu tun. Wenn ich wüßte, wieso ich an diesen Rückenschmerzen leide, wäre ich nicht zu Ihnen gekommen. Ich würde nach Chester zurückgehen, weg von meinen Schuldgefühlen. Glauben Sie bloß nicht, dieser Polizeijob sei schrecklich aufregend. Können wir nun weitermachen?«

Ich starrte sie an, dieser Ausbruch haute mich um. Vor mir saß auf keinen Fall dieselbe Frau, die ich vorhin kennengelernt hatte. Ihre scheinbar unzusammenhängenden Aussagen verwirrten mich, aber ich versuchte, ihnen zu folgen. »Um Gottes willen, kehren Sie nach Chester zurück«, unterbrach ich hastig. »Es tut mir leid, daß ich Ihnen diese dummen Fragen gestellt habe. Ich bin neu, und ich dachte, es würde helfen, Sie ein bißchen kennenzulernen. Wo ist übrigens Chester?«

Moira ignorierte meine Frage völlig und antwortete aggressiv: »Sie müssen sich nur fragen, ob Sie mich kennenlernen wollen. Jetzt lassen Sie uns versuchen, die Teile zusammenzusetzen, wenn wir können.«

»Natürlich«, antwortete ich schwach.

Sobald ich das ausgesprochen hatte, veränderte sich ihr Gesicht erneut. Die Zornesröte verschwand, und ihr blasses Gesicht war wieder das jener ängstlichen Frau, die ich im Wartezimmer getroffen hatte. Ihr Körper wurde wieder starr. Sie wirkte unruhig, als sei ihr unbehaglich, und rutschte an die Kante des Plastikstuhls. Sie beantwortete meine Bemerkung nicht.

Ich wußte nicht, was ich als nächstes tun sollte, also saß ich nur da. Nach einer Weile schaute ich auf die tickende Uhr an der Wand und stellte erleichtert fest, daß unsere Sitzung zu Ende ging.

»Ich habe gar nicht gemerkt, daß die Zeit so schnell vergangen ist«, sagte ich. »Wir hatten keine Gelegenheit, darüber zu sprechen, aber ich nehme an, Sie wissen, daß unsere Sitzungen auf fünfundvierzig Minuten bemessen sind. Mein nächster Patient wartet schon. Vielleicht können wir beim nächsten Mal ein Konzept für unsere gemeinsame Arbeit entwickeln. Dann können wir damit anfangen, die Teile Ihres Lebens zusammenzusetzen.« Ich lächelte schwach, während ich diese wohlformulierten Worte aussprach.

Sie nickte müde. »Okay, Dr. Obler. Ich schätze Ihre Hilfe sehr, aber ich weiß, daß Sie nur Ihre Zeit verschwenden, wenn Sie sich meine Probleme anhören.« Ihre Stimme war nun leise und zögernd, der fremde, aufgesetzte Akzent verschwunden. Wir schüttelten die Hände, dann begleitete ich sie zum Wartezimmer. Ich hatte das Gefühl, als Therapeut versagt zu haben, und fragte mich, ob Moira je wiederkommen würde. Ich war erleichtert, als Gail mich meinem nächsten Patienten vorstellte. Den restlichen Tag machte ich keinen solchen Fehler mehr. Ich flüchtete mich in die klassische analytische Haltung und schwieg.

Um halb sieben war meine letzte Sitzung zu Ende. Müde ging ich ins Wartezimmer und beugte mich über den Empfangstisch. »Wie war es?« fragte Gail vorsichtig.

»Schrecklich«, gab ich zu. »Ich bin überhaupt nicht darauf vorbereitet, als Therapeut zu arbeiten. Offengestanden bin ich in schlechterer Verfassung als die Patienten, denen ich helfen soll.«

Gail sah mich mitleidig an. »So schlimm kann es doch gar nicht gewesen sein.«

Ich schüttelte den Kopf. »Noch viel schlimmer. Meine erste Patientin hat mich völlig aus der Bahn geworfen.«

»Moira?« wollte Gail wissen.

Ich strich mir nachdenklich über die Stirn. »Ich weiß nicht, ob sie mit mir gespielt hat. Ich dachte immer, ich würde psychische Krankheiten verstehen, aber bei ihr war ich völlig hilflos.« Ich seufzte tief. »Ich habe so versagt, daß sie vielleicht nie wieder kommt.«

»Sie sind ziemlich durcheinander, Martin«, antwortete Gail und sah mich an. »Vielleicht sollten Sie einen Termin mit Dr. Mardoff vereinbaren.«

Ich nickte dankbar. »Je eher desto besser.«

»Wie wäre es gleich morgen früh?«, schlug Gail vor und blätterte in ihrem Terminkalender.

»Gut. Vielen Dank, Gail.« Ich klopfte ihr auf die Schulter. Sie lächelte. »Jetzt sollten Sie etwas schlafen. Der erste Tag ist vorüber.«

»Gott sei Dank«, antwortete ich und ging mit schnellen Schritten auf die Tür zu, durch die ich an diesem Morgen so hoffnungsvoll gekommen war.

2

Die erste Begegnung mit Mardoff

Ein weißhaariger, rotwangiger und aufrecht gehender Mann Anfang fünfzig betrat den Raum. Er füllte seine Rolle als Supervisor perfekt aus: Er war makellos gekleidet, trug einen doppelreihig geknöpften grauen Flanelanzug und eine marineblaue Krawatte.

»Was ist los, Obler?« fragte er mit einem genervten Unterton, den er nicht zu verbergen versuchte.

»Es tut mir leid, daß ich Sie störe, Sir«, antwortete ich zögernd. Ich gab mir Mühe, mich zu konzentrieren und mich klar und deutlich auszudrücken.

Er sah mir fest in die Augen. »Zögern Sie nie, mich zu belästigen. Ich bin Ihr Supervisor.« Seine Worte klangen so streng, daß ich erschrak. »Ich bin dazu da, Ihre Fragen zu beantworten.«

»Danke Sir«, antwortete ich erleichtert.

»Also gut«, meinte er forsch, »schießen Sie los.«

Ich räusperte mich. »Ich habe Probleme mit einer ganz bestimmten Patientin«, begann ich schließlich. »Die anderen Patienten scheinen ziemlich offen zu sein, aber bei ihr ist das anders. Ich weiß einfach nicht, wie ich an sie herankommen soll.«

»Wir nennen sie heutzutage Klienten«, korrigierte Mardoff mich scharf. »Ich nehme an, Sie sprechen von Moira. Lassen Sie sich nicht vom ersten Eindruck blenden. Was für Probleme haben Sie?«

»Ich hatte das Gefühl, sie würde mitten im Gespräch plötzlich eine andere Persönlichkeit annehmen«, erklärte ich ernst. »Einen Moment lang schien sie passiv und verletzbar, und im nächsten Augenblick war sie stark und unnahbar. Wir haben im Seminar über eine neue Diagnosestellung gesprochen, über mehrfache Persönlichkeitsspaltung. Ich frage mich, ob das hier zutrifft. Es war so merkwürdig.«

Mardoff runzelte die Stirn. »Lassen Sie sich nicht auf ihre Spiele ein«, mahnte er. »Das ist ein alter Trick, viele Frauen versuchen so etwas, und dann erwischen sie einen in einem unkontrollierten Augenblick. Wenn Sie einmal am Haken hängen, können Sie keine positive Arbeitsbeziehung mehr zu ihr aufbauen. Sie wird Ihnen nie vertrauen, wenn Sie ihr nicht schnell deutlich machen, wer die Fäden in der Hand hält. Ich glaube, mein Bericht war ziemlich klar, ich habe Hysterie diagnostiziert. Wahrscheinlich hat sie sofort gemerkt, daß Sie neu sind und versucht, Ihr Interesse zu gewinnen, indem sie eine gute Show ablegte. Sie sollten nicht merken, wie sehr sie ihr Leben langweilt und wie isoliert sie sich als alternde Frau fühlt. Hysterische Frauen bedienen sich häufig solcher Mittel, um Aufmerksamkeit zu erregen. Seien Sie auf der Hut, ihre Verführungskünste sind ihre stärkste Waffe.«

Ich schluckte hart. »Der Gedanke, Moira könnte versucht haben, mich zu verführen, ist mir auch gekommen«, sagte ich langsam, »aber dann habe ich ihn wieder verworfen.« Ich erinnerte mich an das Bild der hilflosen und verzweifelten Moira. Im nächsten Moment wurde es durch ein zweites Bild ersetzt, durch das der dominanten, aggressiven Moira, die ich im späteren Verlauf der Sitzung kennengelernt hatte. Ich verzog das Gesicht. Normalerweise war ich stolz darauf, daß ich mich nicht so schnell für dumm verkaufen ließ. War Moira genau das gelungen? Ich sah zu Mardoff hinüber. Er wußte nur zu gut, auf welche Knöpfe er drücken mußte.

»Was schlagen Sie vor, wie soll ich mich ihr gegenüber weiter verhalten?« fragte ich. Es war mir peinlich, daß ich so leichtgläubig gewesen war. Ich hegte zwar immer noch leichte Zweifel an seiner Erklärung, aber seine Autorität flößte mir Ehrfurcht ein.

Er fummelte an seinem Anstecker von der ›Vereinigung hervorragender Akademiker‹ herum. »Bleiben Sie ganz gelassen. Antworten Sie neutral«, riet er. »Gehen Sie nicht auf ihre Spielchen ein. Es ist wichtig, sie zu einem gesunden Verhalten zu ermutigen, sonst funktioniert der Übertragungsprozeß nicht richtig. Hysteriker mögen nichts lieber, als ihre Therapeuten ein bißchen an der Nase herumzuführen.«

Ich nickte gehorsam. Mardoffs Kompetenz und seine Professionalität überwältigten mich. Er war ein Bilderbuchpsychiater, sowohl was seine Gestalt wie Know-how anging. Er war der geborene Praktiker, und ich wollte unbedingt so werden wie er.

Ich hatte zunächst geglaubt, eine Spur von Feindseligkeit in seinen Ausführungen zu Moira entdeckt zu haben, aber wenn es so war, hatte er es geschickt verborgen. Ich hätte auch keinen Grund dafür nennen können. Vielleicht hatte er eine negative Einstellung zu schizoiden Frauen. Ich fragte mich, ob man Mardoff je vorgeworfen hatte, ein Frauenhasser wie Sigmund Freud zu sein.

Ich beobachtete ihn. Er hatte wieder angefangen zu reden, ruhig, aber beharrlich, und seine Augen fixierten mich.

»Unterdrückte Frauen wie Moira verarbeiten ihren Zorn auf Männer mit Hilfe ihrer Sexualität. Wenn es mit der Verführung nicht klappt, entwickeln sie meist psychosomatische Beschwerden«, fuhr er fort. Natürlich bezog er sich damit auf Moiras Rückenschmerzen. »Sie scheint ziemliche Probleme in ihrem Eheleben zu haben. Ich könnte mir vorstellen, daß Sex mit ihrem Polizisten-Mann kompliziert ist. Mißverstehen Sie mich jetzt bitte nicht, ich will damit nicht sagen, daß sie Geschlechtsverkehr überhaupt genießt. Normalerweise tun hysterische Frauen das nicht. Sie benutzen Sex nur, um ihre Männer festzuhalten. Gewöhnlich verfallen sie in Aggressionen, wenn ihre sexuellen Annäherungen erfolglos verlaufen.« Bissig fügte er hinzu: »Ich vermute, das ist bei Ihrer ersten Sitzung geschehen.«

Ich erschrak. Offenbar ärgerte er sich über die Nichtigkeiten, mit denen ich ihn aufhielt, während größere und wichtigere Probleme auf ihn warteten.

»Ich weiß, daß ich Ihre Zeit vergeude, wenn Sie sich meine Probleme anhören«, sagte ich unsicher. Die Worte kamen über meine Lippen, ehe ich richtig darüber nachdenken konnte, was ich sagte. Mir fiel plötzlich auf, daß es genau dieselben Worte waren, die Moira am Ende unserer Sitzung benutzt hatte. Wieso waren sie mir auf einmal in den Sinn gekommen?

»Fahren Sie nur fort.« Mardoff war nun die Großzügigkeit in Person. »Ich bin sehr daran interessiert, daß Sie hier einen guten Start haben.«

Ich entspannte wieder ein bißchen. Ich konnte mich glücklich schätzen, einen so erfahrenen Mann als Supervisor zu haben. Ich wollte unbedingt mehr darüber wissen, was er über Hysterie dachte. »Ist das der Grund, warum sie diese aggressive Rolle spielte, nachdem sie sich zunächst so schwach zeigte?« Ich wollte ihm beweisen, wieviel ich während meines Studiums gelernt hatte, deshalb fuhr ich fort, ohne seine Antwort abzuwarten. »Ja, natürlich, ich verstehe, was Sie meinen. Sie haben erkannt, daß ihre Symptome genau zu Freuds klassischer Beschreibung einer psychosomatischen Rekanalisierung passen«, sagte ich. »In Ihrem Aufnahmegutachten erwähnten Sie die Vermutung, Moira würde eine Krankheit simulieren, um ihren Job zu verlieren. Sind ihre Rückenschmerzen eine Reaktion auf ihre sexuelle Unterdrückung, oder täuscht sie die Schmerzen vor, um nicht arbeiten zu müssen?«

Ohne zu zögern antwortete er: »Die Antwort auf Ihre erste Frage — lautet ja. Was die zweite betrifft, würde ich zum ersten Teil ja sagen, zum zweiten ja und nein. Normalerweise kann man davon ausgehen, daß ein Mensch, der zu sexuellen Kontakten mit seinem Partner gezwungen wird, mit Wut und Ärger reagiert. Wenn er dann keine Möglichkeit hat, diese Gefühle auszuleben, entwickelt er häufig körperliche Beschwerden. Das ist das direkte Ergebnis unterdrückter Gefühle. Ich vermute, sie war anfällig für diese Situation und hat dann begonnen, diese Symptome für sich auszunutzen.« Die Art, wie er die Fachterminologie beherrschte, war großartig. Ich war diesem Mann auf keinen Fall gewachsen. Dennoch fühlte ich noch stärker das Bedürfnis, mich zu beweisen. Ich wollte ihm zeigen, daß ich ein außergewöhnlicher Student war. Ich begann wieder zu sprechen, aber Mardoff sah auf die Uhr und unterbrach mich barsch.

»Ich fürchte, ich muß jetzt gehen. Für Ihre nächste Sitzung mit Moira empfehle ich Ihnen dringend, der Ursache für ihre Rückenschmerzen auf den Grund zu gehen.«

Er ging, drehte sich an der Tür aber noch einmal um. »Und noch etwas, Obler.« Er sah mich mit festem Blick an. »Ich rate Ihnen dringend, jedes Gefühl von Anteilnahme oder Zuneigung zu vermeiden.« Mit unbewegtem Gesicht und gesenkter Stimme fügte er hinzu: »Sie könnte Ihre Anteilnahme als Erfolg ihrer Verführungsversuche auffassen.«

Ich spürte, daß ich rot wurde. Ehe ich antworten konnte, hatte er mir kurz zugewunken und war verschwunden.

3

Kräfte der Vergangenheit

In der Zeit zwischen meinem Gespräch mit Mardoff und meiner nächsten Sitzung mit Moira dachte ich ununterbrochen an sie. Das meiste, was Mardoff gesagt hatte, machte zwar theoretisch Sinn, wollte aber so gar nicht zu dem passen, was ich intuitiv empfunden hatte. Ich hatte das Gefühl, daß in unserer ersten Sitzung die Machtposition mehrmals zwischen uns gewechselt hatte, aber weder Moira noch ich die Situation unter Kontrolle gehabt hatten. Trotz allem, was Mardoff gesagt hatte, schien Moira ihr zweites Ich, das in unserer ersten Begegnung zutage getreten war, nicht vorzutäuschen. Selbst wenn sie das getan hatte, war mir nicht klar, wieso Mardoff glaubte, sie wollte mich manipulieren. Sie hatte keineswegs versucht, mich zu verführen. Der Wechsel in ihrer Persönlichkeit war der Wechsel von einem aggressiven zu einem schwachen und passiven Ich gewesen. Von sexuellen Signalen hatte ich wirklich nichts bemerkt. Die starken Gefühle, die Moira in mir wachrief, waren Mitleid, Angst und Wut. Ich begriff nicht, wieso Mardoff sich so sicher war, daß sie ihre Verführungskünste dazu benutzen könnte, ihre Position mir gegenüber zu stärken. Ich mußte das mit Mardoff demnächst ausführlicher besprechen.

»Was ist mit dem schnellen und intensiven Sprung in ihrem Verhalten?« fragte ich ihn zu Beginn unseres nächsten Gesprächs. Ich hoffte, daß Mardoff diesmal verstand, was ich meinte. »Solche Sprünge müssen doch etwas anderes bedeuten als Hysterie oder Manipulation«, fuhr ich fort. »Sie sagten, daß Hysterie durch Unterdrückung erzeugt wird, aber der zweiten Charakterzug von Moira hatte doch überhaupt nichts mit Unterdrückung zu tun. Im Gegenteil, sie war sehr aggressiv und stark. Ich frage mich die ganze Zeit, ob sie diese verschiedenen Formen absichtlich oder unbewußt annimmt.« Ich holte tief Luft. »Ich weiß, daß ich noch sehr unerfahren bin, aber nachdem ich nochmal über diese erste Sitzung nachgedacht habe, glaube ich, daß wir es hier mit einer zwei- oder mehrfach gespaltenen Persönlichkeit zu tun haben könnten.« Ich beugte mich erwartungsvoll vor.

»Ihre Phantasie und Ihre Abenteuerlust gehen mit Ihnen durch, Mister Obler.« Mardoff lächelte herablassend, und in seiner Stimme schwang Ungeduld und sogar ein bißchen Ärger mit. »Auch wenn Sie meine Meinung nicht teilen, können Sie versichert sein, daß meine Urteilskraft auf langjähriger Erfahrung beruht. Ich bin ziemlich sicher, daß ich so etwas in meinem Aufnahmegespräch mit ihr festgestellt hätte. Trauen Sie meiner Diagnose nicht?« Er hielt inne und bedachte mich mit einem eisigen Blick. Ich erschauerte unwillkürlich, als er fortfuhr: »Außerdem müßte Ihnen doch klar sein, daß nur sehr wenige Fälle von mehrfacher Persönlichkeitsspaltung dokumentiert sind, die wissenschaftlich abgesichert sind. Meist handelt es sich dabei, wie in Moiras Fall, lediglich um Simulanten oder in einigen wenigen Fällen um chronisch Kriminelle, die mit aller Macht versuchen, die Verantwortung für ihre Taten abzulehnen.«

»Mr. Mardoff.« Ich spürte, daß ich rot wurde. Mir war klar, daß ich mich auf unsicherem Boden befand, deshalb wählte ich meine nächsten Worte mit Bedacht. »Ich weiß, daß nur 263 dieser Fälle in der Literatur dokumentiert sind.« Ich wollte ihm zeigen, daß ich meine Hausaufgaben seit dem letzten Mal gemacht hatte. »Aber besteht nicht trotzdem die Möglichkeit? Jedenfalls ist diese Patientin in enormen Schwierigkeiten. Sie scheint plötzlich eine Seite von sich zu enthüllen, die sie jahrelang unterdrückt hat. Und ich glaube nicht, daß sie sich der Veränderungen bei Selbstdarstellung bewußt ist. Natürlich ist das nur mein Eindruck. Der unterdrückte Teil von ihr bat um Unterstützung. Ich bin überzeugt, Moira braucht ein wenig Zuneigung, um den Schmerz ihrer tiefen Wunden zu lindern. Ich frage mich, ob sie als Kind sexuell mißbraucht wurde. Ich bin ganz sicher, daß ihr Verhalten nicht vorsätzlich ist. Was meinen Sie, könnte dies nicht eine Alternativtheorie sein – eine Art Antithese?«

»Wie ich sehe, versuchen Sie mit Gewalt auf sie hereinzufallen.« Mardoff unterbrach mich verärgert und tat meine Hypothese mit einer Handbewegung ab. »Neurotische Frauen nutzen jede nur erdenkliche Waffe, um ihre Neurosen aufrechtzuerhalten. Vielleicht kann ich Ihnen mit einem Beispiel aus der Natur verdeutlichen, was ich sagen will. Denken Sie an die Schwarze Witwe. Bei der ersten Begegnung verhält sich die weibliche Spinne gegenüber dem Männchen völlig gewaltfrei. Sobald sie das Männchen jedoch in ihrem Netz gefangen hat, beginnt sie, es zu töten und zu verdauen. Er war nicht vorsichtig genug, nicht wahr? Er hat sich überrumpeln lassen.« Mardoff lächelte zynisch.

Er gab mir einen Moment Zeit, die Analogie zu begreifen, ehe er fortfuhr. »Moira weiß eine Menge über die Dynamik von Machtverhältnissen, und sie versteht, damit zu spielen. Da der größte Teil ihrer Familie bei der Polizei ist, ist das wahrscheinlich ihre Art, um Macht zu kämpfen.

Wahrscheinlich hat sie diese Rückenschmerzen entwickelt, um ihre Familie und ihren Mann zu manipulieren, sie zu zwingen, sich um sie zu kümmern.«

Mardoff fügte scharf hinzu: »So arbeiten diese Frauen, weil sie nicht fähig sind, auf direkte Art und Weise mit Männern umzugehen.« Er preßte die Lippen aufeinander. »Sie sollten Freud aufmerksamer lesen. Diese Verhaltensweisen sind uralt, es gibt sie schon seit zehntausend Jahren. Ich rate Ihnen dringend, Ihre unsinnige Theorie aufzugeben. Ihre Aufgabe ist es, geduldig darauf zu warten, daß Moira sich öffnet. Dann werden Sie alles entdecken, das ganze Universum ihrer hysterischen Strukturen.«

Ich seufzte und hörte zu, wie er mir seine Meinung wieder und wieder einhämmerte. Zugegeben, er hatte eine sehr überzeugende Art und sprach mit unschlagbarer Autorität. Aber es gab auch ganz versteckte Anzeichen einer Drohung, eine Art Sarkasmus, den er sorgfältig durch Humor verdeckte, und der weniger erfahrene Leute sicher abschreckte. Mich überzeugte er jedoch nicht. Meine Erfahrungen mit Moira in dieser ersten Sitzung waren einfach zu stark. Die Erinnerung an unser Gespräch damals war völlig anders als das, was er beschrieb.

Trotz meiner Überzeugung wußte ich, daß es nicht sehr klug war, mit Mardoff zu streiten. Doch hatte ich das Gefühl, als wäre ein Konflikt unvermeidbar.

Es gab etwas an Moira, das so verletzbar, so unvergeßlich war. Ich wußte, daß sie mich an irgend jemand erinnerte, aber ich konnte nicht sagen an wen. Im Geiste ging ich alle Möglichkeiten durch. War es vielleicht meine schizophrene Schwester Shirley oder Libby, die mittlere meiner drei Schwestern. Oder war es meine verängstigte Mutter? Ich sah Mardoff an, der immer noch redete, und meine Gedanken begannen zu wandern.

Meine Eltern waren Einwanderer. Da sie keine oder nur wenige Familienkontakte hatten, waren sie beide völlig allein. Jeder von ihnen wurde älter, und sie hatten beide keinen passenden Partner gefunden. Mein Vater brauchte eine Frau, die für ihn putzte und kochte. Meine Mutter war arm und hatte keine Ausbildung. Ihre Welt hatte immer am Rand des kleinen polnischen Dorfes geendet, in dem sie geboren war. Nichts an ihrer Erziehung hatte sie auch nur annähernd auf das vorbereitet, was sie erwartete, als sie schließlich in der großen, pulsierenden Metropole New York ankam. Sie war von ihrer Familie losgeschickt worden und landete mit Tausenden anderer Reisender auf Ellis Island. Das war zu Anfang des 20. Jahrhunderts. Die Aussichten hatten sich dramatisch verändert. In Polen in ihrer großen Familie hatte sie keinerlei Rechte und Verantwortung besessen. Sie hatte immer nur das getan, was man ihr befohlen hatte. Als Analphabetin, ohne Berufsausbildung und allein versuchte sie mit ihrem neuen Leben und der neuen Umgebung zurechtzukommen.

Als ich klein war, erzählte meine Mutter mir Horrorgeschichten über ihre Ankunft und den riesigen großen, schrecklich schwarzen Moloch, den man die Neue Welt nannte. Diese Geschichten vermittelten mir das Gefühl völliger Unsicherheit und bestätigten, wie furchtbar einsam wir alle waren.

Die natürliche Passivität meiner Mutter wurde verstärkt durch die zahllosen Prüfungen, die sie im Laufe dieser frühen Jahre überstehen mußte.

Der Heiratsvermittler arrangierte alles, die erste Begegnung, die weiteren Treffen und sogar die Hochzeit selbst. Zu jener Zeit war dies innerhalb einer jüdischen Gemeinde eine durchaus übliche Praxis. Es war eine der vielen Sitten und Gebräuche, die die Immigranten mit in die Neue Welt gebracht hatten.

Von Anfang an war die Beziehung zwischen meinem Vater und meiner Mutter wenig aufregend. Sie hatten kaum etwas gemeinsam. Nach einiger Zeit fand mein Vater eine sichere Beschäftigung im Militärhafen von Brooklyn. Er mußte seinen Job wieder aufgeben, nachdem er mit giftigen Dämpfen in Berührung gekommen war. Anschließend war er nur noch in der Lage, mit einem Holzkarren umherzufahren und alte Kartoffelsäcke zu verkaufen. Der größte Teil unseres Einkommens stammte aus Sozialeinkünften und aus Lebensmittelspenden, die wir erhielten.

Die Angst und die Einsamkeit meiner Mutter erreichten ihren Höhepunkt, als sie erkannte, daß sie an derselben Armut litt, die sie ihr ganzes Leben erfahren hatte — nur daß sie jetzt vier Kinder zu ernähren und zu kleiden hatte. Ihre Träume von einem besseren Leben und von einem Mann, der sich um sie kümmerte, zerplatzten rasch. In ihrer Enttäuschung und ihrer Angst kam sie zu dem Schluß, daß der Wert eines Mannes nur darin bestand, seine Familie zu ernähren. Da mein Vater nicht in der Lage war, uns zu unterstützen, war er als Mann für sie gestorben.

Mein Vater fing an zu trinken und meine Mutter körperlich und sexuell zu mißhandeln. Seine Enttäuschung fand Ausdruck in Schlägen und sexuellen Übergriffen, die an Vergewaltigung grenzten. Sie begannen einander zu hassen.

Beiden wurde nie klar, daß sie sich gegenseitig wegen etwas verachteten, an dem sie keinerlei Schuld trugen: Einsamkeit, Isolation, Armut.

Meine Schwester Shirley war das Produkt des ersten Jahres ihres Zusammenlebens. Als Erstgeborene empfing Shirley die ganze Wucht ihres Ärgers. Sicher haben auch ihr Temperament und ihre genetische Veranlagung dazu beigetragen, daß Shirley empfindlicher war als wir drei anderen

Kinder. Libby war das zweite Kind, sie wurde eineinhalb Jahre nach Shirley geboren. Dreieinhalb Jahre später kam meine Schwester Selma zur Welt, und ich folgte ungefähr fünf Jahre danach.

Ich sage ungefähr, weil alles, was mit Fakten, Zahlen oder Zeiten tun hat, in meiner Familie schwer nachvollziehbar war.

Da meine Mutter nicht in der Lage war, die offiziellen Dokumente, die man ihr aushändigte, zu lesen und zu verstehen, war sie auch nicht imstande, wichtige Ereignisse im Leben ihrer Kinder festzuhalten. Sogar die Umstände meiner Geburt blieben geheimnisvoll. Ich wurde am letzten Tag im Dezember geboren. Da mein Geburtstag auf Silvester fällt, war ich immer neugierig auf die genaue Entbindungszeit.

Meine Geburtsurkunde verzeichnet lediglich das Datum, und meine Mutter konnte sich nur daran erinnern, daß ich im jüdischen Krankenhaus von Brooklyn zur Welt kam. Als Kind habe ich sie ununterbrochen mit Fragen bombardiert. Die einzige Information, die ich meiner Mutter nach jahrelangem Drängen entlocken konnte, war, daß es draußen laut wurde und Leute schrien, kurz nachdem ich geboren war. Daraus schloß ich, daß ich kurz vor Neujahr zur Welt gekommen sein muß.

Dieselben Probleme hatte ich damit, genaue Information über Ereignisse zu bekommen, die meine Geschwister betrafen. Meine älteste Schwester Shirley geriet auf den Pfad der seelischen Selbstzerstörung, ehe ich zur Welt kam. Die einzige Auskunft, die meine Eltern mir geben konnten war, daß sie irgendwann vor meinem vierten Geburtstag das Haus verlassen hatte. Sie war in eine Anstalt auf Long Island geschafft worden.

Nachdem sie in die Klinik verschwunden war, verleugneten meine Eltern ihre Existenz. Sie taten so, als sei es eine andere Familie, die eine verrückte Tochter habe. Manchmal behaupteten sie tatsächlich, nur drei statt vier Kinder zu haben.

Meine einzige Erinnerung an Shirley stammt von einem Ausflug, den ich und mein Vater unternommen hatten, um sie zu besuchen. Ich war damals sechs Jahre alt. In der Anstalt brachten sie meine Schwester in einem schmutzigen weißen Krankenhaushemd heraus. Sie hatte langes, braunes Haar, das ihr wirr auf die Schultern fiel. Ihr Blick war stechend, und sie sah aus wie die verrückten Frauen, die ich aus unserer Nachbarschaft kannte und vor denen ich mich immer gefürchtet hatte.

Es waren Frauen, die durch die Straßen irrten, unverständliche Worte vor sich hin murmelnd und laute Schreie ausstoßend. Als mein Vater mich und Selma mit Shirley bekanntmachte, stürzte sie auf mich zu und versuchte, mir die Augen auszukratzen. Nur das rechtzeitige Eingreifen meines Vaters rettete mich.

Als ich später die Puzzleteile zusammensetzte, wurde mir klar, daß Shirley durch meine Eltern psychologisch und emotional zerstört worden war. Sie war das Opfer ihres gegenseitigen Hasses geworden. In jenen Zeiten schoben arme Leute ihre geistig behinderten Kinder in staatliche Anstalten ab. Während der großen Depression waren die Mittel so knapp, daß das Überleben einer ganzen Familie auf dem Spiel stand. Jeder mußte den Gürtel enger schnallen, und mittellose Familien konnten sich die zusätzliche Belastung durch ein psychisch krankes Kind einfach nicht leisten. Solange Shirley noch in unserer Familie lebte, war sie wie eine Art Schutzschild für Libby und Selma, meine anderen Schwestern. Meine Eltern hatten Shirley die Rolle als Bauer in ihrem Kampf gegeneinander zugesprochen. Libby und Selma hingegen litten unter physischer und emotionaler Verwahrlosung. Dennoch hatten sie, verglichen mit Shirley, in dieser wichtigen Zeit ihrer Entwicklung gute Karten. Bei ihnen tauchten die psychischen Probleme erst später auf.

Während der Pubertät neigte meine zweite Schwester Libby zu plötzlichen bösartigen Wutanfällen, die sich hauptsächlich gegen meinen Vater richteten. Manchmal war ihr Zorn darauf zurückzuführen, daß sie ihren Willen nicht bekam, oft war er jedoch völlig unerwartet und unbegründet und zeugte von tiefen Aggressionen.

Mein Vater, der den ganzen Tag auf der Straße unterwegs war, um seine Kartoffelsäcke zu verkaufen, kam abends oft frierend und erschöpft nach Hause. Häufig saß er nach einem anstrengenden Tag nur still auf dem Heizkörper im Wohnzimmer.

Meist betrachtete Libby ihn voller Feindseligkeit und Verachtung. Manchmal bekam sie einen Wutanfall. Sie war damals nicht psychotisch. Trotzdem erkannte ich bereits als Kind, daß ihr Zorn nichts damit zu tun hatte, was sich zwischen den beiden abspielte. Er schien unmotiviert zu sein, und ich konnte mir nur erklären, daß sie meinen Vater haßte, weil sie seine unterschwellige Ablehnung spürte.

Ich war das vierte und jüngste Kind der Familie. Als einziger Sohn einer jüdischen Familie osteuropäischer Abstammung empfing ich alle Liebe. Zusätzlich zu der Stärke, die mir diese Liebe gab, war ich auch vom Temperament her der stärkste von uns Geschwistern. Mit acht oder neun Jahren hatte ich bereits gelernt, Streitereien zwischen meinen Eltern zu schlichten. Außerdem war ich in der Lage, Konflikte zwischen meinen Eltern und meinen Geschwistern beizulegen.

Aber obwohl ich männlich war und mich besser anzupassen wußte, war auch ich nicht völlig geschützt. Wie bei allen sensiblen Kindern in unserem Haushalt hinterließ das Leben in dieser gestörten Umwelt auch bei mir schmerzhafte Wunden.

Als ich jetzt in Mardoffs Büro saß und ihm halb zuhörte, merkte ich, daß sich Vergangenheit und Gegenwart in meinem Kopf vermischten. Ich fragte mich, ob Moira mich nicht eher an Libby als an Shirley erinnerte. Oder war es eine Mischung aus den beiden? Moiras extreme Verletzbarkeit ließ mich an Shirley denken, das schwächste Glied in unserer Familienkette. Dennoch war das Interessante an Moira das Nebeneinander von Stimmungsumschwüngen und Persönlichkeitswechseln. Sie schien einen Moment lang sehr verletzbar und empfindlich zu sein, um dann im nächsten Augenblick aggressiv und bestimmt zu werden.

Jahrelang hatten mich Vorstellungen gequält, was meine Schwester wohl im Heim erlebt haben mochte. *Unter allen Umständen*, nahm ich mir jetzt vor, während ich Mardoff ansah, *muß ich Moira davor bewahren, ein ähnliches Schicksal zu erleben wie Shirley.* Ich konzentrierte mich wieder auf die Gegenwart. Mardoff deutete mit seinem Finger auf mich. Unwillkürlich zuckte ich vor meinem Mentor zurück und versuchte zugleich zu begreifen, was er mir so eindrucksvoll erklärte.

Ich dachte angestrengt nach. Wie konnte ich Mardoff für meine Interessen benutzen? Ich war ein unerfahrener Student, er ein professioneller und gewandter Psychologe. Dennoch konnte ich seine gewaltigen, in meinen Augen aber falschen Theorien nicht teilen. Ich brauchte eine neue Strategie, eine, die meine beiden gegensätzlichen Interessen vereinte. Ich mußte dafür sorgen, daß Mardoff auf meiner Seite blieb und mußte zugleich die Art von Therapie durchführen, die ich für die richtige hielt.

Ich spielte auf Zeit. »Wie soll ich mich Ihrer Meinung nach verhalten, wenn sie in der nächsten Sitzung wieder ihr Spielchen versucht?« fragte ich Mardoff, während ich mir überlegte, welchen Schritt ich als nächstes tun sollte. »Soll ich sie gewähren lassen, oder soll ich ihr zeigen, daß ich ihr Spiel durchschaut habe?«

»Solange Ihre Reaktion neutral bleibt, ist das egal«, antwortete Mardoff. »Das heißt, wenn Sie sich entscheiden, eine aktive Rolle zu übernehmen, denken Sie daran, nur zu fragen, nie zu interpretieren. Zeigen Sie dieser Schauspielerin unter gar keinen Umständen Zuneigung oder Unterstützung.«

Warum nannte er sie ständig eine Schauspielerin, fragte ich mich verwundert. Es war doch viel zu früh, solch eine Folgerung zu ziehen. Ich ermahnte mich, sein Urteil nicht anzuzweifeln. Ich mußte jeden direkten Konflikt und jede Konfrontation unbedingt vermeiden. Die beste Taktik war es, ihm zu schmeicheln.

»Ich fühle mich jetzt schon viel besser. Danke für den Rat«, antwortete ich in bester Manier eines dankbaren Studenten Manier und stand auf. »Ich habe schon viel zuviel von Ihrer kostbaren Zeit in Anspruch genommen.«

»Schon gut, Obler. Tun Sie nur, was ich Ihnen geraten habe.« Er stockte einen Moment und fingerte wieder an seinem Anstecker von der ›Vereinigung hervorragender Akademiker‹ herum. Er sah mich aus seinen eisblauen Augen an, ehe er fortfuhr: »Sie werden sehen, daß es Ihrer Patientin und Ihnen nur zugute kommt.«

4

Familienbande

Zu unserer nächsten Sitzung erschien Moira absolut pünktlich. Das enge graue Kostüm, das sie trug, betonte ihre attraktive Figur. Sie schien keine Rückenschmerzen zu haben und machte einen beinahe fröhlichen Eindruck. »Ich habe mich die ganze Woche viel besser gefühlt«, sagte sie. »Ich kann es gar nicht erwarten anzufangen.« Sie war ausgesprochen gut gelaunt und beschrieb die vielen Veränderungen, die sie dabei erlebte, mit Situationen zurechtzukommen. »Sogar mein Rücken tut mir nicht mehr so weh«, erklärte sie atemlos.

»Aber Sie spüren ihn noch?« fragte ich.

»Ja, doch Sie haben mir schon soviel geholfen. Sie können sich gar nicht vorstellen, wie schrecklich es vorher war.«

Als wir uns gegenübersaßen, teilte sie mir das, was sie nicht in Worte fassen konnte, anhand ihrer Körpersprache mit. Als sie nach Worten suchte, um die Veränderungen in ihr zu beschreiben, sprach ihr Körper ganz deutlich von Schmerzen.

Irgendwie bekam ich allmählich das Gefühl, daß diese Schmerzen schon sehr alt waren und nicht nur auf die Probleme zurückzuführen waren, die sie bei der Polizei hatte. Vielleicht hatte Mardoff recht, und ihre Schmerzen waren nur ein Symptom für ihre Hysterie. Trotzdem vermutete ich, daß der Grund für ihre Hysterie woanders verborgen lag.

Während ich sie beobachtete, gingen mir Mardoffs Vermutungen wieder durch den Kopf. Mehr denn je hatte ich den Verdacht, daß sie Projektionen seine persönlichen unbewußten Probleme waren — ebenso wie meine eigenen. Ich mußte Moiras Probleme von meinen und seinen Problemen trennen, wenn ich ihr helfen wollte. Wenn ich nur mehr über den wahren Ursprung ihrer Rückenschmerzen herausfinden könnte. Ich hatte das Gefühl, daß mir ein guter Anfang gelingen würde.

Der Überfall hatte zwar zu einem ernsten psychosomatischen Ausbruch bei Moira geführt, aber ich war sicher, daß ihre Probleme nicht erst damals begonnen hatten. Ich fragte mich, ob der Vorfall irgendeinen Symbolcharakter für

Moira hatte. Oder war der Druck ihrer unerklärlichen Ängste einfach zu stark geworden und an jenem verhängnisvollen Tag wie eine Zeitbombe ganz plötzlich explodiert?

Während sie weiter erzählte, wie gut sie sich in der letzten Woche gefühlt hätte, überlegte ich, ob die aggressive Person, die ich in der ersten Sitzung erlebt hatte, sich auch heute wieder zeigen würde. Insgeheim hoffte ich darauf, denn ich wollte unbedingt herausfinden, ob sich mein Verdacht der multiplen Persönlichkeitsspaltung bewahrheitete.

Aber Mardoff hatte mir geraten, mich nicht in den Entwicklungsprozeß einzumischen. Ich beschloß, diesen Rat zu befolgen. Moira verbrachte die restliche Stunde damit, darüber zu plaudern, wie gut es ihr ging. Offenbar hatte eine einzige Sitzung bei mir Wunder bewirkt und sie von allen Nöten befreit. Wir beendeten die heutige Sitzung sehr zuversichtlich. »Ich freue mich schon auf unsere nächste Stunde«, erklärte sie lächelnd und sah mich aus ihren klaren grünen Augen an. Als sie mir die Hand gab, verspürte ich plötzlich ein Knistern, und mir wurde wieder klar, was für eine sinnliche Frau sie war.

Die nächsten Sitzungen mit Moira verliefen ereignislos. Sie ließ weder zu, daß ich den Überfall näher analysierte, der ihre Rückenschmerzen ausgelöst hatte, noch die emotionalen Konflikte, die sie mit ihrer Familie austrug. Das einzig Bedeutungsvolle, das ich erfahren konnte, war, daß sie sich nur sehr schlecht an den Überfall erinnern konnte, der zu ihren psychosomatischen Erscheinungen geführt hatte.

»Mein Familienleben und meine Ehe sind sehr zufriedenstellend«, beharrte sie. »Mit meinem Job ist auch alles in Ordnung, und ich sehe eigentlich keinen Grund für eine

Therapie.« Sie schien völlig vergessen zu haben, was in der ersten Sitzung geschehen war. Unser Kontakt war oberflächlich und ohne jegliche Intimität.

Ich hatte keine Lust, Mardoffs Rat zu befolgen und geduldig neben Moira zu sitzen und ihr zuzuhören. Es kam mir trivial und inkonsequent vor, und ich fragte mich nach dem Sinn einer solchen Therapie. Meine Kurse an der Universität waren wesentlich interessanter gewesen als die Arbeit mit Moira oder meinen anderen Patienten.

Die meisten meiner Kommilitonen verkündeten in der Öffentlichkeit zwar stets, wie interessant ihre Fälle seien, aber im Gespräch mit meinen vertrauteren Kollegen stellte sich heraus, daß sie eigentlich alle enttäuscht waren. Die Therapien erfüllten ihre Erwartungen nicht, die Arbeit war nicht das, was wir uns vorgestellt hatten. Die romantischen Bilder, die in Hollywoodfilmen von Therapien und Therapeuten vermittelt wurden, hatten nichts mit der Wirklichkeit zu tun.

Eines Nachmittags entschloß ich mich, zusammen mit ein paar anderen Studenten, das Seminar ausfallen zu lassen und statt dessen einen Film anzusehen, der in einem Museum gezeigt wurde. Es war der Klassiker *Snake Pit* mit Olivia DeHavilland. Als ich die traurigen Gesichter der einsamen psychisch kranken Patienten sah, die zusammen im Speisesaal der Klinik tanzten, mußte ich weinen. Ich stellte mir vor, eines Tages ein großer Therapeut zu sein, der sie alle retten konnte.

Ich konnte gar nicht mehr aufhören zu weinen. Als ich später am Nachmittag meine eigene Analytikerin Jill Holiday traf, erklärte ich ihr: »Ich war lange nicht mehr so gerührt wie bei diesem Film. Die Wärme und Zuneigung und die Fürsorglichkeit des Klinikpersonal haben mich einfach überwältigt. Die Professoren in unserer Klinik aber legen sehr viel Wert darauf, daß wir während des therapeutischen

Prozesses absolut neutral bleiben. Sie sind der Meinung, wir müßten uns unbedingt auf die Prozesse der Übertragung und der Gegenübertragung konzentrieren, die sich bei unseren Patienten entwickeln. Sie raten uns immer wieder, jede emotionale Identifikation mit den Patienten zu vermeiden und unter allen Umständen objektiv zu bleiben, aber ich bin mir nicht sicher, ob das funktioniert.«

Jill, eine große, braunhaarige Frau um die dreißig, sah mich verständnisvoll an. »Haben Sie schon an die Möglichkeit eines Zusammenhangs mit ihrer Schwester Shirley gedacht?« fragte sie. »War sie auch so einsam?«

Ich war nicht in der Lage, diese Frage zu beantworten, deshalb brach ich das Treffen bald ab.

In einer Besprechung mit den anderen Studenten am nächsten Tag formulierte ich meine eigene Unzufriedenheit über meine Leistung. Es stellte sich heraus, daß viele von den anderen mit den theoretischen Konzepten, die man ihnen beibrachte, ebenfalls nicht zurechtkamen. »Ich fühle mich völlig hilflos«, gestand Hal, ein dunkelblonder Mann. »Ich fühle mich mit der kühlen, distanzierten Haltung, die unsere Mentoren uns nahelegen, einfach unwohl.«

»Ich bin verwirrt und unzufrieden mit mir«, erklärte Maria, eine Spanierin mit großen braunen Augen.

Meine Kommilitonen berichteten, daß viele ihrer Patienten schon nach wenigen Wochen die Therapie abgebrochen hätten. »Wie sollen wir den Leuten helfen, wenn wir ihnen Angst machen?« meinte Brian, ein grauhaariger älterer Student. »Wirft eine hohe Abbruchquote nicht ein schlechtes Licht auf uns?«

Diese Diskussion bestätigte mich in meiner natürlichen Neigung dazu, für ein warmes, angenehmes Klima zwischen mir und meinen Patienten zu sorgen. Mir war klar, daß das nicht bei allen Erfolg haben würde. Ich war mir aber sicher, daß es gerade bei Moira eine Menge bewirken würde. Ich hoffte, daß sie sich bei mir wohl fühlen und sich öffnen würde, wenn ich eine Vertrauensbasis zwischen uns herstellen könnte.

Der Widerspruch zwischen den Theorien meiner Lehrer und meinen eigenen Instinkten verwirrte mich. Natürlich war mir klar, daß das Vertrauen des Patienten nur dadurch gewonnen werden konnte, daß der Therapeut sich jeglicher Werturteile entzog, aber war Gleichgültigkeit das einzige Mittel, Objektivität herzustellen? Wie ein störrisches Kind beschloß ich, mich mit diesen Fragen erneut an Mardoff zu wenden.

Wir trafen uns am Mittwoch morgen, ehe der Klinikbetrieb begann. »Dr. Mardoff, ich habe nicht das Gefühl, daß sich in der Therapie mit Moira etwas Entscheidendes tut. Sie erzählt mir ständig von enormen Fortschritten, die sie macht, und wie gut es ihr geht. Dann sagt sie mir, daß sie keine Therapie braucht und gar nicht weiß, wieso sie überhaupt herkommen muß. Ich sitze daneben und verhalte mich zurückhaltend, wie Sie mir geraten haben, aber das nichtssagende Geplapper geht weiter. Sie ist bisher mit keinem Wort auf ihr seltsames Benehmen in der ersten Sitzung eingegangen.«

Ich hielt inne, holte tief Luft und fuhr dann fort: »Einige meiner Kollegen empfinden dasselbe. Die meisten unserer Patienten sind nicht besonders aufgeweckt und bekommen von den therapeutischen Entwicklungen wenig mit. Ich frage mich, ob wir unsere Strategie nicht doch noch einmal überdenken sollten? Wenn wir stärker auf unsere Patienten eingehen, gewinnen wir vielleicht ihr Vertrauen und kommen leichter an ihre wahren Gefühle heran. Sollten wir ihnen nicht ein bißchen Zuneigung zeigen, um eine angenehmere Atmosphäre zu schaffen?«

Mardoffs Gesicht wurde plötzlich weiß vor Zorn. »Sie haben vielleicht recht, wenn Sie behaupten, daß viele Studenten so empfinden wie Sie«, antwortete er überheblich. »Aber das liegt an ihren eigenen unentschiedenen Bedürfnissen. Ein angenehmes Klima ist vielleicht für den Therapeuten ganz schön, aber für den Patienten ist es eher schädlich. Wir wollen unsere Patienten doch therapieren, oder?«

Mardoff schien sich immer mehr aufzuregen. Er fuhr fort: »Sie müssen endlich begreifen, daß so kein richtiger Übertragungsprozeß in Gang kommt. Die verdrängten Erlebnisse der Patienten können nicht zum Vorschein kommen. Ich habe keine Lust, mich ständig zu wiederholen, Obler. Sie müssen diese unnötigen persönlichen Einmischungen vermeiden. Sie müssen während der Behandlung objektiv und emotional unbeteiligt bleiben.«

Ich gab nicht auf. »Aber muß man nicht jeden Patienten als Individuum sehen, dessen Bedürfnisse und Erfahrungen sich von denen anderer Patienten unterscheiden? Kann es nicht sein, daß manche Patienten ein bestimmtes Klima brauchen, um Vertrauen aufbauen zu können? Und könnte der Widerstand, den ein Patient aus mangelndem Vertrauen aufbaut, die Übertragung nicht ebensogut verhindern? Wenn Moira sich in meiner Gegenwart sicher und geborgen fühlt,« beharrte ich, »würde sie dann nicht viel bereitwilliger mit mir arbeiten?«

Mardoff schob seinen Stuhl zurück. »Mr. Obler, vielleicht sollten Sie Ihre wahren Motive in der Situation einmal überprüfen.«

In diesem Moment wurde mir klar, daß mein Verhältnis zu Mardoff ähnlich war wie Moiras Verhältnis zu mir. Mardoff hielt an seiner Überlegenheit fest. Er war der erfahrene Psychologe, der allein wußte, was falsch und richtig war, ohne das je in Frage zu stellen. Ich empfand Frustration, Verwirrung und Zorn. In meinem Austausch mit Moira gab es eine ähnliche Dynamik. Ich hatte alle Antworten. Moira mußte funktionieren, sonst würde ich ihre Arbeitschancen ruinieren. Meine unbeteiligte analytische Haltung mußte sie ständig vor die Frage stellen: Welche Antwort will er hören, welche Antwort führt mich in die Freiheit? Sowohl Moira als auch ich mußten mit unserer Autoritätsfigur zurechtkommen, und wir hatten beide gute Gründe für die Ängste, die wir verspürten. Mardoff preßte die Lippen zusammen. »Sie versucht Sie zu manipulieren. Sie möchte Sie dazu verleiten, ihr Freund zu werden. Aber genau das zerstört den Sinn und Zweck der Therapie«, erklärte Mardoff.

Er sah mich aufmerksam an und fügte hinzu: »Wenn Sie den guten Elternteil spielen und nicht den, den sie als Kind erlebte, verzögern sie den Übertragungseffekt. Wenn Sie sich neutral verhalten und ihr Zuneigung weder anbieten noch entziehen, schaffen Sie die Bedingungen, aus der ihre Krankheit hervorgegangen ist. Wenn Sie eine solche Situation schaffen, helfen Sie Moira, ihre Rolle in diesem Prozeß zu verstehen und ihre Neurose gesünder zu sublimieren.« Mardoff redete weiter, seine Worte klangen wie Kommandos. »Begeben Sie sich nicht so leicht in die Falle des unerfahrenen Therapeuten. Lassen Sie sich nicht von der neusten, meines Erachtens unwichtigen Literatur beeinflussen. Die Psychoanalyse ist eine historische Wissenschaft, die auf jahrelanger Forschung und gut durchdachten und gefestigten Theorien basiert.«

Er schloß mit einer Binsenwahrheit: »Weiblichen Patienten Zuneigung zu zeigen, fördert nur ihre Neurosen. Es ist wie in einer Ehe. Frauen sind von Natur aus darauf angewiesen, daß Männer — ihre Väter, Brüder, Ehemänner — ihnen Grenzen setzen. Frauen sind selbst nicht in der Lage, diese Grenzen zu erkennen, sie verlangen unendliche Aufmerksamkeit, bis der Mann eine Grenze zieht. Das ist es, was die meisten von ihnen wollen und brauchen.«

Ich nickte. Es beeindruckte mich, wie gut er es verstand, psychoanalytische Theorien für seine eigenen Schlußfolgerungen einzusetzen. Dennoch hatte ich bei allem das Gefühl, eine verdeckte Abneigung gegen Frauen zu entdecken. Gehörte diese Ablehnung zur Psychoanalyse oder nur zu Mardoffs eigener Perspektive? Ich wußte es nicht.

Ich bezweifelte seine Meinung zwar, aber meine eigene Unsicherheit verbot es mir, ihm offen entgegenzutreten. Vielleicht übersah ich ja ein wichtiges Detail oder ließ mich von meinem Starrsinn blockieren. Verstand ich ihn mit Absicht nicht? Ich wußte, daß ich nachgeben mußte, zumindest diesmal.

»Dr. Mardoff, ich muß mich erneut für Ihre Geduld bedanken. Es ist für einen Studenten nicht ganz leicht, diese schwierigen Fälle richtig anzugehen. Natürlich werde ich Ihren Rat befolgen und mich weiterhin distanziert verhalten. Ich bin Ihnen dankbar, daß Sie mich wieder auf den richtigen Weg gebracht haben.« Ich sah ihn an. »Glauben Sie, ich sollte Moira gegenüber erwähnen, was in der ersten Sitzung geschehen ist? Sie hat sich seither nie wieder so verhalten.«

Er klopfte mit dem Finger auf den Schreibtisch. »Mr. Obler, Sie scheinen immer noch nicht begriffen zu haben. Strikte Zurückhaltung ist Ihre Strategie. Ich rate Ihnen dringend, es nicht anzusprechen, ehe sie es tut.«

Wir beendeten die Supervision sehr abrupt.

In meiner nächsten Sitzung mit Moira befolgte ich Mardoffs Rat und sagte nichts. Zu meiner Überraschung fing Moira an, die Ereignisse zu beschreiben, die damals ihre Rückenschmerzen ausgelöst hatten. Mein Selbstvertrauen war erschüttert. Vielleicht hatte Mardoff doch recht gehabt. Konzentriert und ohne zu unterbrechen, hörte ich mir ihre Geschichte von dem Banküberfall an.

»Was passierte, nachdem Sie die Rückenschmerzen verspürten?« fragte ich schließlich.

»Nichts. Ich blieb wie gelähmt auf dem Gehweg stehen.

Ich starrte auf das zuckende Blaulicht der Polizeiwagen, die herangebraust kamen. Dann sah ich das Gesicht meines Mannes. Können Sie sich vorstellen, daß ausgerechnet sein Wagen zum Einsatz geschickt wurde?«

Ihr Gesicht verzog sich, als sie sich an das Eintreffen ihrer Kollegen erinnerte. Diese Erinnerung war ihr offensichtlich sehr unangenehm. Sie begann zu zittern und umklammerte die Armlehnen ihres Sessels. Aus ihren Mundwinkeln lief Speichel. Zunächst befürchtete ich, sie würde eine Art akuten Anfall erleiden, aber sie redete weiter.

»Also, das nenne ich wirklich Schicksal«, sagte sie. Ihre Stimme klang sehr seltsam, und ich hörte ihr gespannt zu. »Stellen Sie sich vor, da kommen diese Arschlöcher mit meinem idiotischen Ehemann. Als ob es nicht gereicht hätte, von diesem Scheißbankräuber erniedrigt zu werden. Jetzt mußte ich auch noch den Spott meines Mannes ertragen. Sie hätten ihre Gesichter sehen sollen.«

Während sie redete, veränderte sich Moiras Dialekt. Der normale Brooklyn-Tonfall mit leichtem irischen Akzent war verschwunden, statt dessen sprach sie nun in affektiertem britischen Englisch, das so gar nicht zu ihren vulgären Ausdrücken paßte. Es war dieselbe Stimme wie damals bei unserer ersten Sitzung.

Ich holte tief Luft und fragte mich, was ich jetzt tun sollte. Mardoff hatte mir davon abgeraten, mich einzumischen. Statt dessen sollte ich ihr die Möglichkeit geben, die Veränderung selbst zu bemerken. Ich sah sie verzweifelt an, weil sie sich der Veränderung ihrer Stimme und ihres Verhaltens überhaupt nicht bewußt zu sein schien.

»Warum fühlten Sie sich erniedrigt, als ihr Mann und ihre Kollegen kamen?« fragte ich steif. »Man sollte doch eigentlich annehmen, Sie hätten sich über deren Unterstützung gefreut, vor allem in so einer gefährlichen Situation.«

»Sie kennen meinen Mann und seine Freunde nicht«, erwiderte sie resigniert. Immerhin klang ihre Stimme jetzt wieder normal. »Diese Cops halten nicht viel von uns weiblichen Polizistinnen.«

Ich versuchte meine Überraschung zu verbergen. Wußte sie, was sie sagte oder nicht? War ihr bewußt, daß sie jetzt völlig anders war als noch kurz zuvor? Ich hatte keinerlei Anhaltspunkte, dennoch kam es mir vor, als würde sie von alledem nichts merken. Ich beschloß, sie vorsichtig zu testen.

»Sie haben sich eben sehr verärgert über Ihre Kollegen geäußert und sie Idioten und Arschlöcher genannt. Warum?« fragte ich sanft.

»Arschlöcher und Idioten?« Sie sah mich an. Eine verlegene Röte überzog ihr Gesicht und ihren Hals. »Wovon reden Sie?«

Wollte sie mich auf den Arm nehmen? Noch vor wenigen Minuten hatte sie genau diese Worte benutzt, und jetzt tat sie so, als sei nie etwas geschehen. Ich beobachtete sie genau, aber sie wirkte ganz ehrlich.

Völlig verwirrt überlegte ich mir erneut, was ich als nächstes tun sollte. Mein Selbstbewußtsein war stark angeknackst, und ich mußte mir eine neue Strategie ausdenken. Sollte ich Mardoffs Rat befolgen oder mich auf meine eigene Intuition verlassen? Ich erinnerte mich an den Tip eines Kommilitonen, direkte Konfrontationen zu vermeiden. Am sichersten schien mir, das gesamte Thema zu umschiffen.

»Sie sagten, Sie hätten die Rückenschmerzen zum erstenmal bemerkt, als Sie den Bankräuber verfolgt haben«, gab ich zurück und überging ihre Frage einfach. »Ich wüßte gern, ob Sie vorher schon einmal andere körperliche Symptome festgestellt haben.«

Moira lächelte schwach. »Nicht daß ich wüßte, aber was spielt das schon für eine Rolle? Ich bin eine Versagerin. Nichts was ich tue, funktioniert«, sagte sie resigniert.

»Meine Mutter und meine Schwester haben immer gesagt, daß alles, was ich anfange, schiefgeht. Sie sehen ja, wie ich mit meiner Waffe umgegangen bin, während ich diesen Räuber verfolgte. Das war doch wirklich professionell, nicht wahr? Mein Mann und die anderen Kollegen haben sich bemüht, mich zu trösten. Ich weiß, daß es alles mein Fehler war. Auch daß ich mich so erniedrigt gefühlt habe, ist mein Problem und nicht ihres. Wenn ich dem Job nicht gewachsen bin, verdiene ich es einfach nicht, Officer zu sein.«

»Moira«, sagte ich und schaute in die Ferne. »Vielleicht . . .« Ich brach ab. Ich versuchte zwar, meine Gefühle nicht zu zeigen und objektiv zu bleiben, aber meine Körpersprache zeigte, daß ich mit ihren Selbstvorwürfen ganz und gar nicht einverstanden war. Ich wollte sie nicht zensieren, konnte aber irgendwie nicht anders. Ich fuhr fort: »Es hört sich so an, als versuchten Sie, etwas zu verdecken. Ist es vielleicht der Ärger über ihren Mann, weil er Ihnen während des Banküberfalls nicht zur Seite gestanden hat? Stört Sie das Verhalten ihrer männlichen Kollegen Frauen gegenüber?«

Moiras ganzer Körper begann zu beben. Das Zittern ähnelte ihren Bewegungen in unserer ersten Sitzung. Während ich sie beobachtete, wurde mir klar, daß es ein Fehler war, sie so direkt zu konfrontieren. Sie war einfach zu labil. Jetzt war es zu spät. Moiras Gesicht wurde leichenblaß. Das Zittern hörte auf, statt dessen wurde sie nun ganz starr. Die einzige Bewegung, die ich feststellen konnte, war das Knirschen ihrer Zähne.

Plötzlich brach es aus ihr heraus: »Dieses verdammte Schwein! Als wir nach Hause kamen, hat er mich völlig fertiggemacht. Er sagte mir, was für ein Idiot ich sei, immer gewesen sei. Dann hat er mich geschlagen, bis ich überall blaue Flecken hatte.« Moiras Stimme klang schrill und völlig unkontrolliert. »Er war so schlau, mich überall da zu schlagen, wo niemand die blauen Flecke sehen würde.« Sie hielt inne, und der Zorn schien etwas nachzulassen, als sie dann fortfuhr: »Aber er tut es die ganze Zeit, und ich glaube, ich habe es verdient.« Wieder hielt sie inne, und dann seufzte sie. »Er ist mein Schatz.«

Ich hatte zunächst das Gefühl, Mardoff gegenüber Recht behalten zu haben. Schließlich hatte ich es fertiggebracht, Moiras unterdrückte Persönlichkeit, die in der ersten Sitzung zum Vorschein gekommen war, wieder hervorgelockt zu haben. Vor mir saß die wütende, aggressive Frau, die sich seit dem ersten Mal nie wieder gezeigt hatte. Ich wünschte, Mardoff wäre hier gewesen, um es zu sehen. Ich fragte mich, bis zu welchem Grad sie ihr Verhalten steuerte. »Er ist mein Schatz«, wiederholte sie verzweifelt flüsternd. Ich saß wie gebannt und wartete auf ihre nächste Reaktion. Ich wußte, daß ich ihr irgendwann antworten mußte. Die Gedanken wirbelten durch meinen Kopf. Ich konnte ganz nebenbei auf ihren aggressiven Ausbruch zurückkommen oder wie schon einmal auf ihre Rückenschmerzen zu sprechen kommen. Genausogut konnte ich völliges Desinteresse vortäuschen und mit etwas ganz Neuem beginnen, das sie überraschen würde.

Zu gern hätte ich gewußt, ob dies alles ein Spiel für sie war, wie Mardoff behauptet hatte. Eine Alternative war es, den neutralen Standpunkt aufzugeben und mich auf ihr Spiel einzulassen. Ich könnte ein wenig ihr merkwürdiges Verhalten reflektieren oder sogar eine direkte Konfrontation versuchen. Ich könnte so tun, als ärgerte ich mich über ihre Verweigerung, oder versuchen, Sie in die Enge zu treiben und sie dazu zu zwingen, zuzugeben, daß sie das alles nur vorgespielt hatte.

Es gab eine Reihe von Möglichkeiten, aber ich fühlte mich nicht kompetent genug, eine davon auszuprobieren.

Ich kehrte auf relativ sicheren Boden zurück und kam wieder auf ihre Rückenschmerzen zu sprechen. Sie lachte daraufhin. Dann sagte sie kalt lächelnd und mit dieser seltsam affektierten Stimme: »Dieses Scheißding hört nie auf, mich umzubringen. Es bringt mich um... wie die anderen auch.« Ich rang nach Luft. Was nun?

Die bloße Annahme, diese Wandlungen seien Moira völlig unbewußt, war faszinierend. Andererseits war die Tatsache, daß sie sich zumindest teilweise an das erinnerte, was sie sagte, ein Hinweis darauf, daß sie vielleicht doch vorsätzlich handelte. Wünschte ich mir, daß sie sich ihrer selbst nicht bewußt war, weil das meinen eigenen Interessen entgegenkam?

Es war alles so verwirrend! Ich wußte weder ein noch aus. Handelte sie vorsätzlich, oder hatte sie keine Ahnung davon, daß sie einen Moment lang süß und passiv war und im nächsten böse und aggressiv? Die Sitzung ging dem Ende zu. Ich mußte irgendeinen Schluß finden, und dieses Bedürfnis hatte Moira sicher auch.

»Haben Sie wegen ihrer Rückenschmerzen einen Arzt aufgesucht?« fragte ich sie. Als sie nur die Achseln zuckte, fügte ich hinzu: »Übrigens, wieso nennen Sie Ihre Rückenschmerzen ›Scheißding‹?« Moira sah mich eine Weile an, dann stand sie auf und verließ mein Sprechzimmer ohne ein weiteres Wort.

Ich blieb regungslos sitzen, bis Gail meinen nächsten Patienten ankündigte.

In der Nacht vor unserer nächsten Sitzung hatte ich zwei Träume. Das ganze Jahr über hatten sich meine Träume um meine eigene Person gedreht, jetzt handelten sie von Moira. Ich dachte sogar kurz daran, ihr davon zu erzählen, obwohl das aus therapeutischen Gesichtspunkten nicht ratsam war. Als ich Jill, meine Analytikerin, das nächste Mal traf, erzählte ich ihr davon, Mardoff gegenüber erwähnte ich sie jedoch nicht.

»Im ersten Traum«, sagte ich, »liefen zwei Frauen auf mich zu. Sie hatten die Arme ausgestreckt und bewegten sich durch dichten Nebel. Eine der Frauen lächelte strahlend. Sie gab mir eine schwarze Pistole. Die andere Frau war irritiert, denn obwohl sie die Arme in meine Richtung streckte, waren ihre Hände leer. Aus irgendeinem Grund mußte ich mich zwischen den beiden Frauen entscheiden. Ich weiß, daß meine Wahl für Freudianer ein starkes ungelöstes ödipales Verlangen bedeutet.

Wir haben in den Sitzungen zwar nie ausführlich über Moiras Eltern gesprochen, aber ich hatte das Gefühl, die beiden Personen standen für ihren Vater und ihre Mutter. In meinem Traum war sie genauso wie in Wirklichkeit zwischen deren unterschiedlichen emotionalen Bedürfnissen gefangen. Die Mutter verlangte absoluten Gehorsam und ließ Moira wenig Gelegenheit zu einer unbeschwerten Kindheit. Deshalb verarbeitete Moira aus Gründen, die noch zu klären sind, ihre kindlichen Bedürfnisse in Phantasien über sexuelle Kontakte zu ihrem Vater.

Ich glaube, die Polizeiwaffe von Moiras Vater ist ein Symbol für ihre unbewußten sexuellen Triebe. Deshalb bittet sie im Traum ihre Mutter, spielen zu dürfen, und als ihre Mutter ablehnt, wendet sie sich an ihren Vater. Ihr Vater lehnt ihren Wunsch ab, sich auf sie einzulassen, deshalb kommt sie zu mir, weil sie hofft, ich könne den Konflikt lösen.« Jill schwieg, und ich fuhr fort.

»Erst ist Moira die Frau, die mir die Pistole reicht. Dann entdeckt sie, daß ihr Vater ihr nicht zur Verfügung steht, und ist völlig irritiert. Sie unterdrückt ihre Sexualität. Während unserer Sitzungen muß ich die heftigen ödipalen Konflikte in Moira gespürt und sie dann in meine Träume eingebaut haben.«

Ich strich mir nachdenklich über das Kinn. »Vielleicht standen die beiden Frauen in dem Traum auch für ihre ältere Schwester und ihre Mutter. Ihre Mutter wurde als dominant und autoritär beschrieben; sie hat ihre Tochter während ihrer Teenagerzeit zerstört. Moiras Weinen am Ende des Traums habe ich interpretiert als ihre Hilflosigkeit, sich gegen diese Dominanz und die Abneigung, die sie verspürt, zu wehren.«

Ich spekulierte weiter. »Vielleicht hat die Waffe, die sie vor der Bank auf dem Boden liegen sah, ihre Rückenprobleme ausgelöst. Vielleicht gab es Verbindungen zu diesen ödipalen Regressionen, vor allem zu ihrer Bemerkung: ›Das Scheißding bringt mich um.‹ Demnach stand ›Scheißding‹ sowohl für ihr sexuelles Verlangen als auch für ihr Rückenleiden.«

Ich sah Jill gespannt an. »Mir ist klar, daß diese Freudschen Interpretationen nur Mutmaßungen sind. Trotzdem habe ich das Gefühl, daß sie Moiras Konflikte, die ich während der Therapie entdeckt habe, erklären könnten.« Jill nickte, sagte aber nichts. Ich fuhr fort.

»In meinem zweiten Traum betrat ich eine dunkle Kirche, und eine Madonna erschien in der Tür. Es war Moira, blaß und großäugig. Sie winkte mich zum Altar, aber ich war unfähig, mich zu bewegen. Meine Füße waren wie Blei. ›Aber ich bin Jude‹, sagte ich. ›Das ist schon okay‹, antwortete sie, ›Wir alle müssen als Gottes Kinder für unsere Sünden büßen.‹ Auf dem Altar lag die Pistole aus meinem ersten Traum. Sie lag neben einem Kruzifix und sah aus wie ein Heiligtum. In meinem Traum konnte ich die Waffe sehen, aber Moira blieb sie verborgen. Sie suchte nach etwas, dann entdeckte sie die Pistole. Sie kniete nieder, küßte sie und reichte sie mir dann. Ich lehnte das Geschenk ab, weil ich das Gefühl hatte, es sei etwas Sexuelles. Und als Psychologe durfte ich mich nicht mit ihr einlassen. Sie wurde wütend und fauchte mich an. ›Du verdammtes Schwein! Ihr seid alle gleich . . . ihr Männer!‹ Dann schrie sie und riß sich an den Haaren.

Ich interpretierte den zweiten Traum als Folge des ersten. Das einzig Neue war die sexuelle Spannung zwischen Moira und mir. Unbewußt war entweder sie von mir angezogen oder ich von ihr oder beides. Da sie auch kurz von ihrem katholischen Glauben gesprochen hatte, vermutete ich eine Verbindung zwischen ihren Symptomen und einem religiösen Schuldbewußtsein.

Ich wußte, daß ich eigentlich mit Mardoff über meine Träume sprechen mußte, aber ich konnte nicht. Ich wußte nicht, wie ich reagieren würde, wenn er meine Analysen erneut in Grund und Boden gestampft hätte. Was wäre, wenn meine Interpretationen keinen theoretischen Halt hatten? Ich fand, daß ich es nicht riskieren sollte, mich vor ihm lächerlich zu machen.

Ich habe über den Wandel in Moiras Verhalten in meinem zweiten Traum nachgedacht«, erzählte ich Jill. »Offenbar steht er für die beiden Persönlichkeiten, die sie in unseren Sitzungen offenbart hatte. Der Kontrast fasziniert mich.«

Endlich schaltete Jill sich ein. »Was glauben Sie eigentlich, warum wir uns in den letzten drei Sitzungen fast ausschließlich mit dieser einen Patientin beschäftigt haben? Wir haben über ihre Empfindungen und über Ihr Verhalten gesprochen und sind Ihren Traumdeutungen bis ins Detail nachgegangen. Dabei haben wir Ihr persönliches Leben völlig außer acht gelassen. Haben Sie darüber schon einmal nachgedacht?«

Jill machte einen einzigen Kommentar zu dem Traum. »Martin, glauben Sie, dieser Traum könnte ihren Wunsch zum Ausdruck gebracht haben, Moira zu helfen? Könnte es ein Weg für Sie sein, wiedergutzumachen, daß Sie als Kind

Ihrer Schwester Shirley nicht helfen konnten? Hat ihre Angst vor Shirley auch Schuldgefühle bei Ihnen ausgelöst?«

»Ich dachte, ich müßte alle bedeutsamen Gedanken und Gefühle ansprechen«, erklärte ich. »Ich denke ununterbrochen über diese Patientin nach und habe das Gefühl, daß Moira für einen Konflikt in meinem eigenen Leben steht. Ihre Beobachtung, daß ich eine Verbindung zwischen Moira und meiner Schwester hergestellt habe, ist ganz richtig.

Ich habe in den letzten eineinhalb Wochen, seit ich diese Träume hatte, über nichts anderes nachgedacht. Und ich bin ziemlich verwirrt. Ich weiß, daß ich Mardoff davon erzählen sollte, habe aber Angst davor, weil ich nicht sicher bin, wie er auf meine Deutungen reagieren wird. Was wird er sagen, wenn er erfährt, daß ich von einer Patientin geträumt habe, noch dazu von einer, die er nicht mag?«

Jill sah mich aufmerksam an, und ich redete rasch weiter. »Sie halten mich für narzißtisch, nicht wahr? Ein Therapeut, der sich zu stark mit einem Patienten beschäftigt, kommt leicht in den Verdacht, das Bedürfnis zu haben, eine Retterfunktion zu übernehmen. Sie glauben, daß ich mich zu sehr von meinem Wunsch leiten lasse, mich brillant zu fühlen und zu prahlen.« Ich hielt inne, holte tief Luft und sagte dann: »Vielleicht haben Sie recht. Aber ich denke an nichts anderes. Meine anderen Patienten langweilen mich, ich kümmere mich kaum noch um meine Frau und vernachlässige meine Kinder. Trotzdem kann ich einfach nicht anders. Die Möglichkeit, daß ich vielleicht mit einer multiplen Persönlichkeit arbeite, versetzt mich in Hochspannung.«

Jill zog die Augenbrauen hoch. »Warum erzählen Sie mir nicht weiter, wie Sie Ihren zweiten Traum gedeutet haben?« fragte sie leise. Offenbar hatte sie ihre Meinung über die Bedeutung dessen, was ich sagte, geändert.

Ich nickte. »Ich habe mich gefragt, ob die Pistole in meinem Traum Moiras unterdrückte Sexualität symbolisiert hat. Ich glaube, daß die Waffe in der Bank irgendwie mit ihrem Mann oder ihrem Vater zu tun hat. Sie sind beide Polizisten. Könnte es sein, daß der Anblick der Waffe auf dem Gehsteig sexuelle Gefühle in ihr hervorgerufen hat, die sie aus Angst vorher unterdrückt hatte?« Jill schwieg und strich sich nachdenklich über das Kinn. Ich fuhr fort: »Das Gewehr neben dem Kruzifix könnte die Schuldgefühle wegen dieser Gefühle bedeuten. Im Traum erinnerte sie mich an das Martyrium Christi. Als derart gequälte Person erlebe ich sie in der Therapie meist. Moira scheint sexuell völlig verklemmt zu sein, bis ihr anderes Ich zum Vorschein kommt. Dann bricht ihre ganze Wut und ihre Sexualität plötzlich aus ihr hervor. Beides scheint bei Moira eng miteinander verknüpft zu sein.«

»Eine interessante Analyse«, antwortete Jill und beugte sich zu mir. Eine Lächeln umspielte ihre Lippen, als sie hinzufügte: »Meinen Sie nicht, es sei noch ein bißchen zu früh für derart detaillierte Theorien über eine Diagnose und die Behandlung?«

Meine Stimme wurde laut. »Wollen Sie damit andeuten, daß ich mich mehr auf meine eigenen Bedürfnisse in dieser Situation konzentrieren und herausfinden sollte, was mich an Moira so sehr beschäftigt?«

»Vielleicht wäre das ganz sinnvoll«, entgegnete sie knapp.

»Ist es nicht so, daß viele Ihrer Patienten ihre ambivalenten Gefühl gegenüber ihren Eltern durch symbolische Selbstzerstörungsakte ausdrücken? Vielleicht sind die Konflikte, die Moira als Kind mit ihren Eltern hatte, die Ursache für ihre Rückenschmerzen?«

Ich atmete schwer. »Könnte mein neurotisches Bedürfnis, Leute und Dinge zu berühren, um meine Ängste zu mindern, nicht von ähnlichen ungelösten Konflikten stammen? Vielleicht liegt es in der Natur des Menschen, sich selbst symbolisch zu verletzen, wenn er seine Eltern nicht dafür bestrafen kann, daß sie ihn verletzt haben?« Ich dozierte weiter. »Mir ist klar, daß diese Deutungen banal klingen und auf vereinfachten Freudschen Theorien fußen. Und ich weiß auch, daß meine Gespräche mit Moira mir wenig Anhaltspunkte dazu geben. Und trotzdem glaube ich, daß sie richtig sind.«

»Martin«, antwortete Jill ruhig, »unsere Sitzung ist gleich vorüber. Ich empfehle Ihnen dringend, Ihre Träume nicht näher zu erforschen, bevor Sie sie in der Supervision diskutiert haben.«

»Verstehe«, antwortete ich knapp.

Dennoch hatte ich bereits meine Entscheidung getroffen: Ich würde Mardoff von diesen Mutmaßungen nichts erzählen. Ich wußte, daß Mardoff sie nicht gutheißen und mir erneut vorwerfen würde, mich von Moira beeinflussen zu lassen. Und ich wußte auch, daß ich entgegen Jills Rat die Träume mit Moira besprechen würde.

Ich war mir nicht sicher, ob diese Entscheidungen falsch waren. In der Psychotherapie ist es äußerst ungewöhnlich, die eigenen Träume mit einem Patienten zu besprechen. Durfte ich das tun? Ich wußte es nicht. Alles, was ich wußte, war, daß ich eine Allianz mit ihr brauchte, und ich hatte das Gefühl, dies sei der richtige Weg, eine aufzubauen.

Obwohl ich Moira in meine Träume über sie einweihen würde, damit sie mir vertraute, war ich mir immer noch nicht sicher, ob ich ihr auch Vertrauen schenken konnte. Was war, wenn sie mir doch etwas vormachte und mich an der Nase herumführte? Aber ich hatte nur diese eine Möglichkeit, eine Verbindung zwischen uns aufzubauen.

Als Moira zu unserer nächsten Sitzung erschien, benahm sie sich, als wäre seit unserem letzten Zusammentreffen nichts Ungewöhnliches geschehen. Sie schien überrascht, als ich ihr sagte, daß ich von ihr geträumt hatte. »Bitte erklären Sie mir, was das bedeuten könnte«, bat sie.

Sorgfältig wählte ich nur die Teile meiner Träume aus, von denen ich glaubte, daß sie sie hören sollte. Ich wollte sie nicht in die Enge treiben, sondern sie vorsichtig dazu bringen, in ihre eigene Vergangenheit einzudringen. Moira schien das zu verstehen. »Ich bin froh, daß Sie so ehrlich zu mir sind.« Ein Lächeln umspielte ihren Mund. »Anscheinend haben Sie über mich nachgedacht und nehmen mein Leiden ernst. Das bedeutet sehr viel«, sagte sie und griff nach meiner Hand, als wir uns an der Tür gegenüberstanden. In den nächsten Sitzungen begann sie erstmals, offen mit mir über ihre Familiengeschichte zu sprechen.

5

Rückkehr in Moiras Vergangenheit

»Meine Eltern«, begann Moira mit leiser Stimme, »stammten aus Irland, das sehr arm war, und wanderten in die Vereinigten Staaten aus. Innerhalb von sechs Jahren bekamen sie sechs Kinder. Ich war das zweitgeborene und zugleich die zweitälteste Tochter, nach mir kamen noch drei Brüder und eine Schwester.«

»Wie ist Ihre Familie finanziell zurechtgekommen?« erkundigte ich mich.

»Es ging uns besser als den meisten unserer eingewanderten Nachbarn. Mein Vater war Polizist in New York und hatte einen relativ sicheren Job und ein regelmäßiges Einkommen. Wir sechs Kinder müssen eine enorme Belastung für meine Eltern gewesen sein, aber sie waren in der Lage, uns anständig zu kleiden und zu ernähren, und das war in jenen Zeiten für die meisten Leute in unserer Umgebung nicht selbstverständlich.« Sie ließ den Blick durch den Raum schweifen, und sah mich dann an. Ich rutschte auf meinem Stuhl herum.

»Wie mein Vater gingen auch meine drei Brüder früh zur Polizei. Von uns drei Mädchen war ich die einzige, die ein bißchen Karriere machte, denn meine Schwestern wurden Hausfrauen wie meine Mutter.«

»War es eine schwierige Entscheidung für Sie, Polizistin zu werden?«

Sie nickte. »Es war ziemlich hart. Meine Familie war dagegen, und ich hätte mich fast gefügt. Doch dann zwang ich mich dazu, mich durchzusetzen, und irgendwie ist es mir gelungen. Dabei gab es damals bei der New Yorker Polizei kaum Frauen, wie Sie sich vorstellen können.«

»Hatten Sie irgendwelche Unterstützung?«

»Die einzigen Menschen, die an mich glaubten, waren die Eltern meiner Mutter. Sie kamen kurze Zeit später in dieses Land. Sie waren sehr religiös, hatten jedoch auch sehr viel Selbstvertrauen. Ich denke, es waren ihre Grundsätze, die mich beeindruckt und in meinem Willen bestärkt haben.«

Ich beugte mich zu ihr. »War Ihre Mutter nicht religiös?«

»Meine Mutter hat nie an die Kirche geglaubt und sie nur benutzt, um uns damit zu belohnen oder zu strafen.«

»Und Ihr Vater?«

Sie lächelte. »Meine Vater haßte alle religiösen Einrichtungen.

Meine Mutter sagte immer, er würde sich für nichts interessieren außer für seine Saufkumpanen bei der Polizei.

Meine Großeltern haben ständig mit meiner Mutter über ihre Erziehungsmethoden gestritten und darüber, daß sie die Lehren der Kirche immer so benutzte, wie es ihr gerade gelegen kam. Sie warfen meiner Mutter vor, uns dem Bösen auszusetzen.

Vordergründig kümmerte sich meine Mutter wenig um die Meinung meiner Großeltern und machte oft Witze über ihre naive, altmodische Weltsicht. Aber sie muß schrecklich gelitten haben«, berichtete Moira und zerknüllte das Papiertaschentuch, das sie in den Händen hielt und riß es anschließend in kleine Stücke.

»Vielleicht hat sie sich deshalb vorwiegend um meine ältere Schwester Janice gekümmert und uns andere ignoriert.«

»Das muß Sie sehr getroffen haben«, sagte ich mitleidig.

Tränen traten in ihre Augen, aber sie fuhr fort: »Wir Kinder wurden zu den Großeltern abgeschoben, und meine Großmutter hat für uns gesorgt. Sie hat für uns gewaschen und gekocht, und sie hat uns Laufen und Sprechen beigebracht. Abends sind wir dann immer nach Hause zurückgekehrt. Janice spielte die Vermittlerin, die Anweisungen oder Kritik für Mutter entgegennahm.«

»Das war sicher hart für Sie«, sagte ich.

»Es wurde noch schlimmer. Noch während ich zur Schule ging, starb meine Großmutter. Ich hatte sehr an ihr gehangen und litt schrecklich unter dem Verlust. Wie wahrscheinlich viele Kinder, fühlte ich mich für ihren Tod verantwortlich. Ich glaubte damals, wenn ich ein bißchen netter und lieber zu ihr gewesen wäre, wäre sie vielleicht nicht gestorben. Und meine Mutter machte alles noch schlimmer, indem sie immer wieder sagte, wie schrecklich es für sie sei, uns Kinder wieder zu Hause zu haben.

Da ich das älteste von uns Kindern war, die zu den Großeltern abgeschoben worden waren, ließ sie mich ihre Unzufriedenheit am stärksten spüren. Ich versuchte damals, meine Mutter zu verstehen und ihr Verhalten zu rechtfertigen.«

In Moiras Augen standen Tränen, aber sie zwinkerte sie fort.

»Meine Großmutter war also nicht mehr für mich da. Das einzige, was mir blieb, war mein christlicher Glauben, zu dem sie mich erzogen harte. Ich hatte viele Geschichten über Märtyrer und Heilige gehört, die Christus gefolgt waren, und wollte so sein wie sie.«

Moira blickte in die Ferne. »Sie hatten alle unschuldig gelitten, und ich redete mir ein, die grausame Art, mit der mich Janice und meine Mutter behandelten, würde mir helfen, so zu werden wie die Heiligen. Ich betete zu meiner Großmutter, damit sie mich dabei unterstützte, und ich versuchte so zu sein wie sie.«

»Sie müssen auf sehr viel verzichtet haben«, sagte ich.

Moira nickte, und ihre Stimme wurde hart. »Jeden Morgen weckte ich meine jüngeren Geschwister und half ihnen beim Anziehen. Dann machte ich das Frühstück und brachte meine Geschwister zur Schule, als sie alt genug waren. Oft bin ich selbst zu spät in meine eigene Klasse gekommen und von meinem Lehrer beschimpft worden. Nachmittags habe ich dann die Wohnung aufgeräumt. Dann machte ich Abendessen für meinen Vater und leistete ihm beim Essen Gesellschaft.«

Während sie über ihren Vater sprach, wurde Moiras Gesicht zur Maske. Ich beugte mich vor, um nur ja keine Regung zu versäumen, die auf ihr inneres Befinden schließen ließ. »Erzählen Sie mir von ihm.«

»Er hat mir immer gesagt, wie sehr er Irland liebte und vermißte.«

»Was glauben Sie, warum?« fragte ich.

»In Irland war das Leben so viel geregelter. Als junger Mann hatte mein Vater in einer kleinen, eng zusammengehörenden Gemeinschaft gelebt. Er kannte jeden in seiner Stadt, und die meisten seiner Kinderfreundschaften blieben auch später bestehen. Er arbeitete für wenig Lohn, aber es reichte aus, um seinen Eltern einen Zuschuß zu zahlen. Was übrigblieb, konnte er mit seinen Freunden im Pub vertrinken. Bis zu seiner Hochzeit hatte er kaum Kontakt zu Mädchen.«

»Und was geschah dann?«

Moira verzog das Gesicht. »Nachdem er geheiratet hat, hat sich alles verändert. Er hatte kaum noch Zeit für seine Freunde, und sein Lohn reichte für seine Familie nicht mehr aus. Weder er noch meine Mutter hatten Ahnung von Verhütungsmitteln, und meine Mutter wurde bald schwanger. Meinem Vater wurde ziemlich bald klar, daß er etwas unternehmen mußte, um mehr Geld zu verdienen.« Moira machte eine kurze Pause, dann fügte sie hinzu:

»Kurzentschlossen wanderten sie nach Amerika aus.«

»Das muß sehr schwierig gewesen sein«, murmelte ich.

Sie nickte. »Als mein Vater hier in diesem Land ankam, versuchte er Freunde zu finden wie die, die er in Irland besessen hatte. Aber die einzigen, die er fand, waren seine Kollegen bei der Polizei. Damals gab es sehr viele irische Einwanderer bei der New Yorker Polizei. Nach ein paar Drinks war es meinem Vater egal, daß er diese Freunde nicht seit seiner Kindheit kannte. Es waren die einzigen Menschen, denen er sich verbunden fühlte. Mein Vater verbrachte lange Nachmittage gelangweilt zu Hause und wartete nur darauf, seine Freunde vor der Arbeit in einer Kneipe zu treffen. Abends verließ er dann das Haus, und meine Mutter beschwerte sich jedesmal sehr heftig.

Ich glaube, er lief ebenso vor ihr davon wie vor seiner Langeweile. Meine Eltern waren zur Hochzeit gezwungen worden, weil man in ihrem kleinen Heimatort munkelte, sie hätten eine sexuelle Beziehung. Beide Elternpaare drängten sie damals zur Heirat, um weiteres Gerede zu vermeiden.

Nach wenigen Ehejahren empfanden sie nur noch Zorn und Abneigung füreinander. Sie blieben zusammen, weil sie katholisch waren, aber die meiste Zeit gingen sie sich aus dem Weg. Meine Mutter erzählte mir, daß sie nur zusammen schliefen, um Kinder zu zeugen, und sie nach dem sechsten Kind keins mehr wollten. Ich glaube, mein Vater hat ein sehr schlechtes Gewissen gehabt, weil er meine Mutter haßte.«

»Warum sagen Sie das?« fragte ich.

»Nun, er hat sich von uns allen zurückgezogen. Ich war die einzige, mit der er ab und zu sprach, wenn ich das Essen kochte. Ich hörte mir seine Geschichten über die Polizei an, und er genoß es, mir von den Kriminellen zu erzählen, die er verhaftet hatte.« Moiras Gesicht wurde plötzlich sehr lebendig. »Mich hat das ungeheuer fasziniert.«

Während ich Moiras Erzählungen folgte, erinnerte ich mich an die Tage, die ich mit meinem eigenen Vater verbracht hatte, und an denen er mir von seiner Vergangenheit berichtet hatte. Erneut fielen mir die Parallelen zwischen meinem und Moiras Leben auf. Beide Familien hatten gegen große Schwierigkeiten zu kämpfen gehabt, und in gewisser Weise waren wir beide Blitzableiter für die Frustrationen unserer Eltern gewesen. Dennoch hatte ich das Gefühl, daß Moiras Rolle wesentlich schmerzhafter gewesen war als meine. Meiner Familie war es nie besonders gut gegangen, aber mein Vater hatte mich bedingungslos geliebt. Ganz plötzlich war ich mit meinen Gedanken wieder in der Gegenwart.

»Mein Vater hat mich nie so beschimpft wie Janice oder meine Mutter, aber er ist auch nicht für mich eingetreten«, berichtete Moira. »Ich vermute, er hätte auch gar nicht gekonnt, denn sonst hätten sie sich auch über ihn hergemacht.«

»Es muß Ihnen trotzdem sehr weh getan haben«, antwortete ich.

»Schon.« Moira zuckte mit den Schultern. »Am späten Nachmittag, nachdem mein Vater in die Kneipe verschwunden war, ging ich weiter meinen Haushaltspflichten nach. Manchmal wenn meine Mutter und Janice nicht zu Hause waren, boten mir meine jüngeren Geschwister ihre Hilfe an. Aber oft gingen sie mir aus dem Weg, denn sie fürchteten Mutters Zorn. Sie war sehr aufbrausend. Es war nicht ihre Schuld.« Moira sah mich an. »Sie waren ja noch so jung.«

»Das waren Sie auch«, wandte ich vorsichtig ein.

»Aber ich war für sie verantwortlich und mußte auf sie aufpassen, und das habe ich nicht immer getan.«

»Sie waren doch auch noch ein Kind«, wiederholte ich.

»Aber es war meine Schuld«, beharrte sie.

Ich gab keine Antwort.

»Mit der Zeit trank mein Vater immer mehr und immer häufiger. Manchmal schlug er uns.« Ich zuckte zusammen, aber Moira merkte es nicht. »Nie schlug er meine Mutter oder seine Kollegen oder Fremde, immer nur uns Kinder.«

»Die meisten Schläger achten darauf, sich immer nur ›ungefährliche‹ Opfer auszusuchen«, erklärte ich ruhig.

Moira fuhr fort, als hätte sie meine Antwort nicht gehört. »Meist schlug er mich.«

Meine Gedanken überstürzten sich. Vielleicht lag das daran, daß sie wie meine Schwester Shirley das schwächste Glied in der Familie war. Vielleicht hatte Moiras Vater es aber auch gehaßt, von seiner Tochter abhängig zu sein und seine emotionalen Bedürfnisse bei ihr befriedigen zu müssen.

»Hat denn niemand etwas gemerkt?« fragte ich.

Moira schüttelte den Kopf. Mit zitternder Stimme sagte sie: »Weder meine Lehrer noch die anderen aus der Familie haben mich je nach meinen blauen Flecken gefragt. Niemand hat mich getröstet oder mir Hilfe angeboten.«
»Haben Sie nie jemand davon erzählt?«
Moira schien nicht mehr in der Lage zu sein weiterzureden. »Nein, bis heute habe ich nie darüber gesprochen«, antwortete sie schließlich.

Bei meinem nächsten Treffen mit Mardoff versuchte ich ihm von Moiras unglücklicher Kindheit zu erzählen. Mardoff lachte über mein Mitleid und verwarf meine Vermutung, ihr Verhalten in Streßsituationen könne ein Hinweis darauf sein, daß Moira als Kind auch sexuell mißhandelt worden wäre. Für mich jedoch waren ihre häufigen sexuellen Anspielungen ein klarer Hinweis darauf, daß Sexualität für sie eine große Rolle spielte.
»Vielleicht erinnern Sie sich daran, Mr. Obler, daß Freud das Verführungsmodell in seiner psychoanalytischen Theorie schon vor Beginn unseres Jahrhunderts verworfen hat«, schnappte Mardoff. »Im Gegensatz zu Ihnen hat er begriffen, daß sexuelle Phantasien und nicht die eigentliche Verführung zentrale Motive für die Neurose sind.« Mardoff schien wirklich jeden meiner Ansätze abzuschmettern, mit denen ich meine Theorie von Moiras multipler Persönlichkeit zu stützen versuchte. Wieder folgte ich Mardoffs Rat und vermied es, die Schlüsselthemen direkt anzusprechen. Durch meinen regelmäßigen Kontakt zu Moira und meinen anderen Patienten lernte ich zwar mehr und mehr auf meine eigenen Fähigkeiten zu vertrauen, aber ich war immer noch gewillt, mich Mardoffs Erfahrung unterzuordnen. Mit seiner Zustimmung beschloß ich, mich Moira über einen anderen Weg zu nähern — über die Kirche.
Wir hatten beide den Eindruck, daß die katholische Kir-

che in Moiras Leben eine bedeutsame Rolle gespielt hatte. In unserer nächsten Sitzung sprach ich sie darauf an.

»Als Teenager ging ich oft früh in mein Zimmer«, erklärte Moira.

»Dort kletterte ich dann aus dem Fenster und flüchtete in den Frieden und die Einsamkeit der Dorfkirche.

›Eine gute Christin ist geboren, um zu büßen‹, hat einmal ein Priester zu mir gesagt, als er mir in der Beichte den Sinn des Märtyrertums erläuterte. Er sagte: ›Du solltest dankbar sein für alle Bürden, die dir auferlegt werden, egal wie schwer sie dir erscheinen.‹

Daran habe ich mich gehalten. Außer während der Beichte habe ich nie über das gesprochen, was bei uns zu Hause geschah. Aber da ich mich für die Schläge verantwortlich fühlte, die ich bekam, empfand ich es als meine Pflicht, sie im Beichtstuhl anzugeben. Der Priester und die Nonnen wußten also von den Mißhandlungen, aber sie haben sich nie darum gekümmert. Deshalb glaubte ich, sie würden mir zustimmen.«

Ich versuchte, die Logik ihrer Erklärungen zu widerlegen. »Warum sind Janice und die anderen Kinder diesen Mißhandlungen entgangen, wo sie doch auch für deren religiöse Entwicklung wichtig gewesen wäre?« Moira schien den Widerspruch nicht zu bemerken.

»Entweder haben die Priester und Nonnen ihre Geschwister falsch erzogen, oder sie haben falsch gehandelt, indem sie Ihnen nicht geholfen haben.«

»Was sagen Sie da?« Moira hob die Stimme. Sie reagierte, als versuchte ich sie eines wertvollen Geschenkes zu berauben. »Ich habe es in der Schule genossen, wenn mich die Nonnen bestärkten und mich dafür belohnten, daß ich zu Hause so viel arbeitete. Sie sagten immer, es würde Gott gefallen, daß ich diese ganzen Opfer auf mich nahm.«

Moira berichtete mir, daß körperliche Züchtigungen in

der Schule, die sie besuchte, nichts Ungewöhnliches waren. Irgendwie zog Moira sich den Zorn der Nonnen häufiger zu als die anderen Kinder. Und im Gegensatz zu den anderen Kindern, die wegen ihres Fehlverhaltens geschlagen wurden, wurde Moira geschlagen, weil sie ›stolz‹ war.

Als Moira mir diese vertrackte Logik erklärte, hatte ich das Gefühl, explodieren zu müssen. »Nein, nein, nein!« schrie ich sie an. »Spüren Sie denn den Widerspruch nicht? Sie bekamen in ihrer Schulzeit die besten Noten, und trotzdem haben die Lehrer ihnen regelmäßig irgendein Fehlverhalten attestiert. Verstehen Sie denn nicht, daß sie an Ihnen ihre ganze Frustration ausgelassen haben? Bedeutet Martyrium nicht, sich zu Gott zu bekennen, während das Böse triumphiert? Wie konnten Ihre Lehrer ihre Mißhandlungen mit Heilsversprechungen rechtfertigen? Wann lassen Sie Ihren Ärger endlich raus?«

Ich wußte, daß mein Ausbruch unangemessen war und nur dazu führte, Moira zu verschrecken. Aber ich war nicht in der Lage, meinen Zorn zurückzuhalten. Wieder einmal hatte ich das Gefühl, mich sehr stark mit ihr zu identifizieren.

Als ich versuchte, den Grund für meine Wut herauszufinden, erinnerte ich mich an einen Vorfall in meiner Kindheit. Eines Samstags nach der Morgenandacht in der Synagoge hatte mich der Rabbi um Hilfe gebeten. Er übertrug mir die ehrenvolle Aufgabe, die Thora wegzuschließen. Anschließend sollte ich die Lichter löschen und die Tür schließen.

Schon als Kind wußte ich, daß es am Sabbat, dem Tag der Ruhe, nach den Glaubensgesetzen verboten war, einen Lichtschalter auszuknipsen oder eine Tür zu schließen. Der Rabbi hatte versucht, mein vermeintliches kindliches Unwissen auszunutzen. Er würde Gott nicht beleidigen, ich sollte es tun.

Danach weigerte ich mich, diese Synagoge je wieder zu betreten. Meine Eltern mußten jemand anders für meinen Bar Mitzvah finden. Ich begann alle Formen religiöser Heuchelei zu verachten. Als ich jetzt darüber nachdachte, wurde mir erneut klar, wie sehr meine eigenen Erfahrungen das beeinflußten, was mir an Moiras Erlebnissen bedeutsam erschien. Auf einer tieferen Ebene begann ich mich zu fragen, ob es Therapeuten möglich ist, ihre eigenen Erlebnisse und Erfahrungen jemals auszuschalten.

War es nicht sinnvoll, wenn Therapeuten sich zunächst ihren persönlichen Problemen stellten, und die Kraft, die sie daraus schöpften, für ihre Patienten nutzten? Sicher wäre das fruchtbarer, als dauernd Energie darauf zu verschwenden, die Bedeutung des eigenen Lebens herunterzuspielen.

Waren Macht und Kontrolle nicht das wichtigste in einer Therapie? Intuitiv spürte ich, daß die Distanz, die Mardoff von einem Therapeuten forderte, in Wirklichkeit ein unterschwelliger Wunsch nach Macht bedeutete. Das alles war Teil jenes Arztmythos — als ob wir über allem schwebten, auch über Gefühlen und Bedürfnissen.

Etwa eine Woche später erzählte Moira mir von Marcia, ihrer einzigen Freundin, die sie als Kind hatte. »Wie so oft haben sich auch bei uns die Gegensätze angezogen. Marcia war alles das, was ich nicht war: zuversichtlich, offen, geradeheraus. Sie glaubte immer, ihr stünde nur das Beste zu.« Moira lächelte. »Marcia hat mit mir geschimpft, weil ich die Behandlung zuhause und in der Schule über mich ergehen ließ.«

Als ich Moira von Marcia reden hörte, war ich überglücklich. Dies konnte mein Weg zu Moira sein. Als ich an meine eigene Kindheit zurückdachte, fiel mir ein, daß ich auch so einen Freund gehabt hatte. In meinem Fall hatte dieser Freund jedoch nur in der Phantasie existiert.

Bis ungefähr zu meinem siebenten Lebensjahr war meine

Schwester Selma für mich eine Art Ersatzmutter gewesen. Plötzlich und ohne einen für mich ersichtlichen Grund benahm sie sich mir gegenüber so, als haßte sie mich. Um mit dem Schmerz aufgrund ihrer Ablehnung fertigzuwerden, begann ich so zu tun, als hätte ich einen neuen Spielkameraden.

Mein Freund war aggressiv wie Marcia, ein Typ, dem die ganze Welt gehörte und der die Probleme des Alltags spielend meisterte. Mein Freund gab mir die Möglichkeit, der schmerzhaften Einsamkeit und der Abneigung meiner Eltern zu entfliehen, und er gab mir ein Ziel, auf das ich meine Liebe richten konnte. Ganz langsam sammelte ich neue Kräfte, und dann brauchte ich meinen Freund nicht mehr, um gegen meine Ängste anzukämpfen. Ich fragte mich, ob Marcia für Moira dieselbe Bedeutung gehabt hatte. In der Erinnerung an meinen Freund hörte ich Moira nun aufmerksamer zu. »Ich riskierte bewußt den Ärger meiner Mutter, um Zeit mit Marcia zu verbringen. Ich erzählte ihr, ich müßte länger in der Schule bleiben, um den Nonnen zu helfen, während ich mich in Wirklichkeit mit meiner Freundin traf, um die Gegend zu erkunden. Wenn ich mit Marcia durch die Straßen streifte, fühlte ich mich großartig. So ein Gefühl hatte ich vorher nie erlebt, und ich erlebte es auch nachher nie wieder.«

Ich nickte. »Ja, ich weiß, was Sie gespürt haben.«

»Unglücklicherweise bemerkten Janice und meine Mutter schon bald, daß ich mich veränderte.« Moira verzog das Gesicht. »Sie entdeckten, daß Marcia hinter allem steckte, und verbaten mir sofort den Umgang mit ihr. Natürlich habe ich gehorcht.«

»Das muß sehr schwer für Sie gewesen sein«, sagte ich.

In Moiras Augen traten Tränen. »Ich habe den Verlust meiner Freundin nie überwunden. Ich konnte es nur ertragen, indem ich jedesmal, wenn ich Marcia in der Schule traf, so tat, als wäre sie durchsichtig.«

Interessiert richtete ich mich auf. »Was taten Sie dann?«

»Ich wandte mich zu Gott«, antwortete sie leise. »Als ich schließlich zur High School wechselte, redete ich die ganze Zeit nur noch von christlichen Tugenden, und meine Schulkameradinnen ergriffen die Flucht, wenn sie mich sahen.« Moira lachte.

»Sie haben eine schöne Art zu lachen«, sagte ich. »Ich wünschte, Sie würden das öfter tun.«

Moira seufzte. »Nun, ich sehnte mich damals verzweifelt nach einer neuen Vertrauten. Jeden Nachmittag lief ich über den Schulhof und stellte mir vor, eine meiner Mitschülerinnen würde auf mich zukommen und mir ihre Freundschaft anbieten. Aber niemand kam. Ich hatte nur Gott.«

Sie drehte an einer ihrer blonden Haarsträhnen und sah an mir vorbei in die Ferne. »Immerhin haben mir meine neue Berufung und der Dienst an der Kirche kaum Zeit gelassen. Während ich meine Hausarbeit verrichtete, sagte ich immer wieder meine Gebete auf. Es war wie eine Art Mantra. Wenigstens fühlte ich mich nicht mehr so allein, auch wenn ich trotzdem niemand hatte. Ich konnte meine Zeit zwar ein bißchen ausfüllen, aber hinter der ganzen Arbeit lauerte ständig die Einsamkeit. So war es einige Jahre lang.

Dann schaute ich mir eines Tages zu Hause einen englischen Film im Fernsehen an. Irgend etwas daran erinnerte mich an einen Film, den ich Jahre zuvor mit Marcia gesehen hatte. Die Hauptperson in dem Film war ein selbstbewußtes Schulmädchen wie Marcia. Ich hatte meine Freundin fast vergessen. Zumindest glaubte ich das.« Moira errötete und begann zu stammeln. »Ich, oh«, sie senkte den Blick, »ich begann über Marcia und dieses forsche englische Schulmädchen zu phantasieren und stellte mir insgeheim vor, wir wären alle drei Freundinnen. Nach einer Weile wurden

Marcia und das Mädchen ein und dieselbe Person. Können Sie sich das vorstellen?«

»Natürlich«, murmelte ich. »Erzählen Sie weiter.«

»Danach wandte ich mich immer an meine neuen Phantasiefreundinnen, wenn ich es nicht mehr aushielt. Ich konnte auf diese neuen ›Freundinnen‹ zählen, wann immer ich Hilfe brauchte...« Moira hielt inne, holte tief Luft und sah mich aus ihren grünen Augen an, als suche sie Verständnis oder wenigstens die Bestätigung, daß ich sie nicht verurteilte. »Wenn Marcia oder das englische Mädchen auftauchten, hatte ich das Leben unter Kontrolle. Ich fühlte mich stark und glücklich.«

»Moira, ich glaube, dies ist ein guter Zeitpunkt, um für heute Schluß zu machen«, schlug ich vor. »Ich fürchte, unsere Zeit ist um.«

Als Moira aufstand, sah sie mich an. »Wissen Sie, eigentlich wollte ich gar nicht herkommen«, sagte sie leise. »Aber jetzt bin ich froh, daß ich es getan habe, und ich bin noch glücklicher, daß man Sie für mich ausgesucht hat. Sie sind etwas ganz Besonderes, wissen Sie.«

Ich spürte, wie mir warm wurde. »Moira, Sie sind auch etwas ganz Besonderes.«

»Ich wünsche es mir so«, flüsterte sie und ging rasch aus dem Zimmer.

Während die Wochen ins Land zogen, schien Moira mehr und mehr Vertrauen zu mir zu fassen.

Sie berichtete mir von zwei sehr intimen Erlebnissen aus ihrer Jugend, die mir wegen des Gefühls von Zuneigung und Nähe, die Moira beim Erzählen vermittelte, von besonderer Bedeutung erschienen. Beide Ereignisse drehten sich um ihren Vater.

»Eines Tages«, erzählte sie leise, »bat mich mein Vater in sein Arbeitszimmer. Normalerweise war dieser Raum, den nicht einmal meine Mutter betrat, für unsere Familie tabu. Es war sein privates Heiligtum. Er schlief oft dort, um meine Mutter nicht zu wecken, wenn er spät von der Nachtschicht zurückkehrte.

Nun, zu meiner Überraschung zeigte mir mein Vater an diesem Tag Tapferkeitsurkunden, die er bei der Polizei erworben hatte.

Außerdem zeigte er mir seine Waffensammlung. ›Schau sie dir an‹, sagte er und zeigte mir stolz die Waffen. ›Sind sie nicht schön?‹ meinte er liebevoll. ›So stark und zuverlässig.‹«

Moira machte eine Pause und sah mich an. Es fiel ihr offensichtlich schwer, über dieses Ereignis zu sprechen, deshalb ermutigte ich sie: »Reden Sie nur weiter, haben Sie keine Angst.«

»Als ich meinem Vater so zuhörte, überkam mich ein Gefühl der Spannung und der Erregung. Ich war aufgeregt. Zum erstenmal entdeckte ich im Gesicht meines Vaters so etwas wie Stolz und Selbstbewußtsein. Und dann«, wieder machte sie eine Pause, und ich beugte mich ermutigend zu ihr, »streckte er vorsichtig die Hand aus und berührte mein Gesicht. Ohne zu wissen warum, begann ich zu weinen. Noch nie zuvor hatte mich jemand in dieser Weise berührt. Ich spürte so etwas wie ein besonderes Band zwischen uns. Und ich verstehe bis heute nicht, wieso er dieses Band zerstörte und zuließ, daß Janice und Mutter mir weh getan haben.« Moira brach ab und rannte überstürzt hinaus.

Als wir uns das nächste Mal trafen, trug Moira ein zartgelbes Kleid, und ihre Wangen waren gerötet. Sie suchte mühsam nach einem Anfang, dann sprudelten die Worte nur so aus ihr heraus, und sie berichtete von dem zweiten Vorfall. »An jenem Tag erzählte mir mein Vater zum erstenmal von seiner Kindheit in Irland. Er berichtete von seinem eigenen

Vater, einem ruhigen, netten Landwirt. Er beschrieb seinen Vater als einen riesigen Mann, einen Mann, der die Farm allein bewirtschaftete und seine ganze Familie aus eigener Kraft ernähren konnte.

Anfang des 19. Jahrhunderts befand sich Irland in einer wirtschaftlich desolaten Lage. Sein Vater war gezwungen, seinen Hof zu versteigern und war von da an nur noch Pächter. Seine Familie drohte zu verarmen, und sein Ansehen als Familienoberhaupt und Ernährer schwand. Er war ein sehr sensibler Mann und zog sich von allen zurück, die er kannte.

Als mein Vater zehn Jahre alt war, starb sein Vater. Er hatte nie ein sehr enges Verhältnis zu seiner Mutter gehabt, die nun das Familienoberhaupt war. Sie war eine harte, kalte Frau.« Moira schüttelte sich, als dächte sie an die Qualen ihres eigenen Lebens. »Mein Vater zog sich mehr und mehr in sich selbst zurück, so wie sein Vater es vor ihm getan hatte. Er distanzierte sich von seiner Familie, und als er in die Pubertät kam, hatte er bereits zu trinken begonnen.«

»Ich verstehe.« Nachdenklich strich ich mir übers Kinn.

»Die Großeltern meines Vaters und meiner Mutter waren in Irland Nachbarn gewesen. Schon als Kind bekam mein Vater ständig von seiner Mutter zu hören, daß er sich von den Nachbarn fernzuhalten habe, weil sie nicht vertrauenswürdig waren. Als es ihr dann jedoch in den Kram paßte, drängte seine Mutter ihn plötzlich dazu, die Nachbarstochter zu heiraten.« Moira blickte schweigend in die Ferne.

»Moira«, bat ich sie, »erzählen Sie mir noch mehr.«

Sie nickte. »Mein Vater wollte diese Frau nicht heiraten, aber er hatte das Gefühl, keine andere Wahl zu haben. Er verachtete sich dafür, daß er sich seiner Mutter gegenüber nicht widersetzen konnte.« Ich beobachtete Moira, wie sie über ihre Worte und ihr Leben nachdachte. »In den Fußstapfen seines Vaters empfand er sich als einen Versager, und er entfernt sich von seinen natürlichen Gefühlen der Wärme und Zuneigung. Als er schließlich der eisernen Hand seiner Mutter entkam, war es zu spät. Er wanderte in dieses Land aus, isolierte sich selbst immer stärker und baute keinerlei Beziehung zu seiner Frau und seinen Kindern auf. Sein Leben verlief beinahe parallel zu dem seines Vaters.«

Moira suchte meinen Blick. Bewegt von den Erinnerungen an diese Augenblicke der Nähe zu ihrem Vater, hatte Moira ihre tiefste Erkenntnis: »Wissen Sie«, sagte sie leise, »seine Beziehung zu seiner Mutter war fast dieselbe wie bei mir. Wir haben uns beide tyrannisieren lassen. Sogar diese besonderen Momente, die ich mit meinem Vater erlebte, waren von Anfang an überschattet. Keiner meiner Eltern kann diese Form der Nähe ertragen.«

»Fahren Sie fort«, forderte ich sie leise auf.

»Als ich die High School abschloß, fügte ich mich dem Wunsch meiner Mutter, sofort einen Beruf zu ergreifen. Ich suchte mir einen Job, um meine Familie ernähren zu helfen.« Sie verzog das Gesicht. »Es stand nie zur Diskussion, daß ich aufs College gehen sollte. Meine Mutter hätte so eine Vergünstigung nie geduldet. Nur Janice war es gestattet, eigene Interessen und Ziele zu haben.«

Moiras schöne grüne Augen wurden schmal. »Zwischen meinen Eltern entbrannte ein heftiger Streit darüber, welchen Beruf ich ergreifen sollte. Mein Vater wollte, daß alle seine Kinder zur Polizei gingen, und meine Mutter war darüber sehr erzürnt. Die Stunden, die ich bei der Polizei verbrachte, hätten mir ja bei der Hausarbeit gefehlt.

Dann fanden meine Eltern schließlich einen Kompromiß, dem ich gezwungen war zuzustimmen. Man gestattete mir, zur Polizei zu gehen, aber ich mußte auch weiter meine Haushaltspflichten erfüllen. Die Hausarbeiten sollten nicht, wie mein Vater vorgeschlagen hatte, auf meine anderen Geschwister aufgeteilt werden.« Moira seufzte tief. »Ich hatte einfach keine Wahl, und es schien niemanden zu interessieren, ob das fair oder richtig war.«

»Waren Sie darüber nicht sehr böse?« fragte ich und beobachtete, wie sich ihr Gesicht verdunkelte.

Moira nickte. »Doch, aber ich habe mich nicht gewehrt. Ich hätte damals alles getan, was mich auch nur für kürzeste Zeit von meiner Mutter befreite.«

An dieser Stelle brachen wir ab. Die Sitzung war zu Ende.

Als wir uns das nächste Mal trafen, kam ich sofort auf ihren Job zu sprechen. »Es muß ein großer Tag für Sie gewesen sein«, sagte ich. Sie nickte. »Schon an meinem ersten Tag bei der Polizei lernte ich den Mann kennen, den ich später heiraten sollte. Es war ein Kollege, der damals als Schürzenjäger galt.« Sie biß sich auf die Lippen. »Aber immerhin schien er sich für mich zu interessieren.«

»Sie sind eine hübsche Frau. Warum sollte er nicht?« fragte ich.

Moira wurde rot. »Er lief mir ständig hinterher, was sonst niemand tat. Später fand ich heraus, daß er unseren Kollegen falsche Informationen vorspielte und ihnen den Eindruck vermittelte, wir seien bereits ein Paar. Zunächst fiel mir das nicht auf, und ich verstand nicht, warum die anderen Polizisten so großen Abstand zu mir hielten. Als ich dann die Wahrheit erfuhr, war es zu spät.«

»Sie waren noch sehr jung, nicht?« fragte ich.

Moira schüttelte den Kopf. »Ich hatte damals nicht die Absicht zu heiraten. Ich wußte, daß ich noch viel von der Welt kennenlernen wollte, und war schrecklich froh, endlich erwachsen zu sein. Aber er«, sie machte eine Pause, »mein zukünftiger Ehemann überzeugte mich davon, daß ich nur durch ihn den Fängen meiner Mutter entfliehen konnte.

Außerdem schien meine Mutter ihn zu mögen, und ich hatte Angst, daß sie mich bestrafen und zwingen wurde, die Polizei zu verlassen, wenn ich ihn abwies.

Wenige Wochen vor der Bekanntmachung unserer Verlobung überfielen mich große Zweifel, ob dieser Mann wirklich der richtige für mich war. Mir wurde klar, daß ich vom Regen in die Traufe kam, und ich beendete die Beziehung.« Sie verstummte.

»Und was passierte dann?«

»Nun, eines Morgens folgte mir mein Ex-Verlobter nach Hause, nachdem wir beide in derselben Nachtschicht gearbeitet hatten.« Sie brach wieder ab, ihr Gesicht wurde blaß, und sie fing an zu zittern.

»Ist alles in Ordnung?« Ich beugte mich vor. »Möchten Sie ein Glas Wasser?« Sie gab keine Antwort.

»Moira«, sagte ich. »Geht es Ihnen nicht gut? Kann ich etwas für Sie tun?«

»Nein, es ist schon okay.« Sie sprach weiter, aber ihre Stimme war kaum mehr als ein Flüstern. »Weit und breit war niemand zu sehen, und dann kam er auf mich zu. Vor dem Haus meiner Eltern überfiel er ...« Sie suchte verzweifelt nach Worten, »er packte mich und zwang mich, ihm zu Willen zu sein.«

»Er hat Sie vergewaltigt?« Ich war entsetzt.

Moira nickte stumm. Ich goß ein Glas voll Wasser und reichte es ihr. Sie trank einen Schluck, dann fuhr sie fort: »Eine Nachbarin wurde von den Geräuschen geweckt und verständigte meine Eltern. Sie bestanden darauf, daß ich ihn heiratete, und meine Mutter sagte, ich sei für andere Männer nicht mehr begehrenswert. Sie schlug mich, und dann willigte ich ein.

In den Augen meiner Mutter war John der ideale Schwiegersohn. Er war stark und mächtig, und trotzdem hörte er auf sie. Sie verstanden sich prächtig, genaugenommen waren sie sich sehr ähnlich«, berichtete Moira resigniert.

»Sie ließ mich ihn heiraten, aber sie blieb mein Boss und stellte auch weiterhin die Regeln für mich auf. Sie beschloß, daß ich weiter ihren Haushalt mitmachte und dann neue Aufgaben als Ehefrau und wenig später als Mutter übernehmen sollte.

Kurz nach der Hochzeit verlangten meine Mutter und mein Mann, daß ich die Polizei verließ. Ich sollte sofort Kinder bekommen. Ich wurde schwanger und bekam im Abstand von jeweils einem Jahr drei Kinder.«

»Das muß sehr schwierig gewesen sein«, sagte ich.

Moira seufzte. »Innerlich verabscheute ich die Forderungen, die meine Kinder an mich stellten. Ich sehnte mich nach meinem Job zurück. Nach der Geburt jedes meiner Kinder wurde ich sehr depressiv, und in diesen Zeiten machten mich die Leute oft darauf aufmerksam, daß meine Stimme, wenn ich erregt war, einen seltsamen Akzent hatte.«

»Verstehe.«

»Diese Bemerkungen haben mich ziemlich verwirrt, und ich versuchte allen zu erklären, es käme von meinen Depressionen. Ich versuchte meinen Mann davon zu überzeugen, daß ich mich über ihn und seine Bekannten nicht lustig machte und daß ich diesen Akzent völlig unbewußt benutzte. Anstatt meine Erklärungen zu akzeptieren, schlug er mich. Natürlich waren diese Schläge nicht die ersten, die ich von ihm erhielt.«

Moira senkte den Kopf. »Von da an fühlte ich mich nur noch als Versagerin. Seit ich meine Periode bekam, habe ich nie ein sexuelles Verlangen gefühlt. Die einzigen erotischen Gefühle, an die ich mich erinnere, hatte ich als Kind an einem langen Nachmittag mit meiner Freundin Marcia.«

»Moira.« Ich stand auf. »Darüber sprechen wir das nächste Mal.« Es war mir überhaupt nicht recht, an dieser Stelle Schluß zu machen. Es schien Moira sehr schwerzufallen, sich an ihre Lustgefühle zu erinnern, und erst nach mehreren Treffen konnte ich sie dazu bewegen, das Thema erneut anzuschneiden. Dann war es endlich soweit.

»Marcia und ich hatten uns an diesem Nachmittag verkleidet und stießen dabei irgendwann auf die die Dienstwaffe von Marcias Vater. Sie nannte sie »Dick«, nach Dick Tracy. Sie erklärte mir, daß man damit auf Verbrecher schießt.

Wir begannen ein Spiel, bei dem ich der Polizist und Marcia der Verbrecher war. Wir taten so, als schössen wir aufeinander. Nach einer Weile wurde Marcia albern und zeigte kichernd auf die Waffe. ›Sie sieht aus wie das Ding, das die Jungs zwischen den Beinen haben. Das Ding, mit dem sie pinkeln.‹

›Welches Ding?‹ fragte ich und verstand den Zusammenhang zwischen dem Wort *Dick* und Marcias Bemerkung nicht. Ich hatte zwar selbst jüngere Brüder und sie auch schon nackt gesehen, aber nie hatte jemand direkt von einem Penis gesprochen.

›Sie wollen ihn da hineinstecken‹, erklärte Marcia mir, während sie den Schlüpfer herunterzog und ihre Genitalien entblößte. Eine Welle der Erregung überfiel mich. Ich war verwirrt und überwältigt und versuchte meine sexuellen Gefühle zu ignorieren. Aber ich habe nie vergessen, was ich in diesem Moment empfand. Es war das einzige Mal in meinem Leben, daß ich Leidenschaft verspürt habe.«

Die Mahnungen der Nonnen und Priester in der Schule und die Ablehnung ihrer Mutter, sich oder andere zu berühren, hatten Moira tief beeindruckt. Als ihr Mann ihren Widerstand gegen Sexualität spürte, wurde er wütend. Passivität war eine Sache — er genoß das Gefühl, den Ton anzugeben —, aber er glaubte, Moira würde seine Annährungen ablehnen, und fühlte sich in seiner Männlichkeit bedroht. Seine häufigen sexuellen Angriffe grenzten an Vergewaltigung.

Im Laufe der Zeit bereiteten die Schmerzen, die Moira während des Geschlechtsverkehrs hatte, ihrem Ehemann immer mehr Vergnügen.

»Jedesmal, wenn ich vor Schmerz aufschrie, wurde er erregter. Er behauptete immer, diese Art der Bestrafung wurde mir nichts ausmachen, sie wurde mir sogar gefallen.«

»Irgendwann war er so weit, daß er mich jedesmal körperlich verletzte, wenn wir zusammen schliefen.« Moira erzählte mir dann, daß sie beim Sex immer öfter phantasierte, um diesen Horror zu ertragen. »Ich dachte an die wunderbaren Nachmittage, an denen ich mit Marcia durch die Gegend gestreift bin.«

Während ich Moira bei der Beschreibung des Geschlechtsverkehrs mit ihrem Mann zuhörte, hatte ich sehr zwiespältige Gefühle. Obwohl das Verhalten ihres Mannes völlig unakzeptabel war, war ich böse auf Moira, nicht auf ihn.

Ich fragte mich, ob meine Gefühle mit meiner Mutter und ihrer Einstellung zum Sex zu tun hatten. Während meiner ganzen Kindheit hatte meine Mutter mir immer wieder erzählt, Männer seien wie Hunde, die den Frauen ihr ganzes Vergnügen nehmen würden. Es war ihr ein Grauen, sich ihnen sexuell zu unterwerfen. Wie bei meiner Mutter wunderte ich mich auch bei Moira, daß sie es in dieser Ehe aushielt. Außerdem störte mich auch Moiras sexuelle Passivität. Warum nur hatte sie ihrem eigenen Vergnügen diese Schranken gesetzt? Ich versuchte, meinen Ärger gegen über meiner eigenen Mutter von den Gefühlen für Moira zu trennen, aber es gelang mir nicht. Ich spürte, daß ich meine eigenen Probleme auf Moira projizierte, und mir wurde klar, daß ich sie unbedingt von ihr fernhalten mußte, wenn ich ihr wirklich helfen wollte.

Bei unserer nächsten Begegnung gab ich mir mehr Mühe. Moira saß mir gegenüber und erzählte mir weiter von ihrer Ehe.

»Nach vier Jahren sagte ich meinem Mann, daß ich gern wieder arbeiten würde. Ich hatte zu dem Zeitpunkt das Gefühl, als Mutter völlig versagt zu haben, und meine Mutter und Janice mäkelten ständig an mir herum. Zu allem Überfluß merkte ich auch noch, daß meine Mutter allmählich die Kontrolle über meine Kinder übernahm. Zu mir schienen sie kaum noch Zuneigung zu verspüren. Sie hörten fast nur noch auf meine Schwester und meine Mutter.«

Die Angst der Kinder vor ihrem Vater entfremdete sie sogar noch stärker von ihrer Mutter. Sie spürten ihre Schwäche und ihre Unfähigkeit, sie vor den Ausbrüchen des Vaters zu schützen, und wandten sich deshalb schutzsuchend an ihre Großmutter. Wie ihr neues Vorbild machten sie sich im Beisein ihres Vaters über Moira lustig, um sich so seine Anerkennung zu verschaffen.

»Meiner Mutter gefiel es, daß die Kinder mich ablehnten und sich dafür ihr zuwandten«, sagte Moira bitter. »Sie empfand es nur als gerecht.«

»Inwiefern?« fragte ich verständnislos.

»Nun, sie hatte immer das Gefühl gehabt, ihre eigene Mutter hätte sie damals mein Zuneigung zu ihr beraubt. Und schlecht wie ich war, habe ich dann auch noch die anderen Kinder gegen sie aufgehetzt.« Moira sah mich an. »Was stimmt mit mir nicht?«

Ich saß schweigend da. Ihre Hilflosigkeit ängstigte mich, und die Art, wie sie sich damit abgefunden hatte, keine richtige Beziehung zu ihren Kindern zu haben.

Später machte mir Jill die Gründe für meine Ängste klar. »Als Kind«, erklärte sie, »war eine Ihrer Grundängste die

Angst, von Ihrer Mutter verlassen zu werden. Anders als Moira kompensierten Sie diese Ängste, indem Sie Ihre eigene Hilflosigkeit völlig ignorierten.«

In diesem Moment erkannte ich meine inneren Widersprüche. Ich akzeptierte völlig, daß Moira sich nicht gegen ihre Mutter und ihren Mann durchsetzen konnte, aber daß sie sich von ihren Kindern so distanzierte, konnte ich ganz und gar nicht verstehen.

»Also«, begann ich langsam, »wenn ich Verständnis für Moira habe, heißt das, daß ich auch die Unzulänglichkeiten meiner Mutter akzeptiere und Verständnis für sie habe. Was noch?« Ich war ärgerlich. »Soll ich ihr etwa verzeihen? Das ist zuviel verlangt. Ich bin nicht bereit, meiner Mutter zu verzeihen«, sagte ich und verließ das Zimmer.

Ich brauchte mich nicht länger von meinen eigenen Geistern verfolgen zu lassen, zumindest erstmal nicht, denn in unserer nächsten Sitzung schnitt Moira ein neues Thema an: ihre Arbeit bei der Polizei.

»Nachdem ich mein drittes Kind bekommen hatte, willigte mein Mann endlich ein, daß ich wieder zur Polizei zurückging. Meine Kollegen waren sehr nett, und schon der tägliche Kontakt zu anderen Erwachsenen half mir, mich nicht mehr so einsam zu fühlen. Außerdem zeigte sich mein Mann vor unseren Kollegen von seiner besten Seite.

Aber es dauerte nicht lange, bis sich die Mehrfachbelastung durch die anstrengende Polizeiarbeit und meine zwei Haushalte bemerkbar machte. Ich stand kurz vor einem Nervenzusammenbruch, und mein merkwürdiges Benehmen fiel meiner Kollegin auf. Ich redete oft mit mir selbst, und eines Tages ertappten sie mich, als ich im Toilettenraum einen Dialog führte, obwohl außer mir niemand im Raum war. Meine Kollegin sprach mit unserem Chef darüber, und dieser riet mir am nächsten Tag, einmal für eine längere Zeit Urlaub zu machen. Ich weigerte mich, und alles wurde immer schlimmer.

Während zu Hause und im Job langsam alles über mir zusammenbrach, machte ich mich darauf gefaßt, daß mein Chef bald Konsequenzen ziehen wurde. Ich hatte Angst, daß er mich in ein anderes Gebiet oder noch schlimmer, zu einem Schreibtischjob versetzen wurde. Dann kam die Sache mit dem Banküberfall, und drei Wochen später verlangte mein Chef, daß ich mich unverzüglich einer Therapie unterziehe. So bin ich hierher gekommen.«

Nachdem wir begonnen hatten, uns mit Moiras Vergangenheit zu beschäftigen, ging es ihr schlagartig besser. Moira bewegte sich ohne Rückenschmerzen, und die Scham, die sie wegen dieser Handicaps empfunden hatte, verschwand. Auch ihre Angst, als ›Behinderte‹ abgestempelt zu werden, ließ zunehmend nach. Sie wurde wesentlich ruhiger, und es gab keine Anzeichen mehr für die Persönlichkeitsveränderungen, die sie in unseren früheren Sitzungen gezeigt hatte.

Die Arbeit an ihrer Vergangenheit war ein wesentlicher Teil des Heilungsprozesses. Dennoch war mir klar, daß die Veränderungen, die mit Moira vor sich gingen, zunächst noch oberflächlich waren. Ich wußte, daß wir erst die oberste Spitze ihrer Probleme berührt hatten. Auf den ersten Blick war sie gewillt, sich ihrer Vergangenheit zu stellen, sie hatte sogar begonnen, Angstgefühle zu erkennen und zu artikulieren. Dennoch hatte sie das ganze Ausmaß ihrer Erlebnisse noch nicht erkannt. Sie widersetzte sich allen Versuchen, ihre Mißhandlungen auf einer tieferen Ebene zu verstehen und die Mitglieder ihrer Familie als diejenigen zu begreifen, die ihr Schaden zugefügt hatten. Die Ursprünge ihrer psychischen Probleme lagen noch immer im Dunkeln. Ich beschloß, das Thema anzusprechen.

Am Dienstag fragte ich sie während unserer Sitzung:

»Finden Sie nicht, daß Ihre Mutter sich Ihnen gegenüber grausam und vielleicht sogar sadistisch verhalten hat?«

Moira sprang auf, ihr Gesicht glühte. »Sie wollen mich manipulieren«, stieß sie hervor. »Sogar Sie versuchen das. Dieses ganze suggestive Verhalten. Das ist doch nur ein Mittel von euch Therapeuten, die Patienten dazu zu kriegen, ihren Eltern die Fehler zuzuschieben.«

Ich wartete, bis sie sich beruhigte. Vielleicht hatte Mardoff recht gehabt. Hätte eine neutrale Pose ihre verdrängten Probleme eher hervorlocken können? Meiner Theorie zufolge würde Moira sich so lange sträuben, die verdrängten Konflikte mit ihrer Familie anzusprechen, bis sie die Wärme und Zuneigung erfuhr, die ihr in der Kindheit versagt geblieben waren. Ich war der Meinung gewesen, ihr Vertrauen gewinnen zu können, wenn ich meine eigenen schmerzhaften Kindheitserfahrungen mit ihr teilte. Dann hätte sie mir ihre Gefühle vielleicht eröffnet, aber mein Plan schien nicht aufzugehen. Ich beschloß, das nächstemal einen klassischeren Weg zu versuchen.

Bei unserer folgenden Sitzung trug Moira ein dunkelblaues Kostüm, das sehr gut zu ihrem blonden Haar paßte. Als erstes verkündete sie: »Es ist eine ziemliche Erleichterung für mich, keine Rückenschmerzen mehr zu haben. Ich genieße meinen Job und mein Familienleben jetzt richtig.«

Ich zog es vor, auf diese Bemerkung nicht zu reagieren. Sie las meine Skepsis aus meiner Körpersprache. Wir waren uns beide der Tatsache bewußt, daß es ihrem Rücken besser ging, darüber mußten wir nicht mehr sprechen. Wir sahen uns stumm an und warteten schweigend darauf, daß etwas passierte.

Nach einer Viertelstunde hielt Moira die Stille nicht mehr aus. Ihre Mundwinkel und ihr Kiefer begannen zu zittern, ihre Lippen bewegten sich in auseinandergesetzte Richtungen. Unaufhörlich öffnete und schloß sie die Augen. Es sah fast aus wie in einem Cartoon. Anstatt sich in ihrer üblichen Haltung in den Sessel zu lehnen, saß sie starr aufrecht und rieb die Hände gegen ihre Hüften. Ich war schockiert, als sie auf den Boden spuckte.

»Sie verfluchter Bastard«, schrie sie und stieß eine Reihe vulgärer Schimpfworte hervor.

»Was möchten Sie mir sagen?« fragte ich, nachdem ich mich einen Moment darauf konzentriert hatte, die Fassung zu wahren. Aus ihrem Mund wirkten die vulgären Ausdrücke befremdlich.

Wir saßen uns gegenüber und beobachteten uns schweigend. Dann sah sie sich plötzlich im Raum um, als nähme sie ihre Umgebung an diesem Tag zum erstenmal richtig wahr.

»Lieber Gott, verzeih mir. Lieber Gott verzeih«, sagte sie, als bäte sie mich um Vergebung.

»Was soll er Ihnen verzeihen?« fragte ich. »Daß Sie sexuelle Bedürfnisse hatten?«

Ihr Körper verkrampfte sich. »Möchten Sie ein Kind haben?« schrie sie in klarem britischen Akzent. Dann hob sie plötzlich den Rock und entblößte schwarze, exotische Unterwäsche. »Sie haben die Wahl«, höhnte sie.

Völlig verwirrt fragte ich mich, wieso diese verklemmte Frau schwarze Unterwäsche trug. Ob sie eine starke sexuelle Leidenschaft symbolisierte, die mir bisher entgangen war?

»Sie sind also an Sex interessiert«, antwortete ich und tat so, als ließen mich ihre explosiven Kommentare kalt. Ganz langsam veränderte sie sich wieder. Sie schien immer noch verärgert, aber ohne das verzerrte Gesicht. Die alte Moira war wieder da.

Sie strich ihren Rock glatt und zog daran, bis er ihre Knie bedeckte.

»Man hat mich hierhergeschickt, um meine Rückenschmerzen loszuwerden, nicht um Ihnen ein billiges Abenteuer zu verschaffen.«

»Mir fällt auf, daß Ihr britischer Akzent plötzlich verschwunden ist«, erwiderte ich und versuchte, ihre Aufmerksamkeit auf den Gebrauch ihrer Sprache zu lenken.

»Britisch? Was für ein britischer Akzent? Wovon reden Sie?« fragte sie erregt.

Ich beugte mich vor und antwortete mit fester Stimme: »Merken Sie nicht, daß Sie manchmal einen amerikanischen und manchmal einen britischen Akzent haben? Sogar Ihr Gesicht verändert sich dann. Sie scheinen sich besser unter Kontrolle zu haben, wenn Sie Britisch reden.«

»Tatsächlich?« Sie schüttelte den Kopf. »Die Leute machen immer Witze über mich, sie äffen mich nach, aber ich habe das nie verstanden. Ich wußte nie, was sie meinen, und dachte immer, es bezöge sich auf einen Kino- oder Fernsehfilm, den ich nicht gesehen habe. Tue ich das wirklich?« Sie wirkte jetzt ernsthaft besorgt. »Bin ich verrückt? Benehmen sich so nicht Verrückte?«

Ich fuhr fort. »Ich habe den Eindruck, es kommt immer dann vor, wenn Sie unter Spannung stehen«, erklärte ich. »Besonders interessant ist dabei, daß Ihr britischer Akzent viel selbstbewußter zu sein scheint. Normalerweise sind Sie eher ... unbeteiligt, unbewegt, passiv. Wenn diese andere Persönlichkeit hervorbricht, machen sie einen wachen, sogar aggressiven Eindruck. Sie haben britisch gesprochen, als Sie Ihren Rock eben hochgehoben haben.«

»Ich habe meinen Rock hochgehoben?« Sie sah mich fassungslos an. Ihr Gesicht war rot. Offenbar fiel es ihr schwer, mir zu glauben.

»Sie machen Witze, nicht wahr?« flüsterte sie und senkte verschämt den Kopf. »So etwas würde ich niemals tun. Ich bin so stolz darauf, mich immer unter Kontrolle zu haben.«

»Ich finde es interessant, daß das Unterdrücken Ihrer sexuellen Gefühle für Sie gleichbedeutend mit Kontrolle über sich selbst ist«, stellte ich fest.

»Ich glaube nicht, daß ich das gesagt habe. Waren Sie das nicht, Doktor?« wiederholte sie herausfordernd mit starkem britischen Akzent.

»Das ist er wieder — der britische Akzent«, unterbrach ich sie schnell. Ich hoffte, daß sie diesmal erkennen würde, daß sie ihn benutzte. »Ist Ihnen tatsächlich nicht bewußt, daß Sie anders sprechen als sonst?«

Sie wurde unruhig, wahrscheinlich weil eine weitere Verhaltensänderung herannahte. Auch ich wurde leicht nervös. Da ich nicht wußte, wo ich beginnen und was ich tun sollte, begann ich unzusammenhängend und sprunghaft zu reden. »Schauen Sie, akzeptieren Sie, daß Sie den Akzent wechseln? Finden Sie nicht auch, daß Sie Ihre Sexualität zur Schau stellen, wenn Sie Ihre Unterwäsche zeigen? Auf jeden Fall müssen Sie diesen verführerischen Slip doch ausgesucht haben, ehe Sie hierherkamen. Oder tragen Sie ständig diese Art von Unterwäsche?«

»Ich weiß nicht. Ich weiß nicht. Ich habe diese Erinnerungslücken. Manchmal wenn ich aufwache, reibt meine Hand da unten.« Sie hielt inne. »Wissen Sie, wo ich meine?« Sie wich meinem Blick aus.

»Können Sie mir Näheres über diese Gedächtnislücken erzählen?« fragte ich zögernd. Sie gab keine Antwort. Der Hinweis auf ihre Masturbieren war ihr offenbar sehr peinlich.

Ich holte tief Luft. Ich brauchte viel Zeit um das, was geschehen war, zu verdauen. In dieser Sitzung war so viel passiert, daß ich mich völlig erschöpft fühlte. Dennoch war mir instinktiv klar, daß wir einen riesigen Schritt nach vorn getan hatten. Ich sah auf meine Uhr. Die Stunde war fast vorüber. Da ich befürchtete, daß die Erwähnung des Masturbierens Gefühle auslösen könnte, die wir nicht mehr klären konnten, legte ich meine Hand auf ihre, um ihr zu bedeuten, daß die Sitzung beendet war. »Wir machen das nächstemal weiter«, sagte ich leise.

In den nächsten Monaten war die Therapie weiterhin sehr erfolgreich. Mir wurde klar, daß die Wurzeln für Moiras Probleme darin gründeten, daß es ihrer Familie nicht gelungen war, ihr eine sichere und liebevolle Umgebung zu schaffen. Während die Geschichte Gestalt annahm, wies immer mehr darauf hin, daß sie körperlich, emotional und vielleicht sogar sexuell mißhandelt worden war.

6

Meinungsverschiedenheiten

Eine Therapiesitzung bietet einen Rahmen, in dem die Gemütszustände von Patienten und Therapeuten aufeinander treffen. Bei der Supervision war alles für eine Meinungsschlacht zwischen Supervisor und Student angelegt.

Bei unserem Dienstagstreffen warnte Mardoff mich ungeduldig davor, zu rasch in Moiras Vergangenheit einzudringen. Er protestierte entschieden: »Sie war mit Sicherheit noch nicht soweit.« Während unseres Gesprächs forderte ich seine Autorität immer wieder heraus, widersprach ihm, auch wenn ich wußte, daß mir Informationen fehlten oder ich mit meinen Äußerungen schlicht unrecht hatte.

Natürlich ist es nicht ungewöhnlich, daß Supervisoren und Supervisierte kleine Machtkämpfe führen. Der offensichtliche Wissensvorsprung, den der Mentor seinem Studenten gegenüber besitzt, fordert diesen vermutlich dazu heraus, die Grenzen seines Lehrers zu testen. Die Lehrer hingegen müssen rechtfertigen, warum sie ihre gesamte Karriere lang an einem bestimmten Therapiemodell festgehalten haben. Sie haben ein Vermächtnis zu verteidigen, und was wäre da einfacher als die ständige Fortsetzung ihrer Ideen durch ihre Studenten.

Doch diesmal war der Konflikt zwischen mir und Mardoff besonders groß.

»Verstehen Sie denn nicht«, sagte er mit erhobener Stimme, »was für einen Schaden Sie bei ihr anrichten, indem Sie sie einfach mit etwas konfrontieren, statt sie es selbst herausfinden zu lassen? Und außerdem«, fuhr er fort, »sind Sie zu hastig – oder noch schlimmer.« Mardoff verteidigte seine persönlichen Vorstellungen von einer Therapie mit einer Eisenheit, die ich noch nicht erlebt hatte. Und auch ich wich keinen Millimeter zurück.

»Ein Therapeut muß sich emotional mit seinem Patienten verbinden, um die Interaktion zu steigern.«

»Unsinn, haben Sie denn gar nichts gelernt?« Mardoff schlug mit der geballten Faust auf den Tisch. »Was ist mit dem Problem der Gegenübertragung?« Wir stritten und stritten und stritten.

»Ich habe Sie vor diesen manipulativen Frauen gewarnt«, warf Mardoff mir vor. »Das ist ein ganz klarer Fall von Widerstand. Ihre sexuellen Provokationen sind ganz offensiv, und ihre Strategie allzu durchsichtig. Sie versucht, Sie zu verführen, um sich nicht mit sich selbst beschäftigen zu müssen.«

Sein Gesicht war weiß vor Wut. »Ihre schizoide Hypothese ist völlig haltlos. Moira macht anfangs schwache Versuche, ihre Strategie zu ändern. Wenn das nicht klappt, bedient sie sich dieser offenkundigen Parodie einer multiplen Persönlichkeit, um Sie zu verunsichern.

Sie lassen sich anscheinend leicht ködern, dennoch ist es

das alte Verführungsspiel. Hören Sie auf mit dieser dummen Überidentifikation. Beschäftigen Sie sich mit ihren Symptomen. Gehen Sie nicht in diese weibliche Falle, Mr. Obler. Denken Sie daran, ihr größter Wunsch ist es, daß sich jemand um sie kümmert, ohne selbst irgendwelche Forderungen an sie zu stellen.«

Ich widersprach. »Wie sollen wir ihr Syndrom je in den Griff bekommen, wenn wir uns nur auf ihre Symptome konzentrieren und uns nicht um die Ursprünge ihrer Repression oder die Ursache ihrer sexuellen Störungen kümmern? Vielleicht habe ich unsere Interaktionen nicht deutlich genug geschildert, denn offenbar haben Sie da eine völlig falsche Vorstellung. Sie versucht nicht, mich sexuell zu verführen, sondern scheint sich ihres merkwürdigen Verhaltens überhaupt nicht bewußt zu sein.«

»Lesen Sie den jüngsten Forschungsbericht über Hysterie, Mr. Obler. Dann werden Sie feststellen, daß die Indikation klar ist. Es ist pure Zeitverschwendung, sich mit der Vergangenheit hysterischer Personen zu beschäftigen. Sie sind nicht in der Lage, dynamische Prozesse zu analysieren. Wenn Sie sich hingegen um Moiras Rückenschmerzen und deren psychische Funktion kümmern«, fuhr er fort, »werden Sie die Wurzeln ihrer Hysterie entdecken. Wenn sie diese Funktion nicht mehr braucht, wird sie wahrscheinlich irgendwann zu einem weniger folgenschweren Symptom sublimieren. Tun Sie Ihre Arbeit, zeigen Sie keinerlei Wärme oder Zuneigung. Helfen Sie ihr dabei, ihr Verhalten als das zu erkennen, was es ist: Manipulation.«

Ich krümmte mich. »Manipulation? Ich glaube, sie leidet schrecklich. Die Rückenschmerzen sind nur die Spitze des Eisbergs. Moira hat Angst vor allem, sogar vor ihrer Familie. Ihr Mann mißhandelt sie körperlich, und der Rest ihrer Familie ignoriert diese Gewalttätigkeiten oder gibt ihr auch noch selbst die Schuld dafür. Meine Unterstützung schafft ihr eine Basis, von der aus sie die Gründe für ihre Krankheit untersuchen kann. Mit ein bißchen Zuneigung und Wärme kann ich sie regelrecht erblühen sehen.«

Meine Stimme wurde lauter. »Ich verstehe den theoretischen Ansatz, sich zunächst auf das physische Leiden zu konzentrieren und seine Symbolik zu analysieren. Aber, wie Fenichel richtig bemerkt, muß man in bestimmten Fällen von Hysterie erst ein Arbeitsverhältnis etablieren, um die zentralen Eigenheiten der Neurose verstehen zu können. Und genau das versuche ich. Ich bin nach wie vor überzeugt, daß ich die einzige Person in ihrem Leben bin, die sich um sie kümmert, wenn ich eine aktive unterstützende Rolle spiele.«

Mardoffs bitteres Gelächter erfüllte den Raum. »›Einzige Person in ihrem Leben‹? Mr. Obler? Sie sind nicht, ich wiederhole, nicht Teil ihres Lebens. Vergessen Sie etwa, daß Sie ihr Arzt sind? Wirklich, es steht außer Frage, daß die Auseinandersetzung mit der Vergangenheit wichtig ist, aber es ist wesentlich, keine Übertragungsstrukturen zu vermischen. Lassen Sie Ihre Unterstützung und Wärme aus dem Spiel.«

Mardoff war ganz klar wütend auf mich. »Ich habe Sie vor ihrer Verführungskraft gewarnt. Sie kriegt Sie genau dahin, wohin sie Sie haben wollte. Wärme und Zuneigung ... immer der alte Trick.« Er ging aus dem Zimmer.

Ganz im Gegensatz zu dem streitlustigen Mardoff war Moira bei unserer nächsten Sitzung guter Dinge. Ich war überrascht, vor allem wenn ich das Ende unserer letzten Sitzung bedachte. Die Anspielungen, die sie damals auf das Masturbieren gemacht hatte, schienen sie nicht mehr zu bekümmern. Sie brachte das Thema sogar selbst zur Sprache. »Haben Sie Mardoff von meinem öffentlichen Auftritt berichtet?« fragte sie. Ich bemühte mich um Gelassenheit.

»Viel von dem, was während der Therapie geschieht,

wird später in der Supervision besprochen«, antwortete ich ausweichend.

»Wie ist es Ihnen ergangen, seit wir uns das letztemal gesehen haben?« fragte ich sie, um das Thema zu wechseln. Sie hatte es zwar selbst angeschnitten, schien aber jetzt erleichtert, daß es beendet war.

Sie beugte sich vor. Ihr Gesicht wirkte lebhaft, ihre grünen Augen funkelten. »Ich habe neue Gefühle entdeckt — sexuelle. Ich frage mich, ob es mit dem zu tun hat . . . über was wir beim letztenmal gesprochen haben. Kindheitsträume und Phantasien sind wieder aufgetaucht . . . Ich habe mich daran erinnert, daß ich mir früher gewünscht habe, mein Vater würde meinen Körper berühren. Es war mir sehr peinlich . . . Außerdem war mir nie klar, daß ich meine sexuellen Bedürfnisse blockiere. Wenn ich . . . erregt werde, wissen Sie, in *dieser Gegend*, wird mir nicht mehr übel. Früher habe ich mich dabei immer schlecht gefühlt.« Moira senkte ihre Stimme zu einem verschwörerischen Flüstern. »Diese Woche habe ich mich selbst angefaßt und überhaupt kein schlechtes Gewissen gehabt. Und es hat viel länger gedauert als mit meinem Mann«, fügte sie kichernd hinzu. »Mit meinem Mann dauert es normalerweise dreißig Sekunden. Er legt sich auf mich, kommt zu mir rein, und dann ist es vorbei.« Sie brach ab und sah mich gespannt an.

»Meinen Sie, ich sollte eine Affäre haben?«

Ihr zunehmendes Selbstbewußtsein erstaunte mich. Sie schien mit großen Schritten voranzugehen, vielleicht mit zu großen. Außerdem mußte es sie sehr viel Überwindung kosten, diese Themen mit mir zu diskutieren. Ich war hin und hergerissen. Welches war meine Rolle? Sollte ich sie dazu ermutigen, ihre Phantasien auszuleben? Oder sollte ich ihr raten, sie auf die Analyse in der Therapie zu beschränken? Wenn jemand aus ihrer Familie das je herausfände, wäre der Teufel los.

»Mit wem wollen Sie denn eine Affäre haben?« fragte ich. »Wie würden Sie das anstellen? Ich glaube nicht, daß es gut für Sie wäre, wenn Ihre Familie herausbekäme, daß Sie eine außereheliche Beziehung haben.«

Ihre grünen Augen wurden schmal. »Nun, darüber habe ich noch nicht nachgedacht, aber vielleicht haben Sie Recht. Ich könnte mir Sie sehr gut vorstellen«, sagte sie beiläufig. Ich rutschte auf meinem Stuhl herum und vermochte mein Unbehagen nicht zu verbergen. »Sie brauchen nicht nervös zu werden«, meinte sie lachend. »Ich weiß, daß das gegen die Regeln verstößt. Aber Mardoff arbeitet doch eigentlich nicht mit mir. Er ist ein ziemlich gutaussehender Mann, finden Sie nicht auch? Und ich weiß, daß er an mir interessiert ist«, fuhr sie fort.

»Mardoff? Das ist nicht Ihr Ernst«, fuhr ich auf. Plötzlich fühlte ich mich unsicher. Es war ihr gelungen, mich aus der Fassung zu bringen, und mein Ausbruch war ganz klar unangemessen. Ich überlegte mir meinen nächsten Schritt. Ich wußte, daß sie versuchte, mich gegen Mardoff auszuspielen.

»Erzählen Sie mir mehr über Ihr Interesse an Mardoff«, bat ich.

»Im Moment möchte ich lieber nicht darüber sprechen«, schnappte sie. »Es gibt wichtigeres zu diskutieren. Ich habe einige wichtige Entscheidungen getroffen. Entscheidungen, die mein Leben verändern werden...«

Sie änderte die Richtung nun völlig. »Ich werde von nun an um meine Rechte kämpfen, wenn mein Mann versucht, mich zu gängeln. Ich habe eine Kraft in mir entdeckt, von der ich gar nicht wußte, daß sie existiert.«

Sie fuhr aufgeregt fort. »Bei meiner Arbeit werde ich mich nicht mehr jedesmal selbst bestrafen, wenn mich ein Vorgesetzter kritisiert. Ich werde verlangen, daß man mich wieder in den Patrouillendienst versetzt. Ich hasse den

Schreibtischjob, den man mir wegen meines Rückens gegeben hat. Bis dahin werde ich in meinen Pausen Spaziergänge machen. Von jetzt an werde ich den ›Lärm der Großstadt‹ genießen.«

Sie gestattete sich noch immer keine Pause. »Sogar meine Kinder werden merken, daß ich mich verändert habe. Sie werden mich wieder respektieren, anstatt mir aus dem Weg zu gehen. Sie werden wieder mit mir zusammen sein wollen und mich nicht länger ablehnen.«

Ich sah sie an, aber sie wich meinem Blick aus. »Ich werde meinen Arbeitsplan aufgeben und meiner Mutter die Kontrolle über mich entziehen. Das Leben könnte zum erstenmal Spaß machen.« Sie lächelte, und ihre Augen glänzten. »Ich habe die Kraft, gegen die Rückenschmerzen anzukämpfen, die mich behindern. Das Familiensystem von meiner Mutter und Janice wird jetzt geändert.« Sie redete und redete.

»Klingt wirklich gut«, kommentierte ich und bemühte mich, sie meine Skepsis nicht spüren zu lassen. Ihre Entschlossenheit freute und beeindruckte mich, aber ich befürchtete, sie könnte bei der Verwirklichung ihrer Pläne Schwierigkeiten bekommen. »Aber Sie haben noch immer nicht meine Frage beantwortet, warum Sie Sex mit Mardoff wollen oder mit mir.«

Moira schüttelte heftig den Kopf. »Warum bestehen Sie denn darauf? Ich habe doch nur Spaß gemacht und wollte Sie aufziehen. Ich habe es so verstanden, daß eines der Ziele dieser Therapie ist, daß ich sexuell freier werde. Ich fühle mich weniger gehemmt und bin Ihnen deswegen sehr dankbar. Sie haben mir geholfen, mich freier zu fühlen. Wenn ich Sie irgendwie beleidigt habe, tut es mir leid. Glauben Sie mir, das war nicht meine Absicht.«

Ich holte tief Luft. »Sie haben mich nicht beleidigt. Es ist ein völlig normaler Teil des therapeutischen Prozesses, die

Gefühle und Gedanken für den Therapeuten zu erforschen. Alle sexuellen Phantasien, die Sie bei meinem Supervisor oder mir haben, sind es wert, analysiert zu werden.«

Sie schien irritiert davon, daß ich das Thema fortsetzte. »Ich möchte Ihnen von einem Erlebnis erzählen, das ich diese Woche hatte«, meinte sie plötzlich. Sie ignorierte meinen Versuch, unser Gespräch zu steuern.

»Was für ein Erlebnis?« Ich konnte meine Neugier nicht verbergen.

»Ich bin mir nicht sicher, ob es tatsächlich geschehen ist.« Sie legte eine Hand auf die Stirn. »Es war alles so seltsam, es kann auch ein Traum gewesen sein oder einer dieser Zustände, in denen ich mich manchmal befinde. Ich habe Ihnen ja davon erzählt. Aber das glaube ich nicht. Ich bin mir nicht wirklich sicher. Egal, ich ging in die Wohnung meines jüngeren Bruders Bill. Er hat die Wohnung vor ungefähr zwei Jahren aufgegeben, zu der Zeit, als er auch beim Police Department aufhörte. Wir haben seither kaum etwas von ihm gehört, doch manchmal treffe ich ihn an den verrücktesten Orten.

Einmal, als ich von der Arbeit nach Hause ging, traf ich ihn vor dem Supermarkt mit einer Reihe leerer Tüten in der Hand. Er sah aus wie ein Vagabund. Wir haben uns ein bißchen unterhalten, haben uns gefragt, was der andere treibt und so. Niemand von uns gab zu, daß er ein schlechtes Gewissen hatte, weil wir uns so lange nicht um einander gekümmert hatten.

Ein anderes Mal kam es mir so vor, als hätte er sich in einem Hauseingang in der Nähe des Hauses meiner Mutter versteckt. Es war alles so merkwürdig, wie er von der Polizei weggegangen ist, verschwand und in regelmäßigen Abständen wieder auftauchte. Er war immer anders als wir, schon als Kind ... und alle anderen dachten das auch. Er schien nie besonders kreativ zu sein, eher ein ziemlich uninspirierter Typ. Ich wollte nie etwas von ihnen wissen — von meinen Geschwistern, meine ich. Aber vor allem nicht von Bill. Er war immer ein Einzelgänger, der den anderen zwar alles nachmachte, aber sich trotzdem nie richtig beteiligte. Jedenfalls begann ich in dieser Wohnung in seinen Sachen herumzuwühlen. Ich fand ein Tagebuch, was ziemlich merkwürdig war, denn er ist ganz und gar nicht der Typ, der Tagebuch schreibt. Ich las ein Stück darin und habe sogar ein Stück herausgerissen und mit nach Hause genommen. Es muß also echt sein, nicht wahr? Ich wollte nicht, daß Sie glauben, daß ich das alles erfunden habe oder völlig verrückt bin.«

Schüchtern reichte sie mir ein paar zerknüllte Seiten. Die Handschrift war kaum lesbar, an manchen Stellen riesig groß, an anderen winzig klein. Ich versuchte die ersten Worte zu entziffern. Sie sahen aus, als hätte ein Schizophrener sie geschrieben, unzusammenhängende Satzteile, Schaubilder und Zeichnungen. Der Sinn war schwer zu durchschauen. Sorgfältig betrachtete ich die Seiten und begann eine fesselnde Nachricht aus den Teilen zusammenzusetzen.

Ich las laut vor: »›Sie liebte. Wollte, daß ich sie liebte und ihren Körper streichelte. Als sie mich wusch und meinen Körper reinigte, wußte ich ... und sie wußte, daß wir uns wollten. Ich liebte sie mehr als meine Mutter ... Junuses ... oder die anderen. Sie ließ mich meine Finger in sie hineinstecken, und es war toll. Mein großes steifes Ding ...‹

Diese Seiten sind faszinierend. Machen Sie irgendeinen Sinn für Sie?« fragte ich Moira und gab ihr das beschriebene Papier zurück. Am meisten überraschte mich der seltsame religiöse Unterton der Worte, die doch eigentlich eine klare sexuelle Bedeutung hatten. Moira strich sich über die Stirn. »Das Wort *Junuses*. So hat Bill meine Schwester Janice genannt, als er gerade sprechen gelernt hatte«, antwortete sie nachdenklich. »Ich bin mir nicht sicher wieso, aber ich nehme an, er meinte mich mit dem Mädchen, das ihn wollte.«

»Was stand sonst noch in seinem Tagebuch?« fragte ich. Ich war neugierig, was sie noch gesehen hatte.

Moira tippte mit ihren langen weißen Fingern auf den Schreibtisch. »Er schrieb etwas von Lügen, mit denen wir alle gelebt hätten, äußerte sich aber nicht genau dazu. Immer wieder schrieb er, wie sehr er Mutter haßte und bezeichnete sie sogar als ›Tyrannin‹. Er war der Meinung, sie terrorisiere die ganze Familie.« Moira brach ab und sah in die Ferne, als schaue sie in eine andere Zeit und an einen anderen Ort. »Es gab da noch eine Zeichnung, auf der wir Kinder unsere Mutter erstechen und Janice entsetzt zuschaut. Er schien das Gefühl gehabt zu haben, unsere Eltern hätten ihre ganzen persönlichen Probleme an uns ausgelassen, weil sie sich so gehaßt haben. Er schrieb, er hätte einmal mitangesehen, wie meine Eltern zusammen schliefen. Dabei habe meine Mutter die ganze Zeit ›Ich hasse dich‹ zu meinem Vater gesagt.«

Sie seufzte tief. »Er behauptete, seine Schwester und seine Mutter hätten sich an ihm gerieben und komische Laute von sich gegeben. Und daß sein Vater ein dickes Ding habe und in seine kleine Tochter Moira stecken würde. Moira würde sich dabei vorstellen, mit Bill zusammen zu sein.«

Ich war völlig überrascht. Moira hatte sich während des gesamten Berichts ganz in der Gewalt gehabt, und nun sprach sie plötzlich in der dritten Person von sich. Was hatte das alles zu bedeuten? Ich wußte nicht einmal, wo ich beginnen sollte.

Heutzutage lesen und hören wir beinahe täglich von der erschreckenden Ausbreitung des sexuellen Mißbrauchs von Kindern. Damals war der sexuelle Mißbrauch von Kindern noch ein kaum bekanntes Phänomen. Moiras Vorstellungs-

und Erkenntnisfähigkeit war zwar bruchstückhaft, aber alles schien in dieselbe Richtung zu deuten: körperlicher Mißbrauch. Ich wußte, daß Mardoff mich auf Freuds Schriften über unverarbeitete Ödipuskomplexe verweisen würde, wenn ich ihn um Rat fragen würde. Freud war der Meinung, daß die unbewußten Wünsche einer erwachsenen Frau, eine sexuelle Beziehung zu ihrem Vater zu haben, zu den verschiedensten Formen von Hysterie führten. In Moiras Fall verspürte ich jedoch einen Anflug von Realität. Ihre Erinnerungen klangen zu sehr nach tatsächlicher Erfahrung. Und die einzige Frage war, ob es sich um Moiras oder Bills Erinnerungen handelte. Dieser Teil des Puzzles mußte noch zusammengesetzt werden.

»Erinnern Sie sich an sonst irgendwas? Etwas, das einen Hinweis darauf geben könnte, ob es sich um einen Traum oder ein tatsächliches Erlebnis handelt?« fragte ich sie.

»Nein, wirklich nichts. Nur, daß ich die ganze Zeit über diese Erinnerung nachdenken mußte, nachdem ich seine Wohnung verlassen hatte. Es kam mir ganz von selbst in den Kopf, ich habe mich nicht darauf konzentriert.«

»Erzählen Sie mir davon«, bat ich.

Sie nickte. »Ich war im Kindergarten. Die Stühle waren ziemlich niedrig, und ich konnte gut auf den Tisch klettern. Es muß um die Mittagszeit gewesen sein, denn ich erinnere mich daran, etwas Leckeres im Mund gehabt zu haben. Die Kindergärtnerin schaltete das Licht aus und verkündete, daß wir einen Film sehen würden. Ich kann mich nicht mehr an sehr viel entsinnen, aber ich weiß noch, daß es da ein Mädchen in meinem Alter gab. Sie sprach so komisch und erzählte mir später, sie käme aus einem weit entfernten Ort. Ich fand, daß sie wunderbar sprach, und hatte sie sehr gern. Ich ging nach Hause und erzählte meinem jüngeren Bruder Bill von diesem Film. Er stellte immer mehr Fragen. Ich glaube, es war derselbe Film, von dem ich Ihnen schon einmal erzählt habe. Der über England ... ehe ich Marcia kennenlernte.«

Die Verbindung zwischen der schwachen, zerbrechlichen Moira und diesem dominanten britischen Mädchen, das für sie eine Art Wunscherfüllung war, erschien mir nun klarer. Ich stellte eine Frage: »Könnte es sein, daß sich Ihre zweite Persönlichkeit, die mit dem britischen Akzent, durch den Film entwickelt hat?« Sie sah rasch zur Seite, und ich versuchte, ihre Aufmerksamkeit wiederzuerlangen.

»Moira«, sagte ich und beobachtete sie. »Ich habe mich außerdem gefragt, ob Ihre Freundschaft zu Marcia Ihnen eine ähnliche Ausdrucksmöglichkeit geboten hat. Da Ihre Familie so einen Druck auf Sie ausübte, haben Sie die beiden Persönlichkeiten vielleicht zusammengefügt und eine neue Persönlichkeit angenommen, um selber eine stärkere Rolle spielen zu können.«

Jetzt preschte ich vor, berauscht von meinen eigenen Deutungen. »Könnte es sein, daß Sie dieses Erlebnis zu einem früheren Zeitpunkt in Ihrem Leben hatten? Vermischen Sie Vergangenheit und Gegenwart, Phantasie und Realität? Zumindest ein Teil dessen, was Sie beschrieben haben, scheint auf unterdrückten sexuellen Gefühlen für Ihren jüngeren Bruder zu beruhen. Haben Sie sich vielleicht auf den Weg gemacht, um Ihren Bruder zu suchen, weil Sie sich Sorgen um ihn machten, und dann haben Sie den Rest erfunden?«

Mit einem Mal änderten sich ihr Gesichtsausdruck und ihre Stimme. »Sie wollen meine Muschi. Alle«, meinte sie höhnisch, während sich Speichel in ihrem Mundwinkel bildete. Dann hob sie ihren Rock. Sie trug nichts darunter. Während sie zu masturbieren begann, schrie sie: »Mardoff will sie, und Sie wollen sie auch. Daddy ist ein Nichts. Er ließ sich von dieser verdammten Janice herumstoßen. Er bekommt nichts von meiner Muschi ... es ist wunderbar, es ist wunderbar ... steck diesen Riesenschwanz in mich hinein.« Sie fing heftig an zu keuchen. Sie wandte sich ab und sah die gegenüberliegende Wand an. Sie lachte hysterisch.

Ich überlegte verzweifelt, was ich sagen sollte. Ich wollte ihr gern den Eindruck vermitteln, als verstände ich ihre Handlungen. Da mir nichts einfiel, blieb ich ruhig sitzen, bis es plötzlich ganz still wurde. Nach ihrem Orgasmus zog sie den Rock wieder hinunter. Wir saßen noch eine Weile schweigend da, dann versuchte ich einen Anfang. »Es ist völlig normal, zu masturbieren. Ich hoffe, es ist Ihnen nicht peinlich«, fügte ich rasch hinzu. Sicher war das in dieser Situation nicht sehr geschickt, aber ich war völlig verwirrt und wußte nicht, was ich sonst hätte tun sollen.

Moira benahm sich, als hätte sie eine vage Ahnung von dem, was geschehen war, aber sie schien überrascht, daß ihr T-Shirt aus dem Rock hing, und steckte es wieder hinein. Sie versuchte, ihren zerknitterten Rock zu glätten, und zuckte zusammen, als ihre Hand dabei eine feuchte Stelle berührte. Ihr Gesicht bekam überall rote Flecken. Sie schien sich zu schämen und senkte den Kopf.

»Es ist schon in Ordnung«, sagte ich hilflos. »Es passiert häufig, daß Leute plötzlich sexuell erregt sind und masturbieren, ohne daß sie es merken. Ich bin froh, daß Sie dieses Erlebnis mit mir geteilt haben.«

Mir war klar, daß ich etwas sagen mußte. Wenn ich nicht dafür sorgte, daß sie sich etwas besser fühlte, bevor die Sitzung vorbei wäre, würde sie in ziemliche Schwierigkeiten geraten.

Ich suchte nach den richtigen Worten. »Glauben Sie, daß es eine Verbindung gibt zwischen Ihren Erinnerungen an Ihre verdrängten sexuellen Kindheitserlebnisse und Ihrem Bedürfnis, hier zu masturbieren?«

»Wovon reden Sie?« erwiderte sie ärgerlich. »All dieser

Unsinn, den ihr von euch gebt. Verflucht, ich muß hier verschwinden.«

Moira sprang von ihrem Stuhl auf und marschierte aus meinem Büro. Ich verspürte den dringenden Wunsch, ihr zu folgen, doch dann registrierte ich, daß ich vollkommen bewegungsunfähig war.

7

Echos

Nach meinem Klinikdienst machte ich mich müde auf den Weg in die enge Harlemer Zweizimmerwohnung, in der ich lebte. Ich war zwar erst fünfundzwanzig, trug aber bereits Verantwortung für eine Frau und zwei kleine Kinder. Zusätzlich zu meiner Klinikarbeit hatte ich noch eine ganze Stelle als Sozialarbeiter. Wir kamen gerade so zurecht, aber bei einem Einundzwanzig-Stunden-Arbeitstag blieb mir nicht viel Zeit und Energie für meine Familie. Ich hatte meine Frau vor fünf Jahren in Tel Aviv kennengelernt. Ein gemeinsamer Freund hatte uns einander vorgestellt, und wir waren uns rasch nähergekommen. Sie war vier Jahre älter als ich und deshalb reifer und klüger.

Die Reise nach Israel war mir durch eine linke Zionistenvereinigung ermöglicht worden, der ich beigetreten war. Damals, als junger Mann, hatte mir diese Vereinigung plausible Erklärungsmuster geliefert für die Armut und Ungerechtigkeit, die mich umgab. Ich kam mit einem ganzen Universum neuer und unbekannter Ideen in Berührung, Ideen, die mir Hoffnungen und Zuversicht gaben. Ich lernte ökonomische und politische Anschauungen kennen, die jenseits des Mikrokosmos von Brownsville Anwendung fanden und weltweit Bedeutung hatten.

Als ich neunzehn wurde, beschloß die Vereinigung, einige ihrer Mitglieder nach Israel zu schicken, damit sie dort an Ort und Stelle die Auswirkungen gemeinsamer Anstrengungen kennenlernten. Wir sollten als gewöhnliche Mitglieder in einem Kibbuz leben und arbeiten. Vor unserer Reise nach Israel zogen wir in das Zentralbüro der Vereinigung, das in einem anderen Teil Brooklyns untergebracht war.

Mein Zuhause zu verlassen, bedeutete für mich das Gefühl vollkommener Befreiung. Zum ersten Mal bekam ich Kontakt zu Leuten aus anderen sozialen Schichten. Ich lernte Menschen kennen und schätzen, die reicher waren, die eine anspruchsvollere Erziehung genossen hatten und weltoffener waren, Leute, die kritischer waren als meine Nachbarn in Brooklyn.

Ich verbrachte sehr viel Zeit mit einer Gruppe von Intellektuellen. Nie zuvor war ich Menschen begegnet, deren Lebensinhalt darin bestand, Ideen und Meinungen auszutauschen. Ganze Tage und Nächte verbrachten wir mit endlosen Diskussionen in den Coffeeshops in Greenwich Village. An den Wochenenden spielten wir Basketball auf der Houston Street, schlenderten durch die Straßen und diskutierten über Politik und sexuelle Freiheit. Die wirklichen Helden für mich damals waren jedoch nicht die Intellektuellen, die mich mit politischem Gedankengut vertraut machten, sondern die vielen Frauen, die mich in die Liebe einwiesen. Sie ermöglichten mir eine radikal neue Sicht auf zwischenmenschliche Beziehungen. Während meiner ganzen Kindheit hatte ich Fremde mit Mißtrauen und Unbehagen betrachtet, Kommunikation und Nähe zu anderen hatten für mich keine besondere Bedeutung gehabt.

Die ersten Freundschaften als Erwachsener schloß ich innerhalb der politischen Vereinigung, der ich beigetreten war. Uns verband das gemeinsame Bedürfnis, unsere emotionsarme Kindheit endlich hinter uns zu lassen, und wir gaben uns gegenseitig die Nähe und Zuneigung, die wir in unseren Familien vermißt hatten.

Viele von uns suchten sich später einen Beruf im sozialen Bereich. Bis heute sind meine engsten Freunde Menschen, die ihr Leben der Kommunikation mit anderen gewidmet haben. Zu ihnen gehören Psychologen, Sozialarbeiter, Lehrer und Schriftsteller. Jeder von uns sucht auf seine Weise Wege gegen Einsamkeit und Schmerz, die unentrinnbarer Teil der menschlichen Existenz sind. Es fällt mir schwer, mich an eine Zeit zu erinnern, in der ich nicht von Verlassens- und Einsamkeitsängsten geplagt wurde.

Ehe ich nach Israel reiste, sprang ich, getrieben von meinem Liebesbedürfnis, von einer Beziehung zur nächsten. Ich schlief mit vielen jungen Frauen und redete mir ein, unerschöpflich viel Liebe geben zu können. Tief in mir spürte ich jedoch, daß ein wesentlicher Teil von mir noch immer unerfüllt geblieben war. Während der ganzen Zeit, die ich mit meinen jungen Geliebten verbrachte, träumte ich von der Frau, die ich eines Tages heiraten würde. Ich war mir sicher, daß die Gründung einer eigenen Familie mir schließlich Sicherheit geben würde.

Als ich in Israel war, hatte ich das dringende Bedürfnis nach einer Partnerin, die mir in diesem fremden Land über meine Einsamkeit hinweghalf. Eine ungeplante Schwangerschaft zwang mich dazu, schon mit einundzwanzig Verantwortung für eine Ehe und eine Familie zu übernehmen.

Auch wenn ich zu diesem Schritt durch die Schwangerschaft meiner Frau gezwungen wurde, hatte ich doch endlich die familiäre Stabilität erreicht, nach der ich mich mein ganzes Leben lang gesehnt hatte. Ich hatte eigene Kinder, Kinder, die ich lieben konnte und die auch mich liebten — bedingungslos. Ich hatte das Gefühl, diese Familie könnte endlich all den Haß und die Armut ausgleichen, die ich in meinem bisherigen Familienleben erfahren hatte.

Es war zwar sehr schwer, eine vierköpfige Familie zu ernähren und gleichzeitig meine klinische Ausbildung fortzusetzen, aber ich redete mir ein, daß mir die Wärme und Zuneigung einer gesunden Familie die Kraft und Unterstützung geben würde, die ich dazu brauchte. Ich war hin und hergerissen zwischen widersprüchlichen Bedürfnissen und bemühte mich ständig, meine Prioritäten neu zu setzen. Einerseits genoß ich die Unterstützung meiner Frau, doch zugleich machte ich sie für unsere gegenseitige Abhängigkeit und für die schwierige Situation verantwortlich, in der wir uns befanden. Die zwiespältigen Gefühle, die ich ihr gegenüber hegte, führten schließlich dazu, daß ich mich in Affären mit anderen Frauen stürzte.

Die Affären, die ich damals hatte, waren nicht auf sexuelle Beziehungen beschränkt. Ich ließ mich sehr eng auf jede der Frauen ein und hoffte jedesmal, ein wenig von meinen Ängsten und Neurosen befreit zu werden. Dabei war mir nicht klar, daß ich auf pathologische Art und Weise immer Frauen suchte, die mich an meine Mutter erinnerten.

Damals begann ich, schwächere Leute dazu zu ermutigen, sich von mir abhängig zu machen. Je abhängiger andere von mir wurden, desto sicherer fühlte ich mich, und desto mehr verlor ich meine Ängste. Schließlich waren nicht nur meine Frau und zwei Kinder abhängig von mir, sondern auch Geliebte, Freunde und sogar Patienten.

Die Kraft und Dominanz, die mir diese Beziehungen gaben, überdeckten die Hilflosigkeit und das Gefühl der Verletzbarkeit, die ich eigentlich verspürte. Ich war mir zwar sicher, daß viele meiner Kollegen an demselben Syndrom litten, offenbar gelang es ihnen aber besser, es vor ihrem eigenen Bewußtsein zu verbergen. Vielleicht projizierte ich aber auch meine eigenen Probleme auf sie. Jedenfalls nutzten wir alle den Schutz, den uns unsere professionelle Identität lieferte. Das angenehme Gefühl, für andere Menschen wichtig zu sein, half uns über unsere Ängste als junge unerfahrene Psychotherapeuten hinweg. Die Illusion, unser Privatleben unter Kontrolle zu haben und unverzichtbar für unsere Patienten zu sein, gab uns Selbstvertrauen und ein Gefühl der Zufriedenheit.

Tatsächlich können wir Therapeuten unseren Patienten bestenfalls einen Schritt voraus sein. Vielleicht glauben wir manchmal, gesünder zu sein, denn haben wir nicht gelernt, unsere Neurosen vor der Öffentlichkeit zu verbergen? Die Arbeit als Psychoanalytiker gibt uns ein Gefühl der Überlegenheit, schließlich haben nur wir die Kenntnisse, den Mut und die Ausbildung, um uns unseren persönlichen Krankheitsbildern zu stellen. Wir glauben, eigene Probleme völlig unter Kontrolle zu haben, aber das ist purer Unsinn.

Jeder Tag in der Klinik kam mir vor wie in Hochseilakt. Ich war hin- und hergerissen zwischen meinen Geliebten und meiner Frau, zwischen Job und Ausbildung, zwischen Mardoff und Moira. Lediglich das Zusammensein mit meinen Kindern half mir, meinen Ängsten zu entfliehen und ein wenig Ruhe zu finden. Immer wieder sagte ich mir: »Wenigstens habe ich jetzt eine Familie. Endlich habe ich eine Familie, für die ich wichtig bin.« Während meiner weiteren Arbeit mit Moira stellte ich jedoch allmählich fest, daß nicht nur Moira, sondern auch ich selbst den Halt verlor.

8

Ein erster Verdacht

In unserer nächsten Sitzung versuchte ich, Moira zu helfen, ihre britische Persönlichkeit als Ausdruck der unterdrückten Seite ihres Selbst zu sehen. Ich erklärte die verschiedenen Phasen ihrer Beziehung zu dieser Persönlichkeit. Zuerst war das britische Mädchen eine Figur aus dem Märchenbuch, die Moira bewunderte und mit der sie sich identifizierte. Dann wurde sie Moiras Phantasiefreundin, ihre Zuflucht in schwierigen Situationen. Mit der Zeit lernte Moira, die Erinnerung an das Mädchen in ihre eigene Psyche einzubauen. Dies half ihr, ihre innere Welt vor gefährlichen äußeren Kräften zu schützen, die sie bedrohten. Das britische Mädchen wurde zu ihrer verborgenen positiven Persönlichkeit. Ich versuchte Moira zu zeigen, daß sie diesen Teil ihres Selbst unter normalen Umständen verstecken konnte. In Zeiten großer Belastung jedoch waren ihre Kräfte überfordert, und sie konnte sich nicht länger unter Kontrolle halten. Mitten in dieser Sitzung beschloß ich spontan, Moira mit ihrer lange verlorenen Freundin bekannt zu machen. Ich war der Ansicht, daß sie sich nicht mehr so hilflos fühlen würde, wenn sie diesen starken, aber unterdrückten Teil zu integrieren lernte.

Während unseres Gesprächs erinnerte ich mich daran, daß das britische Mädchen in Moiras Träumen manchmal aggressive sexuelle Züge trug. Ich fragte Moira danach.

Sie explodierte. »Halten Sie sich aus meinen verdammten Träumen heraus«, schrie sie mich mit ihrem britischen Akzent an. »Willst du mich ficken, Bursche? Ich bin neugierig... sag mir, wie dick ist dein Kleiner? ... Ich bin so heiß auf dich ... so wie Mardoff heiß auf mich ist.«

Was sollte diese Anspielung auf Mardoff? Sie erwähnte seinen Namen in dem Moment, wo die sexuell aggressive Seite in ihr zum Ausbruch kam. Gab es da etwas, wovon ich keine Ahnung hatte? Soweit ich wußte, hatte Moira keinen Kontakt zu ihm. Als ich sie bat, mir zu erklären, was sie meinte, weigerte sie sich zu antworten. »Oh Doc ... du verfluchtes Arschloch. Dein Körper ist ganz heiß. Dein Schwanz ist geladen und wird gleich platzen.«

In diesem Moment sank sie auf ihren Stuhl zurück. Es war fast so, als hätte die Gewalt ihrer Worte die Kluft zwischen ihren beiden Persönlichkeiten für einen Moment geschlossen. Ich hatte das Gefühl, sie hätte das Verschmelzen dieser beiden Seiten gespürt. In diesem Augenblick summte plötzlich die Sprechanlage. Gail rief an, um mich daran zu erinnern, daß mein nächster Patient schon auf mich wartete. Ich zog durch die nächste Sitzung zwar bis zum Ende, schenkte meinem Patienten aber nur einen Bruchteil meiner Aufmerksamkeit. Immer wieder mußte ich an das Gespräch mit Moira denken.

Was war mit Mardoff? Ich war überzeugt, daß es dort etwas gab. Moira hatte seinen Namen erwähnt und mit Sex in Verbindung gebracht. Das war wirklich merkwürdig. Kurz nachdem sie zu masturbieren begonnen hatte, hatte sie gesagt, sie wolle sowohl Mardoff als auch mich. Gab es da einen Zusammenhang? Wie paßte das alles zusammen? Was bedeutete das? Ich konnte kaum erwarten, Moira oder Mardoff genauer zu befragen.

In der Zwischenzeit ließ ich mir die Klinikakten geben und untersuchte die Liste mit den Telefongesprächen. Hatte Moira versucht, Mardoff anzurufen? Wenn sie es getan hatte, konnte ich jedenfalls keinen Hinweis darauf finden.

Ich befragte Gail. Sie war sich nicht sicher, glaubte aber, sich daran zu erinnern, daß jemand mit einer ähnlichen Stimme wie Moira nach Mardoff gefragt habe.

In mir wuchs der Verdacht, Moira und Mardoff hätten eine Affäre. Moiras Anspielungen und Hinweise, sie habe Kontakt zu ihm, gingen mir nicht mehr aus dem Kopf.

Meine Vermutungen schienen dadurch bestätig, daß Mardoff Moira während unserer Supervisionen ständig kritisierte und immer wieder betonte, sie sei eine hysterische, verführerische Frau. Warum sollte er sich sonst so beharrlich gegen die klaren Hinweise wehren, die ich ihm geliefert hatte? Hatte ich ihm nicht mehrfach bewiesen, daß Moira unter einer Persönlichkeitsspaltung litt?

Meine Gedanken kreisten unaufhörlich. Erst sagte ich mir, ich sei paranoid. Dann sagte ich mir, meine Paranoia sei gerechtfertigt. Schließlich hatte Mardoff beharrlich an seiner Diagnose festgehalten, bevor irgend jemand vernünftig über die neue Patientin urteilen konnte. Konnte es sein, daß die beiden sich die ganze Zeit hinter meinem Rücken getroffen hatten?

Der Klatsch und Tratsch in der Klinik — Klinikangestellte und Patienten machten ständig irgendwelche Andeutungen über merkwürdige Ereignisse — gaben meinen Verdächtigungen Nahrung. Zuvor hatte ich diese Hinweise als Geschwätz abgetan, aber jetzt begann ich zu glauben, daß ein Stück Wahrheit darin steckte.

Als Moira zu unserer nächsten Sitzung nicht erschien, versuchte ich sie telefonisch zu erreichen. Eine jugendlich klingende männliche Stimme meldete sich und erklärte mir, er habe Moira weder gesehen, noch etwas von ihr gehört. Dann erfuhr ich schließlich, daß sie überraschend einen zweiwöchigen Urlaub genommen hatte. Für den kommenden Tag war nachmittags ein Supervisionsgespräch mit Mardoff anberaumt. Es war unser letztes Zusammentreffen vor den Sommerferien. Als ich am nächsten Tag in die Klinik kam, saß Gail schon an ihrem Schreibtisch.

»Marty«, erklärte sie, »ich habe zwei Nachrichten für

Sie. Dr. Mardoff hat die Supervision um zwei Stunden vorverlegt. Er läßt Ihnen ausrichten, er müsse Sie früher treffen, damit er sein Flugzeug nach St. Vincent bekommt. Außerdem hat Ihre Patientin Moira angerufen. Sie sagte, sie würde zwei Wochen lang nicht zur Therapie kommen.«

»Wissen Sie noch, wann sie ungefähr angerufen hat?« fragte ich aufgeregt. »Und von wo?«

»Etwa vor zwei Stunden«, antwortete Gail. »Ich nehme an, es war ein Auslandsgespräch. Jedenfalls klang es so.«

»Können wir das genau feststellen?« fragte ich erregt.

Gail sah mich überrascht an. »Wozu? Dies hier ist kein Detektivbüro! Ich habe eine Menge Arbeit, ohne daß ich auch noch Zeit für solchen Unsinn verschwende«, erklärte sie verärgert. Meine Phantasie arbeitete auf Hochtouren. Ich sah Moira und Mardoff vor mir, wie sie sich auf St. Vincent liebten. Bilder schossen mir durch den Kopf. Ich kochte vor Wut bei dem Gedanken, daß Mardoff Moiras Verletzbarkeit ausnutzte. Ich stürmte in sein Büro und trat ohne zu klopfen ein.

»Ich denke, Sie sollten wissen, daß Moira in den nächsten zwei Wochen nicht zur Therapie kommt.« Nervös begann ich die Supervision bei Mardoff. »Übrigens hörte ich, daß Sie auch in Urlaub fahren. Wo soll es denn hingehen?« fragte ich ihn aus.

»Für zwei Wochen nach St. Vincent«, antwortete er knapp. Wahrscheinlich ärgerte er sich darüber, daß ich so persönlich wurde.

»Mit Ihrer Familie?« beharrte ich.

»Nein, allein«, erklärte Mardoff ungehalten. »Meine Frau ist Kinderärztin. Sie hat in dieser und der nächsten Woche Dienst, und meine Kinder sind in einem Ferienlager.«

Ich konnte einfach nicht anders und meinte höhnisch.

»Interessant. Ist es nicht ein seltsamer Zufall, daß Sie und Moira zur selben Zeit Urlaub machen?«

»Was wollen Sie damit sagen?« zischte Mardoff. Sein Gesicht war nun rot vor Zorn.

Mit einem Mal geriet ich in Panik. Die Gerüchte, die ich in der Klink über Mardoffs Ehe aufgeschnappt hatte, gingen mir durch den Kopf. Nichts. Ich hatte ebenfalls gehört, daß die weiblichen Klinikangestellten Mardoff ziemlich attraktiv fanden. Es gab regelmäßig Gerüchte über seine angeblichen Affären mit hübschen jungen Studentinnen.

Bisher hatte ich diesem Gerede nie viel Beachtung geschenkt. Ich war immer der Meinung gewesen, der Kliniktratsch sei nur die normale Reaktion auf die außergewöhnlichen Arbeitsbedingungen. Und ebensogut wußte ich, daß es voreilig war, anzunehmen, Mardoff würde seine berufliche Karriere wegen einer Beziehung mit einer Patientin riskieren, nur weil er Affären mit seinen Kolleginnen nicht abgeneigt war.

Dennoch ließ mich dieser Verdacht nicht mehr los. Ich erinnerte mich an ein Gespräch, das ich am Tag zuvor mit Jill geführt hatte. Sie hatte vermutet, ich würde eine Haßliebe auf Mardoff übertragen, deren Wurzeln in der Beziehung zu meinem Vater läge. Unbewußt hatte ich mir immer gewünscht, mein Vater würde sich gegen meine Mutter zur Wehr setzen. Ich hatte meinen Vater geliebt, er war mein einziger Verbündeter in einem von Frauen dominierten, männerhassenden Haushalt gewesen.

Jill war der Meinung, daß ich mir zwar unbewußt gewünscht hatte, mein Vater würde meine Mutter bestrafen, indem er sie betrog, gleichzeitig aber auch Angst davor hatte, er könnte sich auf andere Frauen einlassen. Was, wenn er eine gefunden hätte, die ihn mehr liebte als ich? Würde er mich mitnehmen oder in diesem verrückten Zuhause zurücklassen? Wiederum hatten mich Verlassensängste gequält. Der Wunsch, mein Vater möge aus seiner Ehe entfliehen, vertrug sich einfach nicht mit meiner alles verzehrenden Angst, alleingelassen zu werden. Jill zufolge übertrug ich diesen Konflikt nun auf Mardoff.

Ihre Interpretation konnte mich nicht überzeugen, obwohl sie schlüssig schien. Ich hatte das sichere Gefühl, daß Moira und Mardoff tatsächlich eine Affäre hatte. Trotzdem erkannte ich jetzt, daß ich zu weit gegangen war. Es gab keinerlei Beweise, und wenn ich Mardoff jetzt etwas unterstellte, riskierte ich meine ganze berufliche Zukunft. Ich besann mich. »Ach, ich habe nur einen Scherz gemacht«, antwortete ich Mardoff schließlich. In diesem Moment fiel mir auf, daß ich genau die Worte benutzte, die Moira während unserer letzten Sitzung gesagt hatte, und ich wurde noch verlegener.

»Sie scheinen sehr erregt zu sein«, meinte Mardoff vorsichtig. »Gibt es etwas, das Sie beschäftigt?«

»Ich mache mir nur Sorgen, weil Moira nach einer ziemlich außergewöhnlichen Sitzung verschwunden ist. Ich habe mich bei ihrer Familie erkundigt, und niemand konnte mir genau sagen, wo sie steckt. Ich weiß nur, daß sie irgendwohin in Urlaub wollte. Als Gail mir dann mitteilte, daß Moira aus Übersee angerufen habe und Sie ebenfalls verreisen würden, habe ich mich zu einem lächerlichen Schluß hinreißen lassen.

Wahrscheinlich gefällt es mir einfach nicht, daß mein Supervisor und meine Patientin zur selben Zeit verreisen. Ich fühle mich wohl ein bißchen verlassen.«

»Ihre Scherze sind ein wenig seltsam«, kommentierte Mardoff.

»Können wir uns jetzt über den außergewöhnlichen Vorfall unterhalten, nach dem Moira plötzlich verschwunden ist?« Rasch ging ich meine Therapieaufzeichnungen mit Mardoff durch. Seine Reaktion war knapp und präzise.

»Sie haben mir immer wieder Moiras höchst unangemessene Verhaltensweisen geschildert. Wieso empfinden Sie die Vorfälle diesmal als außergewöhnlich?«

»Nun, Sie begann während der Therapie zu masturbieren . . . und zwar ohne sich dessen bewußt zu sein«, informierte ich ihn nicht ganz wahrheitsgemäß. »Außerdem hat sie mir gesagt, sie hätte gern eine Affäre mit Ihnen oder mit mir. Ich versuchte, sie dazu zu bringen, ihre Gefühle uns gegenüber genauer zu analysieren, aber sie weigerte sich.«

»Wahrscheinlich hat sie deshalb Kontakt zu mir aufgenommen«, antwortete Mardoff schulterzuckend, aber mir entging nicht, daß ein nervöses Zucken durch sein Gesicht lief. Ich biß mir auf die Lippen.

»Was? Warum zum Teufel haben Sie mir das verschwiegen? Haben Sie je etwas von Fairneß gehört? Sie haben kein Recht, mich über so etwas uninformiert zu lassen. Sie ist meine Patientin, nicht Ihre.«

»Ich habe es Ihnen deshalb nicht erzählt, weil ich Sie nicht verletzen wollte.« Er trommelte mit den Fingern auf die Schreibtischplatte. »Sie sagte, Sie hätten ihr viel geholfen, daß sie aber in diesem Stadium der Therapie einen erfahreneren Therapeuten benötige. Was halten Sie von diesem Wunsch?«

»Machen Sie sich keine Sorgen um meinen Seelenzustand. Ich möchte genau wissen, welchen Kontakt sie zu Ihnen hatte. Wann hat sie Sie zum erstenmal angerufen«, fragte ich vorwurfsvoll. »War das erst vor kurzem, oder liegt das schon eine Weile zurück?«

»Zweifeln Sie etwa an meiner beruflichen Ethik?« erwiderte Mardoff ärgerlich. Seine Stimme war messerscharf. »Wenn es nicht erst vor kurzem gewesen wäre, hätte ich Sie längst informiert. Ich hatte beschlossen, bis zum Ende meines Urlaubs zu warten, um dann mit Ihnen gemeinsam eine Strategie zu entwickeln. Ich muß Sie warnen, Dr. Obler. Sie spielen ein riskantes Spiel, wenn Sie Ihrem Supervisor gegenüber solche Verdächtigungen aussprechen. Dazu haben Sie kein Recht.« Seine Stimme klang so scharf, daß ich zusammenzuckte. »Sie haben sich Ihre Sporen noch nicht verdient. Ich rate Ihnen dringend, dies als persönliches Problem zu betrachten und in Ihrer eigenen Analyse zu behandeln.«

Sein Machtspiel war ebenso offensichtlich wie geschickt. Ich ließ mich nicht einschüchtern. »Das Leben ist riskant, und ich werde nicht ausweichen. Ich werde jede Position vertreten, die ich für moralisch richtig halte. Ich werde in meiner Beziehung zu einem Patienten keinen Kompromiß eingehen.«

Mardoffs Gesicht war weiß vor Zorn. Mir wurde klar, daß diese Antwort meine schwache Position nur noch offensichtlicher werden ließ, deshalb machte ich plötzlich eine Kehrtwendung. »Ich werfe Ihnen gar nichts vor, ich erkläre Ihnen lediglich, daß meine Patientin immer wieder andeutet, Kontakt mit Ihnen zu haben. Es ist meine Pflicht und Schuldigkeit, meine Patientin zu schützen. Ich möchte wissen, in welcher Beziehung Sie zu ihr stehen. Wie soll ich mich Ihrer Meinung denn sonst verhalten?«

Mardoff schlug mit der Faust auf den Tisch. »Ich habe Sie von Anfang an gewarnt, daß Sie es mit einer hysterischen Frau zu tun haben«, erwiderte er. »Versuchen Sie absichtlich, Ihre Karriere zu zerstören? Sie wissen, daß Sie alle Vorfälle, die sich während der Therapie ereignen, in der Supervision zur Sprache bringen müssen. Bis Sie die Prüfung geschafft haben, habe auch ich Verantwortung für Ihre Patienten. Sie gefährden nicht nur den Erfolg der Therapie, sondern auch den Ihrer Supervision.

Dieser Typ Frau verlangt nach unbedingter Aufmerksamkeit. Ihre Stärke liegt darin, Männer gegeneinander ausspielen zu können. In diesem Fall besteht zwischen den beiden Beteiligten ein ziemliches Ungleichgewicht: der erfahrene und mächtige Supervisor und der unerfahrene zukünftige Therapeut.«

In diesem Augenblick wurde mir klar, daß er mich in der Gewalt hatte. Es war dumm von mir gewesen, seine Autorität in Zweifel zu stellen. Ich hatte nicht den leisesten Beweis für meine Vorwürfe, und meine Karriere war zu Ende, wenn ich mich nicht irgendwie aus diesem Schlamassel herauswinden konnte.

Ich besann mich auf meine Kindheitserfahrungen und überdachte meine Lage. Wie hatte ich mich in eine Schlacht stürzen können, bei der ich keine Chance hatte zu gewinnen? Es gab keinen Zweifel, ich würde den Kampf verlieren. Ich mußte unbedingt das alte Rollengefüge zwischen lernbegierigem Student und nettem, verständnisvollen Lehrer wiederherstellen.

Ich trat den Rückzug an. »Hören Sie, Dr. Mardoff, ich möchte mich für meine absurden Anschuldigungen und mein unmögliches Benehmen entschuldigen«, meinte ich kläglich. »Ich habe in letzter Zeit eine Menge Streß gehabt. Wie Sie schon sagten, habe ich mich dummerweise von ihr verführen und manipulieren lassen. Die Angst, während des Sommers ohne Ihre Aufsicht arbeiten zu müssen, hat mich ziemlich in Panik versetzt. Ich habe das Problem in meiner eigenen Analyse angesprochen. Meine Therapeutin meinte, ich mache gerade einen Übertragungsprozeß mit Ihnen durch. Das könnte mein ambivalentes Verhältnis zu Ihnen erklären und meine Neigung, mich auf diese ödipale Konstellation einzulassen. Bitte verzeihen Sie mir und helfen Sie mir aus dieser Verwirrung heraus.«

»Warum warten wir nicht, bis ich von meiner Reise zurückkehre, ehe wir dieses Durcheinander entwirren«, antwortete Mardoff kühl.

»In der Zwischenzeit können Sie sich vielleicht um die

Distanz bemühen, die Sie brauchen, um mit Ihrer Arbeit fortzufahren.«

Zwei Wochen später kam Moira wieder zur Therapie. In der Zwischenzeit hatte ich weder von ihr noch von ihrer Familie etwas gehört, und meine Nachforschungen blieben ohne Ergebnis. Als Moira ins Zimmer trat, machte sie einen angespannten und erregten Eindruck. In ihren Augen stand ein verzweifelter, verletzter Ausdruck, den ich bei ihr noch nicht gesehen hatte. Weder diesen Blick noch ihre ersten Worte habe ich je vergessen können. Wir saßen uns schweigend gegenüber, Tränen rannen über ihr Gesicht. »Helfen Sie mir«, flehte sie schließlich. »Sagen Sie mir, was mit mir los ist. Ich habe so viele Tage ausgesetzt. Wann war ich das letztemal hier? Ich habe solche Angst. Ich verstehe gar nicht, was passiert. Ich weiß, daß Sie von mir sprechen, wenn Sie von dem aggressiven britischen Mädchen reden. Aber ich kann mich nicht daran erinnern, sie gewesen zu sein. Ich wünsche mir so sehr, daß es mir wieder gut geht.«

»Wo waren Sie seit der letzten Sitzung?« fragte ich.

»Ich weiß es nicht. Ich kann mich nur an kurze Momente und an ein paar Bruchstücke erinnern. Alles andere ist fort.« Ihre Angst war nicht zu überhören.

»Wann haben Sie hier angerufen und Gail gesagt, daß Sie eine Weile nicht kommen würden?« fragte ich der Hoffnung, daß sie sich dann wieder erinnern würde.

»Angerufen und Gail gesagt, daß ich eine Weile nicht komme?« Sie sah mich verwirrt an. »Daran erinnere ich mich gar nicht. Ich habe von einem wunderbaren Urlaub geträumt. Ich war auf einer Insel mit einem älteren, sehr reifen Mann. Er hat auf mich aufgepaßt, und ich glaube, wir haben zusammen geschlafen.«

»Können Sie mir sagen, wo Sie waren, als Sie das geträumt haben?« fragte ich. »Oder wo Sie waren, ehe Sie heute hierherkamen? Erinnern Sie sich daran?«

»Nein, ich weiß nur, daß ich heute morgen in einem Hotel erwacht bin. Ich weiß nicht, wie ich dahin gekommen bin. Als ich an der Rezeption zahlen wollte, sagte man mir, das sei schon erledigt. Ich habe mich erschrocken, weil ich mich nicht entsinnen konnte, gezahlt zu haben. An meinen Kleidern und auf meinem Bein war getrocknetes Sperma. Ich kann mich nicht erinnern, mit jemand zusammen gewesen zu sein. Ich bin in die Wohnung meiner Mutter gefahren, um mich zu waschen und umzuziehen. Danach bin ich gleich hierhergekommen.«

Ganz plötzlich wechselte Moira die Richtung. »Ich mag die Frau hier am Empfang wirklich sehr. Sie ist so nett. Sie kam auch in meinem Traum vor. Ich fühle mich ihr so nah. Ich glaube, wir könnten gute Freundinnen sein.«

»Warum sind Sie in die Wohnung Ihrer Mutter gefahren und nicht in Ihre eigene, ehe Sie hierherkamen?« unterbrach ich sie. Mich interessierte, ob es irgendeinen rationalen Grund für ihre Entscheidung gab.

»Es war mir alles so peinlich, und ich hatte Angst, meinen Mann zu treffen. Können Sie sich vorstellen, wie es gewesen hätte, wenn ich ihm oder meinen Kindern begegnet wäre?«

»Und wenn Sie Ihre Mutter oder Janice getroffen hätten?« fragte ich. »Wäre das nicht mindestens ebenso unangenehm geworden?«

»Ich habe jetzt nicht mehr so viel Angst vor ihnen. Vielmehr fürchte ich mich vor meinen Erinnerungslücken«, erklärte Moira. »Ich weiß nicht wieso, aber ich glaube, das Hotel in meinem Traum war in einem fremden Land. Es ist alles ganz verschwommen, und ich erinnere mich nur an Schemen. Ich glaube, der Mann hatte silbergraues Haar.«

Ich zuckte zusammen. »War es dasselbe Hotel wie das vor unserer heutigen Sitzung?« fragte ich.

»Nein, das war viel später«, antwortete sie, und ihr Gesichtsausdruck veränderte sich drastisch. »Manchmal wünsche ich, ich wäre ein Mann. Männer können fast alles. Vielleicht bilde ich mir das alles ja nur ein. Der Traum scheint irgendwie ganz weit weg zu sein. Der Mann war ein älterer Mann. Mein Vater konnte gut schießen, sehr gut«, unterbrach sie plötzlich ihre eigenen Gedanken.

»Merken Sie, daß Sie Mühe haben, bei einem Thema zu bleiben?« fragte ich und bemühte mich ruhig zu bleiben.

Moira reagierte sehr merkwürdig. Sie fing an zu singen und wippte im Rhythmus zu ihrer Musik mit dem Körper vor und zurück. Ich hörte ihr zu und registrierte, daß es eine schlüpfrige Parodie auf ein religiöses Lied war.

Die Stimme war nicht die von Moira, kam mir aber bekannt vor. Sie klang männlich. War das Mardoffs Stimme? fragte ich mich. Mir wurde klar, daß Moira eine neue Dimension erreicht hatte und eine andere Persönlichkeit annahm.

»Mein Vater war der einzige Mensch, der jemals nett zu mir war.« Moira schien wieder diejenige zu sein, die sie zu Anfang der Sitzung war. »Die schönsten Zeiten, an die ich mich erinnere, waren die Zeiten mit ihm. Ich saß oft neben meinem Vater und sah zu, wie er seine Waffe reinigte. Er polierte sie so lange, bis sie überall glänzte.«

Ich beschloß, sie in ihre vorherige Persönlichkeit zurückzuführen. »Was passiert mit Ihnen, wenn Sie mit dieser Stimme singen?«

»Was meinen Sie?« Sie sah mich irritiert an. »Ich kann mich nicht daran erinnern, daß ich gesungen habe.«

Ich stand auf und betrachtete sie aufmerksam. »Unsere Zeit ist nun zu Ende, aber ich habe Angst, daß Sie wieder auf Abwege geraten und nicht zur Therapie kommen. Vielleicht können Sie sich mit mir in Verbindung setzen, wenn Sie merken, daß Sie wieder zu einer anderen Person werden. Sie könnten mich anrufen, und dann versuche ich, Sie

. die Realität zurückzuholen, damit Sie nicht wieder die Erinnerung verlieren. Was halten Sie davon?«

»Verflucht!« schrie sie. »Warum konnte mein Vater mir nicht helfen? Warum konnte er mir nicht helfen? Warum hat er zugelassen ... diese Bastarde, ... daß sie mir das antaten. Ich war doch so schwach und verletzlich.« Dann stand sie auf und ging aus dem Zimmer.

Ich hatte Mühe, den Rest des Tages hinter mich zu bringen. An diesem Abend besuchte ich nach der Arbeit meine Geliebte. Ich erzählte ihr, was ich mit Moira erlebt hatte. Als ich ihr von der Männerstimme berichtete, die sie während der Sitzung angenommen hatte, erinnerte ich mich plötzlich an ein Ereignis aus meiner Kindheit. Dieses Ereignis beschrieb ich meiner Geliebten in allen Einzelheiten. Seit mehr als zweiundzwanzig Jahren hatte ich nicht mehr daran gedacht.

9

Erinnerungen

Wenn die Sommerabende schwül und unerträglich waren, konnte man kaum schlafen. In diesen Zeiten erlaubten meine Eltern meinen älteren Schwestern, bis in die Nacht aufzubleiben. Oft saßen meine Schwestern und ihre Freundinnen dann schwatzend und kichernd auf den Eingangsstufen unseres Hauses, denn nur dort wehte hin und wieder eine kühlende Brise.

Mir als dem Jüngsten war der Aufenthalt lediglich auf dem Absatz der Feuerleiter vor dem Schlafzimmer meiner Eltern gestattet. Ich konnte meine Mutter davon überzeugen, daß sie mich dort besser unter Kontrolle hatte als im Wohnzimmer, wo ich normalerweise schlief. Anders als heute war dies noch vor zweiundzwanzig Jahren in New York ein durchaus sicherer Platz zum Schlafen.

Meine Erinnerungen an diese Nächte auf dem Feuerleiterabsatz sind eine kindliche Mischung aus Aufregung und Angst. Während ich still dalag und tat, als schliefe ich, beobachtete ich meine Schwestern und ihre Freundinnen und die Schatten hübscher junger Frauen, die sich hinter den geöffneten Fenstern der gegenüberliegenden Häuser auskleideten. Dann sah ich plötzlich beängstigende Bilder von Brutalität und Gewalt vor mir. Ich stellte mir die Leute in den umliegenden Wohnungen vor, wie sie sich schlugen, lauschte auf die nächtlichen Geräusche der Großstadt und glaubte, die Schreie der vielen einsamen Menschen zu vernehmen.

Eines Nachts geschah etwas, das mich für den Rest meines Lebens prägte. Zweiundzwanzig Jahre lang gelang es mir, diese Erinnerung aus meinem Gedächtnis zu verdrängen. Was blieb, war eine unbestimmte Angst, die ich an jenem Abend zum ersten Mal mit den Ereignissen von damals in Verbindung bringen konnte. Ich erinnere mich daran, einige Nachbarn über die »Shvartzers« schimpfen zu hören. Da meine Eltern zu Hause eine Mischung aus Jiddisch und Englisch sprachen, wußte ich, daß *shvartz* schwarz bedeutete. Unsere Nachbarn sprachen über die Schwarzen aus dem Süden, die vor kurzem in die großen Städte im Norden des Landes gekommen waren. Einige dieser Familien waren in eine Straße in der Nachbarschaft gezogen.

Im großen und ganzen waren sich alle Nachbarn einig, daß diese Neuzugezogenen eine Bedrohung darstellten. Da die meisten von uns aus Nord- und Osteuropa stammten, waren wir kaum an Menschen gewöhnt, die nicht weiß und nicht europäischer Herkunft waren. Wie bei allem Fremden, breitete sich bald eine völlig irrationale Angst aus.

Wir behaupteten, sie würden »unsere Gegend verschandeln«, ein Ausdruck, den wir gelernt hatten, als er uns gegenüber angewendet wurde, damals, als wir hierhergezogen waren. Wir wollten, daß sie »dorthin zurückkehrten, wo sie herkamen«. Während meiner ganzen Kindheit begleiteten mich die Haßtiraden der einzelnen ethnischen Gruppen untereinander, die sich um das Wenige stritten, das den Armen und Hilflosen zur Verfügung stand.

Im Halbschlaf lauschte ich der Diskussion über unser neuestes Problem in der Nachbarschaft. Als ich schließlich richtig wach war, merkte ich, daß ich Durst hatte. Ich schlich an meiner schlafenden Mutter vorbei in die Küche, um mir ein Glas Wasser zu holen.

Als ich in der Dunkelheit nach dem Lichtschalter tastete, hörte ich ein Geräusch. Schon als kleines Kind hatte die Angst meiner Mutter vor der ganzen Welt auf mich abgefärbt. Zitternd vor Furcht dachte ich sofort an Kriminelle, an Räuber und Kindesentführer.

Ich schrie nach meinen Eltern, aber niemand antwortete. Ich geriet in Panik. Heute ist mir klar, daß meine Schreie stumme Schreie gewesen sein müssen. Dann hörte ich plötzlich etwas gänzlich Unerwartetes. Es war ein leises Rufen.

Ich kam zu dem Ergebnis, daß ich träumte. Oft erwachte ich mitten in der Nacht, und mein Vater beruhigte mich und erklärte mir, daß alles nur ein Traum gewesen sei, ein Alptraum. Ich nahm allen Mut zusammen und schaltete das Licht an.

Zu meiner Überraschung sah ich einen kleinen schwarzen Jungen am Fenster stehen. Er stand in einer Ecke und klammerte sich an das Bein eines Küchenstuhls. Er schluchzte und lutschte am Daumen, und dicke runde Tränen kullerten über sein Gesicht. Wir starrten uns ungläubig an.

Er war viel kleiner als ich. Ich war zwar der jüngste in unserer Familie und hatte nicht viel Erfahrung mit kleineren Kindern, aber er konnte nicht älter als drei oder vier Jahre gewesen sein, denn ich war schließlich fünf, und er war kleiner als ich. Ich weiß noch, daß ich mir überlegte, ob er keine Mommy und keinen Daddy mehr hatte.

Mein Vater kam ins Zimmer gestürmt, wahrscheinlich hatte ihn der Lichtschein geweckt. Als er den kleinen Jungen sah, packte er ihn und schlug dem schluchzenden Kind hart ins Gesicht. Ich begann unkontrolliert zu weinen.

Durch meine Tränen beobachtete ich meinen Vater und den kleinen Jungen. Mein Vater schleppte und zerrte ihn zum offenen Fenster. Der wahnsinnige Zorn im Gesicht meines Vaters ängstigte mich. Ich schrie. Irgendwie war ich mir sicher, daß mein Vater den Jungen von der Feuerleiter werfen würde.

Meine Eltern hatte mich immer wieder ermahnt, auf der Feuerleiter vorsichtig zu sein. Sie erklärten mir, sie sei ein gefährlicher Spielplatz, auf dem man gut aufpassen müsse, sonst könne man herunterfallen und sich verletzen. Entsetzt sah ich zu, wie mein Vater den kleinen Jungen beschimpfte. Ich bat ihn, damit aufzuhören.

Mein Vater hob den Kleinen auf den Absatz der Feuerleiter. Der Junge starrte meinen Vater angsterfüllt an. Mein Vater schrie ihn an, er solle die Leiter hinunterklettern, denn auf diesem Weg war er wahrscheinlich in unsere Wohnung gelangt. Das weinende Kind kletterte zitternd nach unten.

Tobend drehte mein Vater sich zu mir um. »Du mußt dich vor diesen Leuten in acht nehmen. Sie sind wie wilde Tiere. Du mußt dich von ihnen fernhalten.« Ich war verwirrt. Dachte mein Vater etwa, ich hätte ihn ins Haus geholt?

Ich begann zu zittern. Mein Vater nahm mich in die Arme und zog mich fest an sich, während er auf einen Stuhl sank. Sein Herz schlug laut. Heute wird mir klar, daß seine Reaktion zumindest teilweise auf die Sorge um mich zurückzuführen war. Aber damals in der Küche empfand ich nur Wut und Scham über das Verhalten meines Vaters.

Warum hatte er den kleinen Jungen geschlagen? War er nicht ebenso ein Kind wie ich? Würde mein Vater mich genauso schlagen? Konnte ich ihm noch länger vertrauen? Mußte ich damit rechnen, daß mich die Väter anderer Kinder schlugen?

Ich verstand den Zusammenhang zwischen dem Jungen in unserer Küche und dem Gerede über die »Shvartzers« nicht. Ging es da nicht um erwachsene Schwarze, schwarze Männer, die kriminell waren, Messer trugen, Alkohol tranken, durch die Straßen streunten und anderen die wenigen schlechtbezahlten Jobs wegnahmen? Wir waren doch nur Kinder, der kleine Junge und ich.

Später, als ich selber Kinder hatte und mich viel mit Rechtsfragen beschäftigte, begriff ich die Zusammenhänge besser und deshalb auch meine damalige Verwirrung. Mir wurde deutlich, daß das kindliche Verständnis von Vorurteilen und Ungerechtigkeit viel objektiver und klarer ist als das von Erwachsenen.

Meine Mutter kam völlig aufgelöst ins Zimmer. Meine beiden Schwestern folgten ihr, sie hatten unten auf der Straße den Krach gehört. Wir alle sahen hinunter zum Fuß der Feuerleiter, wo der kleine Junge stand. Regungslos schaute er uns an und lutschte an seinem Daumen.

Ich rief ihm zu: »Lauf, damit sie dir nicht wehtun können.« Dann wandte ich mich zu meiner Familie um. Durch meinen Ärger, meine Angst und mein Mißtrauen den Eltern gegenüber machte ich den ersten, wenngleich zögernden Schritt ins Erwachsensein. Ohne an die möglichen Folgen zu denken, flehte ich meine Eltern an, dem Kleinen nichts anzutun.

Fassungslos sah ich zu, wie mein Vater daraufhin die Leiter hinunterzusteigen begann. Er trug den Jungen in unsere Wohnung zurück und setzte ihn auf einen Stuhl. Meine Mutter brachte etwas zu essen und stellte es vor den Kleinen auf den Tisch. Wir sahen zu, wie er es hungrig hinunterschlang. In diesem Augenblick liebte ich meine Eltern mehr als je zuvor.

Der Junge blieb über Nacht bei uns. Am nächsten Morgen liefen wir durch die Nachbarschaft, um herauszufinden, wo er lebte. Wir fragten die Leute auf der Straße, in der Hoffnung, auf jemanden zu stoßen, der den Kleinen kannte. Aber niemand konnte uns weiterhelfen.

Dann führte der Kleine uns schließlich zu einem heruntergekommenen Haus. Er wohnte dort. Zwei halbwüchsige Jungen, vermutlich seine Brüder, lagen schlafend auf dem Boden. Sie starrten uns ungläubig und schlaftrunken an, sagten aber kein Wort. Offenbar hatten sie gar nicht bemerkt, daß der kleine Junge verschwunden war. Wir ließen den Kleinen bei ihnen zurück, und irgendwie ahnte ich, daß wir ihn nie wiedersehen würden. Etwa einen Monat später erfuhren wir, daß der Junge ermordet aufgefunden worden war. Sein Körper trug Spuren von körperlicher und sexueller Mißhandlung. Gerüchten zufolge hatte sein Vergewaltiger und Mörder ihm den Daumen von der Hand abgetrennt. Noch Jahre später träumte ich von einer Hand ohne Daumen. Als ich genauer hinschaute, registrierte ich, daß die Hand in meinem Traum meine eigene Hand war.

Diese lange verdrängte Kindheitserinnerung verfolgte mich seit meinem letzten Treffen mit Moira. Immer wieder dachte ich über den Zusammenhang zwischen meinen Gefühlen für den kleinen Jungen und für Moira nach.

Während die Wochen vergingen, spürte ich, daß mein Bedürfnis, Moira zu helfen, immer stärker wurde. Ich dachte ununterbrochen an sie und konnte mich kaum noch auf meine anderen Patienten konzentrieren. Ich wußte, daß ich auf dem besten Weg war, allen Sinn für das Wesentliche zu verlieren. Mir fehlte die nötige und angemessene professionelle Zurückhaltung. Aber die Tatsache, daß Moira so ungerecht behandelt wurde, belastete mich. Ich schwor, alle Schwachen und Hilflosen zu schützen und der Brutalität gegenüber Wehrlosen ein Ende zu bereiten. Erst dann würde ich mich auch selber sicher fühlen.

Meine permanente Sorge um Moira wurde ganz überraschend durch Mardoff unterbrochen. Eine Woche, ehe er in die Klinik zurückkehren sollte, erhielt ich von ihm eine Nachricht. Er bat mich, unser geplantes Treffen um eine Woche vorzuverlegen. Wir trafen uns an einem Montagmorgen zum Frühstück. Mardoff war sonnengebräunt und tadellos gekleidet, wirkte aber irgendwie nervös. Er kam sofort zur Sache. »Ich habe während meines Urlaubs viel über Ihre Ausbildung nachgedacht«, meinte er. »Ich mache mir große Sorgen darüber, daß Sie sich zu sehr auf die Therapie mit Moira einlassen.«

Nachdenklich strich Mardoff sich mit Daumen und Zeigefinger übers Kinn. »Es ist ein sehr komplizierter Fall, obwohl ich nochmals betonen möchte, daß das Hauptproblem eine Hysterie ist. Ich gebe zu, daß es möglicherweise falsch war, einem Neuling eine solche Patientin anzuvertrauen. Das tut mir leid.« Natürlich versuchte er auf diese Weise erneut, meine Kompetenz in Frage zu stellen und mich zu verunsichern. Ich ging nicht auf seine Interpretationen ein.

Ebensowenig erwähnte ich Moiras Suche nach ihrem Bruder und die Tagebuchnotizen, die sie mir gezeigt hatte.

Die Theorie des sexuellen Mißbrauchs behielt ich für mich und wies nur kurz darauf hin, daß es in ihrer Kindheit möglicherweise einen Zwischenfall mit einem ihrer Brüder gegeben hatte.

Den erwähnten sexuellen Kontakt innerhalb der Familie ummantelte ich mit Mardoffs ödipaler Theorie. Nach Freud zeigen Brüder und Schwestern am Ende der ödipalen Periode häufig sexuelles Interesse füreinander. Dieses Interesse hilft ihnen dabei, die intensiven Emotionen zu verarbeiten, die sie während dieser psychosexuellen Phase erleben. Mardoff schien meine Erklärungen zu akzeptieren. Als ich nach einer Weile merkte, daß Mardoff unkonzentrierter und unvorsichtiger wurde, kam ich auf Moiras Traumerinnerungen zu sprechen. Ich ließ Mardoff keine Sekunde aus den Augen, während ich ihm erzählte, daß sie von einem sexuellen Abenteuer mit einem älteren Mann während einer Auslandsreise geträumt hatte. Sein Gesicht war bewegungslos, seine Stimme klang ungerührt. »Es handelt sich ganz offensichtlich um eine unbewußte erotische Übertragung auf ihren Vater. Ein klarer Hinweis auf ihren starken Wunsch nach Sexualität.« Mardoff lehnte sich auf seinem Stuhl zurück. »Im übrigen bin ich der Meinung, daß es eine Form unbewußten Widerstandes ist, wenn Patienten nicht zur Therapie erscheinen. In ihrem Fall hängt dieser Widerstand wohl mit der Angst zusammen, daß ihre erotischen Phantasien während der Therapie erfüllt werden könnten.«

Mardoff nickte, um seine eigene Theorie zu bekräftigen. Ich schwieg. »Vielleicht war es ein Fehler, daß ich auf ihren Gesprächswunsch eingegangen war«, räumte Mardoff ein. »Möglicherweise hat dies das Netz der sexuellen Übertragungskomponenten noch komplizierter gemacht.« Mardoffs Offenheit und seine präzisen Erklärungsansätze erstaunten mich. Erneut fragte ich mich, ob ich mich mit meinen Vermutungen über Moira und ihn nicht doch getäuscht hatte. Aber Mardoff wurde schon wieder offensiv. »Mr. Obler, Sie müssen unbedingt«, er zog das letzte Wort besonders in die Länge, »Ihre eigenen Gefühle in Ihrer Analyse untersuchen. Ich finde«, fügte er hinzu, »Sie sollten lernen, die Arbeit während Ihrer Therapie und die Arbeit während unserer gemeinsamen Supervision voneinander zu trennen.«

Ich spürte, daß ich wütend wurde. Ich setzte mich gerade hin. Ich hatte nicht die Absicht, mich erneut angreifen zu lassen. Wenn er es auf einen Showdown abgesehen hatte, sollte er ihn haben. »Mein Interesse an Moira ist rein beruflicher Natur. Es ist Ihr Interesse, das hier in Zweifel gezogen wird«, sagte ich und sah ihm fest ins Gesicht.

Mardoff sprang auf und stieß den Stuhl zurück. Sein Gesicht war hochrot. »Sind Sie verrückt geworden, Obler?«

»Ich denke nicht«, antwortete ich ruhig. »Ich frage mich, ob Sie sich heimlich mit Moira treffen.«

»Was sagen Sie da?« Mardoff kam mit geballten Fäusten auf mich zu, aber ich war nicht mehr aufzuhalten.

Ich stand auf und sah ihn an. »Haben Sie beide ein Verhältnis?«

Wütend fiel Mardoff mir ins Wort. »Das lasse ich mir nicht bieten, Sie kleiner Möchtegernpsychologe«, zischte er. »Merken Sie sich das. Lassen Sie mich in Frieden. Und sollten Sie jemals«, seine Stimme hatte einen drohenden Klang angenommen, »sollten Sie jemals«, wiederholte er, »auf die Idee verfallen, Ihre Verdächtigungen laut auszusprechen, wird sich Ihre berufliche Zukunft auf das Schrubben von Fußböden beschränken. Bestenfalls. Und jetzt verschwinden Sie«, meinte er kalt. »Ich werde mir eine Woche lang Zeit nehmen, um darüber zu entscheiden, was ich mit Ihnen mache. Und während dieser Woche, Obler, rate ich Ihnen dringend, über Ihr Verhalten nachzudenken.« Er hielt einen Moment inne. »Und da Sie so hartnäckig sind, empfehle ich Ihnen, über nichts anderes nachzudenken.« Seine schneidende Stimme ging mir durch Mark und Bein. Dann verschwand er ohne ein weiteres Wort. Wie betäubt blieb ich zurück und überlegte mir, was er wohl als nächstes tun würde.

10

Erschütternde Wirklichkeit

In den nächsten Tagen gingen mir Mardoffs Abschiedsworte nicht aus dem Kopf. Ich dachte an nichts anderes mehr, ganz so wie er gesagt hatte. Warum hatte ich ihn angegriffen? Hatte ich etwa erwartet, daß er mir die Wahrheit sagen würde? Konnte ich wirklich so dumm gewesen sein? Mardoff war klug, und er hatte Macht. Ich war unerfahren und naiv. Er leitete die Klinik, ich war nur in der Ausbildung. Eines war mir völlig klar: Ich hatte meine und Moiras Zukunft unnötig aufs Spiel gesetzt. Wie hatte ich nur annehmen können, ihr zu helfen, indem ich riskierte, daß man mir den Fall entzog, oder schlimmer noch, mich aus der Klinik warf? Mardoff konnte uns mühelos erledigen. Nervös und aufs höchste gespannt saß ich meine Bürostunden ab. Von Mardoff gab es kein Zeichen. Als ich am Freitag in die Klinik kam, rief Gail mich zu sich. Ihr Gesicht war unbewegt. »Marty, Mardoff hat für vier Uhr eine Supervision für Sie angesetzt.«

Ich seufzte. Er hatte also die allerletzte Stunde des allerletzten Wochentags abgewartet, wahrscheinlich um meine Nervosität zu schüren. Ich hätte zu gern gewußt, ob er Gail etwas von der ganzen Sache erzählt hatte. Aber sie gab nichts preis, und ich wagte nicht nachzufragen. Also ging ich in mein Büro und setzte mich an den Schreibtisch. Ich starrte Löcher in die Luft, während ich auf das Ticken meiner Uhr lauschte.

Mardoff eröffnete unsere Begegnung, als wäre nichts geschehen. Er war kühl und selbstsicher wie immer. »Mr. Obler«, begann er, dann stoppte er und goß sich ein Glas Wasser ein. Dabei ließ er mich nicht aus den Augen. Mein Herz schlug schneller, es hämmerte wie verrückt. Er lächelte und sah mich weiter an, als wollte er meine Qualen möglichst lange auskosten.

»Ganz offensichtlich...«, er spielte mit seinem Glas, »... hat sich Moiras Fall sehr ungünstig auf Ihre Ausbildung ausgewirkt.« Seine Stimme klang scharf. Er sah mich herausfordernd an, als wartete er nur auf meinen Widerspruch. Ich biß mir krampfhaft auf die Lippen und schwieg. Er fuhr fort: »Natürlich wäre es das beste, wenn ich Ihnen einen neuen Fall zuwiese.« Wieder hielt er inne und sah mich an. Ein Lächeln umspielte seine Mundwinkel. Er versuchte mich zu ködern, wartete darauf, daß ich nach dem Bissen schnappte, den er mir hinhielt, damit er mich endgültig in den Klauen hatte.

Mit äußerster Selbstbeherrschung schwieg ich weiter.

Er nickte. »Aber natürlich steht ein neuer Fall nicht zur Diskussion, schließlich haben Sie schon eine Menge Zeit für die Behandlung verwendet.« Meine Geduld und meine Entschlossenheit schwanden, aber ich wußte, daß ich jetzt nicht aufgeben durfte. Ich suchte mir einen Fleck hinter ihm an der Wand, auf den ich mich konzentrieren konnte.

Mardoff goß sich erneut ein Glas Wasser ein. Ob er jetzt die Wasserfolter probierte, fragte ich mich im stillen. »Statt dessen«, sagte er fast beiläufig, »schlage ich zwei verschiedene Lösungen vor.« Ich heftete meinen Blick fest auf den

Wandfleck. »Als erstes möchte ich Ihnen einige neue interessante Fälle zuteilen.«

Entsetzt sah ich ihn an. »Dadurch wird sich Ihr übersteigertes Engagement mit Moira von selbst legen.« Ich schluckte hörbar. Einen Moment lang sagte niemand etwas, dann nahm Mardoff einen der Bleistifte, die vor ihm auf dem Schreibtisch lagen, in die Hand. Er sah mich an und zerbrach ihn krachend, ehe er mit eisiger Stimme fortfuhr: »Die zweite Lösung hat etwas mit unserer Klinikpolitik zu tun. In diesem letzten Jahr Ihrer Ausbildung werden Sie mit den Abläufen der Gruppentherapie vertraut gemacht. Ich halte eine Kombination meiner beiden Vorschläge für das beste.«

Mir wurde klar, daß dies ein kritischer Augenblick für mich und Mardoff war. Wenn ich nein sagte, würde er meine Zukunft mit einem Handschlag zerstören. Schließlich hatte er mich vorgewarnt. »Das klingt sehr gut«, antwortete ich.

Schweigen. Währenddessen überschlugen sich meine Gedanken. Ich fiel auf seine Geschichte mit der Gruppentherapieausbildung nicht herein. Das ganze war in Wirklichkeit nichts als ein Versuch, mich von seinen Machenschaften abzulenken. Dennoch, ich mußte seine Erklärung wohl oder übel hinnehmen. Wenn ich Psychologe werden wollte, hatte ich keine andere Möglichkeit. Ich traf meine Wahl: »Ich fühle mich geehrt.« Die Worte flossen mir zuckersüß von der Zunge, aber ich spürte ihren bitteren Nachgeschmack. Ich hatte keinerlei Chance, mich zu widersetzen. Nicht zu diesem Zeitpunkt. Aber ich würde auf meine Gelegenheit warten.

Zugleich war ich erleichtert. Im Moment war das wichtigste für mich, daß er Moira keinem anderen Therapeuten zuteilte. Ich mußte also tun, was er verlangte. Aber ich nahm mir fest vor, nicht eher zu ruhen, bis ich die Wahrheit herausgefunden hatte.

Mardoff übertrug mir die Aufgabe, eine Therapiegruppe zusammenzustellen. Die Teilnehmer sollte ich unter meinen neuen und meinen ehemaligen Patienten heraussuchen. Keiner von uns beiden erwähnte dabei Moiras Namen.

Die Gruppentherapie sollte im November beginnen. Ein Spezialist auf dem Gebiet der Gruppentherapie, Dr. Robert Marcuse, würde die Supervision übernehmen. In der Zwischenzeit, wies Mardoff mich an, sollte ich mich intensiv mit den Theorien der psychoanalytischen Gruppentherapie beschäftigen. Außerdem bat er mich, mir einige der im Moment stattfindenden Gruppentherapiesitzungen in der Klinik anzusehen und Praxisseminare am Postgraduate Center zu besuchen.

Während unserer Supervisionen im September und November konzentrierten Mardoff und ich uns auf die Bedeutung von Moiras Verhalten bei unserer letzten Sitzung. »Ich möchte gern wissen, was da passiert ist«, sagte er. »Vor allem interessiert mich ihr Zusammenbruch. Das Verhalten ist absolut untypisch für eine Hysterie.« Für kurze Zeit redete ich mir ein, daß ich mich getäuscht hatte, und es zwischen Mardoff und Moira kein Verhältnis gegeben hatte, er sich meiner Theorie vielleicht doch noch anschließen würde.

Ich war weiterhin sehr interessiert an allem, was Moira außerhalb unserer Sitzungen tat. Sie war jedoch nicht sehr interessiert daran, es mir zu erzählen, und gab mir nur ausweichende Antworten. Offenbar hatte sie nicht die Absicht, mir weitere Einzelheiten ihres momentanen Lebens zu verraten. Sie weigerte sich auch, noch einmal auf ihre merkwürdigen sexuellen Phantasien über den älteren Mann einzugehen.

Im großen und ganzen wirkte sie während der Therapie sehr zurückhaltend. Ich hatte den Eindruck, daß die Ereignisse in ihrem Bewußtsein ausgelöscht waren. Verbarg sie sie vor mir oder vor sich selbst?

Zunächst lieferte ich Mardoff nur eine zensierte Version von den Sitzungen mit Moira. Mardoff interpretierte ihr Verhalten in der Supervision als eine Form der Regression. Vehement erklärte er: »Es handelt sich um eine Ego-Funktion, die aus ihrem wiedererwachten ödipalen Interesse an uns beiden resultiert.«

Meine Gedanken kreisten wild. Ich gab mir Mühe, mich auf die Situation und auf Mardoffs Worte zu konzentrieren.

»Das ist der Hauptgrund, warum ich Ihnen neue Patienten zugeteilt habe«, erklärte er. »Ich möchte Ihnen helfen, einen Teil Ihrer Aufmerksamkeit auf andere Patienten zu verlagern. Das ist eine gängige Technik bei Therapeuten, die ein übersteigertes Interesse an einem Patienten zeigen. Außerdem schärft eine Gruppentherapie den Blick und das Interesse für die verschiedenen Formen psychischer Störungen. Therapeuten und Patienten müssen lernen, daß sie ein rein professionelles Verhältnis verbindet, das laut Definition nur von beschränkter Dauer ist. Eine wesentliche Bedingung für die erfolgreiche therapeutische Arbeit besteht darin, daß beide Seiten einen Punkt erreichen, indem sie sich völlig neutral gegenüberstehen.«

Ich gab keine Antwort.

»Nun, Obler, wir werden sehen. Sie werden im November eine neue Patientin namens Lori übernehmen«, informierte er mich. »Lori ist Hysterikerin wie Moira, allerdings steht bei ihr eine latente Depression im Zentrum. Aber auch wenn sich die Ursachen der beiden Störungen unterscheiden, die Verhaltensweisen sind exakt die gleichen.« Er sah mich unentwegt an, als forderte er meinen Widerspruch geradezu heraus. Aber ich ließ mich nicht provozieren. Er ließ die Katze aus dem Sack. »Sicher wird es sehr reizvoll für Sie sein, mit zwei unterschiedlich hysterischen Frauen zu arbeiten. Vielleicht behebt das sogar Ihre persönliche Schwäche und Ihre Vorliebe für Hysterikerinnen.«

Ich schwieg.

Mir wurde klar, daß es ihm vor allem darum ging, eine psychologische Distanz zwischen mir und Moira zu schaffen. Deshalb versuchte ich während der Supervision den Eindruck zu erwecken, meine emotionale Bindung zu Moira habe sich gelegt. Natürlich entsprach das nicht der Wahrheit, allerdings hatte ich im Moment das Gefühl, mit meiner Arbeit bei ihm nicht weiterzukommen. Ich mußte Geduld haben und auf die richtige Gelegenheit warten, um die Wahrheit über ihr vergangenes und heutiges Leben herauszufinden und Mardoff zu entlarven. Bis Anfang des neuen Jahres befaßte ich mich intensiv mit der Dynamik einer Gruppentherapie. Meine Sitzungen mit Moira hatten einen sehr sachlichen, analytischen Anstrich bekommen. Wir beschäftigten uns mit Erlebnissen aus ihrer Vergangenheit, die emotional kaum von Bedeutung waren. Moira versuchte mich zu beeindrucken, indem sie mir erklärte, daß ihre Libido seit ihrer Masturbation in meinem Sprechzimmer sehr rege sei und sie sich sexuell befreit fühle. Als ich sie bat, ihre Befreiung ein wenig näher zu beschreiben, weigerte sie sich.

Ich war völlig frustriert. Ehe Moira bereit war, konnte ich nichts weiter für sie tun, als ihre Monologe anzuhören. Ich fragte mich, wie lange meine emotionale Distanzierung zu ihr wohl dauern würde. Was würde sie mir von ihrer Vergangenheit erzählen oder von ihrer Beziehung zu Mardoff?

Mit der Zeit spürte ich, daß ich ihr gegenüber ärgerlich und ungeduldig reagierte. In meiner eigenen Analyse brachte ich meine plötzliche Abneigung zu Moira zur Sprache. Jill, meine Analytikerin, bot mir eine Erklärung. Möglicherweise, vermutete sie, reagierte ich damit unbewußt auf eine sexuelle Herausforderung in meiner Vergangenheit, die mich bedroht hatte. »Vielleicht«, spekulierte sie weiter,

»wehren Sie sich dagegen, zornig zu werden, daß Moira sich mit einem älteren Mann, einer Vaterfigur einläßt. Haben Sie nicht als Kind in Ihrer Beziehung zu Ihrer Mutter ähnlich klein beigegeben?«

Ich gab keine Antwort. Das klang zwar recht schlüssig, überzeugte mich aber nicht. Ich vermutete einen viel elementareren Grund für meinen Ärger und meine Frustration Moira gegenüber. Moira besaß den Schlüssel, um uns aus Mardoffs Spinnennetz zu befreien. Wir waren beide seine Gefangenen, unfähig uns zu rühren und einen Laut von uns geben, und warteten auf einen Durchbruch bei Moira.

Im Dezember schien dies jedoch weiter entfernt als je zuvor.

Moira hatte ganz plötzlich aufgehört, über ihr sexuelles Erwachen zu reden. Statt dessen sprach sie von der Vergangenheit. Neu war nicht das, was sie sagte, sondern die Bedeutung, die sie den Ereignissen plötzlich gab. Sie lieferte mir zwar nicht die Informationen, die ich so dringend benötigte, um uns von Mardoff zu befreien, aber immerhin hatte sie einen Weg gefunden, mein Engagement erneut zu wecken.

Ich ahnte, daß ihr vergangenes Leben Schlüssel zu ihrer Gegenwart war. Viele der Ereignisse und Erfahrungen aus ihrer Vergangenheit waren so schmerzhaft für Moira, daß sie nicht darüber sprechen konnte. Es gab so viele Lücken und Sprünge in ihrem Gedächtnis. Moira begriff, daß es ihr manchmal unmöglich war, das, was in ihrer Familie geschehen war, zu einem Bild zusammenzufügen. Sie erkannte, daß sie die unerträglichen Erinnerungen unbewußt verdrängt hatte, und die Lücken in ihrem Gedächtnis machten ihr Angst.

Moira bemühte sich sehr, Erlebnisse zu rekonstruieren, die sich ihrer Erinnerung verschlossen, aber es gelang ihr nicht. Nur ihre Träume, vor allem ihre Alpträume erlaubten ansatzweise einen Einblick in das, was tatsächlich geschehen war. Einmal träumte sie, sie hätte sich im Keller ihres Elternhauses versteckt, zusammen mit ihrem Bruder. Alles, was sie sehen konnte, waren große Stiefel, die die Treppe herunterkamen. Moira wußte zwar, daß etwas Ähnliches tatsächlich passiert war, konnte sich aber an keine Einzelheiten erinnern. Das einzige, woran sie sich erinnerte, war ihre Angst. Dieser Erinnerungsfetzen hatte mit ihrer Beziehung zu ihrem jüngeren Bruder Bill zu tun. Moira entsann sich jetzt wieder, daß Bill ihr immer geholfen und sie beschützt hatte. Sie berichtete, daß sie sich schon als kleines Kind darauf verlassen hatte, daß Bill ihr erklärte, was um sie herum geschah und daß er ihre Verbindung zur Außenwelt gewesen war.

Moira konnte sich nicht daran erinnern, zu irgendeinem Zeitpunkt einmal keine Gedächtnislücken gehabt zu haben. Wegen dieses Mankos hatte sie sich immer von anderen Menschen isoliert gefühlt. Sie hatte sich oft verwirrt, verunsichert und einsam gefühlt. Mit den Jahren hatte ihre Befürchtung »verrückt zu sein« zugenommen. Als ihr Bruder das Teenageralter erreichte, wurde dieses Gefühl besonders stark. Psychologisch hatte er sich in dieser Zeit von ihr entfernt und sich in seine eigene Innenwelt zurückgezogen. Moira sah nur eine Möglichkeit, die verdrängten Zeiten und verlorenen Tage wieder hervorzuholen. Sie müsse zunächst aus der Perspektive anderer nacherleben. Dies würde ein Hilfsmittel sein, um Erinnerungslücken zu schließen.

Ich verstand nicht genau, was sie damit meinte. Hieß das, daß Moira versucht hatte, den Eindrücken, die andere von verschiedenen Geschehnissen hatte, anderer Menschen nachzuspüren, um ihre eigene Wirklichkeit zu definieren und zu verstehen? War dies ihre Art, eine Form der Bewußtseinsspaltung zu beschreiben, die einem Teil ihres

Ichs ermöglichte, die schmerzhaften Erinnerungen zu verdrängen?

Die Therapie bot ihr nicht nur die Möglichkeit, ihre Vergangenheit aufzuarbeiten, sondern auch, sie zu verstehen. Zunächst glaubte ich, sie würde sich nur an solche Erlebnisse erinnern, die ihr zuvor verborgen gewesen waren. Aber im Laufe der Zeit, in der sie mir mehr und mehr Einblicke gestattete, wurde mir klar, daß sie vielfach Ereignisse interpretierte, die ihr immer zugänglich gewesen waren, für deren Verständnis ihr jedoch die Worte oder Mittel gefehlt hatten.

Trotzdem wußte ich, daß sie sich nur an Bruchstücke erinnerte. Typischerweise waren diese Bruchstücke zusammenhangslos und verknüpft mit Fragmenten aus ihren Träumen und Phantasien. Unsere gemeinsame Aufgabe bestand darin, diese Puzzleteile zu einem Bild zusammenzusetzen.

Das ganze erinnerte mich an die riesigen Puzzlespiele aus meiner Kindheit. Damals war es immer wieder vorgekommen, daß Teile verlorengegangen waren. Was Moiras Fall betraf, so befürchtete ich, daß die fehlenden Stücke genau die entscheidenden Bindeglieder waren, die uns einen Eindruck vom Gesamtbild verschaffen würden. Die einzigen immer wiederkehrenden Motive waren Gefühle von ständiger Panik und Angst, Erinnerungen an wiederholte physische und psychische Mißhandlungen und das Gefühl einer merkwürdig sexuell aufgeladenen Atmosphäre.

Ich begriff allmählich, daß die Informationen über die Familiengeschichte, die wir im vorherigen Jahr erforscht hatten, nicht von Moira selbst stammten. Als ich sie genauer befragte, stellte sich heraus, daß der größte Teil aus dem Tagebuch ihrer Großmutter mütterlicherseits stammte. Moira hatte dieses Tagebuch zufällig entdeckt und behalten.

Authentische Erinnerungen an die Vergangenheit anstelle von Nacherzählungen hervorzulocken, war eines der Hauptziele einer Therapie. Moiras Schwierigkeiten waren nur ein Extrembeispiel für das, was sich normalerweise in einer typischen Psychotherapie abspielte. Das meiste, was in den entscheidenden Jahren der Kindheit wirklich geschah, entzieht sich unserem Gedächtnis. Lediglich sogenanntes sekundäres Material wie Träume, Versprecher und Phantasien ermöglichen uns, einige der Erlebnisse zu rekonstruieren, die sich wirklich ereignet haben. Diese Rekonstruktion wurde bei Moira wegen ihrer großen Gedächtnislücken und Persönlichkeitsspaltung zusätzlich erschwert.

Während unserer nächsten Sitzung sprang Moira von einem Gedanken zum anderen. »Die Waffe meines Vaters bedeutete Macht, Gewalt und Kontrolle. Sie hat mich immer fasziniert«, erzählte sie bei unserem letzten Treffen vor den Weihnachtsferien.

»Er hatte sie immer bei sich und trug sie sogar im Haus herum. Sie gab ihm eine gewisse Würde.«

Sie seufzte tief. »Mir wird jetzt klar, daß die Waffe für meinen Vater immer eine Ersatzfunktion hatte. Sie diente ihm zur Kompensation dafür, daß er sich die meiste Zeit schwach und hilflos fühlte. Als ich zur Polizei kam, benutzte ich meinen Revolver vielleicht in derselben Weise, als Symbol für die Macht, die ich hatte.« Sie sah mich fragend an.

»Fahren Sie fort, Moira«, bat ich.

»Ich erinnere mich daran, daß ich früher gern ein Junge gewesen wäre. Denn dann wäre ich stark genug gewesen, meine Schwester Janice und meine Mutter zu verprügeln. Ich habe mir oft vorgestellt, die Waffe meines Vaters zu nehmen und sie damit zu erschießen. Außerdem habe ich immer gehofft, mein Vater würde mich vor meiner Mutter und meiner Schwester beschützen. Ob ich deshalb um seine Aufmerksamkeit gebuhlt habe? Das war nicht sehr nett von mir. Ich nehme an, ich konnte mich nur nicht damit abfinden, daß er ebenso schwach war wie ich.«

Ich hakte nach. »Erinnern Sie sich tatsächlich daran, um seine Liebe gebuhlt zu haben?«

»Ich weiß jedenfalls noch, daß ich mich ständig danach gesehnt habe.« Sie strich sich über die Stirn. »Aber ich bin mir nicht ganz sicher, ob dies wirklich Erinnerungen sind, oder ob man mir nur erzählt hat, daß ich das getan habe. Meine Erinnerungen sind wie Träume. Ich schätze, niemand ist sich jemals wirklich ganz sicher, ob er nicht träumt.

Aber ich glaube, ich habe sehr früh gespürt, wie die Machtstrukturen bei uns zu Hause wirklich waren. Mir wurde klar, daß mein Vater alle Gewalt an meine Mutter verloren hatte. Seine Waffe war die einzige Quelle von Würde und Macht, die ihm blieb. Ich glaube, wir waren uns in gewisser Weise sehr ähnlich. Wir hatte beide Angst, unser Leben selbst in die Hand zu nehmen.«

»Das muß sehr unangenehm für Sie gewesen sein«, antwortete ich ruhig.

Moira nickte. »Ich wundere mich oft darüber, daß ich nicht vollkommen verrückt geworden bin. Mit all meinen unterdrückten Aggressionen hätte ich als Cop leicht Menschen erschießen können. Ich habe viele Cops erlebt, die das getan haben. Aber solange es nicht zu offensichtlich wird, läßt man sie in Ruhe. Warum ist mein Vater nicht verrückt geworden? Warum hat er keine Persönlichkeitsspaltung entwickelt wie ich? Er war mindestens ebenso mißhandelt, unterdrückt und zerstört wie ich.«

»Nein, das war er nicht«, widersprach ich. »Wenn er betrunken war, verlor er alle Hemmungen und konnte seine Wut herauslassen. Außerdem hatte er in seiner eigenen Kindheit völlig andere Erlebnisse als Sie.

Sie haben Ihre ganze Wut unterdrückt und starke Emotionen nur durch die abgespaltenen Teile Ihrer Persönlichkeit ausgedrückt, zum Beispiel als Britin. Ihre ganzen Probleme waren auf diese Weise gut versteckt und sind nie an die Oberfläche gedrungen.

Ihre ganzen Aggressionen wurden so in Ihren Körper zurückgeleitet. Das hat zu Ihren starken Rückenschmerzen geführt. Mit anderen Worten, Moira«, erklärte ich vorsichtig, »sind die Rückenschmerzen ein psychosomatisches Symptom, das aus fehlgeleiteten Haßgefühlen resultiert.«

»Dann hängt also alles mit meinem Zorn zusammen?«

»In Ihrem Fall glaube ich das.«

Sie schien zu verstehen, worauf ich hinauswollte. »Die Arbeit bei der Polizei gab mir die Möglichkeit, diesen aggressiven Teil von mir auszuleben. Er offenbart sich wahrscheinlich nur dann, wenn ich mich an die Wand gedrückt fühle. Und ich werde meine Rückenschmerzen nur dann los, wenn ich meinen Ärger über meinen Ehemann und meine Familie herauslasse. Sie haben es verdient, nachdem sie mich jahrelang zum Sündenbock gemacht haben.«

»Wenn Sie sich für eine Weile von ihnen trennen und ein eigenes Leben führen könnten, brauchten Sie diese Umwege vielleicht nicht mehr«, erklärte ich. »Lassen Sie mich Ihre Wahrnehmung bestätigen: Ihre Familie ist verrückt und fügt Ihnen nur Schaden zu. Wenn Sie bleiben, werden Sie immer wieder mit ihr zusammenstoßen. Es wäre schwierig, nicht mehr Opfer zu sein, und sie werden Ihre Unabhängigkeit nicht akzeptieren. Das gilt sowohl für Ihren Ehemann als auch für Ihre Eltern, Geschwister und Kinder.«

»Und wie paßt mein religiöser Hintergrund in dieses Bild?« fragte sie. Ich sah darin ein Zeichen ihres wachsenden Bedürfnisses nach weiterer analytischer Arbeit.

»Ihre fanatische Form der Religiosität paßt perfekt dazu«, erklärte ich. »Bot er Ihnen nicht eine wunderbare Rechtfertigung für Ihre Opferbereitschaft? Ich bin sicher, daß das Gefühl, eine Märtyrerin zu sein, Ihnen sehr geholfen hat, Ihr miserables Leben auszuhalten. Die Priester und Nonnen, die Ihnen in der Schule Gehorsam gepredigt haben, lieferten Ihnen die Grundlage, Ihre Schuldgefühle hinzunehmen. Schuldgefühle waren eine sichere Methode, um Ihre ganze Wut und Ihren Ärger zuzudecken.«

»Moira«, sagte ich aufmunternd. »Zwischen uns gibt es ein großes Vertrauen. Es kann ein paar Jahre dauern, und es wird sicher eine Menge Arbeit auf uns zukommen, aber ich bin mir sicher, daß Sie es schaffen können, Ihre Persönlichkeit wieder zu einer Einheit zu machen.«

Meine Arbeit mit Moira war nun wieder sehr zufriedenstellend.

Dennoch gab es noch so viele unbeantwortete Fragen, vor allem was Mardoff anging. Ich wollte ihm eigentlich vorschlagen, Moira mit in meine Therapiegruppe zu nehmen, wußte aber nicht wie, da mein Verdacht gegen ihn noch immer in meinem Kopf herumspukte.

Moira schien bereit dazu. Die Auseinandersetzung innerhalb einer Gruppe würde ihr guttun, vielleicht würde es ihr Erinnerungsvermögen stärken. Der Gedanke, mit Moira eine Gruppentherapie zu versuchen, erschien mir sehr verlockend.

Vorsichtig sprach ich Mardoff darauf an. Er gab mir keine klare Antwort. »Ich muß darüber nachdenken«, sagte er langsam, und ich bedrängte ihn nicht.

Meine Geduld machte sich bezahlt. Wenige Wochen später gestattete Mardoff, daß Moira sich der Gruppe anschloß. »Aber ich möchte, daß Sie bis zum Frühling warten, um die anderen nicht zu überfordern«, fügte er hinzu und schlug ein Therapiewochenende als ideale Gelegenheit für Moiras Integration vor. Die zusätzliche Zeit während eines solchen Wochenendes würde es der Gruppe erleichtern, sich an Moira zu gewöhnen.

Ich willigte sofort ein. Mardoff sollte nicht spüren, daß

ich jedes einzelne Wort von ihm genau überdachte.« »Vielleicht nehme ich ebenfalls daran teil«, überlegte er. »Ich interessiere mich sehr für diese Form der Marathonsitzung, für ihre theoretische und wissenschaftliche Wirkung auf eine psychoanalytisch ausgerichtete Gruppentherapie.«

Zur Vorbereitung auf dieses Treffen hatte ich sehr viel über das Thema nachgelesen. Außerdem hatten mein Gruppensupervisor und ich stundenlang über die praktischen Abläufe diskutiert, die ich Mardoff nun vortrug.

Doch während des Gesprächs überlegte ich fieberhaft, ob Mardoff das Ganze nur als Gelegenheit nutzte, um mit Moira zusammen zu sein. Vielleicht, so hoffte ich, würde ich das herausfinden, wenn ich ihre Vergangenheit erneut zum Vorschein brachte. Indem ich Moira den Einstieg in die Gruppe erleichterte, bereitete ich sie darauf vor, sich einem verdrängten Teil ihrer Kindheit zu stellen.

11

Vorbereitungen

Am nächsten Dienstag erklärte ich Moira, daß sie möglicherweise von einer Gruppenpsychotherapie profitieren würde. Sie war nicht begeistert, wollte es jedoch versuchen. »Aber ich muß bis zum Frühling warten«, schränkte sie ein. Ich erinnerte mich an Mardoffs Worte. Hatte er ihr dieselben Instruktionen gegeben wie mir?

»Warum?«

»Ich muß es einfach«, beharrte sie. Ich gab auf.

Anfang des Frühlings machte sie dann eine entmutigende Kehrtwendung und wehrte sich energisch gegen meinen

Vorschlag. Sie wolle nicht mit »anderen beschissenen Leuten« zusammenarbeiten, lautete ihr Kommentar.

Zu diesem Zeitpunkt war ich zu der Überzeugung gelangt, daß eine Gruppentherapie sehr hilfreich sein konnte. Mein Supervisor, ein fähiger und angenehmer Mann, ließ mir bei der Führung meiner Gruppe große Freiheit. Bisher hatte ich immer nur gelernt, daß eine Behandlung sich in erster Linie auf Probleme und Konflikte konzentrieren sollte, die von der Kindheit ins Erwachsenenalter übertragen worden waren, und zwar übertragen durch den Eins-zu-Eins-Prozeß mit einem Therapeuten. Sicher waren Übertragung und Gegenübertragung in meiner Arbeit mit Moira ganz zentral gewesen, aber die Abläufe bei der Gruppentherapie machten mir deutlich, daß es manchen Menschen leichter fiel, sich einer Gruppe zu öffnen als einem einzelnen Therapeuten.

Als wir in unserer Gruppe die Möglichkeit eines gemeinsamen Therapiewochenendes im Mai diskutierten, schlug ich mit Mardoffs Einverständnis vor, ein neues Gruppenmitglied aufzunehmen. Natürlich meinte ich damit Moira. Die Gruppe hatte nicht dagegen, daß Moira zu uns käme und wir einigten uns darauf, daß sie an dem geplanten Wochenende aufgenommen werden sollte.

Bei unserer nächsten Sitzung sprach ich Moira an. »Warum sollte ich einer Gruppe beitreten, die Sie leiten?« schnappte sie. »Sie vernachlässigen mich seit Monaten. Ich bin mir im Moment nicht einmal sicher, ob ich die Therapie fortsetzen will.«

    Wieder einmal hatte Moira mich in die Defensive gedrängt. »Was meinen Sie damit? Ich vernachlässige Sie keineswegs.«

Sie setzte sich abrupt auf, und ihr Gesichtsausdruck änderte sich schlagartig. »Hören Sie mit der Scheiße auf, Obler«, stieß sie wütend hervor. »Sie wissen genau, was ich meine. Sie sind seit Monaten nicht mehr bei der Sache und mit den Gedanken ganz woanders. Vielleicht bei diesen kleinen Nutten in Ihrer Gruppe. Ich habe Ihre Gleichgültigkeit mir gegenüber satt. Vielleicht macht Sie das erotische Verhalten Ihrer Patientinnen an, mich jedenfalls nicht. Wenn Sie mir nicht ernsthaft helfen wollen, übergeben Sie mich bitte an einen anderen Therapeuten.« Sie durchbohrte mich fast mit ihren Blicken. »Oder wollen Sie etwa abstreiten, daß Sie das Interesse an mir als Patientin verloren haben, seit Sie angefangen haben, mit der Gruppe zu arbeiten?«

Ich antwortete so ernst wie möglich. »Das ist einfach nicht wahr, Moira. Ich interessiere mich noch genauso für Sie wie zu der Zeit, bevor ich mit der Gruppe begonnen habe. Ich bin lediglich der Meinung, daß Ihnen die Gruppenarbeit gut tun würde.« Ihre Aggressivität hatte mich erschüttert, und ich ließ sie meinen Ärger spüren. »Moira, wenn Sie Angst vor einer Gruppentherapie haben, in Ordnung. Aber Sie können mir nicht diesen Unsinn auftischen, ich würde Sie vernachlässigen, nur weil Sie sich nicht eingestehen wollen, daß Sie Angst haben, sich vor anderen Leuten zu öffnen.«

Mein Ärger verunsicherte sie, und sie sah mich nachdenklich an.

»Ich bin wirklich sicher, daß Ihnen eine Gruppentherapie im Moment eine Menge geben würde«, wiederholte ich. »Deshalb habe ich dieses Thema von Zeit zu Zeit angeschnitten.«

Wieder beobachtete ich fasziniert, wie sich Moiras Persönlichkeit änderte. »Schieben Sie sich das in den Arsch, Sie Scheißkerl«, schrie sie ihrem britischen Akzent. Dann beruhigte sie sich.

»Schon gut, Obler, ich habe es nicht so gemeint. Vielleicht ist eine Gruppentherapie eine gute Idee. Dann lerne ich wenigstens noch ein paar andere Neurotiker kennen. Wer weiß, vielleicht finde ich einen, mit dem ich eine Runde bumsen kann. Wann soll ich anfangen?«

»Wahrscheinlich in ein paar Wochen«, antwortete ich. »Wir planen ein Therapiewochenende. Sie könnten an diesem Wochenende einsteigen, wenn Mardoff ebenfalls der Meinung ist, daß Ihr Fall sich für eine Gruppentherapie eignet.«

Wieder antwortete die kämpferische Moira. »Warum bezeichnen Sie mich dauernd als einen Fall?«

»Wie möchten Sie denn lieber genannt werden?« konterte ich ziemlich ungeschickt.

»Wie wäre es mit Bekannte oder Freundin oder Mensch? Das wäre alles nicht schlecht, Sie Arschloch. Ich habe das Gefühl, Sie werden genauso dämlich wie dieser Fotzenlecker Mardoff. Oder vielleicht nicht genauso dämlich, aber genauso arrogant. Dieser professionelle Ton steht Ihnen nicht besser als Mardoff. Warum nehmen Sie diese Maske nicht ab und benehmen sich wie ein normaler Mensch?«

»Warum sind Sie so böse auf Mardoff?« fragte ich. »Sie hatten in letzter Zeit doch kaum Kontakt zu ihm.«

»Woher wollen Sie wissen, mit wem ich in letzter Zeit Kontakt hatte?« Sie sah mich herausfordernd an. »Wollen Sie nichts über den älteren Liebhaber wissen, von dem ich Ihnen vor einem halben Jahr erzählt habe? Sind Sie nicht neugierig, wer das war? Das sollten Sie aber.« Sie ließ den Blick nicht von mir. »Haben diese neuen Gruppentherapiefälle etwas damit zu tun, daß Sie das Interesse an mir als Frau verloren haben? Vielleicht ist Ihre Ehe genauso kaputt wie Mardoffs, und die Tatsache, daß ich eine Frau bin, beunruhigt Sie? Was meinen Sie, Martin?«

Ich schaute sie aufmerksam an. Woher wußte sie, daß

Mardoff Eheprobleme hatte? Warum legte sie Wert darauf, daß ich mich nach ihrem Liebhaber erkundigte? Ich wollte es nicht zu weit treiben und damit ihre Teilnahme am Therapiewochenende aufs Spiel setzen. Ich versuchte es mit einer harmlosen Frage: »Sie haben mich gerade zum erstenmal mit meinem Vornamen angesprochen. Was glauben Sie, warum?«

»Was glauben Sie, warum?« fauchte sie.

Ich bemühte mich, sie wieder zu beruhigen. »Ich glaube, Sie wollen damit versuchen, die Nähe wiederherzustellen, die es früher zwischen uns gab«, sagte ich ruhig. »Was Ihre Teilnahme an der Gruppentherapie angeht, sollten wir uns bald entscheiden, damit ich die nötigen Vorbereitungen mit der Gruppe und dem Supervisor treffen kann. Ich muß mit der Gruppe darüber sprechen, daß Sie zu uns kommen werden und ihnen sagen, wie Sie auf meinen Vorschlag reagiert haben. Das ist so üblich, ehe ein neues Mitglied in die Gruppe kommt.«

Moira schlug provozierend die Beine übereinander. »Scheiß drauf. Machen wir voran damit, mein formeller und feiger Angsthase — oder soll ich Sie lieber ›Freund‹ nennen?« Sie stand auf, und die Sitzung war beendet.

Ich war froh, als ich nach draußen kam. Die Luft war klar und kühl. Der Frühling war gekommen. Ich entschloß mich, Mardoff bei unserem nächsten Zusammentreffen auf Moira und ihre Teilnahme an der Gruppentherapie anzusprechen. Da er diesen Zeitpunkt selbst vorgeschlagen hatte, war ich sicher, daß er zustimmen würde. Ich würde ihm erklären, daß ich es für eine gute Idee hielt, Sie bei der Marathonsitzung in die Gruppe einzuführen. Auf diese Weise konnte ich sein Einverständnis für beides zugleich bekommen. Ich fand die Idee, ein Therapiewochenende durchzuführen, immer reizvoller.

Marathonsitzungen waren in Kalifornien populär geworden durch eine Gruppe von Psychologen, die sich Gestalttherapeuten nannten. Sie waren der Auffassung, daß eine konventionelle Analyse allein nicht das Klima für eine wirkliche Heilung herstellen konnte. Haltungen und Wertvorstellungen, die sich seit Kindertagen in einem Menschen eingegraben hatten, fanden sie, mußten in einer Gruppensituation behandelt werden, wenn der Patient wirklich gesund werden sollte. Deshalb hatten diese jungen Therapeuten eine psychoanalytische Technik entwickelt, die sich auf frühkindlichen Fixierungen konzentrierte. Mit einer neuen Methode wollten sie untersuchen, wie sich die Fixierungen des Patienten im Konflikt mit anderen äußerten. Diese Psychologen stellten ihre Theorien und Techniken in Workshops vor. Ich nahm an einigen von ihnen teil.

An der Westküste waren die Therapiewochenenden sehr populär, aber die Therapeuten an der Ostküste waren eher konservativ und weigerten sich, mit neuen analytischen Techniken zu experimentieren. Sie waren der Ansicht, daß diese kurzfristigen Begegnungen nur zu oberflächlichen Besserungen führten und nicht die Tiefe und Intensität einer konventionellen Therapie bieten konnten. Ich wußte, daß auch Mardoff nicht bereit war, von traditionellen Therapietechniken abzurücken. Ich hingegen hatten die neuen Theorien während meiner Ausbildung kennengelernt. Sie hatten mich so stark beeindruckt, daß ich sie gern ausprobiert hätte. Mardoffs Reaktion enttäuschte mich. Er hatte mir zugesagt, daß Moira sich im Frühling der Gruppe anschließen könnt, und nun hatte er nicht nur Vorbehalte gegen ihre Teilnahme, sondern grundsätzlich gegen das ganze Therapiewochenende. Ich diskutierte mit ihm und wies ihn daraufhin, daß die Westküsten-Techniken zwar noch in den Kinderschuhen steckten, ihre Effektivität jedoch längst wissenschaftlich belegt war. Ich nannte mehrere Personen, die sich in der Psychotherapie einen Namen gemacht hatten und die neuen Ansätze vielversprechend fanden, unter anderem auch Fritz Perls und Carl Rogers. Dann spielte ich meinen höchsten Trumpf auf. Ich berichtete Mardoff, daß ein Dr. Widofsky aus meinem Graduiertenstudium Therapeuten dazu ermuntert hatte, mit Gruppenwochenenden zu experimentieren. Das genügte. Widofsky genoß in der Psychiatrieforschung internationales Ansehen. Es war bekannt, daß Mardoff ihn als Konkurrenten betrachtete, und wenn Widofsky Therapiewochenenden befürwortete, konnte auch Mardoff nicht zurückstehen. Er gab seine Zustimmung. Es ging doch nichts über einen gesunden Wettbewerb, dachte ich und lächelte im stillen. Einer unserer Buchhalter besaß ein Haus auf dem Land, das günstig mieten konnten. Jetzt kam es nur noch darauf an, daß Mardoff auch Moiras Teilnahme gestattete. Während unseres nächsten Gesprächs erklärte er mir, seine Zustimmung hinge davon ab, ob Moira in der Lage sei, die Erfahrungen für sich zu nutzen.

Wenige Tage später betrat er mein Büro. »Ich habe beschlossen, Moira sowohl zur Gruppe als auch zum Therapiewochenende zuzulassen. Leider kann ich selber nicht kommen.« Warnend fügte er hinzu. »Mein Kollege Dr. Marcuse wird die volle Verantwortung für das Wochenende haben, und alles, was geschieht, wird in der Supervision überprüft, Obler.«

Endlich kam der Tag, an dem das Wochenende beginnen sollte. Ich konnte es kaum glauben, aber wir waren tatsächlich unterwegs auf der Nationalstraße Nr. 17, einer schönen alten Landstraße, die nach Catskills führte. Auf drei Autos verteilt waren Dr. Marcuse, Moira, ich und sieben weitere

Teilnehmer: Lori, Inez, Gregory, Elsie, Grace, Peter und John. Als Kind war ich oft hier entlanggefahren. Erinnerungen an die Sommer in Catskills wurden wach, als ich die Berge betrachtete.

Die anderen Gruppenmitglieder plauderten, nur Moira war sehr still. Dann hatten wir unser Ziel erreicht. Der Anblick war bezaubernd: Üppige grüne Felder und kleine Bäche mit klarem Wasser durchzogen das Grundstück. Das Haupthaus bestand aus einer alten, komfortabel umgebauten Scheune.

Die Umgebung faszinierte uns alle. Wir liefen über die grünen Wiesen und freuten uns über das hohe Gras, das unsere Beine streifte. Inez, Peter und John rollten ausgelassen im Gras umher. Grace plauderte mit Moira und versuchte, ihr den Eintritt in die Gruppe zu erleichtern. Lorie und Elsie diskutierten, ob es in New York State, Ohio oder Kalifornien schöner war. Nur Gregory blieb allein. Er entfernte sich von den anderen, wie er es auch in den Sitzungen oft tat. Dr. Marcuse und ich luden das Auto aus.

Die Kliniksatzung gestattete es Psychologen in der praktischen Ausbildung nicht, eine Gruppentherapie ohne Supervision durchzuführen. Marcuse hatte die Verantwortung, überließ mir jedoch alle Gestaltübungen. Er genoß den Ruf eines erfahrenen und ausgezeichneten Analytikers. Ich hatte großen Respekt vor ihm, wurde aber das Gefühl nicht los, daß ich an diesem Wochenende der eigentliche Leiter sein würde.

Nach dem Abendessen sprach mich Peter, ein großer, dunkelhaariger und athletisch gebauter Mann an. »Ist Ihnen klar, Mr. Obler«, begann er so formell, daß ich zusammenzuckte, weil mir in diesem Moment die Bürde meiner Verantwortung bewußt wurde, »daß ich und ein paar andere aus der Gruppe ein sehr tragisches Detail aus Marcuses Lebensgeschichte erfahren haben?«

Ich schüttelte den Kopf. »Seine Familie wurde von den Nazis ermordet, und Marcuse hat eine sehr lange Zeit im Konzentrationslager verbracht.« Für einen Augenblick verschlug es mir die Sprache. Schon wieder ein Nazi-Alptraum. Würde das denn niemals aufhören?

Ich faßte mich. »Es wird schon klappen, Peter, aber danke, daß Sie mich darauf aufmerksam gemacht haben.«

Peter ging zur Gruppe zurück. Ich dachte über das nach, was er mir über Marcuse erzählt hatte und kreuzte im stillen die Finger.

Psychologen, Psychiater und andere, die sich dazu verpflichtet haben, Menschen von ihren Problemen zu befreien, lernen in der Praxis ständig mit einem gewissen Maß an Unsicherheit fertigzuwerden. Man weiß viel über die Mechanismen der menschlichen Psyche, dennoch sind Emotionen komplex, subtil und unvorhersehbar. Oft läßt sich nur schwer einschätzen, was in den verschiedenen Phasen unserer Bemühungen, Menschen zu helfen sich selbst zu helfen, passieren kann.

Nach dem Kaffee beschlossen Marcuse und ich damit zu beginnen, daß einer nach dem anderen erklärte, warum er entschieden hatte, sich einer Psychotherapie zu unterziehen. Jeder antwortete sehr ausführlich und mit einer Offenheit, die nur auf monatelange Therapieerfahrung zurückzuführen war. Zu diesem Zeitpunkt nahmen wir noch davon Abstand, auch Moira zu befragen. Sie sollte noch etwas Zeit zum Eingewöhnen haben. Marcuse leistete brillante Arbeit, hörte aufmerksam zu und gab jedem einen hilfreichen Hinweis.

Dann führte ich eine Übung durch, die ich auf einem Gestaltseminar gelernt hatte. Die Teilnehmer lagen auf dem

Boden. Sie bildeten einen großen Kreis, indem sie sich alle mit den Füßen berührten. Jeder legte eine Hand auf das Gesicht der Person neben sich. Während der gesamten Übung blieben die Augen geschlossen. Ich brachte sie dazu, tief und regelmäßig zu atmen wie bei einer Meditation und erklärte ihnen, wie sie alle Muskeln entspannen konnten. Alle arbeiteten eifrig mit.

Nachdem mir alle bestätigt hatten, völlig entspannt zu sein, begann ich mit dem, was ich im Seminar gelernt hatte:

»Stellen Sie sich alle vor, Sie säßen allein in einem Vogelkäfig auf einem winzigen Hocker. Die Käfigtür steht auf, und Sie könnten jederzeit entfliehen. Versuchen Sie jetzt, sich zu überlegen, was Sie gern tun würden. Sie können aus dem Käfig hinausgehen, oder Sie können bleiben, wo Sie sind. Sie können auch jemand aus der Gruppe mit in Ihren Käfig lassen, wenn Sie ihm genügend vertrauen. Wenn nicht, bleiben Sie allein. Achten Sie ganz genau auf das, was Sie fühlen, wenn Sie sich überlegen, ob Sie jemand bei sich haben wollen oder nicht. Fällt Ihnen die Entscheidung schwer? Warum? Versuchen Sie, sich alles zu merken, was Ihnen durch den Kopf geht.«

Die Übung brachte viele Emotionen und Konflikte zutage, und das Berühren der Gesichter löste bei den Teilnehmern ein Gefühl von großer Nähe aus.

Nach der Übung bat ich sie, zu berichten, was sie erlebt hatten. Peter sagte leise: »Ich fühlte mich in dem Käfig gefangen, und es gab niemand, der mir helfen konnte.«

John, der normalerweise sehr forsch war, erzählte: »Ich hatte riesige Angst, den Käfig zu verlassen und ganz allein in die große Welt zu treten.«

Die meisten aus der Gruppe hatten sich dafür entschieden, jemand in den Käfig zu holen. Mit Ausnahme von Elsie und Moira hatten sie sich alle sehr erleichtert gefühlt, als die Person, die sie ausgesucht hatten, zu ihnen kam. Moira sagte schüchtern: »In meiner Phantasie wollte niemand mit mir zusammen sein.«

Elsies Erfahrungen paßten zu ihrer Weltsicht. »Es geht mir gut, und es gibt niemand, dem ich genug vertraue, um ihn einzuladen.« Diese Antwort überraschte mich nicht, denn in ihrer Kindheit hatte sie gelernt, sich von ihrer gestörten Familie zu distanzieren, um sich zu schützen. Ihre Mutter hatte unter einer Psychose gelitten, ihr Bruder war schizophren.

Moira erklärte: »Ich fühlte mich eingesperrt. Es gab keinen Ausweg aus dem Käfig, auch wenn die Tür offen war. Ich konnte nicht einmal von meinem Hocker aufstehen. Ich habe mich einsam gefühlt«, fügte sie leise hinzu, »wie ich es in meinem Leben immer getan habe.«

Als wir an diesem Abend zu Bett gingen, war ich mit dem bisherigen Verlauf des Therapiewochenendes zufrieden. Sogar Moira hatte zugegeben, daß sie ein wenig von dem Gemeinschaftsgefühl der Nähe verspürt hatte.

12

Der Heiße Stuhl

Am nächsten Morgen verkündete ich nach dem Frühstück: »Wir machen heute eine Übung ohne zu sprechen, bei der wir uns alle liebevoll anfassen, um mehr Vertrauen zueinander zu bekommen. Ich möchte, daß Sie alle durch den Raum gehen, bis Sie einen Partner oder eine Partnerin gefunden haben, mit dem oder der Sie arbeiten möchten. Dann wird abwechselnd ein Partner dem anderen die Augen verbinden. Der mit den verbundenen Augen dreht sich dann um und läßt sich nach hinten fallen, darauf vertrauend, daß er aufgefangen wird.« Ich beobachtete jeden einzelnen bei dieser Aufgabe. Moira war nicht in der Lage, sich fallenzulassen.

Später an diesem Morgen nahm Marcuse mich beiseite. »Die Übungen, die Sie versuchen, gefallen mir.« Sein Lob tat mir gut. Die Stimmung innerhalb der Gruppe war ebenfalls gut — Moira gab ihre Reserviertheit allmählich auf und freundete sich mit Lori an. Vor dem Mittagessen machte wir eine Pause. Ich sah der Übung, die ich für den Abend geplant hatte, ein wenig besorgt entgegen. Sie hieß »Der Heiße Stuhl«.

In dieser Gestaltübung sitzt eine Person inmitten aller anderen auf einem Stuhl. Sie spricht über ihre Probleme und Ängste, und anschließend erzählen die anderen ganz offen, was ihnen daran auffällt. Davon erhofft man sich, daß sich die Person auf dem Heißen Stuhl so sieht, wie die anderen sie sehen, und erkennt, was für Schutzfunktionen sie ständig aufbaut. Die Übung ist ein wichtiger Schritt im Heilungsprozeß.

Beim Mittagessen ging es heiter und ausgelassen zu. Peter und John bewarfen sich spielerisch mit Essen. Ich war froh, daß Peter endlich entspannt war. Das gleiche galt für John, dessen strenge Erziehung solche Späße rigoros verboten hatte. Nach dem Essen liefen alle wie auf ein Zeichen aus dem Haus und rollten in kindlichem Übermut durch das Gras, fielen übereinander her und tobten ausgelassen herum. Diese Spontaneität, von der sich nur Elsie und Moira ausschlossen, überraschte mich. Offensichtlich hatte die bisherige therapeutische Arbeit allen sehr viele Hemmungen genommen. Ich fragte mich, ob wir viele Hemmungen im

Erwachsenenalter gar nicht erst aufgebaut hätten, wenn wir als Kinder Erwachsene gesehen hätten, die so kindlich und ausgelassen sein konnten.

Ich führte diese ungestüme Fröhlichkeit zwar auf die vorherigen Übungen zurück, war mir aber trotzdem nicht ganz sicher, wie sie entstanden war. Während der wöchentlichen Sitzungen verhielten sich die Patienten wesentlich zurückhaltender, während sie jetzt zuließen, daß die unterdrückte Kindlichkeit in ihnen zum Ausdruck kam. Wenn psychisch gesunde Menschen heranwachsen, bringt man ihnen bei, sich »erwachsen« zu benehmen und die Spontaneität weitgehend zu unterdrücken, die sie als Kinder hatten.

Bei Moira und anderen Menschen, die eine ähnlich schwierige Kindheit hatten, ist das Begraben des »Kindes in ihnen« oft fatal. Ihre Spontaneität führte dazu, daß sie sich früh im Leben versteckten, um sich den unerträglichen Familienproblemen zu entziehen, mit denen sie nicht umgehen konnte. Als sie dann älter wurden, funktionierten diese Abschottungsbemühungen nicht mehr. Die Probleme stürzten auf sie ein, machten sie krank, so daß sie sich in eine Welt emotionaler Gestörtheit zurückzogen. Ich war sicher, daß es ein großer Schritt zur Heilung war, wenn es gelang, Moiras Kindlichkeit wiederzuentdecken und hervorzulocken. Zufrieden sah ich zu, wie diese Kindlichkeit aus den anderen herausbrach, und ich hoffte, daß sich auch Moira davon anstecken ließ.

Beim Abendessen war mein Optimismus etwas gedämpfter. Nach einem Versuch, sich mit Lori anzufreunden, hatte Moira sich in sich selbst zurückgezogen und saß allein in der Ecke. Marcuse und andere versuchten mit ihr ins Gespräch zu kommen, aber sie gab keine Antwort.

Das Samstagabendprogramm war für neun Uhr angesetzt. Nach dem Essen wirkte die gesamte Gruppe müde. Ich war mir nicht sicher, ob ich die anstrengende Heiße-Stuhl-Übung wirklich starten sollte. Sorgen machte ich mir vor allem darum, wie Moira damit fertig würde, wenn sie unter Beschuß stehen würde. Sie hatte sich bisher ganz gut gehalten. Wenn sie jetzt unter starke Anspannung geriet, konnte sie möglicherweise zusammenbrechen. Ich beschloß, die ganze Aktion zunächst einmal zu verschieben.

Als wir beim Kaffee saßen, sagte ich: »Ich habe das Gefühl, wir sind alle müde.« Zustimmendes Gemurmel machte sich breit. Ich nickte. »Wir sollten auf das geplante Programm heute abend verzichten«, schlug ich vor, »und statt dessen einfach ein bißchen über das reden, was bisher geschehen ist. Wer möchte anfangen?«

Niemand sagte etwas. »Ich verstehe nicht, wie ich das Schweigen deuten soll«, meinte ich nach einer Weile. »Ich hielt es für eine gute Idee, daß jeder von uns den anderen einmal mitteilt, was er so fühlt und denkt.«

Kein Laut war zu vernehmen. Zehn Minuten vergingen. Ich blieb äußerlich ruhig, spürte aber, daß die Spannung in mir wuchs. Dann begann Inez zu reden. Sie sah zuerst Marcuse an, dann mich. »Sie wollen beide, daß wir uns öffnen und uns die ganze Scheiße aus unserer Vergangenheit ansehen. Was ist denn mit Ihnen? Warum erzählen Therapeuten eigentlich nie etwas über sich?«

Ich war erstaunt. Wo war die liebevolle und warme Atmosphäre geblieben, die den Tag bisher beherrscht hatte? Dann folgten noch mehr Überraschungen. Die anderen unterstützten Ines und forderten mich und Marcuse auf, über uns und unsere Erlebnisse mit der Gruppe zu berichten.

Zunächst reagierte ich verärgert. »Dazu unterziehen Sie sich nicht einer Therapie. Wir behandeln Sie und nicht umgekehrt. Ich finde es wichtig, daß wir noch einmal über das sprechen, was gestern und heute passiert ist. Einige von Ihnen hatten dazu noch keine Gelegenheit. Moira und Grace haben noch kein Wort gesagt. Was halten Sie zum Beispiel von der Ausgelassenheit, die Sie alle heute nach dem Mittagessen verspürt haben? Was hatte sie zu bedeuten?«

Ohne auf meine Fragen einzugehen, wandte sich Peter an Marcuse. »Was ist mit Ihnen? Ich habe gehört, daß Sie in einem Konzentrationslager waren, ehe Sie in die USA kamen und dort zum Psychotherapeuten ausgebildet wurden. Sicher hat Sie dieses Erlebnis sehr geprägt. Warum erzählen Sie uns nichts davon? Wir lassen uns alle seit mehr als einem Jahr von Ihnen therapieren, und wir sprechen untereinander oft über unsere Erfahrungen. Ich weiß nicht, wie es den anderen geht, aber ich wüßte gern, was es für Sie bedeutet hat.«

Ich sah, wie sich Marcuses Gesicht verdunkelte. Er wirkte, als wäre ihm unbehaglich. Peter fuhr fort: »Wenn ich richtig informiert bin, wurde Ihre Familie von den Deutschen ermordet. Sie wurden gefangengenommen und in ein Konzentrationslager gebracht. Was für ein furchtbares Erlebnis! Wie war das für Sie? Wie sind Sie je darüber hinweggekommen?«

Die Gruppe bedrängte Marcuse. Er antwortete mit leiser, ruhiger Stimme. »Ich bin Ihr Supervisor, deshalb ist es nicht angemessen, daß ich persönliche Probleme mit Ihnen erörtere.« Protestgemurmel wurde laut. Marcuse sah sich unsicher um, dann fuhr er fort: »Wenn Sie es wünschen, können wir nach dem Wochenende darüber sprechen. Vorausgesetzt, Sie sind dann noch interessiert.« Wieder folgte Gemurmel. »Ich habe mich einer jahrelangen Therapie unterzogen, um mit meinen Erlebnissen fertigzuwerden. Ich wäre Ihnen dankbar, wenn Sie meine Privatsphäre respektierten«, sagte er ruhig. Ich fand, daß er die Situation im Gegensatz zu mir sehr gut im Griff hatte. Aber dann fügte er zu meiner Überraschung hinzu: »Um Ihnen die Wahrheit zu sagen, ich habe das meiste von dem, was passiert ist, verdrängt.«

John meldete sich zu Wort. »Vielleicht können wir Ihnen helfen, diese verdrängten Erinnerungen wieder hervorzuholen.« Mir wurde schwindelig. Was ging hier vor sich? Die Patienten wurden zu Therapeuten! Was Marcuse durchgemacht hatte, ging sie nichts an, aber sein Geständnis, alle Erinnerungen verdrängt zu haben, forderte sie zu weiteren Fragen heraus.

John fuhr fort: »Vielleicht helfen die Techniken, die Obler an uns versucht hat, Ihre Erinnerungen zurückzubringen?«

Gregory sah John an. »Wovon redest du? Hypnose?«

»Nein«, sagte Elsie. »Er meint die Übung mit dem Käfig.«

Marcuse rutschte unbehaglich auf seinem Stuhl herum. Ganz offensichtlich fühlte er sich sehr unwohl. Er sah mich hilfesuchend an. »Sie möchten doch sicher nicht, daß sich die Aufmerksamkeit der Gruppe auf mich richtet, Mr. Obler?«

Es war völlig gerechtfertigt, daß Marcuse mich um Hilfe und Unterstützung bat, aber ich zögerte. Schließlich war er der Supervisor und nicht ich.

»Ich finde nicht, daß wir unbedingt an unserem Programm festhalten müssen«, antwortete ich. »Ich bin mit jeder Entscheidung einverstanden, die Sie treffen.« Das war ein Fehler. Ich spürte es sofort. Ich hätte Marcuse in diesem Moment bedingungslos zur Seite stehen müssen. Er war ohnehin schon an die Wand gedrängt, und dadurch, daß ich ihm jetzt die Entscheidung zuschob, schwächte ich unsere Autorität noch zusätzlich. Zwei Momente hatten zu meiner Reaktion geführt. Erstens wollte ich unbedingt verhindern, daß Moira auf den »Heißen Stuhl« mußte, und zweitens war ich ebenfalls neugierig auf Marcuses Kriegserlebnisse.

Meine Loyalität zu Marcuse war jedoch wichtiger, überlegte ich und versuchte, das Ruder noch einmal herumzureißen. »Ich bin der Ansicht, daß wir uns weiter um die Gruppe kümmern sollten. Ich glaube nicht, daß es Sinn macht, uns mit Dr. Marcuses Privatleben zu beschäftigen, schließlich haben wir uns alle vorgenommen, uns auf die Erlebnisse der Gruppenmitglieder zu konzentrieren.«

Gregory kam mir zu Hilfe. »Vielleicht wäre es eine gute Idee, wenn jeder von uns einmal erzählt, was er sich von dieser Gruppentherapie verspricht. Wir sind jetzt ein Jahr zusammen«, sagte er, »da wird es Zeit, einmal über unsere Ziele und Wünsche zu reden, vor allem wo jetzt ein neues Mitglied zu uns gestoßen ist.«

Die Gruppe schien seinen Vorschlag zu akzeptieren, und ich atmete erleichtert auf. »Vielleicht kommen wir über das hinaus, was wir bisher an diesem Wochenende gelernt haben«, sagte Inez. Wir beschlossen, daß alle teilnehmen sollten. Die Arbeit begann.

Peter meldete sich als erster. »Ich hatte immer Schwierigkeiten, befriedigende und lohnende Beziehungen zu Männern aufzubauen. Ich habe keinen richtigen Freund. Die meiste Zeit habe ich für sexuelle Abenteuer mit Frauen verwendet und versucht, eine Kindheit auszugleichen, in der meine Mutter nicht in der Lage war, mir die Zärtlichkeit zu geben, die ich brauchte. Ich habe mir oft vorgestellt, mit Frauen zu schlafen, die meiner Mutter ähnlich sehen. Ich möchte gern herausfinden, warum ich keine Freundschaften zu Männern aufbauen kann. Es würde mich sicher von meiner obsessiven Suche nach Frauen und von meinen Phantasien befreien.« Er schwieg.

Danach redete Elsie. »Ich wünsche mir intensivere Beziehungen zu Männern *und* Frauen, zu Leuten wie ich es bin, aber ich fühle mich oft als Outsider und kann nichts dagegen machen. Einer der Gründe ist, daß meine Mutter wirklich krank war und wir einmal Sex zusammen hatten. Seither fühle ich mich wirklich pervers. In dieser Gruppe habe ich mich zum erstenmal in meinem Leben verstanden und nicht verurteilt gefühlt.«

Gregory nickte. »Ich fühlte mich gesellschaftlich immer ausgestoßen. Als Teenager hatte ich keine Freunde und war kaum in der Lage, mit Leuten in meinem Alter zu sprechen. Ich habe mich nach einem Zufluchtsort gesehnt, in dem ich mit Leuten zusammen sein kann, ohne mich als völliger Idiot zu fühlen. Ich kann zuversichtlich sein, weil ich mich gut ausdrücken kann und erfolgreich bin. Ich werde bald meinen Doktor haben, und trotzdem fühle ich mich bei sozialen Anlässen wie einer Party oft unwohl. Ich zittere dann innerlich. Seit ich in dieser Gruppe bin, habe ich einen Ort gefunden, an dem ich ich selbst sein kann. Wenn ich mich komisch fühle, kann ich mit euch darüber reden. Ihr habt mir gezeigt, daß ich gar nicht so einen seltsamen Eindruck mache, wie ich immer dachte.«

»Ich brauche Freundschaften zu starken Frauen«, begann Inez.

»Deshalb nervt Moira mich. Sie ist wie die meisten Frauen viel zu sehr Weibchen. Frauen können viel mehr, als sich nur Gedanken darüber machen, wie sie auf Männer wirken und wie sie gute Ehefrauen und Mütter werden. Ich bin in die Gruppe gekommen, weil ich mich ziemlich mies gefühlt habe. Ich hatte überhaupt kein Selbstbewußtsein: Ich hielt mich für eine Versagerin, weil ich mich beruflich den Männern nicht gewachsen fühlte. In der Gruppe habe ich gelernt, daß meine Probleme daher kommen, daß Frauen generell als unterlegen gelten. Irgendwann hat es mich richtig wütend gemacht, als Zweiter-Klasse-Mensch zu gelten, nur weil ich eine Frau bin. Ich brauche Freundinnen, die wissen, wovon ich rede, starke Frauen, mit denen ich echte Freundschaften haben kann. Ich glaube nicht, daß Männer zu richtigen Freundschaften fähig sind, sie hängen doch nur herum und reden über Sport, und es wäre mir lieber, wenn ich meine Zeit in der Gruppe nicht mit Frauen wie Moira verschwenden muß, die von Männern mies behandelt werden. Es tut mir leid, daß sie das erleben mußten, aber ich brauche gesunde Frauenfreundschaften. Ich kann Peter sehr gut verstehen, der tiefe Freundschaften zu Männern sucht.«

John schüttelte den Kopf. »Kann mir mal jemand sagen, was dieser Männer-Freundschaften-Mist soll? Das klingt so, als hätte Peter Schwierigkeiten, mit reifen Frauen umzugehen. Ich verstehe überhaupt nicht, was er will. Für mich ist die Gruppe eine Ergänzung meiner Einzeltherapie. Ich habe Probleme mit anderen Menschen und versuche, sie in den Griff zu kriegen. Ich habe nichts gegen Leute, die ihre Einsamkeit bekämpfen, aber das ist nicht mein Problem. Warum bezahlt ihr Geld dafür, daß eure sozialen Schwierigkeiten analysiert werden? Das müßtet ihr doch wirklich selbst schaffen.«

Grace fiel ihm in Wort. »Weißt du, John, du bist mir schon immer auf die Nerven gegangen, ich wußte bisher nur nicht wieso. Jetzt wird mir alles klar. Für dich zählt diese Gruppe also nicht als soziales Umfeld, ja? Hör zu, du bist ein absoluter Egoist. Ich hatte nie das Gefühl, daß dich irgend etwas anderes interessiert als deine eigenen Probleme. Deinen Narzißmus spürt man bei allem, was du tust oder sagst.«

»Ach halt doch die Klappe, du dumme Ziege. Seit du in dieser Gruppe bist, höre ich nur, wie furchtbar du unter deinen Südstaaten-Eltern gelitten hast. Du glaubst also, ich interessiere mich nicht für das, was hier abläuft? Ich finde, du hast ziemlich wenig Einfühlungsvermögen.«

Ich wollte gerade eingreifen, als Gregory sagte: »Die Situation scheint ein bißchen außer Kontrolle zu geraten. Wenn ich recht verstanden habe, sind wir alle aus ähnlichen Gründen in dieser Gruppe. Wir wollen Freunde finden, Leute kennenlernen, uns einmal aussprechen und anderen zuhören. Meiner Meinung nach haben wir viel mehr gemeinsam, als uns klar ist.«

Inez verzog das Gesicht. »Gregory, mein Gott. Du bist der geborene Diplomat. Warum verschwendest du deine Zeit für einen Doktortitel? Aber du nervst mich, weil du jedem Konflikt aus dem Weg gehst und Dinge einfach abtust, wenn sie brisant werden. Mich kotzt das an.«

Jetzt mischte sich plötzlich Moira ein, die die ganze Zeit geschwiegen hatte. »Moment mal, ich glaube, Gregory hat nicht unrecht. Und mußt du unbedingt so ausfallend werden?«

Inez schien nur auf so etwas gewartet zu haben und schoß sofort zurück. »Himmel, die Primadonna meldet sich zu Wort. Ich kann es kaum glauben, sie hat sich endlich dazu durchgerungen, sich zu beteiligen. Ich sage dir was: John ist ein chauvinistisches Schwein, und seine herablassende Art ist typisch männlich. Männer bezeichnen Frauen als narzißtisch, dabei haben sie einfach nur Angst davor, uns als Gleichberechtigte, als Menschen zu behandeln.«

Mit ruhiger Stimme schlug Peter vor: »Laßt uns zum Thema zurückkommen.«

»Welches Thema?« fragte Gregory höhnisch.

Ohne auf seinen Sarkasmus einzugehen, antwortete Peter: »Wir haben darüber gesprochen, warum jeder einzelne von uns in dieser Gruppe ist.«

Lori gab ihm Rückendeckung. »Ich finde es wichtig, ein Gruppengefühl zu entwickeln, deshalb bin ich hier. Ich hatte die kalifornische Selbstverliebtheit meines Mannes und seiner Freunde satt. Sie haben sich nur um sieh selbst gedreht und das mit irgendwelchem dummen Freiheitsgerede gerechtfertigt.«

John zog die Augenbrauen hoch. »Das klingt ja nach Sozialismus oder vielleicht sogar nach Kommunismus. Zufällig ist das hier eine Gruppentherapie und kein Versammlungsort für Leute, die nach Zuneigung suchen, weil sie sonst keine vernünftigen Beziehungen aufbauen können.«

Ungeduldig antwortete Peter: »Weißt du, du gehst mir echt auf die Nerven. Du hast nicht ein Wort verstanden von dem, was die anderen gesagt haben. Ich bin nicht sicher, ob ich mit dir in derselben Gruppe sein will. Ich denke, wir sind hier, um anderen zu helfen — Moira zum Beispiel und nicht, um unseren eigenen Frust an anderen abzulassen.«

Jetzt mischte auch Marcuse sich ein, der bisher nur aufmerksam zugesehen hatte. »Bei einer Gruppentherapie gibt es jede Menge Raum für Probleme zwischen den einzelnen Leuten. Sie sollten John nicht unter Druck setzen und ihm ein Schuldgefühl einreden, nur weil er seine Gefühle offen beschrieben hat.«

Inez nickte. »Nach jeder Gruppensitzung ärgere ich mich über John. Er ist ein sexistisches Tier, und ich kämpfe ständig mit ihm um Macht und Kontrolle. Und nicht nur das, ich muß mir auch noch seine intoleranten katholischen Ansichten über Homosexualität, Sex und Abtreibung anhören. Sein dummer religiöser Fanatismus verrät ganz klar seine primitive Lebenshaltung. Peter ist vielleicht ein obsessiver Mutterficker, Gregory ein richtiges Arschloch, Elsie eine Verlassene, aber sie sind Menschen, mit denen man klarkommen kann. Ich weiß nicht, ob ich dasselbe von dir behaupten kann, John.«

»Weißt du was«, mischte Lori sich ein, »alles, was du über John sagst, gilt doppelt so stark für dich. Dieser feministische Müll, den du dauernd vor dir herträgst, zeigt, daß du genauso intolerant und fanatisch bist wie er. Du bist eine verbitterte, frustrierte Frau. Ich glaube, dich müßte mal jemand aufs Kreuz legen, wirklich.«

Eine unangenehme Pause entstand. Dann antwortete Grace: »Ich habe allmählich genug von dir, Lori. Warum verteidigst du John? Er ist ein chauvinistischer Bastard, Punkt. Du kannst mich nicht täuschen, ebensowenig wie Inez.« Sie sah Moira an und fuhr fort: »Ich weiß auch, warum du dich ständig auf die Seite der Männer schlägst — du willst auch mit ihnen bumsen. Wenn es darauf ankommt, nimmst du dir deinen Teil vom Kuchen. Wir sind hier nicht in Kalifornien, wo jeder selbstverliebte Idiot machen kann, was er will. Ich weiß, du kannst sehr aufmerksam sein, aber sobald es nicht mehr um dich geht, schläfst du ein.«

Gregory schaltete sich ein. »Vielleicht versorgen sie ihre symbolbeladenen Träume mit Informationen für ihre Wahrnehmung.«

Diese Bemerkung mußte Elsie kommentieren. »Richtig, Greg, mach nur Witze, wenn du mit intensiven Gefühlen nicht umgehen kannst.« Diese wütenden Auseinandersetzungen waren typisch für die meisten Gruppensitzungen. Moira stand plötzlich auf und zeigte mit dem Finger auf mich.

»Ist das etwa Sinn und Zweck einer Gruppentherapie?« schrie sie.

»Beruhig dich Moira. Was willst du denn?« rief Peter dazwischen.

Inez nickte. »Ja, das möchte ich auch gern wissen. Wir haben das ganze Wochenende keinen Pieps von dir gehört, und jetzt beschwerst du dich auf einmal.«

Alle sahen Moira an und warteten auf ihre Antwort, aber sie schwieg. »Moira«, sagte ich vorsichtig, »warum sagen Sie uns nicht, was Sie beschäftigt?« Sie holte tief Luft, schob eine Haarsträhne zurück, die ihr über die Augen gefallen war, zögerte noch einen Moment und begann:

»Ich will damit sagen«, antwortete sie langsam, »daß Gefühle, mit denen wir in unserem Leben sonst nicht klarkommen, in der Gruppe plötzlich ausbrechen. Diese ganze Wut kommt von woanders, aus einer dunklen Stelle tief in uns. Wir greifen uns gegenseitig an, weil wir uns nicht zugestehen wollen, daß wir uns eigentlich brauchen. Ich glaube, die Gruppentherapie erinnert uns alle an den Horror mit unseren Familie. Der Unterschied ist nur, daß wir ihn hier ausdrücken können und dort nicht.«

Ich sah sie überrascht an. Moira war sich ihrer Familie mit ihren Konflikten bewußter, als ich gedacht hatte.

Ich wollte gerade etwas sagen, als Inez das Wort ergriff. »Endlich macht unsere junge Novizin den Mund auf! Zwei Tage, und schon kennt sie sich mit unseren Familiengeschichten aus. Ich weiß nicht, wie es mit dir war, Baby, aber ich bin gut mit meiner Familie zurechtgekommen. Zufällig habe ich mich mit meinem Vater und meiner Mutter gut verstanden. Wir hatten unsere kleinen Streitereien — wer hat die nicht —, aber ich kann mich nicht an so beschissene Gefühle erinnern, wie ich sie hier habe.«

Lori gab Inez recht. »Moira, ich empfehle dir, dich darauf zu konzentrieren, was du von dieser Gruppentherapie willst. Offenbar ist in deiner Kindheit einiges passiert, deshalb bist du so passiv und verschüchtert.«

Lori hatte genau ins Schwarze getroffen, Moira saß geschockt da und sagte kein Wort mehr. Sie tat uns allen leid, aber ihr zu helfen widersprach der Regel, Gruppenmitglieder sich nur dann öffnen zu lassen, wenn sie bereit dazu waren, und sie nicht unter Druck zu setzen. Moira fing an zu weinen. Peter stand auf, um sie tröstend in die Arme zu nehmen.

Während ich überlegte, wie ich reagieren sollte, ertönte aus dem hinteren Teil des Raumes ein Stöhnen. Wir drehten uns alle um. Es kam von Marcuse. Er atmete stoßweise und stöhnte. Tränen liefen über sein Gesicht, und er streckte die Arme nach Moira aus. Die beiden schienen durch ihren Schmerz und ihre Trauer so stark verbunden, daß sie ihre Umgebung gar nicht mehr wahrnahmen. Die Aggressionen innerhalb der Gruppe waren verschwunden; Marcuses Verhalten schockierte uns alle. Gelähmt starrten wir ihn an.

Wie ein Schlafwandler ging Marcuse auf Moira zu. Sie hatte die Arme um ihren eigenen Körper geklammert und schaukelte vor und zurück. Der Raum war nur schwach beleuchtet, aber wir konnten erkennen, daß Marcuse die Arme um Moiras zusammengekauerten Körper legte und in die Schaukelbewegungen einfiel.

Er begann etwas zu murmeln. Mein bruchstückhaften Jiddischkenntnisse halfen mir, das Gestammel als eine Mischung aus Jiddisch und Deutsch zu identifizieren:

»Kumm zuu mih, mei Jingeleh, mei scheine Mädel, du bist meine kleine Tuchter, meine jungere Schwester.«

Die Leute aus der Gruppe, die Jiddisch verstanden, flüsterten den anderen zu, was er sagte. Marcuses kräftige Arme, gestählt durch die jahrelange harte Arbeit im Konzentrationslager, und sein leidenschaftliches Gestammel machten Moira Angst. Sie wand sich, konnte sich schließlich halb befreien und lehnte sich gegen die Wand.

Panikanfälle schüttelten sie. »Nein, Daddy! Faß mich nicht an! Ich bin ein artiges Mädchen! Ja, Mommy, ich verspreche, daß ich keinem erzähle, was du getan hast. Schlag mich nicht mit dem Besen. Ich weiß, ich war ein dummes Mädchen, aber ich werde es nie wieder tun. Tu mir nicht weh.«

»Du bist a Tatteleh, a kleine Butt, a gut Kind«, rief Marcuse. Sie schienen auf seltsame Weise zusammen zu reden, nicht miteinander, sondern mit Menschen und Ereignissen aus der Vergangenheit.

»Ich halt dich fest, Tatteleh. Die Schweinehunde nehmen

dich mir nicht mehr fort. Du bist ein gutes Mädchen. Papa und Mama werden nicht zulassen, daß sie dir was tun. Es wird alles gut.«

»Daddy! Warum tust du das mit mir?« Moira starrte in Marcuses Augen und sprach gleichzeitig zu einer Erinnerung.

Ich spürte die Verwirrung in der Gruppe, die diesen ausdrucksstarken Wortwechsel verfolgte. Meine Gedanken kreisten wild. Wurden wir gerade Zeugen psychotischer Episoden, die entsetzliche Ängste aus Marcuses und Moiras Vergangenheit wiederbelebten? War Moira in eine ihrer verschiedenen Rollen geschlüpft, oder gab sie ihr eine der überzeugenden Vorstellungen, zu denen Hysterikerinnen wie sie fähig sind?

Marcuses Reaktion war mir völlig rätselhaft. Ob akuter Schlafmangel zu diesem Ausbruch geführt hatte?

Merkwürdigerweise hatte er sich bisher beherrscht und bewundernswert professionell verhalten. Ich fragte mich, ob er vielleicht an einer vorübergehenden Psychose litt.

Jetzt stürzte Moira plötzlich auf Marcuse zu und schrie: »Laß mich in Ruhe, du Bastard. Ich hasse dich. Ich lasse mich nicht mehr von dir bumsen. Du sagst, du liebst mich, aber ich lasse mich nicht länger von dir oder diesem anderen verdammten Schwein täuschen!«

Marcuse griff nach ihr. Sie trommelte mit den Fäusten gegen seine Brust. Mit einem Mal begriff ich, was hier vor sich ging. Moira befand sich in einem Zustand der Persönlichkeitsspaltung, und der abgespaltene Teil von ihr gab den ersten Hinweis auf etwas, was ich schon länger vermutete: Sie war sexuell mißbraucht worden. Ich sah die anderen an, sie konnten nicht wissen, was geschah, und ich wollte nicht, daß sie eingriffen. Glücklicherweise waren sie immer noch starr vor Schreck.

Mir ging etwas durch den Kopf und dann begriff ich plötzlich noch etwas. Marcuse schien diese schreckliche Erinnerung Moiras unbewußt aufzunehmen und in Verbindung zu bringen mit dem, was seiner Tochter im Konzentrationslager widerfahren sein konnte. Für ihn war es der schmerzhafte Versuch, eine Verbindung zu seiner Tochter herzustellen, die mit der restlichen Familie von den Nazis getötet wurde. Es war seine Tochter, mit der er in seinem Deutsch-Jiddisch-Kauderwelsch gesprochen hatte.

Daß Moira von ihrem Vater sexuell mißbraucht wurde, überraschte mich nicht angesichts seiner Schwierigkeiten und des engen Verhältnisses zwischen den beiden. Das war in der Psychotherapie klar geworden, aber sie hatte noch einen zweiten Mann erwähnt, »dieses andere verdammte Schwein«. Wen meinte sie damit? Ihren Bruder? Wahrscheinlich nicht, denn sie hatte Aggressionen gegenüber diesem Unbekannten, die sie ihrem Bruder nicht entgegenbrachte. Es gab noch ein weiteres Rätsel: Wie waren Marcuse und Moira ohne eine dritte Person in diesen Hypnosezustand geraten?

Möglicherweise durch etwas, was in der Fachsprache als Ersatzinduktion bezeichnet wurde. Etwas Ähnliches hatte ich bei einem Hypnosetraining erlebt, an dem ich ein Jahr zuvor teilgenommen hatte. Ein Beobachter war in einen Trancezustand verfallen, nur weil er bei der Hypnotisierung eines Kollegen zugesehen hatte. Vielleicht hatte der Hypnoseeffekt der »Käfig-Übung« eine ähnliche Wirkung gehabt. Ich grübelte noch eine Weile, dann wurde ich unsanft in die Wirklichkeit zurückgerissen. Marcuse hielt Moira wieder umarmt, während sie stöhnend vor und zurückschaukelte.

Ich mußte sie langsam aus diesem Zustand herausholen. Aber wie? Moira bot eine Lösung, indem sie einschlief. Ich beugte mich über Marcuse und wollte ihn gerade zurückholen, als er begann, der Gruppe laut und energisch Kommandos in deutscher Sprache zu geben.

Ich verstand nicht, was er sagte. Er schien sich jetzt für einen Nazioffizier zu halten, der die Lagerinsassen und dann mich anschrie. Erschrocken wich ich zurück.

Ich sah zu, wie er Moira behutsam auf den Boden legte. Dann marschierte er langsam vor und zurück, wie ein Soldat bei einer Parade. Er blieb stehen, nahm eine imaginäre Schaufel zur Hand und begann, Erde in ein imaginäres Loch im Boden zu schaufeln. Dann hob er die schlafende Moira auf, legte sie vorsichtig in das »Loch« und murmelte: »Mein Großvater und meine Mutter, meine Schwester und meine Tatelleh, meine Freunde und de gonze Welt . . .«

Ehe ich wußte, wie mir geschah, brach ich in hemmungsloses Schluchzen aus. Mir war klar geworden, daß ich einem gebrochenen Menschen zusah, der um die Gräber seiner ermordeten Familie lief. Während Marcuse seinen Marsch fortsetzte, fiel mir ein, daß ich der Gruppe eine Erklärung für dieses Schauspiel schuldete. Mit heiserer Stimme begann ich: »Wenn Menschen sehr müde sind, neigen sie manchmal zu Halluzinationen. Moira und Marcuse scheinen im Verlauf des Wochenendes einen starken inneren Druck aufgebaut zu haben, der zu einem veränderten Bewußtseinsstatus geführt hat.

Dabei sind starke und schockierende Erlebnisse aus ihrer Vergangenheit an die Oberfläche gekommen.« Ich versuchte ruhig und sicher zu wirken, wußte aber nicht, ob mir das gelang. Denn in Wahrheit war ich völlig verunsichert und hätte mich am liebsten auf der Stelle davongemacht.

»Wir sollten eine Pause machen«, schlug ich der verwirrten Gruppe vor. »Wir haben gerade ein sehr intensives Erlebnis hinter uns.« In diesem Augenblick erwachte Moira, und Marcuse zog sich mit schlafwandlerischen Bewegungen in eine Zimmerecke zurück. Er begann leise zu schluchzen. Moira schaute sich um, warf ihr blondes Haar verführerisch nach hinten und benahm sich, als sei nichts geschehen.

Marcuse hingegen wirkte äußerst verstört, und ich hatte das Gefühl, daß er ahnte, was er und Moira gerade durchgemacht hatten.

Ich hatte jetzt zwei Möglichkeiten. Die eine hatte mit Moira zu tun. Angesichts ihrer schweren Störungen war das, was passiert war, verständlich. Sie war ganz klar einer Regression anheimgefallen: Ein Teil von ihr, der sich von den anderen Teilen abgelöst hatte, war mit Erinnerungen an ein Trauma aus ihrer Kindheit konfrontiert worden. Nachdem es ihr solche Schmerzen verursacht hatten, würde sie es wahrscheinlich erneut verdrängen. Demnach hatte sie keine Erinnerung an das, was gerade geschehen war. Da sie meine Patientin und in meiner Verantwortung war, beschloß ich, so bald wie möglich mit ihr an diesem Ereignis zu arbeiten.

Mit Marcuse verhielt es sich etwas anders. Die quälenden Erinnerungen, die er gerade erlebt hatte, berührten mich, zugleich entsetzte es mich, daß ein so erfahrener Psychotherapeut dermaßen die Kontrolle über sich verloren hatte. Es lag in seiner Verantwortung, seine eigenen ungelösten Konflikte zu überwachen und sie nicht dort freizulassen, wo sie unseren Patienten ernsthaft Schaden zufügen konnten. Ich wollte ihn nicht in Schwierigkeiten bringen, deshalb entschied ich, privat mit ihm zu reden. Doch zunächst mußte ich mich auf unsere Patienten konzentrieren. »Wir haben alle viel durchgemacht«, sagte ich. »Ich schlage vor, wir gehen jetzt ins Bett, schlafen ein bißchen und treffen uns morgen früh um halb sieben wieder.« Erleichtert stimmten alle zu.

13

Offenbarungen

Als wir uns am nächsten Morgen versammelten, standen wir alle noch unter dem Eindruck dessen, was wir am Abend erlebt hatten. Alle außer Moira! Sie war munter und ausgeschlafen und meldete sich in der Morgensitzung als erste zu Wort. Sie war deshalb so guter Dinge, vermutete ich, weil sie bei ihrem Austausch mit Marcuse viele negative Emotionen herausgelassen hatte. Sie erinnerte sich zwar an nichts, aber der befreiende Effekt ihres Ausbruchs hatte ihr ein wenig Erleichterung verschafft.

Ich beobachtete sie aufmerksam, war jedoch völlig unvorbereitet auf das, was sie dann sagte. »Mein Name ist Marcia.« Ich holte tief Luft, als sie fortfuhr. »Ich will euch von meinem Leben mit Moira erzählen.« War das ein Scherz? Nein. Mir wurde rasch klar, daß Moira nun in Marcias Rolle geschlüpft war.

Sie fuhr fort: »Moira ist eine Fotze, und sie gibt sie jedem, der sie haben will.« Sie kicherte. »Aber sie tut gern so, als würde man sie dazu zwingen. Was für eine Heuchlerin sie ist! Sie liebt es!«

Gemurmel wurde laut, und alle starrten mich an. Ich dachte fieberhaft nach. Würde der Tag mit völliger Konfusion beginnen? Ich wußte, daß ich ihnen erklären mußte, daß Moira unter einer Persönlichkeitsspaltung litt. Bisher hatte niemand die Ereignisse vom Vorabend erwähnt. Alle behandelten Marcuse und Moira sehr vorsichtig.

Ehe ich eine Entscheidung treffen konnte, fuhr Marcia fort: »Es fing alles mit den Männern in Moiras Familie an. In zerstörten Familien ist Inzest nichts Ungewöhnliches, nicht wahr? Als Moiras Vater zum erstenmal Sex mit ihr wollte, war sie ganz begeistert. Warum hätte er die Kleine also nicht ficken sollen?« meinte sie bitter. »Er rammte seine schwarze Waffe einfach in sie hinein. Sie benahm sich, als würde er ihr etwas Furchtbares antun, aber in Wirklichkeit genoß sie jede einzelne Sekunde.« Inez und Grace rissen den Mund auf, und Marcia sah sie an. »Was seid ihr so erstaunt, Mädchen? Ich sage es euch: Weil ihr beide verkrampfte, sexuell verklemmte Arschlöcher seid. Und ihr habt nicht das Recht, Moira zu verurteilen. Ihr reagiert so entsetzt auf Kindesmißbrauch, aber ich sage euch was: Es passiert ziemlich oft. Ihr habt euch auch Sex mit euren Eltern gewünscht, das wißt ihr verdammt gut. Aber ihr habt nicht den Mut, es zuzugeben. Das hat Moira auch nicht, deshalb bin ich da. Ich mußte der Kleinen beibringen, was Ficken ist. Wie man dieses katholische Schuldgefühl los wird und es genießt, daß ein dicker Schwanz rein- und rausgleitet. Fragt nur Obler. Ich habe ihm das alles erzählt, und ob ihr es glaubt oder nicht, er dachte, er spräche mit der kleinen scheuen Moira.«

Wir waren wie gebannt. Mir gefiel zwar, daß ein anderes Ich von Moira sich mir stärker und deutlicher zeigte als je zuvor, aber ich machte mir gleichzeitig Sorgen um die anderen. Es war ein überwältigendes Erlebnis.

Als Marcia eine Pause machte, erklärte ich der Gruppe Moiras Persönlichkeitsspaltung. Ich versuchte, ihnen klarzumachen, wie sie entstanden war und was ich damit erlebt hatte. Sie hörten mir zu, aber es ging zu schnell für sie, um es voll und ganz zu verstehen. An ihren skeptischen Blicken sah ich, daß sie glaubten, Moira würde Theater spielen, um sich aus dem peinlichen Zwischenfall mit Marcuse herauszuwinden.

Ich dachte fieberhaft nach und kam zu dem Schluß, daß es besser war, die Gruppe in diesem Glauben zu lassen.

Wenn ich sie von Moiras Persönlichkeitsspaltung überzeugte, würden sie mich vielleicht fragen, warum ich so eine komplizierte Person in die Gruppe aufgenommen hatte.

Ich nahm Marcuse beiseite und sprach ihn auf sein Verhalten am Vorabend an. »Ich gebe zu«, sagte er, »das war ein Fehler. Aber ich habe nicht genau mitbekommen, was da passierte. Als Moira plötzlich zusammenbrach«, meinte er leise, »habe ich das ganze Konzentrationlager noch einmal durchlebt.«

»Über so etwas kommt man nie ganz hinweg«, fuhr Marcuse fort. »Immer wenn ich jemand leiden sehe, kommt diese Geschichte wieder. Während meiner eigenen Therapie ist das häufig passiert. Danach kam ich eigentlich ganz gut zurecht, aber Moiras Leiden war einfach zuviel für mich.«

»Es tut mir schrecklich leid, daß Sie das alles mitmachen mußten«, sagte ich ernst. »Aber ich muß an unsere Patienten denken, und Ihr unprofessionelles Verhalten könnte sie ernsthaft gefährden.« Ich konfrontierte ihn mit meinen Vorwürfen, weil ich das Gefühl hatte, daß er nach Entschuldigungen suchte und nicht genug Verantwortung für das übernahm, was passiert war. Ich fuhr fort: »Was Sie getan haben, verstieß gegen unser Berufsethos.

Vielleicht hätte ich energischer einschreiten müssen, um das Drama zwischen Ihnen und Moira zu stoppen, aber ich bin Student und stehe unter Ihrer Supervision. Ich muß mich Ihren Entscheidungen fügen. Als unsere Rolle plötzlich vertauscht waren, hatte ich natürlich Bedenken, etwas zu unternehmen.«

»Sie haben genau richtig gehandelt«, antwortete Marcuse. »Sie haben Ihr Bestes getan. Was halten Sie davon, wenn wir mit Mardoff über diese Angelegenheit sprechen?«

Ich war noch nicht fertig. »Ich glaube, was wir gestern abend bei Moira erlebt haben, war Ausdruck ihrer gespaltenen Persönlichkeit. Wenn Sie mich mit dieser Meinung

Mardoff gegenüber unterstützen, vergesse ich Ihr verantwortungsloses Verhalten. Ich werde kein Wort darüber verlauten lassen. Mardoff hat meine Diagnose zurückgewiesen, aber ich bin immer mehr davon überzeugt, daß ich recht habe. Moira leidet an einer Persönlichkeitsspaltung. Ich denke, der gestrige Abend hat sie ein Stück weitergebracht, weil sie verdrängte Erinnerungen freigelegt hat.«

Marcuse und ich einigten uns, weitere Ausbrüche Moiras mit Rücksicht auf das Wochenende zu verhindern und über sein Verhalten nachzudenken, wenn wir wieder in der Klinik waren.

Wir gingen zurück zur Gruppe, wo Marcia wieder zu sprechen begonnen hatte. Sie stoppte plötzlich. Nachdem ihre aggressiven Erklärungen beendet waren, schloß sie die Augen, schwieg eine Weile, öffnete die Augen und war wieder Moira. Sie wandte sich als erstes an Marcuse: »Wenigstens hatte ich eine Familie«, schrie sie ihn wütend an. »Die haben mich nicht im Stich gelassen, wie Sie Ihre im Stich gelassen haben, Sie verfluchter Feigling.«

Marcuse behielt die Nerven, aber ich spürte, daß die Anspannung in ihm wuchs. »Ich glaube, daß Sie als Kind sehr schlecht behandelt wurden«, sagte er zu Moira. »Das tut weh. Wenn die anderen mich lassen, würde ich Ihnen gern helfen.«

Moira äffte Marcuse hämisch nach. »Ich würde Ihnen gern helfen. Ich würde Ihnen gern helfen. Ich sage Ihnen mal was. Sie brauchen viel dringender Hilfe als ich. Sie haben sich versteckt, um Ihren eigenen Arsch zu retten, genau wie mein Vater.«

Ich lauschte aufmerksam. Hörte ich da wieder Marcia? »Sie glauben wohl, ich weiß nicht, daß Therapeuten sich hinter ihren professionellen Fassaden verstecken. Zufällig weiß ich aber, daß die meisten von euch viel übler dran sind als eure Patienten.«

Marcuse war der Überzeugung, Marcia sei zurückgekommen, deshalb sagte er leise: »Marcia, ich merke, daß Sie Moira beschützen wollen, wie Sie es immer getan haben.«

»Sagt Ihnen der Name Wimpo etwas?« gab Moira/Marcia zurück.

»Das wäre ein treffender Name für Sie. Sie können sich nicht einmal die Namen der Leute merken, die Sie angeblich behandeln.«

»Haben Sie sich nicht selbst als Marcia vorgestellt«, widersprach Marcuse. »Möchten Sie nicht so genannt werden? Also wie jetzt: Marcia oder Moira?«

Jetzt war Moira wieder ganz sie selbst. »Wer ist Marcia?« fragte sie verwirrt.

Marcuse und ich tauschten erstaunte Blicke. Aber wir hatten beschlossen, in Moiras Gegenwart nicht über ihre Persönlichkeitsspaltung zu sprechen.

Ich suchte krampfhaft nach Ablenkung und sagte: »Es wird Zeit für unsere nächste Übung, aber zuerst sollten wir eine Pause machen.«

Der Vorschlag stieß bei allen auf Zustimmung, und wenige Minuten später spazierten wir durch die Wälder und Wiesen der Umgebung. Moira und Marcuse blieben zurück. Nachdenklich wanderten wir vor uns hin. Ich hatte ein schlechtes Gewissen. Ich hatte das Gefühl, daß mir das Programm, das ich für die Gruppe ausgedacht hatte, aus den Händen glitt. Ich fragte mich, ob es besser wäre, das Wochenende abzubrechen.

Als wir von unserem kurzen Spaziergang zurückkehrten, saßen Moira und Marcuse im Wohnzimmer und plauderten wie alte Freunde. Ich vermutete, daß wir alle nach ein wenig Entspannung suchten nach dem, was wir erlebt hatten.

Ich hatte vor dem Mittagessen eigentlich ein Psychodrama geplant, entschied mich jetzt aber dagegen. Es hatte auch so schon zu viele Emotionen gegeben. Wir setzten uns alle auf den Fußboden im Wohnzimmer und ohne daß es jemand ausdrücklich formulierte, stand fest, daß wir darüber sprechen würden, ob wir weitermachten oder nicht, und wenn, wie wir vorgehen würden. Marcuse und Moira saßen ganz selbstverständlich dabei.

Elsie schlug vor: »Ich finde, in der wenigen Zeit, die uns noch bleibt, sollte jeder, der noch keine Gelegenheit dazu hatte, über das reden, was er möchte.«

Inez und Grace stimmten ihr zu und wiesen daraufhin, daß Moira viel Zeit in Anspruch genommen habe. Lori schüttelte energisch den Kopf, als das Thema Moira angeschnitten wurde. »Ich kann einfach nicht glauben, daß ihr auf Moiras schauspielerisches Talent hereinfallt. Das war ja besser als Bette Davis. Moira hat doch nur die Nummer gespielt, die gerade in ist: Schizophrene Frau wird sexuell belästigt.«

»Lori hat recht«, bestätigte Gregory. »Wir spielen doch alle das Spiel ›Ich bin kranker als du‹. Es ist fast wie ein Wettbewerb.«

»Moment mal«, schaltete Peter sich ein. »Wollt ihr damit sagen, daß sie Marcias Persönlichkeit nur angenommen hat, um Aufmerksamkeit zu erhalten?«

»Das hast du richtig erkannt, Junge«, antwortete Peter sarkastisch.

Die Diskussion, die dann folgte, dauerte bis zum frühen Nachmittag. Spielte Moira uns nun etwas vor oder nicht? Die Gruppe konnte sich ebensowenig wie Mardoff damit abfinden, daß es das Phänomen einer Persönlichkeitsspaltung gab. Mich überraschte es nicht, daß sie nicht wahrhaben wollten, wie gestört Moira war. Meine eigene Familie hatte damals dieselben Ängste vor einer psychischen Krankheit und weigerte sich darum, die psychischen Pro-

175

bleme meiner Schwester anzuerkennen. Ich ließ die Diskussion einfach weiterlaufen, weil mir im Moment keine andere Lösung einfiel.

Während des gesamten Gesprächs saß Moira regungslos dabei. Sie hielt Marcuses Hand und ignorierte die Debatte vollkommen.

Irgendwann erklärte John Freuds These, nach der eine Aufspaltung der Persönlichkeit bei hysterischen Frauen wie Moira häufig vorkam. »Freud hat diese Störungen häufig erlebt«, meinte John.

»Was meinen Sie dazu, Mr. Obler?«

Als Freud damals seine Theorien entwickelte, war er der Ansicht, das Über-Ich — verantwortlich zu entscheiden, was sich gehört oder nicht — unterdrückte ›unanständige‹ sexuelle Gefühle, also verbotene Wünsche, indem es sie ›entpersonalisiert‹. Dabei löst sich die Persönlichkeit in mehrere, völlig unabhängige Teile auf, so wie wir es bei Moira erleben. Das schlechte Gewissen wird einfach in eins der unbewußten Teile gesteckt, wo es außer Sicht ist. Da diesen verborgenen Wünschen aber emotionale Energie innewohnt und sie sich nicht vernichten lassen, brechen sie immer wieder hervor und führen zu physischen und psychischen Symptomen. Alles zusammen ist das, was Frauen nach Freud ›hysterisch‹ macht. Interessanterweise stammt der Ausdruck ›Hysterie‹ von dem griechischen Wort ›hysteria‹ und bedeutet Schoß. Das sexuelle Element steckt also schon im Wort. Im Volksmund resultiert sogenanntes hysterisches Benehmen von starken, nicht kontrollierbaren Gefühlen, die zu extremen Störungen führen können.

Die Gruppe begann eine ausgedehnte Diskussion über psychoanalytische Theorien, was während der regulären Sitzungen oft geschah.

Aber ich war trotzdem beunruhigt. Das Wochenende neigte sich dem Ende zu, und ich wollte es nicht mit einem angerissenen intellektuellen Diskurs beschließen. Ich hatte gehofft, daß die Gruppe darin übereinstimmte, eine wichtige Erfahrung gemacht zu haben, und sich vornahm, Moira zu akzeptieren.

Ich schaltete mich in die Diskussion ein. »Es wird Zeit für eine weitere Übung. Jeder streckt sich jetzt gemütlich auf dem Boden aus.« Als alle bereit waren, erklärte ich das folgende Vorgehen. »Ich brauche einen Freiwilligen, der eine erfundene Szene über einen Streit innerhalb der Familie vorspielt. Ein paar andere können die Rollen der übrigen Familienmitglieder übernehmen.« Ich war sicher, daß dies jeden vom Thema Persönlichkeitsspaltung ablenken würde. Aber niemand meldete sich.

Behutsam erklärte ich, wie ein Psychodrama funktioniert und wie aufschlußreich es bei anderen Wochenendseminaren gewesen war.

Keinerlei Reaktion. Ich war entmutigt. Dann kam Moira mir erneut zu Hilfe, diesmal nicht als Marcia, sondern als Moira selbst.

Sie redete über die Probleme in ihrer Familie und über den Druck, den ihre Mutter und ihr Ehemann auf sie ausgeübt hatten. Sie berichtete von dem Wunsch, sich von ihrem Ehemann scheiden zu lassen, aber nicht von der Entscheidung, es doch nicht zu tun, weil sie sich ihren Kindern gegenüber verantwortlich fühlte. Sie erzählte, daß ihr Liebesleben wenig aufregend sei, sie sich jedoch entschlossen hätte, durch Affären mit anderen Männern dieser Frustration entgegenzuwirken. Im Laufe ihrer Schilderungen wurde mir klar, daß wir dieselbe Moira erlebten, die wir am Anfang des Wochenendes kennengelernt hatten. Es gab keinerlei Hinweis darauf, daß sie sich an die Ereignisse zwischen Marcuse und Marcia erinnerte.

Anschließend befragte Inez Moira nach Einzelheiten ihres ehelichen Liebesleben. Sie wollte wissen, ob sie regelmäßig einen Orgasmus habe und Gefallen am Sex fände und Moira antwortete, daß sie nur bei der Masturbation, nicht beim Geschlechtsverkehr sexuelle Höhepunkte erlebte. Elsie schlug vor, diese Konflikte spielerisch darzustellen.

Gregory protestierte. »Erinnere dich doch an die schrecklichen Belästigungen, von denen Marcia uns erzählt hat. Moira würde sicher völlig zusammenbrechen, wenn wir ihre Sexualität zum Anlaß eines Rollenspiels nähmen.«

»Moment mal, was meinst du damit? Was für schreckliche Belästigungen?« fragte Moira, die natürlich nicht mehr wußte, was sie als Marcia von sich gegeben hatte.

»Laß uns nicht wieder davon anfangen, Moira«, rief John.

»Das finde ich auch«, pflichtete Inez ihm bei. »Wenn du uns jetzt wieder dieses Marcia-Theater vorspielst, ist die Übung für mich gelaufen. Steh endlich zu deinem Mist, wie wir es alle tun.«

Moira war erstaunt. »Ich spiele doch gar nicht. Wen meinst du mit Marcia? Sie war früher meine Freundin. Und was meint ihr mit diesen Belästigungen?«

»Du warst gestern in einer Art Trance«, erklärte Inez, »und hast uns erklärt, du seist Marcia und würdest uns alles über deine Freundin Moira erzählen. Marcia sagte, daß du, als Moira, mit deinem Vater gebumst hättest. Und dann war noch ein Mann beteiligt. Wir haben nie erfahren, wer er war. Für mich sah es jedenfalls so aus, als würdest du uns nur etwas vorspielen, um Aufmerksamkeit zu erregen. Und das funktioniert jetzt nicht mehr.«

»Aber ich habe doch niemand etwas vorgespielt«, antwortete Moira.

»Schon seit meiner Kindheit habe ich Gedächtnislücken. Ich verstehe nicht warum und habe versucht, das in Therapie herauszufinden. Fragt Obler.«

»Das stimmt«, erklärte ich der Gruppe. »Moira driftet

oft in eine Art Fluchtzustand, wie wir das nennen, und schaltet dann große Teile ihres Erinnerungsvermögens aus. Dieser Zustand unterscheidet sich von einer Amnesie insofern, als sie sich nie an das erinnert, was sie vergessen hat. Sie gibt es einfach an Marcia oder eines ihrer anderen Ichs weiter.«

Peter schaltete sich aufgeregt ein. »Dann hat sie uns mit dieser Marcia-Geschichte und den üblen Geschichten aus ihrer Kindheit also gar nicht an der Nase herumgeführt«

»Nein, sie hat uns nicht an der Nase herumgeführt, Peter«, antwortete ich. »Wir nennen dieses Phänomen Dissoziierung, also Persönlichkeitsspaltung und kommen immer mehr zu der Überzeugung, daß das bei manchen Leuten wirklich geschieht.«

»Warum haben Sie uns das nicht vor dem Wochenende erzählt?« fragte Elsie ärgerlich.

»Dann hätte ich mich der Frau gegenüber ganz anders verhalten«, bestätigte Peter.

»Ich möchte ganz ehrlich sein«, antwortete ich. »Ich bin nicht sicher, warum ich es nicht getan habe. Formulieren wir es einfach so: In der Klinik sind wir uns nicht ganz einig über Moiras Krankheit. Ich dachte nur, es würde ihr vielleicht helfen, bei uns zu sein.«

»Wer ist sich nicht einig?« wollte Gregory wissen.

»Die Therapeuten, die mit Moira arbeiten, sind unterschiedlicher Meinung, in welche klinische Kategorie Moira einzuordnen ist«, erklärte ich vorsichtig.

»Ich dachte, Sie würde nur von Ihnen behandelt«, meinte John.

»Das stimmt. Aber vergessen Sie bitte nicht, daß auch ich unter Supervision stehe. Und mein Supervisor stimmt meiner Theorie von einer Persönlichkeitsspaltung nicht zu.« Ich wollte nicht weiter über Mardoff sprechen. Es war ein heikles Thema für mich und auch für Moira. »Ich schlage vor, daß wir uns jetzt wieder unserem Psychodrama zuwenden. Wir können uns ein anderes Mal über Moira unterhalten.«

Alle willigten ein, und John, der jetzt ein anderes Bild von Moira hatte, meinte: »Wie wäre es, wenn wir eine Liebesszene spielten, in der Moira mit einem Mann schläft, der sie gern hat.« Die anderen fanden, das sei eine gute Idee, wahrscheinlich weil alle ein schlechtes Gewissen hatten, daß sie Moira so attackiert hatten. Sie schienen der Ansicht zu sein, ein gesundes sexuelles Verhältnis zu einem Mann könne Moira helfen, die seelischen Folgen ihrer Kindheitserfahrungen zu verarbeiten. Das war eine naive Spekulation: Natürlich tat Moira jede Beziehung zu einem anderen Menschen gut, aber es bedurfte noch einer Menge therapeutischer Anstrengungen, ehe Moira geheilt werden und die Ruhe und Sicherheit erleben konnte, die sie nie erfahren hatte.

Ich war mir zwar nicht ganz sicher, ob diese Liebesszene wirklich eine so gute Idee war, beschloß aber, es zu wagen. Die Gruppe entschied, daß Grace Moira spielen sollte und Gregory Moiras Liebhaber. Lori sollte den Part der Freundin übernehmen, die Moira zu außerehelichen Affären riet. John und Elsie spielten einen Priester und eine Nonne aus ihrer Gemeinde. Moiras erste Reaktion auf das geplante Szenario war, daß es ihr schwerfallen würde, eine sexuelle Beziehung mit jemand zu simulieren, den sie liebte, weil sie so etwas nie erlebt hatte und auch noch nie einen Orgasmus mit einem anderen Menschen gehabt hatte. Ich war überrascht! Noch nie hatte ich Moira so über sich selbst reden hören. Sie klang wie eine ausgeglichene erwachsene Frau, die die meisten ihrer unterschwelligen sexuellen Konflikte im Griff hatte und wußte, was sie von einem Mann wollte. Sie hörte sich so sicher an, daß ich beschloß, mit dem Experiment fortzufahren.

Zunächst lief alles gut. Grace brachte Moiras Schwierigkeiten in einer Beziehung mit einem Mann zum Ausdruck. Sie half Moira, Gefühle zu beschreiben, die sie gegenüber einem Mann, der sie interessierte, nur schwer formulieren konnte. Grace drängte sie dazu, sich eine sexuelle Beziehung zu Gregory vorzustellen, ohne dabei ein schlechtes Gewissen zu haben. Dann kam John als Priester ins Spiel, der ihr Vorwürfe machte, christliche Normen zu verletzen. Gregory und Moira spielten die Rollen eines verliebten, zärtlichen Paares sehr überzeugend. Die anderen stellten verschiedene Familienmitglieder dar, die die Affäre verurteilten. Moira ging mit dieser Kritik sehr gut um und machte deutlich, daß sie eigene Bedürfnisse hatte, die sie befriedigen wollte, und daß ihre Familie lernen mußte, sich um ihre eigenen Probleme zu kümmern. Wenn wir das Spiel zu diesem Zeitpunkt abgebrochen hätten, hätte es sicher eine heilsame Wirkung gehabt. Aber Peter schlug vor, daß Moira so tun sollte, als schliefe sie mit ihrem neuen Liebhaber, um ihre Orgasmusprobleme zu überwinden. Marcuse und ich tauschten einen unsicheren Blick. War das wirklich so eine gute Idee? Wir wußten es nicht. Ich erinnerte mich an Berichte von Gestalttherapeuten, bei denen ähnliche Experimente erfolgreich verlaufen waren. Es gab jedoch einen Einwand: Bei Veranstaltungen wie dieses Wochenende eine war, galt offener Sex als Tabu. Ehe ich einen Entschluß fassen konnte, lag Gregory bereits auf Moira.

»Was ist denn das?« Ich lachte nervös. »Wir tun aber auch wirklich alles, um unseren Patienten zu helfen.«

Greg blökte: »Was soll ich denn jetzt machen?«

»Du bist doch schon groß — mach einfach, was dir in den Sinn kommt«, alberte Peter.

Gregory simulierte keuchend Stoßbewegungen, und Moira bog den Oberkörper zurück. Sie schien ihre Rolle mitzuspielen, aber ich spürte, daß sie unsicher war.

Grace betrachtete die Szene mit unverhohlener Abscheu. »Das ist ziemlich langweilig und idiotisch.«

Lori stimmte ihr zu. »Ich habe auch keine Lust, den Voyeur zu spielen. Es ist wirklich nicht besonders aufregend, anderen Leuten beim Sex zuzusehen.«

Inez war derselben Meinung wie die beiden anderen Frauen. »Vielleicht macht Sie das an, Obler, aber für mich ist das nichts.«

Ich fand, daß es Zeit wurde, die Sache abzubrechen. In diesem Augenblick änderte sich Moiras Verhalten: Sie hatte plötzlich Schaum vor dem Mund und begann zu zittern wie bei einem epileptischen Anfall. Ich griff nach Marcus' Arm, aber der saß wie gelähmt. John zerrte Gregory von Moira herunter, und Peter stopfte geistesgegenwärtig ein Taschentuch in Moiras Mund, um zu verhindern, daß sie sich auf die Zunge biß. Ich bettete ihren Kopf behutsam auf meinen Schoß. Sie spuckte das Taschentuch aus, und ehe wir es wieder hineinstecken konnten, begann sie Schreie auszustoßen wie ein kleines Kind.

»Was schreit sie da?« rief Grace verstört.

»Halt die Klappe, Grace«, antwortete John.

Die Worte wurden deutlicher. Eine Kinderstimme flüsterte: »Es tut weh. Hör auf, bitte, egal wer du bist. Tu mir nicht weh.« Wieder einmal vernahmen wir einen losgelösten Teil Moiras aus tiefster Verzweiflung aufschreien.

Dann richtete Moira sich auf, strich sich das Haar aus dem Gesicht und begann eine Art imaginären Schlüssel an einer Kette in ihrer Hand zu schwingen. Ich hielt die Luft an, als sie mit derselben Stimme sprach, die ich von der Sitzung nach ihrer dreiwöchigen Abwesenheit kannte. »Noch eine Sekunde. Ich komme ... ich komme! Über dein ganzes Gesicht, dein hübsches Gesicht, du süße Kleine.«

Ihre Stimme wurde lauter. »Gut so, leck dir das klebrige Zeug vom Gesicht, Kleine. Es schmeckt gut — wie Schokolade.«

Entsetzt sahen wir uns an.

Als wir schließlich nach Hause fuhren, saß Moira leise schluchzend neben mir. Wir setzten sie vor ihrer Tür ab, und sie ging wortlos davon.

14

Der Glaube an die Liebe

Nachdem wir die Hälfte der Gruppe nach Hause gebracht hatten, schlug ich Marcuse und den übrigen vor, in Brooklyn eine Kleinigkeit zu essen. Nach diesem brutalen Wochenende mußten wir dringend etwas zu uns nehmen, außerdem mußte ich über vieles nachdenken. Ich machte mir schreckliche Sorgen. Moiras wortloser Abschied weckte die Befürchtung in mir, daß wir sie viel zu sehr bedrängt hatten. Zugleich wollte ich, daß wir uns noch einmal die Nähe und Kameradschaft zu Beginn des Wochenendes in Erinnerung riefen.

Für die meisten Teilnehmer war das Wochenende eine wichtige Erfahrung gewesen. Viele hatten wesentlich intensivere Erlebnisse gehabt als in den normalen wöchentlichen Sitzungen. Sie waren offener, ehrlicher und viel vertrauter miteinander umgegangen als je zuvor und hatten etwas geschafft, das Menschen sonst so schwer fiel: Sie hatten sich ihre innersten Gedanken mitgeteilt, Dinge, die sie sonst vor anderen Menschen strikt verbergen. Wir würden uns in Zukunft alle ein bißchen näherstehen, wie es häufig der Fall ist, wenn Menschen sich voreinander so öffnen.

Als ich Marcuse am Tisch gegenüber saß, wurde mir klar, daß wir einen Bericht über das Wochenende für Mardoff verfassen mußten, der seinen wissenschaftlichen Anforderungen gerecht wurde. In diesem Bericht, so beschloß ich, würde Marcuses unprofessionelles Verhalten mit keinem Wort erwähnt werden.

Unser Kellner war die Unverschämtheit in Person. Er ließ uns unmißverständlich spüren, daß er uns für geizig hielt, weil wir so sparsam bestellten.

Die Verachtung, mit der er die Sandwichs und das Bier vor uns auf den Tisch schmetterte, rief in mir Erinnerungen an meine Kindheit wach, die ich in dieser Gegend verbracht hatte. Was war wohl aus meinen Freunden von damals geworden? Ein wehmütiges Gefühl beschlich mich. Heute hatte ich nur noch wenige Freunde, das Erwachsenwerden hatte mich einsam gemacht.

Das Wochenende war eine bedeutsame Erfahrung gewesen. Die Leute am Tisch — Marcuse, Peter, John, Gregory, Grace und ich — hatten eine Menge zu erzählen, lustige, aber auch traurige Erlebnisse. Gregory stellte fest: »Leute, die als Kinder mißbraucht wurden, tun das als Erwachsene oft selbst.«

»Das stimmt, Gregory.« Seine Worte machten mich nachdenklich. Nach allem, was wir von Moira an diesem Wochenende erfahren hatten, war ich mir jetzt ganz sicher, daß sie als Kind mißbraucht worden war. Aber sie hatte ihre eigenen Kinder nicht mißbraucht. Meiner Meinung nach verriet dies eine Stärke, die man ausnutzen konnte, um ihre Heilung voranzutreiben. Und dann kam ich zu dem Schluß, daß es sehr lange gedauert hätte, bis ich herausgefunden hätte, was mit Moira geschehen war. Sie hielt ihre Probleme normalerweise sehr versteckt, und nur das Wochenende hatte sie ans Licht gebracht. Als nächstes überlegte ich, daß sie eine Patientin war, die sich für eine tiefenpsychologische

Therapie eignete: Sie war stärker, als ich zunächst angenommen hatte, und hatte in einem unbewußten Trancezustand viel von sich verraten. Durch eine tiefenpsychologische Behandlung konnte es gelingen, die Teile ihres zerrissenen Ichs Stück für Stück zusammenzufügen. Aber ich hatte Bedenken, daß der langwierige Prozeß ihr möglicherweise sowohl finanziell als auch emotional zuviel abverlangen könnte. Alternativ bot sich eine kognitive Therapie an, die oft bei mißhandelten Frauen angewendet wird. Im Gegensatz zu einer Tiefenanalyse, die das Unbewußte ansprechen will, setzt eine kognitive Analyse auf der Ebene des Bewußten an. Bei einer solchen Therapie lernt die Patientin, sich selbst zu erfahren. Sie benutzt dazu ihre Eigenschaften, ihre Erinnerungen und ihre Gedanken und bringt sie in Zusammenhang zu dem, was ihr passiert ist und wie sie darüber fühlt. Am Ende erhält sie schließlich ein gesünderes positiveres Bild von sich selbst. Frauen, die von ihren Männern geschlagen wurden, hilft das, ihr zerstörtes Selbstbewußtsein wiederherzustellen und die schrecklichen Ereignisse zu überwinden, die sie durchgemacht haben.

Greg unterbrach meine Gedanken. »Woran denken Sie gerade?« Ich vermied das Thema Moira und erklärte ihm, ich hätte mir gerade überlegt, daß ich in einer sehr interessanten Zeit Psychologe geworden bin.

»Warum?« fragten Marcuse und Peter gleichzeitig. Das bot mir die Gelegenheit, ihnen die Gedanken mitzuteilen, die ich mir in letzter Zeit über meinem Beruf gemacht hatte.

»Wir leben in einer faszinierenden Epoche. Denken Sie doch nur an den Freudschen Blickwinkel. Freud gelangen großartige Entdeckungen, aber Frauen, vor allem seiner Ehefrau und seiner Tochter gegenüber, benahm er sich sehr chauvinistisch.

Die Intellektuellen, die mir als Teenager in den Cafés von Greenwich Village etwas von großen Veränderungen erzählt haben, waren doch nur Möchtegern-Philosophen. Sie haben dauernd davon geredet, das wirtschaftliche und soziale Leben zu verändern, aber im Grunde waren ihre Beziehungen zu anderen genau wie die ihrer Eltern. Vor allem ihre Beziehungen zu Frauen. *Das* ist die ganze Heuchelei, die ich meine.«

Ich machte eine Pause, um Luft zu holen, und sofort schaltete Gregory sich ein. »Es ist einfach wunderbar, wie ihr Psychologen euch selbst einredet, so viel ehrlicher mit anderen Menschen umzugehen als die meisten von uns. Dabei scheint sich das Leben von Psychologen nicht wesentlich von unserem zu unterscheiden.«

»Hör auf damit, Gregory«, unterbrach Grace ihn. »Ich möchte gern wissen, was Obler uns zu sagen hat.«

»Ja, laßt ihn ausreden«, stimmte John zu.

Ich war müde, und das Bier, das ich getrunken hatte, zeigte seine Wirkung. Wollte ich noch weitergehen? Ich wollte nicht als Thekenredner dastehen, verspürte aber zugleich das Bedürfnis, mich auszusprechen. Also fuhr ich fort:

»Trotz aller Bürgerrechtsbewegungen und allen Fortschritts, der bereits erzielt wurde, bestehen die amerikanischen Städte nach wie vor aus ethnisch voneinander abgegrenzten Teilen. Wir haben die Illusion vom Frieden zwischen den Minderheiten und den Weißen, aber glauben Sie mir, es ist nur eine Illusion. In Wirklichkeit hat sich kaum etwas geändert, weil die Weißen mit den Minderheiten sehr wenig zu tun haben. Auf beiden Seiten dieser Grenzlinien glaubt man, daß die Grenzen für immer bestehen bleiben werden. Und das ist die unangenehme Wahrheit, die wir aus der Vergangenheit geerbt haben.

Es wird etwas passieren, auch wenn in diesem Augenblick irgendwo Intellektuelle farbigen Minderheiten denselben Mist von Gleichheit und Menschlichkeit predigen wie schon vor Jahren, und dabei selbst voller Vorurteile stecken. Aber die Schwarzen und die Hispanier sind schlau geworden. Ihr werdet euch wundern, eines Tages werden die Städte explodieren.

Die Revolution, von der ich spreche, ist mehr als nur ein Rassen- oder Klassenkampf. Es ist eher eine Revolution der Ideen als ein Krieg um Gleichheit, und dieser Krieg wird auch zwischen den jungen und alten Therapeuten fortgesetzt. Auf unseren Kliniksitzungen werden diese Themen diskutiert.

Dabei handelt es sich um eine Art Tauziehen zwischen den etablierten Therapeuten und denen, die noch in der Ausbildung sind. Wir jungen Leute setzen uns immer wieder für Veränderungen ein und für die benachteiligten Menschen, denen wir helfen wollen. Wir kämpfen für die juristischen, moralischen und finanziellen Rechte unserer Patienten und kümmern uns zugleich um ihre psychologischen Bedürfnisse.

Die Therapeuten von heute sind der Ansicht, daß Amerika sich einer harten Wirklichkeit stellen muß: Sozialer Druck lastet auf den Benachteiligten und macht sie schwach und handlungsunfähig. Dies ist die wirkliche Bedrohung für unsere Nation. Frauen, Hispanier, Schwarze und mittellose Weiße sind durch ihren deklassierten Status gefesselt. Diese Wahrheit zu ignorieren wäre so, als säße man an der San-Andreas-Spalte und behauptete, es gäbe keine Erdbeben. Meine Kollegen und ich akzeptieren die Freudschen Dogmen nicht mehr uneingeschränkt. Natürlich steht außer Frage, daß bei manchen Menschen eine Neurose oder eine andere Psychopathologie auf körperliche Gewalt, Liebesentzug oder andere Verletzungen zurückzuführen ist. Aber bei einem Großteil unserer entrechteten Bevölkerung, und dazu gehören auch die Frauen, sind ernsthafte emotionale Schäden die Folge sozialer und ökonomischer Minderwertigkeitsgefühle. Meine Supervisoren sind in dieses trügerische Wertesystem ebenso eingebunden wie ihre Eltern. Und ich glaube nicht, daß ich mir widerspreche, wenn ich behaupte, daß Amerika vor der Depression ein viel ehrlicheres Land war. Eine Zeitlang waren wir wirklich großartig! Leute konnten etwas erreichen, wenn sie sich anstrengten. Die Familien boten Sicherheit und Unterstützung, dasselbe galt für Gemeinden. Jeder kannte jeden, und wir paßten gegenseitig auf uns auf.

Es gab genug zu essen, wir waren gebildeter, gesünder, lebten länger. Und wir fühlten uns für diesen Planeten verantwortlich!«

Ich machte eine kurze Pause, doch dann fuhr ich fort. Ich war wie besessen von meinen Ideen. »Dann begann das Unheil. Die Wasserstoff- und die Atombombe zerstörten endgültig die Illusion, daß das Leben für alle noch besser wurde. Mit einem Mal konnten wir das gesamte Leben auf der Erde zerstören. Menschen wurden unwichtig. Wenn wir eine solche Katastrophe auslösen konnten, was half uns da noch eine starke Familie oder Nation? Wir mußten nach umfassenderen Identifikationsmöglichkeiten suchen, die uns international zu einem friedlichen Zusammenleben verhalfen, sonst waren wir verloren.

Fernseh-Kinder aus dem Ghetto haben anscheinend gemerkt, was ihnen fehlte. Für sie müssen Filme wie ›Kleines Haus in der Prärie‹, in denen kleine Kinder über grüne Wiesen laufen, so etwas wie der Anblick des Mars gewesen sein. Es war ihnen völlig fremd, und sie bekamen schon früh ein Gespür für soziale Ungerechtigkeiten. Als Erwachsene waren ihnen die Ungleichheiten in diesem Land dann endgültig klar. In den Ghettos herrschte plötzlich das Prinzip der sofortigen Bedürfnisbefriedigung. Nimm dir, was du kriegen kannst und genieß es, lautete die Devise.

Ich möchte noch ein ganz anderes Thema ansprechen.

Wir haben uns eine neue ausgebeutete Klasse geschaffen: die Angestellten. Diese Typen lassen sich dazu konditionieren, sich mehr um ihre Unternehmen zu kümmern als um ihre Familien oder um sich selbst. Ihr Erfolg beruht darauf, daß sie ihre eigenen Bedürfnisse und die ihrer Familien vernachlässigen. Sie haben keinerlei Bindungen, und der berufliche Erfolg kann ihnen nicht zu einem gesunden, ausgeglichenen Leben verhelfen. Ich kenne keinen einzigen Mann in dieser Gesellschaft, der Freunde hat, sich anderen Menschen verbunden fühlt und der zufrieden ist.«

Ich hielt inne, streckte mich und trank ein paar Schlucke Bier. »Was ich damit sagen will, ist, daß die Menschen einen Weg finden müssen, sich gegenseitig zu lieben und zu achten, wenn wir auf diesem Planeten überleben wollen. Und genau das ist mein Problem mit vielen Therapeuten, die immer noch der Meinung sind, der einzig erfolgreiche Weg sei eine eigene Praxis. Sie unterscheiden sich durch nichts von anderen Geschäftsleuten. Die Großen fressen die Kleinen. Es kommt nur darauf an, diese Leute ins eigene Wartezimmer zu bekommen.

Was wir an diesem Wochenende erlebt haben, ist eigentlich genau das, was meine Kollegen und ich mit der Psychologie vorhaben. Wir haben eine Frau kennengelernt, deren persönliche Probleme unsere schlimmsten Vorstellungen übertroffen haben. Einen Moment lang waren wir gezwungen, unseren eigenen Narzißmus und Materialismus zu überwinden und uns trivialen Dingen zuzuwenden. Wir sind plötzlich einem Menschen begegnet, auf sehr intensive und sehr reale Art und Weise. Das ist genau das, was ich und einige in unserem Leben verwirklichen möchten, wenn wir uns dem Druck entziehen können, erfolgreiche Geldverdiener zu werden. Wir möchten uns gern tatsächlich um Menschen kümmern.« Ich machte eine Pause und seufzte. »Danke, daß Sie mir zugehört haben.«

Marcuse hob sein Glas und prostete mir zu. Die anderen taten es ihm nach. Offenbar hatte ich ihnen mein Anliegen verständlich machen können, und darüber freute ich mich. In diesen Momenten waren wir keine Ärzte und Patienten, sondern Menschen, die sich durch die irritierenden Erlebnisse des Wochenendes eng verbunden fühlten. Wir lachten und scherzten und fühlten uns zueinander hingezogen. Ich war sicher, daß Moira ihre Alpträume überwinden würde, wenn ich ihr beibringen konnte, so viel Spaß zu haben wie wir in diesem Augenblick.

Es wurde Zeit zu gehen, aber niemand schien Lust dazu zu haben. Wir begannen über Moira zu sprechen. Sie war auf grausame Weise mißbraucht worden und hatte seelische Störungen erlitten, nur weil sie zufällig in eine Familie hineingeboren wurde, in der kranke Menschen ihre Probleme auf ihrem Rücken austrugen. Sie hatte uns alle sehr berührt und in uns das Bedürfnis geweckt, ihr zu helfen. Ich wußte, daß jeder am Tisch so dachte. Schließlich unterschieden sich unsere Leben gar nicht so sehr von ihrem, nur daß wir vielleicht etwas stärker gewesen waren als sie. Die meisten Eltern gaben ihren Kindern Sicherheit und Unterstützung, Moira fehlte sie. Und es gab nur wenig Aussicht, daß ihre Familie und ihr Ehemann sich verändern würden. Moiras einzige Hoffnung bestand darin, einen Ort zu finden, wo Menschen sich umeinander kümmerten.

Ich erkannte Parallelen zwischen Moira und den Veränderungen, die meine Freunde und ich in unserem Beruf anstrebten. Wir wollten die Realität einer egoistischen, gewinnsüchtigen Welt nicht länger hinnehmen. Ebensowenig konnte Moira sich die Realität ihrer kaputten Familie länger gefallen lassen — und die einiger Menschen, die sie angeblich behandelten.

Meine Aufgabe als Psychologe bestand darin, mich für

Dinge einzusetzen, die mir wichtig waren. Psychotherapeutische und — analytische Ansätze, die nicht auch eine positive Entwicklung der gesamten Menschheit im Blick hatten, hielt ich für sinnlos. Und Freuds pessimistisches Urteil, Menschen könnten sich nicht zum besseren verändern, stimmte ich nicht zu. Das Leben mußte so gelebt werden, als bliebe der menschlichen Spezies nur noch wenig Zeit.

Ich wollte dabei helfen, mit den Mitteln der Psychologie einen neuen Weg zu finden, Menschen anzuleiten. Einen Weg, bei dem die Beziehungen der Menschen untereinander im Mittelpunkt standen und nicht nur die unangenehmen Wahrheiten über unsere gefährdete Umwelt und negative menschliche Eigenschaften. Es mußte Möglichkeiten geben, den Mensch zu verändern, zunächst in unserer Klinik und dann vielleicht sogar in der ganzen Welt. Wenn ich diese Ziele verfolgen wollte, mußte ich mich als Psychologe mit den Problemen unserer Gesellschaft beschäftigen. Zunächst einmal galt es, eine Möglichkeit zu finden, weiter mit Moira zu arbeiten, ohne mich der merkwürdigen Klinikpolitik zu unterwerfen. Mir war, als habe mich das Wochenende verändert. Ich war auf dem Weg, alles das aufzugeben, was mir bisher Sicherheit geboten hatte. Ich hatte Rosinante gesattelt und hielt Don Quichottes Lanze in der Hand, bereit, gegen die Windmühlen anzurennen. Ich hatte das Gefühl, keine andere Wahl zu haben.

Ich dachte über Freud nach. Ein wahres Genie. Zweifellos würde er als der größte Erforscher der menschlichen Psyche in die Geschichte eingehen, ein Mann, auf dessen Errungenschaften unzählige andere psychologische Theorien aufgebaut waren und dem viele Größen der Psychologie eine Menge verdankten. Aber Freuds Theorien verloren zunehmend den Zusammenhang zu den rasanten Veränderungen im Wertesystem des heutigen modernen Lebens.

Die Lehren Freuds hatten in seine Zeit gepaßt. Die Frauen, die er behandelt hatte, litten durch die Unterdrückung, die sie damals noch erfuhren, häufiger an Hysterieerscheinungen, und Männer wurden dazu gezwungen, sich durch berufliche Erfolge immer wieder selbst zu beweisen. Diese Anforderungen führten oft zu Zwangsneurosen, und Freud hatte sich mit diesen Problemen von Männern und Frauen auseinandergesetzt.

Inzwischen waren die Menschen von anderen Übeln geplagt. Sie waren egoistisch und hedonistisch geworden, und ihre Kontakt- und Beziehungsfähigkeit nahm in zunehmendem Maße ab. Und diese Bedingungen, die so anders waren als zu Freuds Zeiten, führten zu folgendem Schluß: Sigmund Freuds Theorien waren 1895 revolutionär gewesen, heute waren sie veraltet. Genauer gesagt war die Art und Weise, in der Freuds Theorien immer interpretiert worden war, obsolet. Freuds zentrale Entdeckungen, die Bedeutung von Träumen etwa, die Existenz des Unbewußten oder die enthüllenden Möglichkeiten der freien Assoziation würden auch in Zukunft nichts von ihrer Aktualität verlieren. Aber sie ließen sich nicht mehr so anwenden, wie Freud es im letzten Jahrhundert getan hatte und nach ihm Generationen von Analytikern. Statt dessen mußte die moderne Psychologie Freuds Theorien als Grundlagen betrachten und sie in den Zusammenhang des sich ständig weiter entwickelnden Lebens auf diesem Planeten stellen.

Das Gespräch ging dem Ende zu, bald würde die Sonne untergehen. Der Alltag rief uns alle zurück: In einigen Stunden würde ich meine Patienten in der Klinik wiedertreffen und danach eine Vorlesung hören. Ich prostete meinen Tischnachbarn ein letztes Mal zu. Für einen Augenblick hatten wir alle einen Blick in eine vielversprechende Zukunft werfen können, und diesen Blick hatten wir den Erfahrungen des Wochenendes zu verdanken.

Vielleicht konnten wir uns dafür einsetzen, diese Zukunft wahr werden zu lassen.

Als ich am nächsten Abend aus der Klinik nach Hause kam, erfuhr ich, daß mein Vater diese Zukunft nie mehr kennenlernen würde. Er war gestorben.

Vor dem Seminarwochenende hatte sich mein Vater Harry einer Prostata-Operation unterzogen, von der er sich zunächst gut zu erholen schien. Nun erfuhr ich, daß er innere Blutungen erlitten hatte, die wahrscheinlich auf einen Operationsfehler zurückzuführen waren. Mein Vater würde keine bessere Zukunft mehr erleben können, weil die Welt, in der er jetzt gelebt hatte, den Armen keine vernünftige medizinische Betreuung ermöglichte. Ein unerfahrener, unzureichend ausgebildeter Arzt hatte meinen Vater betreut, weil er nicht zahlen konnte. Wie Moira hatte auch ihm das Leben viel unnötiges Leid und schließlich den Tod gebracht.

15

Zusammenstoß mit Mardoff

Nach der Beerdigung meines Vaters unterzog sich meine Familie der jüdischen Sitte, sieben Tage Shiva zu sitzen. Deshalb dauerte es fast zwei Wochen, ehe ich Mardoff wiedertraf. Ihm war inzwischen zugetragen worden, was während des Wochenendes geschehen war, und er hatte beschlossen, mich dafür verantwortlich zu machen und mir Fehlentscheidungen zu unterstellen.

»Es ist nicht die Aufgabe eines Therapeuten, Mr. Obler, Rollenspiele mit Patienten durchzuführen, die an Sexualneurosen leiden. Selbst bei einer Gruppentherapie sollte ein Therapeut sehr sorgfältig nachdenken, ehe er seine Patienten dazu auffordert, ihr Sexualleben zu diskutieren. Es kann viel zu leicht Opfer von Voyeurismus werden. Das Sexualleben eines Patienten oder einer Patientin sollte nur dann zum Thema gemacht werden, wenn es für die Heilungsentwicklung absolut notwendig ist. Die einzige Aufgabe des Therapeuten, und ich betone das Wort *einzige*, besteht darin, vollkommen neutral und unabhängig zu bleiben. Patienten dazu aufzufordern, Gefühle über ihre Sexualität zu formulieren, erschwert dem Therapeuten die Unterscheidung zwischen dem, was sich in der Vergangenheit des Patienten tatsächlich abgespielt hat, und dem, was er als Folge seiner Therapie empfindet. Und genau das ist das verdammte Problem bei diesen neuen Techniken, die Sie an dem Wochenende ausprobiert haben. Sie fordern gestörte Patienten geradezu heraus, ihre Krankheiten zum Ausdruck zu bringen. Das Ergebnis ist, daß der Übertragungsprozeß sehr erschwert wird. Vor mehr als sechzig Jahren wies Freud auf die Bedeutung einer gesunden Sexualität hin. Unsere Patienten sollten ihre Neurosen lösen, so daß sie ihre Lustgefühle im Alltag durch gesunde emotionale Bindungen sublimieren können.«

Ich sah ihn an und wünschte mir, er könnte in meinen Kopf hineinsehen. Was fiel ausgerechnet ihm ein, mir Vorträge über gesunde emotionale Bindungen zu halten? Aber natürlich betrachtete er die Sache aus dem Blickwinkel der klassischen Analyse-Theorie. Und von diesem Standpunkt aus hatte er recht. Aber ich mußte mich verteidigen. Für Moira stand zuviel auf dem Spiel.

Vorsichtig begann ich: »Ich dachte, Freud hätte auch darauf hingewiesen, daß Repressionen zu den Hauptursachen für die Entwicklung von Neurosen gehören.« Ich machte eine Pause. Welche Strategie sollte ich nun verfolgen? Ich wußte, daß es sinnlos war, Mardoff davon zu überzeugen, daß es heute andere Ansichten über Psychotherapien gab. Konnte ich ihn überlisten, indem ich mich auf die Literatur berief, die die orthodoxen Thesen über Theorie und Praxis der Psychoanalyse in Frage stellten? Mir war klar, daß dieses Thema wenig mit dem Machtkampf zwischen Mardoff und mir zu tun hatte. Ich beschloß, weiterhin zu versuchen, ihn davon zu überzeugen, daß mein Ansatz Moira am ehesten helfen konnte.

Ich räusperte mich, überkreuzte die Finger und sagte: »Dr. Mardoff, unseren Patienten sexuelle Leidenschaft nahezubringen, scheint mir eine der besten Methoden zu sein, ihre Repressionen in den Griff zu bekommen. Eine aktive Libido führt zu einer gesunden Psyche, eine gehemmte Libido blockiert auch die Psyche. Wir haben Moiras sexuelle Probleme nicht direkt angesprochen. Sie kamen ganz von selbst zur Sprache, durch die Übungen, das emotionale Klima während des Wochenendes und durch das, was sich in ihr abspielte. Die Gruppe und ich hatten vermutet, daß Moira sexuelle Phantasien hatte oder in irgendeiner Form eine außereheliche Beziehung unterhielt.« Ich hielt inne und sah Mardoff aufmerksam an. Sein Gesicht wurde blaß, aber er hielt meinem Blick stand. Ich fuhr fort: »Und wir waren der Ansicht, daß es ihr vielleicht helfen würde, wenn sie lernte, es zu genießen. Es schien uns angebracht, an ihren Orgasmusstörungen zu arbeiten, anstatt sie zu ignorieren. Moira lebt in einer schwierigen Ehe mit einem Mann, der sie unterdrückt und mißhandelt. Wir hielten es für eine gute Idee, sie die Erfüllung, die sie in Wirklichkeit im Moment nicht bekommt, im Rahmen einer Gruppentherapie simulieren zu lassen.«

»Entweder widersprechen Sie sich selbst in Ihrer Analyse, oder Marcuses Bericht über Moira stimmt nicht«, antwortete Mardoff.

»Wenn ich recht verstanden habe, ist Moira zusammengebrochen, als die Sprache darauf kam, daß sie als Kind sexuell mißbraucht wurde. Zu diesem Zeitpunkt war sie wieder das stark leidende Kind. Und dann haben Sie sie wenig später als normal funktionierende Erwachsene behandelt. Sie haben ihr ausgeklügelte Lustübungen abverlangt, um mit ihren ernsten sexuellen Problemen zurechtzukommen. Entscheiden Sie sich! Haben Sie es mit einer reifen erwachsenen Frau mit einer gesunden Sexualität zu tun oder mit einer sexuell behinderten Frau, die an den Mißhandlungen ihrer Kindheit leidet?«

Ich hatte nichts zu verlieren, als ich fort fuhr: »Vielleicht trifft beides zu. Samstag abend war sie zweifellos ein mißhandeltes, hilfloses Kind, und dann wurde sie plötzlich zu einer reifen Frau, die die sexuellen Frustrationen mit ihrem Ehemann sehr gut analysieren konnte. Ich war nicht allein dieser Ansicht. Auch Marcuse wurde Zeuge ihrer rapiden Veränderung vom belästigten Kind zur erwachsenen Frau. Wir haben es alle mitangesehen, und für mich besteht kein Zweifel, daß wir es mit zwei völlig verschiedenen Personen zu tun hatten. Wenn Sie mich ein wenig ausführlicher über das Wochenende berichten lassen, werden Sie erkennen, daß wir es wahrscheinlich doch mit einer Persönlichkeitsspaltung zu tun haben. Ich habe Ihnen das schon oft gesagt.«

Mardoff starrte vor sich hin. Unruhig rutschte er auf seinem Stuhl herum. Dann überraschte er mich: »Komplizierte Fälle wie Moira sind sehr schwierig zu beurteilen.« Er schaute mich an. Der tadelnde Gesichtsausdruck war verschwunden. In der darauffolgenden Stille fragte ich mich, ob ihm mein Vorschlag, die unterschiedlichen Persönlichkeiten Moiras mit verschiedenen Techniken zu behandeln, nicht plötzlich doch gefiel.

Ich hätte es besser wissen müssen. Sein Gesicht wurde

plötzlich wieder dunkel, und er fuhr mich an: »Wir werden über Ihre Kompetenz und Ihr Verhalten an dem Wochenende im Kollegium beraten. Bei der nächsten Sitzung werden wir uns mit Ihrem Fall beschäftigen.«

Ich seufzte. Er versuchte mich zu demütigen, indem er meine fachliche Tauglichkeit vor meinen Kollegen in Frage stellte, während sein eigenes Verhalten weiter verschleiert blieb. Ich biß die Zähne zusammen und wartete ab, was als nächstes geschehen würde. Er fuhr damit fort zu wiederholen, was Marcuse ihm über das Wochenende berichtet hatte, und fragte mich, ob sein Bericht den Tatsachen entspräche. Ich nickte.

Dann ließ er eine neue Bombe platzen. »Mr. Obler, ich denke, wir sollten über Ihren Verbleib an der Klinik nachdenken. Ihr Semester wird bald beendet sein. Da Sie weiterhin an Ihrer Ansicht festhalten, Moira leide an einer Persönlichkeitsspaltung, müssen wir uns überlegen, ob Sie noch als ihr Therapeut geeignet sind. Sie wird jahrelang besondere Behandlung brauchen, bis sie geheilt ist.«

Seine Augen wurden schmal. »Wie ist Ihre Meinung dazu?«

Es fiel mir nicht leicht, aber ich blieb ruhig. »Ich hatte vor, mit Ihnen zu besprechen, ob ich Moira nicht nach meiner Ausbildung in meiner Privatpraxis weiterbehandeln kann. Ich weiß, daß diese Bitte sehr ungewöhnlich ist, aber in diesem Fall sprechen viele Punkte für eine solche Lösung.«

»Und die wären?« Mardoff sah mich herausfordernd an. Frustriert stellte ich fest, daß er alle Karten in der Hand hielt. Mühsam unterdrückte ich den Impuls, ihm ins Gesicht zu spucken. »Ich weiß, daß die Klinikvorschriften die Überweisung von Patienten in Privatpraxen verbieten. Aber ich weiß auch, daß unter bestimmten Bedingungen Ausnahmen gemacht werden. Natürlich ist es keine Frage, daß ich Ihre

Supervision benötige, um weiterhin erfolgreich mit Moira arbeiten zu können. Ich würde Sie dafür bezahlen, wenn Sie diesen Fall und den einiger anderer Patienten weiter supervidieren würden. Ich bin sicher, daß Moira sich weigern würde, mit einem anderen Therapeuten zu arbeiten, und die Therapie abbrechen würde. Ohne Ihre Supervision wäre sie nicht mehr zu heilen.«

Ich wußte, daß Mardoff nicht auf dieses durchschaubare Manöver hereinfallen würde, aber ich mußte ihn davon überzeugen, daß ich jede seiner Entscheidungen respektieren und befolgen würde.

Seine Antwort war knapp und präzise. »Ich habe beschlossen, Moira an einen neuen Therapeuten zu übergeben, sobald Sie sie darauf vorbereitet haben.«

Ich fuhr auf. »Woher wissen Sie, daß sie solch einen Wechsel emotional verkraften kann?« fragte ich. »Warum suchen Sie sich unter Ihren Klinikangestellten nicht eine perfekte Kopie von sich selbst? Dann können Sie Ihre Supervision und alles, was Sie sonst für sie tun, fortsetzen. Was halten Sie von dieser Lösung?« Noch ehe ich ausgesprochen hatte, bereute ich meine Worte. Auch wenn ich noch so unter Druck stand, war meine Äußerung dumm und naiv gewesen. Ehe Mardoff antworten konnte, entschuldigte ich mich. Daraufhin änderte er abermals die Gangart. Mit übertriebener Freundlichkeit sagte er: »Hören Sie, Obler, ich möchte Ihre berufliche Entwicklung nicht behindern, aber ich glaube, es liegt in Ihrem und in Moiras Interesse, sie in die Obhut eines erfahreneren Therapeuten zu geben. Ich stimme Ihrer Theorie von der gespaltenen Persönlichkeit einfach nicht zu. Aber es besteht keine Eile. Ich möchte diese Sache mit Ihnen besprechen und mit Ihnen zusammenarbeiten. Wichtig ist, was für den Patienten am besten ist.« Er lächelte.

Dieser Bastard hatte mich vollkommen in der Gewalt. Es

stimmte, daß ich emotional zu sehr in Moiras Fall verstrickt war, stärker jedenfalls, als für eine Patientin-Therapeuten-Beziehung gut war. Aber wenn ich einen Fehler machte, machte er auch einen, und zwar in wesentlich größerem Maße. Wenn wir jemanden fanden, der mit Moiras kompliziertem Fall zurechtkam, war es wahrscheinlich das beste, nicht nur den Therapeuten, sondern auch den Supervisor zu ersetzen. Ich war davon überzeugt, daß es in Mardoffs Klinik niemanden gab, der geeigneter war, mit Moira zu arbeiten als ich. Über die Behandlung ihrer Symptome war noch sehr wenig bekannt.

Für mich hatte die Auseinandersetzung zwischen mir und Mardoff in Wahrheit mit dem zu tun, was sich tatsächlich zwischen ihm und Moira abspielte, und mit meiner Weigerung, seinen Ausflüchten Glauben zu schenken. Weil ich mich ihm widersetzte, fühlte er sich in seiner Position bedroht und vielleicht sogar in seinen eigenen Fähigkeiten und Kompetenzen. Ich war mir nicht einmal sicher, ob ihm schon jemand vorschwebte, der Moiras Fall übernehmen konnte. Schließlich war sie nicht gerade eine reiche Park-Avenue-Bewohnerin.

Aber Mardoff hatte das Gesetz auf seiner Seite: Wenn ein Patient an einen Privattherapeuten überwiesen wurde, konnte die Klinik dafür belangt werden. Manchmal wurde diese Vorschrift umgangen und ein Patient wurde trotzdem überwiesen, aber nur wenn feststand, daß dieser Patient an einer einfachen Neurose litt, und er weder eine Bedrohung für sich noch für andere darstellte. Moiras Krankheit war wesentlich komplexer, und vom Standpunkt der Klinik aus betrachtet, war es ratsam, sie nicht zu überweisen.

In diesem Moment fiel mir ein, daß eine ähnliche Vorschrift für Überweisungen *innerhalb* der Klinik existierte. Wenn ein Patient von einem Therapeuten an einen anderen weitergegeben wurde und Probleme auftauchten, die auf diesen Wechsel zurückzuführen waren, wurde ebenfalls die Klinik zur Verantwortung gezogen. Ich entwarf einen Schlachtplan. Zunächst einmal würde ich Mardoff auf diesen Punkt aufmerksam machen, und dann würde ich ihn davon überzeugen, daß ich gewillt war, in jeder erdenklichen Weise mit ihm zu kooperieren. Vielleicht konnte ich so meine Chancen erhöhen, weiter mit Moira zusammenzuarbeiten.

Ich holte tief Luft und begann: »Ich möchte mich dafür entschuldigen, wenn ich Sie beleidigt habe. Ihre Andeutungen hinsichtlich meines angeblichen Kompetenzmangels während des Wochenendes haben mich gekränkt. Ich bin Ihnen für alles dankbar, was Sie für mich getan haben, und Ihre Analyse klingt schlüssig. Moira und einige meiner anderen Patienten brauchen einen erfahreneren Therapeuten, in ihrem eigenen Interesse.

Ich bin außerdem der Meinung, daß wir gegenüber dem Police Department verantwortlich sind, schließlich haben sie Moira hergebracht. Wir haben sie über die ursprüngliche Diagnose, eine Hysterie, in Kenntnis gesetzt und ihnen nach zweijähriger Behandlung kürzlich mitgeteilt, daß Moiras Therapie Fortschritte macht und innerhalb des nächsten Jahres abgeschlossen sein wird. Und nun erklären wir ihnen, daß wir sie an einen anderen Therapeuten weitergeben. Ich brauche Ihren Rat, wie ich dem Department diesen Entschluß verständlich machen soll.« Meine Stimme klang fast respektvoll.

Ich hatte Mardoff auf einige unangenehme Punkte aufmerksam gemacht, und sein Gesicht verfinsterte sich. Er schaute in die Zimmerecke, dann antwortete er so, als stände ich auf seiner Seite: »Wir gehen die Sache in Ruhe an. Zunächst einmal sollten Sie Moira davon überzeugen, daß diese Überweisung wichtig ist für ihre Therapie. Aber erzählen Sie ihr nicht sofort davon. Erklären Sie ihr erst, daß

Sie Ihre Ausbildung hier bald beendet haben werden, dann kommen Sie auf die Möglichkeit eines Therapeutenwechsels zu sprechen. Unterrichten Sie das Police Department in Ihren Monatsberichten von dem, was Sie vorhaben. Wenn Moira von sich aus vorschlägt, die Behandlung mit Ihnen privat fortzusetzen, sagen Sie ihr, daß Sie das mit Ihrem Supervisor diskutieren werden, einen Wechsel zu einem neuen Therapeuten aber für die bessere Lösung halten.«

Ich kochte innerlich, dennoch antwortete ich: »Das klingt vernünftig.« Ich war erleichtert. Einen Moment hatte dieser Konflikt zu eskalieren gedroht, und das hätte mich meine Promotion gekostet. Ich mußte mir eingestehen, daß ich meinen Idealismus zugunsten meiner Karriere zurückgestellt hatte. Aber immerhin bot mir das ein wenig Zeit, nachzudenken, wie ich meine Karriere fortsetzen und gleichzeitig Moira helfen konnte.

Bis ich mich von Mardoff verabschiedete, pflegten wir einen freundlichen Umgangston, obwohl wir beide wußten, daß dieser nur aufgesetzt war.

Als ich mich erhob, schnitt ich das Thema erneut an: »Was ist denn, wenn Moira sich einem Therapeutenwechsel verweigert und damit droht, die Therapie ganz abzubrechen?« Seine Antwort schockte mich. »In dieser Klinik zwingen wir keinen Patienten dazu, etwas gegen seinen Willen zu tun.« Entsetzt sah ich zur Seite. Das was er sagte klang zwar richtig, offenbarte aber zugleich einen großen Mangel an Verantwortung für unsere Patienten.

Während ich zu diesem Schluß kam, fiel mir noch etwas anderes ein. Wir hatten noch nicht entschieden, ob Moira weiterhin an der Gruppentherapie teilnehmen sollte. Ich fragte Mardoff nach seiner Meinung.

»Auf keinen Fall«, entfuhr es ihm. »Es ist doch wohl klar, daß Sie einen großen Fehler gemacht haben, als Sie ihr überhaupt Zugang gewährten. Das Wochenende war eine

Katastrophe, und ich weiß noch gar nicht, wie ich Sie vor den Angriffen Ihrer Kollegen verteidigen soll.«

Ich starrte Mardoff an. Was für ein Heuchler er doch war! Er wollte mir also tatsächlich weismachen, daß er mich bei meinen Kollegen unterstützte! Wortlos ging ich aus dem Zimmer. Erneut mußte ich meinen Idealismus dem Zwang des beruflichen Überlebens unterordnen.

Am nächsten Tag hatte ich einen Termin mit Moira. Seit dem Wochenendseminar hatte ich sie nicht wiedergetroffen, und das war inzwischen mehr als zwei Wochen her. Ich traf auf eine nachdenkliche Person, die offenbar noch immer unter dem Eindruck dieses Erlebnisses stand.

Sie stellte viele Fragen. »Warum muß ich so viel mehr leiden als andere, um wieder normal zu werden?« wollte sie wissen. »Seit dem Wochenende habe ich mit vielen Frauen von der Polizei gesprochen, und ich bin zu dem Schluß gekommen, daß sexueller Mißbrauch von Kindern anscheinend nichts Ungewöhnliches ist. Kleine Mädchen werden ständig von ihren Vätern, Brüdern oder Vettern belästigt. Das ist gar nicht so etwas Besonderes, wie mir die Gruppe angedeutet hat. Die Kleinen werden unzüchtig berührt. Irgend jemand läßt seine Hand über ihre Beine gleiten oder faßt ihre Genitalien an, während er ihnen auf eine Schaukel hilft. Die Mädchen spüren die Erektion beim Vater, wenn sie auf seinem Schoß sitzen. Oft ist derjenige, der die Mädchen belästigt, betrunken. Und wie finden Sie das: Eine Frau erzählte mir, ihr Vater habe kleine Hölzchen in ihre Vagina gesteckt, um zu ›kontrollieren‹, daß sie sich nicht selbst berührte!

Wir waren in einer üblen Situation. Was sollten wir dagegen tun? Auf die eine oder andere Weise wurde uns klargemacht, daß wir niemand etwas erzählen durften. Ich bin sicher, daß meine Mutter wußte, was geschah, aber sie ignorierte es. Sie verschloß einfach die Augen vor dem, was mein Vater mir antat.«

Nachdenklich strich Moira sich über die Stirn. »Aber mir wird jetzt einiges klar. Meine Mutter hat mich gehaßt, weil sie durch mich an meinen Vater gekettet war. Und als ich alt genug war, sie als seine Sexpartnerin ersetzen zu können, hat sie das wahrscheinlich nicht nur einfach ignoriert, sondern war froh darüber. Warum auch nicht, schließlich habe ich ihn ihr vom Leib gehalten. Sie verabscheute es, mit diesem Bastard zu schlafen. Wenn ich sie um Hilfe gebeten hätte, hätte sie mir wahrscheinlich mit einem Erziehungsheim gedroht.«

Moira starrte eine Weile in die Luft, ehe sie weitersprach. »Wenn ich mich daran zu erinnern versuche, was weiter geschah, fällt mir als erstes ein, daß mein Vater so nett war, wenn er nüchtern war. Ich kann mich an glückliche Augenblicke mit ihm erinnern, in denen er mir ein Eis kaufte oder mit mir im Park die Enten fütterte. An seine Belästigungen erinnere ich mich nur noch ganz schwach. Ich sehe nur Traumbilder einer wunderschönen Landschaft vor mir, während irgend etwas in meine Vagina eindringt.«

Ihre Stimme war jetzt nur noch ein Flüstern. »Ich kann einfach nicht glauben, daß er mir weh tun wollte. Aber spielt es eine Rolle, ob er es wollte oder nicht? Er hat es getan, und das zählt. Und ich versuche, es durch meine Schuldgefühle zu beschönigen. Eine Menge Frauen tun das, um es für sich zu behalten. Die Scham und die Demütigung halten sicher Millionen von Frauen davon ab, zu erzählen, was geschehen ist. Aber wenn ich anfange, davon zu berichten, tun es vielleicht noch andere.«

Jetzt mußte ich eine üble Aufgabe bewältigen: Ich mußte die Möglichkeit in Erwägung ziehen, daß Moira alles nur erfunden hatte. Freuds Thesen zufolge hatten seine Patientinnen die sexuellen Belästigungen, über die sie klagten, nur in ihrer Phantasie erlebt, oft aus dem Wunsch heraus, sie tatsächlich zu erleben! Am Ende hatte Freud diese Ansichten revidieren müssen. Er hatte festgestellt, daß Patientinnen, die sich an sexuellen Mißbrauch in der Kindheit erinnerten, diesen in der Regel auch erfahren hatten. Vorsichtig erklärte ich Moira: »Sie wissen, daß wir in der Psychotherapie herausgefunden haben, daß viele Frauen und Männer erzählen, als Kinder mißbraucht worden zu sein. In der Analyse stellen wir dann häufig fest, daß diese Leute Wirklichkeit und Phantasie verwechselt haben.«

Ich fuhr fort: »Dieses Durcheinander im Gedächtnis ist eines unserer zentralen Probleme, weil die meisten ja versuchen, die schrecklichen Erlebnisse auf jede erdenkliche Weise zu verarbeiten und sich letztlich eine ganz neue Biographie zurechtzubasteln. Moira, Sie erinnern sich an das brutale Verhalten Ihres Vaters, aber nie an den sexuellen Kontakt zu ihm. Ich will damit nicht sagen, daß er gar nicht stattgefunden hat, aber wir müssen vorsichtig sein. Es kann sein, daß Sie sich das alles nur vorgestellt haben, weil Sie ein so großes Bedürfnis danach hatten, etwas anderes als nur Gewalt von Ihrem Vater zu bekommen. Wir müssen herausfinden, ob Ihre psychischen Störungen darin begründet sind, daß Ihr Vater Sie sexuell mißbraucht hat, und dazu müssen wir wissen, was wirklich passiert ist.«

Während ich redete, wurde Moira unruhig. »Wovon reden Sie?« entfuhr es ihr. »Was hat das alles mit meiner Persönlichkeitsspaltung zu tun?«

Ich wollte ihr antworten, hielt aber inne. Der Pullover, den sie neben sich auf den Stuhl geworfen hatte, zog meine Aufmerksamkeit auf sich. Er war wunderschön und handgestrickt. Das Kleid, das sie trug, war weiß mit einem gelben Blumenmuster. Noch nie war mir so sehr bewußt geworden, wie hübsch Moira war. Normalerweise kleidete sie sich unauffällig, und dieses helle Kleid schmeichelte ihr und betonte ihre attraktive Figur. Der Heilungsprozeß hatte sie verändert: Vor mir saß eine sehr schöne Frau! Kein Wunder, daß Mardoff sich zu ihr hingezogen fühlte, auch wenn das keine Entschuldigung dafür war, mit einer Patientin ins Bett zu gehen. Ich schaute auf ihre Brüste, die sich unter dem Stoff abmalten, und spürte, daß ich rot wurde.

»Warum werden Sie denn rot?« wollte Moira wissen.

Ich versuchte mich herauszureden. »Es ist so warm hier drin.« Dann riß ich mich zusammen und versuchte, ihre Frage zu beantworten. »Bei Ihrer Art von Persönlichkeitsspaltung passiert folgendes: Ein Teil Ihrer Persönlichkeit löst sich komplett von dem Rest ab, und Sie registrieren die meiste Zeit gar nicht, daß dieser Teil überhaupt noch existiert. Aber er ist da, ein gestörtes Stück Ihres Selbst, das mit vielen Ihrer schrecklichen Erlebnisse belastet ist und diese sozusagen vor Ihnen versteckt.« Ich machte eine Atempause.

»Hören Sie jetzt nicht auf«, bat Moira. »Endlich erklären Sie mir einmal etwas in verständlichen Worten.« Gott, war sie hübsch! Ich schluckte und gab mir Mühe, mich nicht von meiner Rolle als Psychologe abbringen zu lassen.

Dann fuhr ich fort: »Das, was Psychologen eine Dissoziierung nennen oder einen dissoziierten Zustand, ist ein Zustand, bei dem die Gehirnströme eine andere Frequenz haben als üblich. Sie wissen doch sicher, daß unser Gehirn winzige elektrische Impulse aussendet. Man kann diese Ströme mit Hilfe spezieller Geräte messen.« Moira nickte. »Jedes Ihrer Ichs hat seine eigene elektrische Frequenz. Der abgesonderte Teil von Ihnen ist in seinem Normalzustand mit dem Gefühl zu vergleichen, das wir manchmal erleben, wenn wir den Eindruck haben, neben uns zu stehen und unsere eigene Stimme von außen zu hören. Es ist so, als wären wir gar nicht da. In Ihrem Fall ist die Dissoziierung aber viel extremer. Während des Wochenendes haben Sie sich ohne erkennbaren Grund in verschiedene Teile aufgespalten. Sie haben völlig neue Persönlichkeiten entwickelt, die ganz unabhängig voneinander funktionierten und nichts voneinander wissen — eine Art Gedächtnisstörung. Und wie ich schon sagte, haben Sie jedes dieser Ichs konstruiert, um dort einen Teil Ihrer unangenehmen Kindheitserlebnisse abzuladen. Diese Spaltungen stellen wir bei Erwachsenen dann fest, wenn sie sich an das erinnern, was in ihrer Kindheit geschehen ist.«

»Und das ist an diesem Wochenende mit mir passiert?«

»Wissen Sie das denn nicht mehr?« Ich war verwirrt. Wie konnte Moira sich daran erinnern, daß sie sexuell mißbraucht worden war, wenn sie sich nicht mehr daran erinnerte, daß sie sich diese Erlebnisse als Marcia ins Gedächtnis gerufen hatte?

Mit einer eleganten Bewegung legte Moira sich die Hand auf die Stirn. Ihr Gesicht wurde starr, ihre Stimme monoton. »Ich hatte winzige Erinnerungen an das, was sich möglicherweise während meiner Blackout-Momente zugetragen hat. Bisher brauchte ich immer andere Leute, die mir sagten, was in dieser Zeit geschehen ist. An diesem Wochenende fiel mir wieder ein, daß mein Bruder mir erzählt hat, daß ich als Kind mißbraucht worden bin.« Ich nickte. Das war also die Erklärung für die geheimnisvolle dritte Person, die sie erwähnt hatte. »Mithilfe anderer Menschen habe ich mir viel von dem zusammengereimt, was in diesen verdrängten Phasen passiert ist. Mein ganzes Leben lang habe ich Dinge vergessen, über die ich mittels anderer Leute etwas erfahren wollte. Ich erzähle Ihnen ein Beispiel: Eines Tages war ich auf Patrouille in Brooklyn in der Nähe des Hotels St. George. Ich komme oft dort vorbei, kann mich aber nicht erinnern, es je betreten zu haben. Aber als ich diesmal davorstand, fiel mir plötzlich auf, daß ich die Tapete in der Lobby kannte und wußte, wie die Aufzüge und die Zimmer aussahen. Es war wie im Traum: Alles war ganz lebendig, dabei war ich doch meines Wissens nie in diesem Hotel gewesen. Wenige Tage später hatte ich einen unangenehmen Traum von einem Zimmer, das so war wie die im St. George. Ich war in diesem Zimmer, zusammen mit einem Mann. Haben Sie mir nicht erzählt, daß ich während des Wochenendes phantasiert habe, ich sei von einem älteren Mann sexuell mißbraucht worden?«

»Ja. Vielleicht waren Sie mit diesem Mann in dem Zimmer im Hotel St. George?«

»Es gibt eine Möglichkeit, das herauszufinden«, schlug Moira zögernd vor.

»Wie?«

Sie schluckte, dann straffte sie energisch die Schultern, als ringe sie sich zu einer Entscheidung durch. »Wir könnten uns das nächste Mal in diesem Hotel treffen. Ich wette, wir finden dann heraus, ob ich früher dort war oder nicht.«

Ich dachte kurz nach. Ich hatte noch nie gehört, daß sich ein Therapeut mit seinem Patienten zu einer Art Wirklichkeitstest außerhalb seiner Praxis getroffen hatte. Normalerweise verstieß das gegen die Regeln und galt als hinderlich für den Übertragungsprozeß. Aber ich wollte endlich die ganze Wahrheit über Moira erfahren und konnte der Idee nicht widerstehen.

»Nun, das ist ein sehr ungewöhnlicher Vorschlag«, antwortete ich zögernd. Ich wollte Moira nicht zeigen, wie sehr mich die Vorstellung faszinierte. »Aber bevor ich eine Entscheidung treffe, würde ich gern mehr über Ihren Traum mit diesem Mann erfahren.« Moira erzählte mir den Traum:

»Ich saß zusammen mit vielen Leuten in einem großen Raum. Erst dachte ich, es wäre meine Familie, aber sie sahen alle ganz anders aus. Der Raum war ein bißchen so, wie ich mir die Lobby des Hotels St. George vorstellte. Aber er erinnerte mich auch an das Wohnzimmer meiner Mutter.

Ich war traurig. Alle Leute, auch ich, saßen im Kreis, hatten einander den Rücken zu gedreht und schauten aus verschiedenen Fenstern.

Dann veränderte sich die Szene, und ich sah plötzlich einem kleinen Mädchen zu, das im Sandkasten saß und mit Eimer und Schaufel spielte. Es war ein warmer, sonniger Tag, aber das kleine Mädchen zitterte vor Kälte. Eine Frau kam auf sie zu und legte ihr einen Pelzmantel um die Schultern.

Dann befand ich mich plötzlich in einem großen orangefarbenen Raum mit hohen Säulen wie in einem Stadion im alten Rom oder vielleicht in Griechenland. Irgendwie konnte ich nicht verstehen, warum ich Angst hatte und zu schreien versuchte. Aber ich brachte keinen einzigen Ton heraus.

Ich glaube, der letzte Teil des Traums spielte sich in einem Krankenhaus oder einer Anstalt für psychisch Kranke ab. Vielleicht war ich schon länger dort gewesen, aber ich war mir nicht sicher. Eine Gruppe Teenager stand dort herum. Danach wurde der Traum sehr wirr, aber ich hatte trotzdem das Gefühl, alle Leute in diesem Traum wären wichtig für mich. Ich sah noch einmal den großen Raum mit dem Marmorfußboden vor mir. Er schien so leer. An der Wand und auf einem erhöhten Balkon standen Beichtstühle wie in unserer Kirche. Dann wurde mir klar, wer zu den Teenagern in der Anstalt gehörte — mein Bruder und ich! Ich wurde sehr böse, als ich merkte, daß wir beide merkwürdige Wörter vor uns hin stammelten und Sätze, die völlig verrückt klangen. Ich rannte in einen der Beichtstühle, warf mich zu Boden, griff mit einer Hand nach dem Stuhl und grub die Fingernägel der anderen Hand in die Tapete. Ein Priester tauchte auf, sah mich durch das Gitter hindurch an und schrie mich an, ich sei unschuldig. Verzweifelt trommelte ich mit den Händen gegen die Wand, dann schlang ich die Arme um meinen Körper und machte Schaukelbewegungen, während ich weiterhin zusammengekrümmt auf dem Boden lag.

Das war mein Traum«, schloß Moira. Dann fragte sie mich geradeheraus: »Was meinen Sie, hat er zu bedeuten?«

Ich war schlau genug, meine Unsicherheit zuzugeben. »Ich weiß nicht genau, aber er scheint eine Menge über einsame Menschen zu erzählen und darüber, daß Sie sich sehr allein fühlen.«

»Was sagen Sie zu der Anstalt mit dem Marmorfußboden am Ende des Traums?«

»Erinnert Sie diese Umgebung in irgendeiner Weise an das Hotelzimmer?« fragte ich nach.

»Eher an die Lobby des St. George.«

»Haben Sie sonst noch Assoziationen?«

»Nicht daß ich wüßte.«

Ich spekulierte: »Es klingt wie die Beschreibung eines typischen Raumes in einer Klinik für Geistesgestörte. Im Moment würde ich es so interpretieren, daß Sie sich das Bild einer solchen Einrichtung ausgesucht haben, weil es Ihre Angst ausdrückt, die Isolation von Ihrer Familie könne zu dauernder Einsamkeit führen. Und daß Sie sich selbst eines Tages an solch einem Ort wiederfinden könnten.«

»Aber was hat das alles mit dem Hotelzimmer zu tun?«

»Ich weiß es nicht.«

Mit ernster Stimme sagte Moira: »Ich gehe zurück zu diesem Hotel, mit Ihnen oder ohne Sie.«

Sollte ich sie begleiten? In diesem Traum und in diesem Hotel lag möglicherweise der Schlüssel zu der endgültigen Erkenntnis, ob sie als Kind sexuell mißbraucht worden war. Wenn sich herausstellte, daß die Erinnerung an diese Mißhandlungen der Realität und nicht ihrer Phantasie entsprach, konnte ich Mardoff vielleicht doch noch von meiner Diagnose überzeugen.

»Ich würde Sie wirklich gern zu diesem Hotel begleiten,

um mit Ihnen zusammen herauszufinden, was dort geschehen ist«, antwortete ich langsam. »Aber ich möchte erst noch mit einigen Kollegen sprechen und eine Weile darüber nachdenken.«

16

Theorie und Wirklichkeit

Jetzt hatte ich mich wirklich in Schwierigkeiten gebracht! Nur schwer konnte ich mir vorstellen, daß Mardoff es gutheißen würde, wenn ich mit Moira durch Brooklyn spazierte, um herauszufinden, ob ihre Erinnerungen Wirklichkeit oder Phantasie waren. Trotzdem erregte mich die Vorstellung, als Psychotherapeut neue Wege zu beschreiten. Aber da war noch etwas: Wollte ich Moira, ohne es mir einzugestehen, im Hotel treffen, um sie näher kennenzulernen? Ich fand sie sehr attraktiv, soviel war sicher. Der Gedanke ließ mich innehalten. Ich mußte sehr vorsichtig sein. Ich wollte nicht dieselbe Grenze überschreiten, die vor mir vermutlich Mardoff überschritten hatte. Es war sehr wichtig, daß es zwischen Patienten und Therapeuten eine klare Distanz gab. Dies galt vor allem für besonders schwierige Patienten wie Moira, deren Bindungen an die Realität oft nur hauchdünn waren. Häufig versuchten sie aus Verzweiflung, bei ihren Therapeuten die Liebe und Nähe zu bekommen, die ihnen das ganze Leben vorenthalten worden war. Für einen Therapeuten war es oft schwer, aber unumgänglich, den nötigen Abstand zu solchen Patienten zu halten.

Ich schwor mir, die Beziehung zu Moira auf eine rein professionelle Ebene zu beschränken, und traf die Entscheidung: Wir verabredeten uns zu unserem nächsten Treffen in der Nähe des St. George.

In den folgenden zwei Tagen bestürmte ich meine Kollegen mit Fragen über ihre Auffassungen zur traditionellen Psychotherapie. Wir sprachen über H. J. Eyesencks Buch über die Wirksamkeit einer Therapie, *Die Effekte der Psychotherapie*. Ich fragte meine Kollegen nach ihrer Meinung zu den Arbeiten von R. D. Laing und Martin Shepard. Diese beiden Therapeuten vertraten die Auffassung, daß Patient und Therapeut während der Behandlung einer Schizophrenie oder einer anderen schweren Psychose in derselben Umgebung leben sollten. Ihrer Meinung nach waren diese Krankheiten sowohl auf intrapsychische Konflikte des Patienten als auch auf dessen soziales Umfeld zurückzuführen. Zu meiner Überraschung ging Shepard sogar so weit, Sex zwischen Therapeuten und Patienten zu empfehlen. Für ihn war körperliche Liebe eine Möglichkeit, der Unterdrückung natürlicher Bedürfnisse in der Gesellschaft entgegenzuwirken. Ich fragte mich, ob Mardoff ihn wohl gelesen hatte.

Während all meiner Umfragen behielt ich meine eigene Motivation genau im Auge. Mir war klar, daß ich als Mensch und als Wissenschaftler sehr daran interessiert war, die Wahrheit über Moira aufzudecken. Aber die Tatsache, daß ich sie außerhalb meiner Praxis traf, widersprach allen Geboten. Wenn ich ehrlich war, versuchte ich nur, mir mit allen Mitteln eine Rechtfertigung zu verschaffen.

Wir beschlossen, uns am U-Bahn-Ausgang gleich neben dem Hotel zu treffen, und verabredeten uns für den frühen Abend. Moira wollte ihren Dienstplan so legen, daß sie mich treffen konnte. Als sie aus der U-Bahn kam, sah ich, daß sie ihre Uniform trug. Ganz im Gegensatz zu dem hübschen Kleid, das sie beim letzten Mal getragen hatte, verbarg die Uniform ihre weiblichen Formen. Sie war gut aufgelegt, während es mich ein bißchen nervös machte, sie hier zu treffen. Moira stolzierte umher wie ein Teenager beim ersten Rendezvous. »Es tut mir leid, daß ich die Uniform anhabe«, sagte sie, »aber ich bin noch im Dienst.« In diesem Moment fiel mir ein, daß uns die Uniform möglicherweise helfen konnte, dem Hotelpersonal Informationen zu entlocken.

Auf der anderen Seite des East Rivers verschwand die Sonne langsam hinter den Wolkenkratzern Manhattans. Moira plauderte unbefangen. Über ihren Job und ihr langweiliges Leben zu Hause. Und über ihre Absicht, die Therapiegruppe zu verlassen, denn »ich habe mich während des Wochenends lächerlich gemacht. Außerdem mache ich größere Fortschritte, wenn ich mit Ihnen allein arbeite.« Schließlich standen wir vor dem Hoteleingang. Wir sahen uns an, und ich erkannte die Angst hinter Moiras unbeschwerter Fassade. Wir betraten die Lobby und setzten uns auf ein altmodisches, zerschlissenes Sofa.

Während wir versuchten, uns zu entspannen, dachte ich an Walt Whitman, der auf einem dieser Sofas gesessen und Kaffee getrunken hatte. Er hatte vor der Jahrhundertwende hier gelebt. Ich dachte an seine unmittelbare und leidenschaftliche Lyrik. Was für ein Genie er gewesen war, von Kopf bis Fuß voller Leben. Ich ließ den Blick durch die inzwischen verwahrloste Lobby wandern. Von den kleinen Tischchen blätterte der Lack, die Polstermöbel waren fleckig und zersessen. An den Wänden hingen schrille Gemälde von Segelbooten auf dem Hudson. Alte und psychisch gestörte Menschen saßen herum und starrten vor sich hin. Moira schien meine Gedanken zu lesen und lachte. Dies war wirklich keine Umgebung für eine wilde Affäre!

»Wie sollen wir uns die Informationen beschaffen, die wir brauchen?« fragte Moira leise.

Ich machte einen Vorschlag. »Wie wäre es, wenn wir den

Manager nach den Angestellten fragen, die an dem Tag Dienst hatten, an dem Sie glauben hier gewesen zu sein?«

Moira antwortete: »Ich habe eine andere Idee. Als Polizistin könnte ich so tun, als sei ich auf der Suche nach einem Verdächtigen. Dann könnten wir uns das Gästeverzeichnis ansehen und nach Namen suchen, die mir bekannt vorkommen. Außerdem könnten wir einen Blick in das eine oder andere Zimmer werfen. Vielleicht erinnere ich mich an etwas.«

»Einverstanden«, sagte ich. Wir sprachen den Manager an, einen weißhaarigen, rundlichen Mann, der hinter der Rezeption stand. Er war sehr freundlich und erklärte uns: »Zwei oder drei Angestellte arbeiten jeden Tag in verschiedenen Schichten, und da wir eine hohe Personalfluktuation haben, ist es sehr schwer, denjenigen herauszufinden, der an dem betreffenden Tag Dienst hatte. Aber Sie können gerne hier hineinschauen.« Er reichte Moira das Gästeverzeichnis, und sie blätterte darin herum.

Sie schüttelte den Kopf, als sie fertig war. »Ich erkenne keinen Namen wieder.«

»Versuchen Sie es noch einmal«, ermunterte ich sie.

Beim zweiten Mal winkte sie mich zu sich und zeigte auf eine Eintragung. »Hier steht mein Familienname, aber schauen Sie nur.«

Ich beugte mich über das Buch. Der Name »Marcia« sprang mir ins Auge. Er stand vor Moiras Familiennamen und trug ein Datum kurz vor Moiras längerer Abwesenheit von der Therapie zu Anfang des Jahres. Moira flüsterte mir zu: »Das ist nicht meine Handschrift.«

Ihre Hände zitterten, offensichtlich machte ihr die Entdeckung Angst. Ein Vermerk gleich neben dem Eintrag ließ darauf schließen, daß es sich um die Vermietung eines Einzelzimmers gehandelt hatte.

Wir gaben dem Manager das Buch zurück und bedankten uns. Dann ließen wir uns den Schlüssel zu dem Zimmer geben, das Marcia gemietet hatte. Wir fuhren mit dem Aufzug in den siebten Stock und gingen den Flur entlang. Moiras Fröhlichkeit war verflogen. Ich konnte ihre Anspannung förmlich fühlen.

Wir betraten das Zimmer, und Moira setzte sich auf das Bett. Sie saß ein paar Minuten ganz still da, dann begann sie tief und hastig zu atmen. Ich ging auf sie zu, um sie zu beruhigen, aber sie bedeutete mir, wegzugehen und fing an, rhythmisch auf der Matratze auf und ab zu wippen. Ein seltsames Lächeln umspielte ihren Mund. Dann verzerrte sich ihr Gesicht plötzlich, sie begann zu würgen. Sie sprang auf und stürzte ins Bad, ohne die Tür hinter sich zu schließen. Der Geruch von Erbrochenem drang ins Zimmer. Als Moira zurückkam, wirkte sie unendlich traurig. Sie blieb am Fuß des Betts stehen. Wieder wollte ich etwas sagen, und wieder signalisierte sie mir, ich möge schweigen. Dann machte sie mir deutlich, daß sie gehen wollte. Wir fuhren hinunter in die Lobby. Der Manager winkte uns zum Abschied, als wir den Schlüssel an der Rezeption zurückgaben.

Wir gingen hinaus in die kühle Abendluft. Ich hätte zu gern erfahren, warum Moira so still war, und was in diesem Zimmer geschehen war, aber ich biß die Zähne zusammen und wartete ab, bis sie es mir von selbst erzählte.

Trotz meiner inneren Unruhe nahm mich die bezaubernde Schönheit von Brooklyn Heights gefangen. Auch hier wurde gebaut, dennoch strahlte die Gegend noch sehr viel Würde und Atmosphäre aus. Wir spazierten zur Promenade und setzten uns auf eine Bank. Vor uns lag die atemberaubende Skyline Manhattans, unzählige Lichter funkelten in der hereinbrechenden Dunkelheit. Es sah fast ein bißchen unwirklich aus, und ich mußte an O. Henry denken, der Manhattan als »Bagdad über der Subway« bezeichnet hatte. Ein Bettler kam vorbei. Moira zog eine Zehn-Dollar-

Note aus der Tasche. Ich nahm sie ihr vorsichtig aus der Hand und gab dem Mann fünfzig Cents. Den Geldschein steckte ich wieder in ihre Geldbörse.

Nachdem sie ihre Börse geschlossen hatte, saß Moira ganz steif da. Dann sagte sie: »Ich möchte nicht darüber sprechen.«

Meine Gefühle übermannten mich. »Aber ich möchte! Was ist in diesem Zimmer mit Ihnen vorgegangen? Ich finde, ich habe ein Recht, es zu erfahren. Ich habe eine Menge riskiert, um mich mit Ihnen in diesem Hotel treffen zu können, und jetzt verweigern Sie sich einfach. Wir sollten zusammenarbeiten und herausfinden, ob Ihre Gedächtnislücken darauf zurückzuführen sind, daß Sie tatsächliche Ereignisse verdrängen, oder ob alles nur Ihrer Phantasie entsprungen ist. Es könnte uns helfen, zu den Wurzeln Ihrer Probleme vorzudringen.«

Moira seufzte. Sie starrte auf die Skyline Manhattans und flüsterte: »Ich glaube nicht, daß es das tut. Es war wie etwas, das sich vor langer, langer Zeit zugetragen hat. Ich bin mir nicht einmal sicher, ob es sich überhaupt ereignet hat. Ich habe Ihnen ja gesagt, daß ich das Gespür für die Realität verloren habe. Ich glaube, daß ich als Marcia hier war. Aber ich erinnere mich nicht, wer bei mir war, und ob überhaupt jemand bei mir war. Vielleicht habe ich ein bißchen getrunken, während ich als Marcia hier war, und habe meine Sehnsucht nach sexuellen Kontakten mit der Wirklichkeit verwechselt. Ich habe Männer gesehen, die auf Gehwegen lagen oder in Bars herumstanden. Manchmal hat mich einer von ihnen angezogen, und manchmal habe ich sie in meine Träume eingebaut. Ich bin mir über gar nichts sicher. Andererseits könnte ich mit dem Mann hier gewesen sein, mit dem ich die Affäre hatte.«

»Wer zum Teufel ist er? Warum verschweigen Sie mir das?«

Sie antwortete gereizt: »Irgendein Mann eben. Es geht Sie wirklich nichts an, aber vielleicht ist mir diese Affäre in dem Hotelzimmer wieder bewußt geworden. Es begann an einem Nachmittag im Frühling. Wir hatten getrunken. Und jetzt verurteilen Sie mich bitte nicht. Er war einer von Ihnen, und ihr Psychologen befürwortet doch sexuelle Freiheit und seid gegen Zwänge und all das — aber in Wahrheit seid ihr so prüde wie alle anderen.«

Eine Weile sagten wir beide nichts, dann fragte Moira: »Haben Sie außereheliche Beziehungen?« Ich wußte, was sie vorhatte: Sie wollte mich auf ein neues Thema lenken, um von diesen Hotelzimmer-Erinnerungen wegzukommen.

»Moira«, antwortete ich, »Sie werden mich nicht vom Weg abbringen. Ich möchte Ihnen helfen. Was war vorhin mit Ihnen los? Hören Sie auf, mir auszuweichen und erzählen Sie es mir.«

»Lassen Sie endlich dieses Thema«, fauchte sie. »Ich will nicht darüber reden.«

Ich wollte noch nicht aufgeben, denn dazu stand zuviel auf dem Spiel. »Moira, ich werde nicht eher gehen, bis ich ein paar Antworten habe. Kommen Sie, warum verbergen Sie Ihre Erinnerungen? Warum war das Zimmer auf Marcia gebucht? Damit niemand merkt, daß Sie da waren? Oder waren Sie als Marcia dort, wie Sie bereits vermutet haben? Verdammt, sagen Sie es mir!«

Es war nichts zu machen. Moira stand auf. »Ich kann jetzt nicht über diese Dinge sprechen«, sagte sie und ging davon. Ich wußte, daß es sinnlos war, ihr zu folgen.

Bei unserer nächsten Sitzung bestürmte ich sie sofort wieder mit Fragen. Ich hatte sie tagelang nicht gesehen, und es war sehr wichtig, daß ich endlich erfuhr, warum sie nicht reden wollte. Sie sagte eine Weile gar nichts. Dann senkte sie das Gesicht und flüsterte mit kaum hörbarer Stimme: »Ich dachte immer, ich sei mit ungefähr vier Jahren zum erstenmal sexuell berührt worden. Aber inzwischen glaube ich, daß ich eher acht oder auch elf war. Ich erinnere mich, daß ich schon Schamhaare und Brüste hatte. In meinem Gedächtnis ist das alles ganz verschwommen, und ich frage mich manchmal, ob es wirklich passiert ist.«

Sie fuhr fort: »Als Gregory an dem Wochenende bei diesem Rollenspiel auf mir lag, hatte ich einige Erinnerungen, die mir Angst gemacht haben. Mein Vater lag auf mir, er roch nach Alkohol und drang in mich ein. Aber ich bin nicht sicher, ob es nicht ein Traum war. In diesem Hotelzimmer war meine Erinnerung an meine Kindheit viel genauer. Ich bin sicher, daß ich meinen Onkel vor mir gesehen habe, den Bruder meiner Mutter. Ich sah ihn auf mich zukommen und mich von oben bis unten bespritzen. Daraufhin wurde mir schlecht, und ich mußte mich übergeben. Ich erinnere mich noch an den Geschmack seines Spermas in meinem Mund.«

Moira senkte den Kopf, als sähe sie das alles noch einmal vor sich. Ich dachte einen Moment nach. »Sie haben vorher nie von einem Onkel gesprochen. Glauben Sie, daß er Sie vergewaltigt hat?«

Moira strich sich das blonde Haar aus dem Gesicht. »Ich denke schon. Als Kind habe ich ihn selten gesehen, er kam nicht oft zu Besuch. Er begann sich für mich zu interessieren, als ich meine Periode bekam. Er nahm mich mit zum Schwimmen in den Hotelpool. Ich war groß und für mein Alter schon ziemlich entwickelt. Es muß bei einem dieser Besuche passiert sein. Er nahm mich mit in ein Hotelzimmer und bediente sich einfach. An Einzelheiten kann ich mich nicht erinnern.«

Sie brach in Tränen aus. Ich reichte ihr ein Taschentuch und nahm ihre Hand. Einen Moment lang waren wir uns sehr nahe. Nachdem sie sich beruhigt hatte, sagte ich:

»Kannten Sie ihn gut? Warum mag er ein junges Mädchen überfallen haben?«

»Nein, ich kannte ihn nicht gut. Warum er mich überfallen hat? Keine Ahnung. Ich weiß noch, daß er ein fetter, ungepflegter Ire war, der zuviel trank. Er prahlte immer damit, der IRA anzugehören. Er und mein Vater waren sich ziemlich ähnlich: frustrierte irische Alkoholiker, die unterdrückt und einsam vor sich hinlebten. Angeblich hat er auch die Prostituierten geschlagen, zu denen er ab und zu ging. Er und mein Vater hingen mit anderen Betrunkenen oft in einer ganz bestimmten Bar herum und beschworen die ›guten alten Zeiten‹, was immer das gewesen sein mag.

Aber ich muß Ihnen eins sagen, Obler«, fuhr Moira fort. »Ich bin mir nicht einmal sicher, ob mein Onkel tatsächlich über mich hergefallen ist. Oder mein Vater. Ich bin mir auch nicht sicher, ob ich eine Affäre hatte. Ich bin nicht sicher, wo ich in den zwei Wochen war, als ich nicht zu Ihnen gekommen bin. Und vor allem bin ich mir nicht sicher, ob ich die Wahrheit je erfahren möchte.«

»Vom psychologischen Standpunkt her ist das verständlich«, antwortete ich. »Die meisten Leute würden so denken wie Sie und verdrängen, was passiert ist.«

»Es ist so, als ob man genau wüßte, was passiert, sich aber davon distanzieren müßte. Man kommt in so einen Zustand, wo man halb wach ist und halb schläft. Nennen Sie das nicht einen ›hypnagogischen Zustand‹?«

»Es hört sich so an«, antwortete ich überrascht und erfreut darüber, daß Moira sich diesen Ausdruck aus einer unserer ersten Sitzungen gemerkt hatte. Im Moment empfand ich es als angenehm, ihr eine Erklärung geben zu können. »›Hypnagogik‹ ist, wenn ein Mensch in die Schlafphase eintritt, in der die Augenlider zu flattern beginnen. Man nennt das in der Fachsprache REM, Rapid Eye Movement, also schnelle Augenbewegung. Es ist ein ganz leichter

Schlaf. Wenn man sich in einem hypnagogischen Zustand befindet, ist man zugleich wach und bei Bewußtsein. Wir bezeichnen den Wachzustand als ›Beta-Zustand‹, nach den Gehirnfrequenzen, die unser Gehirn tagsüber im aktiven Zustand aussendet. Ein hypnagogischer Zustand ist also REM kombiniert mit einem Beta-Zustand. Ein entspannter, hypnotischer, aber bewußter Zustand.«

Wir schwiegen. Ich wußte, daß wir unerforschten Boden betreten hatten, der uns eines Tages faszinierende Einblicke in die menschliche Psyche ermöglichen würde, vielleicht würde man dann auch etwas über den Zusammenhang zwischen hypnagogischen Zuständen und dem Phänomen der Persönlichkeitsspaltung erfahren. Möglicherweise verstanden wir dann, warum ein Mensch mit verschiedenen Persönlichkeiten jeweils unterschiedliche Gehirnfrequenzen aussandte. Ich fragte mich auch, wieso eine solche einzelne Persönlichkeit zwar lebendig war — was sich durch die elektrischen Impulse nachweisen ließ —, sich aber nicht in einem Bewußtseinszustand befand. Aber vielleicht empfing ein anderer Teil des Gehirns die schockierende und unangenehme Botschaft, welche die ›schlafende‹ Persönlichkeit abgelehnt hatte, weil sie sie zu sehr belastet hätte. Wenn die unbewußte Persönlichkeit dann später feststellte, daß die Information nicht mehr so bedrohlich war, ›wachte‹ sie möglicherweise auf und stellte sich ihr. Vielleicht erklärte das, warum Menschen mit Persönlichkeitsspaltungen manche Erlebnisse abblockten, sie dann scheinbar völlig vergaßen und sich bei einer anderer Gelegenheit dann dieser Erlebnisse voll und ganz bewußt waren.

»Glauben Sie, daß mir das ganze Zeug, an das ich mich zu erinnern glaube, wirklich passiert ist?« fragte Moira.

»Es sind Ihre Tagträume«, antwortete ich. »Sie haben die ganze Geschichte geschrieben, inszeniert und gespielt. Es klingt ganz wirklich, finden Sie nicht auch? Ich vermute, Sie haben das ganze konstruiert als eine Reaktion auf Ihre sich entwickelnde Sexualität in einer krankhaften Familie. Aber im Moment bin ich mir über gar nichts mehr sicher. Vielleicht hilft es, wenn Sie mir alles erzählen, was Ihnen in diesem Hotelzimmer durch den Kopf gegangen ist. Woran können Sie noch erinnern?«

»Als ich im Bad war, sah ich plötzlich Marcia vor mir. Sie hatte Sex mit einem älteren Mann, dem Typ, mit dem ich eine Affäre hatte. Es war irgendwo in New York. Ich sah zu, wie Marcia nach dem Sex nach Hause ging und sich das Sperma von den Kleidern wischte, wie ich es getan hatte. Und wissen Sie was, es war gar nicht mehr Marcia. Oder besser gesagt, es war Marcia, aber es war auch ein Teil von mir, der da so sexy und sinnlich war. Und ich war mir bewußt, daß Marcia in meiner Phantasie einen Orgasmus mit dem Mann hatte. Anders als ich, ich empfinde beim Sex meist nichts. Ich kriege keinen Orgasmus, außer wenn ich masturbiere. Ich habe mein Abenteuer mit diesem Mann genossen, aber ich hatte keinen Höhepunkt.«

Als ich an diesem Tag die Klinik verließ, wirbelten die Gedanken durch meinen Kopf. Die Wirklichkeit war oft viel unglaublicher als alles, was Menschen sich ausdenken konnten. Zumindest kam es mir so vor. Als jemand, der sich einer psychologischen Ausbildung unterzog, glaubte ich an das Unbewußte im Menschen. Es gab einfach zu viele Hinweise, um das zu bezweifeln. Ich wußte, daß es Verdrängungsmechanismen gab, mit denen sich Menschen emotional schützten, aber daß sich jemand so verlieren konnte wie Moira, war mir unfaßbar. Sie hatte mir erzählt, daß sie sich gut daran erinnern könnte, daß sie zur gleichen Zeit einen Orgasmus erlebt hatte und nicht erlebt hatte! Es war nichts Ungewöhnliches, daß das Ich etwas verdrängte, womit es sonst nicht fertig wurde. Aber es war mir unbegreiflich, wie man selbst innerlich in die Vergangenheit zurückgehen und zu zwei verschiedenen Personen werden konnte, die in keinerlei Beziehung zueinander standen. Theoretisch wußte ich, was eine Persönlichkeitsspaltung bedeutete, und warum sie passierte. Moiras Fall jedoch verschlug mir den Atem.

Aber mir blieb nicht mehr viel Zeit, darüber zu sinnieren. Ich mußte dafür sorgen, daß Moira bei mir blieb, oder ihre Therapie beenden. Einer meiner Kommilitonen erzählte mir, wie er die Behandlung seiner Patienten fortsetzen würde, wenn er die Klinik verließ. Er würde sie einfach bitten, ihn weiterhin aufzusuchen, ohne daß die Klinik etwas davon erfuhr. Ich entwarf einen ähnlichen Plan. Ich würde Moira vorschlagen, sich für kurze Zeit einem anderen Therapeuten zuweisen zu lassen und dann in meine Privatpraxis zu kommen, sobald ich mich niedergelassen hatte. Wichtig war nur das Timing. Ich mußte rasch und vorsichtig handeln.

Es blieben noch drei Monate, bis mein Praktikum in der Klinik zu Ende ging. Das wichtigste war, daß ich Mardoff bis dahin mit Samthandschuhen anfaßte, um Moiras Wechsel zu einem anderen Therapeuten möglichst reibungslos zu gestalten. Mardoff mußte glauben, daß ich mich seinem Willen fügte, und durfte auf keinen Fall von meinen wirklichen Absichten erfahren. Außerdem hoffte ich, daß er mir gestattete, die Arbeit mit der Gruppe in meiner Privatpraxis fortzuführen. Dann hatte ich gleich einige Patienten, mit denen ich meine private Arbeit beginnen konnte.

Im amerikanischen Gesundheitswesen gab es eine merkwürdige Regelung: Psychiater durften nach ihrem Abschluß ihre Klinikpatienten privat übernehmen, Psychologen war dies nicht gestattet. Ich beschloß, gegen diese Regelung zu kämpfen — aber nicht mit Mardoff. Ein Streit mit ihm über dieses Thema konnte meine Bemühungen erschweren, Moira und anderen Patienten zu helfen.

An diesem Abend erzählte ich meiner Frau, was Moira in dem Hotel widerfahren war. Ich gab mir größte Mühe, meine Ehe zu retten — es waren sieben Monate vergangen, seit ich meine letzte Beziehung abgebrochen hatte. Wahrscheinlich hatte ich das für meine Kinder getan. Aber ich fand auch, daß ein verantwortungsbewußter Therapeut zumindest die Fassade einer intakten Ehe aufrechterhalten mußte.

Meine Frau und meine Freunde bedrängten mich, meine Pläne für eine Fortsetzung der Arbeit mit Moira aufzugeben. Sie waren der Ansicht, ich würde nur meine Karriere gefährden.

Ich war inzwischen zu dem Schluß gekommen, daß Moiras Traum deutlich zeigte, daß sie sich darauf vorbereitete, lange verdrängte Erinnerungen aus ihrer Kindheit an sich heranzulassen. Drei Eindrücke hatte ich aus ihrem Traum gewonnen. Zunächst einmal sah sie sich selbst völlig isoliert von allen anderen um sie herum: Jede Person sah aus einem anderen Fenster, obwohl alle im selben Raum waren. Zweitens sehnte sie sich im Moment sehr nach therapeutischer Unterstützung, um ihr Kindheitstrauma zu überwinden, fürchtete jedoch, daß ihr dies nicht gelingen könnte. Deshalb hatte sie sich in einem Sandkasten gesehen und sich gewünscht, eine Frau würde ihr einen Pelzmantel um die Schultern legen, der sie vor der Welt schützte. Drittens schließlich hatte Moira Angst, die Mißhandlungen, die sie als Kind erlebt hatte, könnten bei ihr zu einem Nervenzusammenbruch führen und man würde sie in eine Anstalt einliefern.

Unser Besuch in dem Hotel war riskant gewesen, hatte sich aber gelohnt. Er hatte uns Einblick verdrängte Erinnerungen gewährt, die für Moiras Störungen von zentraler Bedeutung waren. Allerdings war ich mir nicht sicher, wie sinnvoll es war, Moira noch mehr Erinnerungen zu entlokken. Ich würde die Klinik bald verlassen und konnte dann nicht mehr genau verfolgen, was geschah. Vielleicht sollte Moira die neue Stärke, die sie gewonnen hatte, zunächst einmal für sich nutzen, ehe wir uns dann in meiner Privatpraxis weiteren Zugang zu ihren verborgenen Gefühlen verschafften.

Ich mußte auch Mardoff gegenüber höchst vorsichtig sein. Er hatte schon mehrfach danach gefragt, wann ich meine Arbeit mit Moira beenden würde. Wenn er nicht zufrieden war, konnte er leicht dafür sorgen, daß ich mich zunächst nicht niederlassen konnte. Er konnte sogar verhindern, daß ich meine Promotion abschloß. Ich wollte Moira nicht zu früh an einen anderen Therapeuten übergeben. Die Bindung zwischen ihr und mir war seit dem Hotelbesuch sehr viel intensiver geworden. Ich befand mich auf wackeligem Grund, war aber fest entschlossen, die Dinge in meinem Sinne zu Ende zu führen.

Ich hatte von neuen Heilmethoden in der Psychologie gelesen. Fusion hieß eine Methode, die angewandt wurde, um dissoziative Störungen wie die von Moira zu behandeln. Die neue Behandlungsform arbeitete mit Hypnose oder veränderten Bewußtseinszuständen. Offenbar waren damit erste zufriedenstellende Ergebnisse erzielt worden, auch wenn in der Literatur ausdrücklich darauf hingewiesen wurde, daß diese Methoden sich noch in der Erprobungsphase befanden. Außerdem fand ich heraus, daß die Störung, unter der Moira litt, extrem selten vorkam.

Der Juni war für uns fünf Praktikanten an der Klinik ein harter Monat. Die Prüfungen, die als Voraussetzung für eine Promotionszulassung galten, fanden genau zu der Zeit statt, in der auch die Bewerbungsgespräche für Jobs während des Herbstes geführt wurden. Um einen Job zu bekommen, mußte man Patienten vorweisen können, die man behandeln konnte, um Material für die Dissertation zu sammeln. Manche Studenten, darunter auch ich, waren zudem auf einigermaßen lukrative Anstellungen angewiesen, weil sie Familien zu ernähren oder Kredite abzuzahlen hatten. Gutachten mußten eingeholt, Vorträge gehalten und Therapien zu Ende geführt werden, und bis Juni mußte eine wissenschaftliche Arbeit vorgelegt werden. Ich konnte mir kaum eine schlechtere Zeit denken, um die Verwirklichung meiner Pläne mit Moira in Gang zu bringen.

Außerdem hatte ich Geldsorgen. Drei Jahre lang hatte ich mit Hilfe von Stipendien und Krediten meine Frau und meine zwei Kinder ernährt, um mich voll und ganz auf mein Studium zu konzentrieren. Ich hatte zwar nur eine geringe Studiengebühr gezahlt, aber bisher kaum etwas zurückzahlen können. Mein Schuldenberg war auf mehrere Tausend Dollar angewachsen, und zu allem Überfluß hatte mir meine Analytikerin auch noch mitgeteilt, daß sie ihr Honorar erhöhen müsse.

Um meine Schulden abzutragen, nahm ich während des Sommers einen Job in einem Kinderferienlager an. Dann suchte ich mir Arbeit in der Klinik, bei der ich etwas verdienen konnte und die mir die Möglichkeit gab, mich bis zur allerletzten Sekunde um Moira und einige andere Patienten zu kümmern.

Die Klinik finanzierte sich hauptsächlich durch die eher moderaten Forderungen an ihre meist nicht sehr gutsituierten Patienten, die wiederum ihre Versicherungen ihnen erstatteten. Die Therapeuten, die sie behandelten, waren sehr schlecht bezahlt. Die Klinik galt zwar offiziell nicht als gewinnorientiertes Wirtschaftsunternehmen, aber Mardoff und die Verwaltungsangestellten bekamen gute Gehälter. Weiterhin gehörten ein Psychiater und zwei klinische Psychologen zur Belegschaft. Auch diese Leute strichen saftige Gehälter ein, die sie durch Einkünfte aus ihren Privatpraxen aufstockten. Ihre Position gestattete ihnen, sich hochmotivierte und interessante Patienten mit guten Heilungsaussichten zuzuschieben. Das machte ihre Arbeit lohnender als für uns, die wir Fälle mit weniger hoffnungsvollen Diagnosen betreuen hatten.

In Wahrheit war unsere auf den ersten Blick private, nicht auf Gewinn ausgerichtete Einrichtung also ein lukratives Unternehmen, das es den Personen in Machtpositionen ermöglichte, ihre Privatpraxen auszubauen.

Für sie war die Psychotherapie eine lohnende Sache. Wir Studenten sprachen selten über die Verdienstmöglichkeiten auf unserem Gebiet, aber wir alle kannten das Gewinnpotential einer erfolgreichen Praxis. Wir hatten das Gefühl, daß uns auch ein Teil des Kuchens zustand, schließlich hatten wir alle hart gearbeitet und wollten jetzt endlich ein Ergebnis sehen. Trotz des ganzen Idealismus, den ich nach dem Gruppen-Wochenende zum Ausdruck gebracht hatte, schielte auch ich jetzt nach dem großen Geld. Dennoch, wenn ich mir gegenüber fair war, hatte ich ein mindestens gleichermaßen starkes Interesse daran, für die Ziele zu arbeiten, an die ich glaubte.

Ich war voller Zuversicht und fand, daß die offensichtlichen Fortschritte Moiras und meiner anderen Patienten jeden Supervisor von meiner Kompetenz überzeugen müßten. Sicher würde man mir einen Teilzeitjob in der Klinik geben und mir gestatten, bis zum Jahresende mit meinen Patienten weiterzuarbeiten. Ich hatte das Gefühl, daß Mardoff zwar bestimmte Gründe hatte, mich von Moira fernzuhalten, ich ihn aber doch noch irgendwie überzeugen konnte, mich die Arbeit mit ihr fortsetzen zu lassen. Sie hatte eine Menge Fortschritte mit mir gemacht, überlegte ich, naiv und ahnungslos, welche Hindernisse sich mir noch in den Weg stellen würden.

17

Illusionen zerplatzen

Mitte des Sommers begann ich langsam zu ahnen, daß meine Pläne nicht so glatt aufgehen würden, wie ich gehofft hatte. Ein Brief von der Universität unterrichtete mich davon, daß mir die Zulassung zunächst nur probeweise gewährt wurde, weil mich einer meiner Ausbilder in seinem Gutachten nur als mittelmäßig eingestuft hatte. Ich wußte sofort, wer dafür verantwortlich war. Aber dann tauchte noch ein Problem auf: Ich hatte ein nicht zufriedenstellendes Ergebnis in einer meiner Prüfungsarbeiten erreicht. Man erklärte mir, daß man mir zwar den Grad des Magisters verleihen würde, ich aber weitere Kurse in Supervision und psychodynamischer Theorie belegen mußte, ehe ich meine Dissertation beginnen konnte. Ich konnte die entsprechenden Kurse während des Herbst- und des Frühjahrssemesters besuchen.

Es sprach sich rasch herum, daß ich nicht alle Leistungen erbracht hatte. Ich war genervt, obwohl es nichts Ungewöhnliches war, daß ein Prüfling aus irgendeinem Grund nochmals eine Probezeit zu bestehen hatte. In meinem Fall bestand das Hauptproblem darin, daß ich in dieser Zeit keiner Beschäftigung außerhalb der Klinik nachgehen konnte, obwohl ich das Geld doch so dringend brauchte. Die Ereignisse bedrückten mich zunächst sehr, und Erinnerungen an meine Kindheit wurden wach. Ich dachte wieder daran, wie erniedrigend ich es gefunden hatte, wenn mein Vater mit seinem Handkarren durch unsere Straße gezogen war. Ich hatte damals gebetet, daß meine Freunde ihn nicht erkannten! Jahrelang hatte ich niemand zu uns nach Hause eingeladen, denn ich schämte mich dafür, daß wir so arm waren und von der Sozialhilfe lebten.

Als ich den Brief von der Universität erhalten hatte, dachte ich als erstes daran, ihn zu verstecken. Ich wollte nicht, daß andere Leute herausfanden, was geschehen war. Ich fragte mich, wie ich so eine schlechte Leistung in einer meiner Prüfungsarbeiten zeigen konnte. Ich hatte eigentlich ein ganz gutes Gefühl gehabt. Ob ich auch dieses Ergebnis Mardoff zu verdanken hatte?

Einen Tag lang brütete ich vor mich hin. Dann spornten mich genau dieselben Erinnerungen an die Vergangenheit an, die mir zunächst Angst gemacht hatten. Ich dachte mir einen neuen Plan aus: Ich würde einfach die Universität wechseln und meine Promotion an einer ganz anderen Einrichtung machen. Wenn mir das gelang, konnte ich meinen Rückschlag in einen Triumph verwandeln, so wie in meiner Vergangenheit.

Mein Plan beruhte darauf, daß ich in der Klinik als ständiger Nörgler und Kritiker verschrien war. Fast von Beginn an hatte ich den starren theoretischen Ansatz der Ausbildung und die unzureichende Qualifikation vieler Ausbilder offen kritisiert. Als meine Schwierigkeiten mit Mardoff begannen, hatte ich jedem verkündet, der es wissen wollte oder auch nicht, Supervisoren seien ›konservative Arschlöcher‹. Einmal hatte ich während einer Fakultätssitzung sogar öffentlich verkündet, daß ich die Klinik wechseln würde, weil ich mich über die mangelnde Offenheit der Diskussion so geärgert hatte.

Ich ließ mir nicht den Mund verbieten. Immer wieder hatte ich mich dafür eingesetzt, das Themenspektrum für eine Dissertation zu verbreitern. Hartnäckig verdammte ich die psychoanalytische Methodenlehre als veraltet und uneffektiv. Unsere Ausbildungsverordnung bevorzugte die Freudsche Psychoanalyse, und ich machte immer wieder darauf aufmerksam, daß jüngere Analytiker Freud längst überholt hatten.

Nun, mein vorlauter Mund, der mich schon so oft in Schwierigkeiten gebracht hatte, eröffnete mir jetzt einen Weg zu einem neuen Anfang. Von einem so berüchtigten Nörgler wie mir erwartete man geradezu, daß er den Kurs änderte und sich in eine neue Richtung bewegte. Also würde ich genau das tun.

Ein weiterer Vorteil in einem Universitätswechsel lag darin, daß ich dann vielleicht auch eine Beschäftigung fand, die mir das nötige Einkommen sicherte. Ich schickte Briefe an sämtliche Universitäten im Nordosten und bat darum, meine bisherigen Prüfungen und meinen Magister in Psychologie anzuerkennen.

Zu meiner Überraschung erhielt ich vier Zusagen, außerdem Angebote für finanzielle Unterstützung. Man wollte mich probehalber aufnehmen, weil das Semester bereits begonnen hatte, die Probezeit wäre beendet, sobald ich bestimmte Kurse absolviert hatte, die ich bisher noch nicht belegt hatte. Eine Universität bot mir einen privaten Laborplatz für meine Forschungen an. Und das beste war, daß mir diese Universität zusicherte, daß ich während meiner gesamten Promotionszeit einen Fulltime-Job annehmen könnte. Ich setzte mich an meinen Schreibtisch und begann, eine Strategie für Mardoff zu entwickeln.

Zunächst einmal würde ich zustimmen, daß meine Patienten im Herbst an andere Therapeuten überwiesen wurden, wenn er mich bei dem Teilzeitjob, für den ich mich in der Klinik beworben hatte, supervidieren würde. Das Problem war nur, daß ich befürchtete, meine schlechte Beurteilung ihm zu verdanken. Wenn er so wenig von mir hielt, würde er vielleicht meine Supervision ablehnen. Ich war mir nicht sicher, aber ich brauchte ihn, wenn ich meine

Arbeit mit Moira fortsetzen sollte, zumindest solange ich in dieser Klinik arbeitete.

Ich beschloß, Mardoff bei seiner Eitelkeit zu packen. Die Einrichtungen, die mir unter der Bedingung zugesagt hatten, daß ich unter Mardoffs Oberaufsicht blieb, waren allesamt renommierter als unsere. Wenn er also durch mich einen Draht zu diesen Einrichtungen bekam, würde das seinem Ruf als prominenter Psychiater zusätzlichen Glanz verleihen.

Ich entschied mich für das Angebot der Wilson School for Boys. Das klinische Programm sollte eines der besten in ganz New York City sein. Ich wußte, daß Mardoff davon profitieren würde, mit diesem Namen in Zusammenhang gebracht zu werden. Und ich konnte einen großen Schritt in Richtung meines Doktortitels machen. Ein Hindernis gab es allerdings noch: Ich war mir nicht sicher, ob ich genügend Kenntnisse und Qualifikationen für die hohen Ansprüche dieses Instituts besaß, aber man hatte mich zum Gespräch eingeladen. Nervös bereitete ich mich darauf vor. Die Wilson School for Boys war eine Rehabilitationsanstalt für Jungen, die mit dem Gesetz in Konflikt geraten waren. Die Jungen stammten fast alle aus niedrigen gesellschaftlichen Schichten. Sie hatten bereits eine erste Behandlung ihrer psychischen Störungen hinter sich, und meine Aufgabe sollte darin bestehen, sie psychologisch auf eine Wiedereingliederung in die Gesellschaft vorzubereiten.

Das alte Gebäude aus der Jahrhundertwende befand sich in der East Side von Manhattan. Die baumbestandene Straße lag friedlich und still da, als ich morgens zu meinem Vorstellungsgespräch erschien. Ich war zwar recht nervös, registrierte aber trotzdem, wie hübsch es hier war. Sicher eine schöne Gegend zum Arbeiten. Als ich die Treppe hinaufging, die zur Eingangstür führte, fiel mein Blick auf ein Messingschild: »Ein Zuhause fern von Zuhause.«

Das Vorstellungsgespräch führte Robert Lowe Harris, ein Familientherapeut, der sich in der Fachwelt einen Namen gemacht hatte. Unter anderem hatte mich die Chance, mit ihm zusammenzuarbeiten, dazu bewogen, mich für Wilson zu entscheiden. Harris war jung und begabt, und seine ungewöhnliche Art, mit den jungen Leuten hier zu arbeiten, beeindruckte mich. Der gutaussehende, dunkelhaarige Therapeut und fünf weitere Kollegen erwarteten mich im Konferenzraum. Als erstes erläuterte man mir den allgemeinen Behandlungsansatz der Anstalt und die Aufgaben, die jeder einzelne hatte. Neben Harris saß eine füllige, dunkelhäutige Frau namens Dolly Rollins, deren korpulente Formen allen Respekt einzuflößen schienen. Neben ihr saß Dr. Richard Babcock, der Chefpsychiater, dem die medizinische Supervision unterstand, dann folgte Charles Hanson, ein großer kräftiger Mann mit stechenden schwarzen Augen. Später erfuhr ich, daß er Abteilungsleiter war. Die beiden anderen am Tisch waren Psychotherapeuten.

Nachdem man mir das Schulkonzept ausführlich erklärt hatte, wurde ich mit Fragen bombardiert. Harris und die anderen klopften mich auf Schwächen in meiner Qualifikation, Erfahrung und Motivation ab. Ich hatte erfahren, daß sie der Meinung waren, ein weißer Therapeut sei zu weich für diese rauhe Umgebung, und deshalb einen farbigen Kollegen bevorzugten. Ohne Umschweife erklärten sie mir, daß psychoanalytische Methoden bei diesen emotional angeschlagenen Straßenkindern sinnlos seien, und lachten schallend, als ich mich nach ödipalen Problemen der Schüler erkundigte. Ich hatte mit dieser Reaktion gerechnet und die Frage nur gestellt, um mich ihrer Einstellung zu vergewissern. Geradeheraus sagte man mir, die Jungen bräuchten keine Freudschen Experimente, sondern eine vernünftige, geradlinige Erziehung.

Nach etwa einer Stunde nahmen die Fragen ein Ende.

Ich hatte Eindruck machen können, als ich erzählte, daß ich in Armut aufgewachsen und meine Familie von der Sozialhilfe unterstützt worden war. Außerdem schien ihnen die Art zu gefallen, mit der ich auf ihre Herausforderungen reagiert hatte. Ich war zuversichtlich, daß ich den Job bekommen würde.

Eine Enttäuschung gab es dennoch für mich: Harris sagte mir, daß er das Haus bald verlassen würde. Seine Person war eines der Hauptmotive für meine Entscheidung gewesen.

Ich ließ mir die Enttäuschung nicht anmerken und erklärte, daß ich die Fälle in Wilson gern in meiner Dissertation verarbeiten würde. Alle stimmten sofort zu. Die Atmosphäre wurde gelöster, und ich war mir meiner Sache zunehmend sicherer. Ich wollte noch wissen, ob ich die Arbeit mit meinen privaten Patienten mit der Arbeit an der Schule verbinden konnte. Alle schienen einverstanden, ausgenommen Babcock: »Ich halte das für keine gute Idee«, sagte er. Ich fragte warum und erntete erneut schallendes Gelächter. »Das werden Sie schon merken«, meinte Harris lächelnd.

Ich war zufrieden. Ich wußte zwar noch nicht, ob ich weiter mit meinen Privatpatienten arbeiten durfte, aber ich war zuversichtlich. Und Mardoff konnte ebenfalls keine Einwände gegen meinen Wechsel nach Wilson haben, schließlich würde er ebenfalls davon profitieren.

Auf meinem Weg nach Hause ließ ich das Gespräch noch einmal Revue passieren. Mir war aufgefallen, daß Babcocks Hände und sein Körper gezittert hatten, als wir uns verabschiedeten, und daß er während der ganzen Zeit einen sehr unruhigen Eindruck gemacht hatte. Ich fragte mich, wie ich wohl mit ihm zurechtkommen würde. Als ich am nächsten Tag Mardoffs Büro betrat, stand ich noch immer unter dem Eindruck des freundlichen Empfangs in Wilson. Wenn

Mardoff zustimmte, würde ich wenigstens noch für eine Weile mit Moira und der Gruppe weiterarbeiten können. Dann konnte ich in Wilson beginnen und meine Promotion beenden. Nach einem zwischenzeitlichen Einbruch schien meine Karriere wieder auf Kurs zu sein.

Meine Stimmung stieg noch, als Mardoff mich überraschenderweise freundlich begrüßte. Wir plauderten eine Weile, und alles sah sehr vielversprechend aus.

Ich holte tief Luft, beugte mich vor und erklärte ihm, warum ich mich zu einem Wechsel nach Wilson entschlossen hatte. Dabei machte ich deutlich, daß nicht nur ich, sondern auch er und unsere Klinik von der Beziehung zu Wilson profitieren würden.

Erstaunlicherweise war Mardoff sehr verständnisvoll und mit all meinen Vorschlägen einverstanden. Nur als es um die Fortsetzung meiner Arbeit mit Moira und den anderen Patienten ging, wurde er reserviert. »Die Klinikvorschriften sind eindeutig«, sagte er.

»Patienten werden maximal zwei Jahre von unseren Praktikanten betreut. Hin und wieder werden Ausnahmen gemacht und die Arbeit kann auch nach dieser Zeit privat fortgesetzt werden, aber nur wenn dafür ein besonderer Grund besteht. Und bei Moira und Ihren anderen Patienten gibt es keinen Grund. Außerdem werden Sie im nächsten Jahr so viel zu tun haben, daß ich nicht sehe, wie Sie eine intensive Arbeit mit den Patienten fortsetzen wollen. Und Sie müßten sich zusätzlich einer Lehranalyse unterziehen«, fuhr er fort, »ehe Sie bei diesen fortgeschrittenen Patienten eine Intensivanalyse vornehmen könnten. Moira und Ihre anderen Patienten werden Marcuse und einem neuen Therapeuten überantwortet.«

Mardoff versuchte, meine Enttäuschung ein wenig zu mildern und fügte hinzu: »Aber wie gesagt, ich habe nichts dagegen, daß Sie in Teilzeit weiter an der Klinik arbeiten.«

Ich sah ihn fragend an, sagte aber nichts. Ich hätte zu gern gewußt, ob er mir das nur anbot, um mich unter Kontrolle zu behalten. »Außerdem können Sie die Arbeit mit Ihren neuen Patienten für Ihre Dissertation nutzen. Vorausgesetzt natürlich, die Verwaltung stimmt zu.«

Ich machte noch einen letzten Versuch. »Was ist denn mit Moiras Situation? Wie Sie geraten haben, habe ich alles getan, um sie auf einen Therapeutenwechsel vorzubereiten, aber ich bezweifle sehr, daß ein erfahrener Therapeut effektiver mit ihr arbeiten kann als ich. Wir haben dem Police Department gesagt, daß sie ebenso wie wir sehr daran interessiert ist, daß sie ihre Therapie bei mir fortsetzt, vor allem, weil ich die letzten zwanzig Monaten mit ihr gearbeitet habe. Ich kenne Moira. Ich habe das Gefühl, daß es ihr zunehmend besser geht. Langsam zwar, aber sie macht Fortschritte. Dennoch scheint sie einem Therapeutenwechsel gegenüber eher abgeneigt zu sein. Könnten Sie nicht für sie und meine anderen Patienten eine Ausnahme machen? Ich möchte nicht, daß alle Anstrengungen umsonst waren.«

»Keine Ausnahmen!« lautete Mardoffs Antwort. »Unsere Regeln haben sich immer bewährt. Es ist zum Wohle der Patienten und zum Wohle der Klinik, glauben Sie mir.«

Er wiederholte noch einmal. »Ein Praktikant ist vertraglich für zwei Jahre an einen Patienten gebunden. Punkt. Wir können diese Beziehung nur bei sehr ungewöhnlichen Bedingungen verlängern, und in diesem Fall existieren diese Bedingungen nicht. Wenn wir die Klinikstatuten einfach umwerfen, ist das so, als signalisierten wir unseren Patienten, daß auch sie ihre Verträge nach Lust und Laune ändern können. Und dieses Gefühl möchten wir ihnen nicht geben.«

Mardoff war noch nicht am Ende. »Ich sehe einfach

keine Rechtfertigung dafür, daß Sie Ihre Arbeit mit Moira oder einem Ihrer anderen Patienten fortsetzen.«

»Was würden Sie denn als Rechtfertigung gelten lassen?«

»Wenn es im Interesse des Patienten liegt, das sagte ich bereits. Und das tut es in Ihrem Fall nicht.«

Ich versuchte, meinen Ärger hinunterzuschlucken. »Ich möchte doch nur erreichen«, begann ich erneut, »daß Sie ihnen die Wahl lassen, ob Sie mit mir weiterarbeiten oder nicht. Ich möchte mich niemandem aufdrängen.« So geschickt wie möglich versuchte ich ihn umzustimmen. Ich betonte, daß Beständigkeit in der Behandlung und Vertrauen zu einem Therapeuten wichtiger seien als der Sachverstand und die Erfahrungen eines neuen Behandlers.

»Und wieso?« fragte Mardoff.

»Weil sie alle pathologische Beziehungen zu pathologischen Eltern hatten. Ohne Vertrauen. Ohne emotionale Sicherheit. Und wenn wir sie einfach an einen neuen Therapeuten überweisen, könnten sie das als neuerliche Ablehnung interpretieren und möglicherweise sogar die Therapie abbrechen.«

»Das Risiko müssen wir in Kauf nehmen. Haben Sie mit Ihren Patienten über dieses Problem gesprochen?«

»Nein. Ich dachte, ich hätte noch die Zeit, eine geeignete Gelegenheit abzuwarten. Ich werde das Thema in zwei Wochen anschneiden. Werde ich dann meinen Teilzeitjob mit völlig neuen Patienten beginnen?«

»John«, antwortete Mardoff. »Einer Ihrer neuen Patienten wird John sein.«

»Warum?« Seine Antwort überraschte mich.

»Weil er der einzige Kandidat ist, der keine Analyse macht. Ihre anderen Patienten, einschließlich Moira, sind Kandidaten für eine Psychoanalyse, und ich habe Ihnen schon mehrfach gesagt, Obler, Sie sind in Analysetechniken nicht geschult.« Sein Gesicht verdüsterte sich, während er weiterredete.

»Aber ehe wir das Thema weiterdiskutieren, möchte ich Ihnen eines noch sagen, und zwar mit Nachdruck: Ich werde es nicht dulden, daß irgend jemand mit billigen Tricks versucht, Patienten aus der Klinik in seine private Praxis mitzunehmen. Das haben Sie doch vor, oder? Sie wissen es, und ich weiß es.« Er sah mich an, als wollte er sagen: »Jetzt habe ich Sie«.

Ich lehnte mich auf meinem Stuhl zurück und sah diesen Mann an. Gott, wie ich ihn haßte! Es machte ihm offensichtlich großen Spaß, Menschen in der Hand und in seiner Macht zu haben. Und die Tatsache, daß er diese Macht bei Moira wahrscheinlich mißbraucht hatte, schien ihn nicht im geringsten zu irritieren. Allein das stieß mich ab, und außerdem repräsentierte Mardoff noch einen Generationenkonflikt, der bei Psychologen und Psychiatern schon lange gärte. Die älteren unter ihnen, die sich an veraltete Behandlungstechniken klammerten, fühlten sich von den jungen engagierten zunehmend herausgefordert.

Sah Mardoff sich mit dem Ende seiner beruflichen Karriere konfrontiert? Vielleicht erklärte das seine Abneigung mir gegenüber, sah man einmal von seiner Beziehung zu Moira ab. Ich wußte jedenfalls, daß er während seiner Karriere zwar einige vielbeachtete Bücher geschrieben, seit Jahren aber nichts mehr veröffentlicht hatte. Was immer es war, er und ich waren vom ersten Tag an Feinde. Er schien darauf fixiert, mich entweder seinem Willen zu beugen oder mich aus meinen Beruf herauszudrängen.

Mardoff fragte mich nach meiner Meinung zu dem, was er gesagt hatte und riß mich aus meinen Gedanken. Ich berichtete ihm, was ich dachte. Nur meinen Verdacht gegen ihn und Moira verschwieg ich. Mardoff rieb sich nachdenklich das Kinn, dann lächelte er: »Ich glaube, Obler, Sie haben immer noch nicht begriffen, daß Sie für Ihre Patienten, vor allem für eine davon, nicht so wichtig sind, wie Sie das gern hätten.«

18

Merkwürdige Begegnungen

Ich hatte keine andere Wahl. In unserer nächsten Sitzung erklärte ich Moira: »Im Moment verlangt es die Kliniksatzung, daß wir unsere therapeutische Beziehung beenden und ich Sie an einen anderen Therapeuten übergebe.« Sie war offenbar nicht sehr glücklich über diese Aussicht und sagte kaum etwas dazu. Ich fuhr fort: »Moira, ich hoffe wirklich sehr, daß wir in ungefähr sechs Monaten wieder zusammenarbeiten können. Sie können mich in Wilson anrufen, wo ich arbeiten werde, und einen privaten Termin mit mir verabreden. Ich werde dort eine Privatpraxis haben. Das braucht niemand zu wissen, und Sie haben ein Recht auf einen Therapeuten Ihrer Wahl. Wir werden uns darum kümmern, daß Ihre Versicherung die Kosten übernimmt.«

Nachdenklich antwortete Moira: »Das ist interessant. Eineinhalb Therapiejahre lang sagen Sie mir, ich soll mich durchsetzen, aber sobald es um diesen bürokratischen Unsinn geht, ducken Sie sich selbst. Ich habe wirklich intensiv mit Ihnen gearbeitet, ich habe mit Ihnen über meine Vergangenheit geredet, auch wenn das schrecklich für mich war. Ich habe gelitten, es hat mir oft weh getan, aber ich habe durchgehalten. Warum praktizieren Sie nicht das, was Sie predigen? Sagen Sie denen doch Bescheid! Es ist eine lächerliche Satzung. Gilt sie für alle Klinikpatienten?«

»Für die meisten«, antwortete ich.

»Was ist mit der Gruppe? Werden Sie mit denen weitermachen?«

»Wahrscheinlich zusammen mit einem neuen Therapeuten, der die Verantwortung übernehmen wird.«

»Ich kann einfach nicht glauben, daß Sie sich das gefallen lassen. Haben Sie Angst, daß die Ihnen die Karriere kaputtmachen?«

Ich seufzte. »Ja, ich muß ein bißchen aufpassen, Moira. Ich wäre ein Idiot, wenn ich ein Risiko einginge, und ich glaube, ich kriege das ganz gut hin, wenn alles glatt läuft. Die Klinikleitung ist der Meinung, daß Patienten nach zwei Jahren Psychotherapie an einen erfahreneren Therapeuten übergeben werden müssen, der dann die schwierigere Arbeit mit ihnen macht. Normalerweise ist diese Regelung ganz sinnvoll, aber dies hier sind ungewöhnliche Bedingungen. Deshalb möchte ich Sie und einige andere Patienten gern in meiner Privatpraxis weiterbetreuen. Das muß aber sehr vorsichtig geschehen. Die Psychoanalyse ist eine sehr diffizile Angelegenheit, die nur wenige beherrschen.«

Ich brach ab, als ich merkte, daß das, was ich da sagte, sehr vertraulich klang.

Nachdenklich sagte ich sowohl zu Moira als auch zu mir selbst: »Wissen Sie, bis auf die Tatsache, daß ich Sie in meine Privatpraxis übernehmen möchte, habe ich gerade Wort für Wort das wiederholt, was Mardoff mir eingetrichtert hat.«

Jetzt wurde Moira wütend. »Genau! Sie werden genauso wie die Arschlöcher, die diesen Laden hier leiten.«

Ich starrte sie an. Ich hatte sie noch nie so wütend und zugleich so kontrolliert erlebt. Dies war eine völlig andere Moira als die, deren verschiedene Ichs sich manchmal so wild gebärdeten. Sie wirkte beherrscht, konzentriert, gesund. Was ich da vernahm, war der normale Ärger einer

Erwachsenen, nicht das Geschrei eines trotzigen Kindes — und sie hatte recht. Ich war ein Heuchler, der einerseits die Klinikpolitik zu rechtfertigen versuchte und andererseits Patienten in seine eigene Praxis herüberschaffte.

Moira sah mich herausfordernd an. »Was hat unsere Beziehung, die wir während all dieser gräßlichen Sitzungen aufgebaut haben, mit diesen dämlichen bürokratischen Vorschriften zu tun? Das Ganze erinnert mich an meine Mutter. Meine Brüder und mein Vater haben ihre krankhaften Grundsätze auch nie in Frage gestellt. Etwas Ähnliches passiert auch hier. Sie und ich lassen uns von dieser Klinik tyrannisieren, und Sie geben einfach nach und verraten alles, was wir zwischen uns aufgebaut haben. Was geht wirklich in Ihnen vor, Obler? Drehte sich diese ganze Beziehung vielleicht nur um Ihr Ego und um Ihre Karriere? Haben wir eine Lüge gelebt? Es kommt mir so vor, als stieße die Klinik uns Patienten herum wie Tiere. Aber wir sind keine Tiere, sondern Menschen, falls Sie das noch nicht gemerkt haben sollten.«

Moira atmete stoßweise. »Sie können das einfach nicht machen. Ich fühle mich Ihnen so verbunden, wie ich mich in meinem ganzen Leben noch nie jemandem verbunden gefühlt habe. Und Sie können diese Verbindung nicht einfach beenden, weil irgendeine Vorschrift das so will. Ich habe beschlossen, einen Therapeutenwechsel nicht mitzumachen, und es ist mir scheißegal, was Sie oder sonst jemand in dieser verfluchten Klinik dazu sagten. Und wenn Sie zu denen halten und mich später vielleicht wiedersehen wollen, könnte es sein, daß ich nichts mehr mit Ihnen zu tun haben will. Ich entscheide selbst, wen ich sehen will, und wenn Sie oder jemand anders glaubt, mir Vorschriften machen zu können, kann er mich mal kreuzweise.«

Sie hatte Mut, mehr als ich. Und sie hatte vollkommen

recht, aber ich tat mein bestes, um sie und meine Karriere zu retten. Ich mußte mit der Klinik klarkommen.

»Ich finde, Sie reagieren ein bißchen übertrieben«, erwiderte ich vorsichtig. »Niemand macht Ihnen Vorschriften. Im Moment macht Ihre Therapie große Fortschritte, ganz langsam finden Sie wieder zu sich. Spüren Sie das nicht? Sie benehmen sich viel kontrollierter und erwachsener. Ich versuche nur sicherzustellen, daß wir weiterarbeiten können, und sobald ich von hier verschwunden bin, kann mir keiner mehr sagen, was ich zu tun habe. Sie müssen mir glauben, daß ich Sie nicht sitzenlasse. Wir werden noch eine Zeitlang zusammenarbeiten, dann werde ich Sie vorübergehend an einen Kollegen übergeben, und danach werden wir uns in meiner Privatpraxis wiedertreffen. Ich werde eine Praxis gründen, außerdem gehe ich zu einer anderen Einrichtung, um meinen Doktor zu machen. Aber unsere Arbeit wird kaum unterbrochen werden. Möglicherweise tut es Ihnen sogar gut, eine Weile mit jemand anders zu arbeiten. Warum hören wir also nicht auf, uns zu bekämpfen? Ich bin Ihr Freund.«

Moira schwieg erst, dann antwortete sie leise: »Als ich zur Schule ging, habe ich mich immer danach gesehnt, von den anderen Kindern akzeptiert zu werden. Aber die beliebtesten kümmerten sich nicht um mich, und ich mußte mich mit dem Rest begnügen. Ich hatte fast dasselbe Minderwertigkeitsgefühl, das ich auch in meiner Familie empfand. Sie haben mich schlecht behandelt, also habe auch ich mich schlecht behandelt. Ich war attraktiv, aber ich betrachtete mich selbst mit Widerwillen. Wenn ich in den Spiegel schaute, fand ich mich zu schlaksig; ich war zu groß für mein Alter. Also kam ich zu dem Schluß, daß mit meinem Körper etwas nicht stimmte und ich deshalb bei den anderen Kindern nicht ankam. Als ich einen Busen und runde Hüften bekam, dachte ich, das sei Fett. Ich bildete mir ein, beliebt zu sein und Freunde zu haben, wenn ich jünger wäre. Marcia, meine Freundin, war größer als ich, sie war schön und schlank. Deshalb war sie so beliebt und ich nicht. Ich will damit sagen, daß ich nie auf die Idee gekommen wäre, so etwas wie eine eigene Persönlichkeit zu besitzen. Eine Zeitlang war ich magersüchtig. Die aggressiveren Jungs, erfuhr ich später, hatten immer ausgelost, wer in der Tanzstunde mit mir tanzen mußte. Jetzt wird mir klar, daß ich noch etwas anderes tat, um mit meinen Minderwertigkeitskomplexen fertigzuwerden. Ich habe mir ein anderes Mädchen vorgestellt, das in mir lebte. Es war das schönste Mädchen aus der Klasse, eine richtige Prinzessin. Sie hatte alles, was ich mir wünschte. Und das war die Frau, die in der Sitzung so ungeniert ihre Genitalien gezeigt hat. Und jetzt will ich Ihnen erklären, was das alles damit zu tun hat, daß Sie mich überweisen wollen.«

Sie stieß die nächsten Worte zwischen den Zähnen hervor. »Ich habe einfach nur beschlossen, daß ich mich nicht mehr herumschubsen lassen werde, weder von meinem Mann noch von Ihnen oder Mardoff.«

Wir beendeten die Sitzung und ließen das Thema Therapeutenwechsel zunächst auf sich beruhen. Aber ich war ganz sicher, daß unser Verhältnis nie mehr wie früher werden würde. Ich hatte das Gefühl, mein eigenes Überleben sichern zu müssen, und fand, daß Moira sich ein bißchen verständnisvoller hätte zeigen können. Sie besaß so viel Urteilsvermögen, um einschätzen zu können, daß ich alles Erdenkliche für sie tat und ihre Chancen auf eine endgültige Heilung gleich null waren, wenn meine Karriere zerbrach.

Andererseits erkannte ich, wie ähnlich Moira und ich uns waren. Wir hatten beide eine unerfreuliche Kindheit hinter uns und gelernt, daß das eigene Überleben am wichtigsten war. Es war schwer für uns, wirklich Vertrauen aufzubauen, und unser Hauptbestreben war es, den Schmerz von früher vergessen zu machen. Moira tat das, indem sie verdrängte, ich, indem ich alles um mich herum zu kontrollieren versuchte. Ich war der Meinung, daß jede Sekunde wichtig war und voll ausgenutzt werden mußte, sie war der Ansicht, daß der Augenblick Bedeutung hatte.

An diesem Abend fand ich ein Angebot von Wilson in der Post. Ich freute mich riesig. Meine erste bezahlte Stelle in der Psychotherapie! Einen Moment war ich versucht, meine Zelte an der Klinik sofort abzubrechen, den neuen Job anzunehmen und Moira zu treffen, wann immer ich Lust dazu hatte. Aber ich wußte, daß das nicht klug war. Ich brauchte Mardoffs Unterschrift, um weiterhin die Versicherung des Police Departments für Moira in Anspruch nehmen zu können.

Als ich am nächsten Morgen erwachte, hatte ich das Gefühl, die ganze Welt läge mir zu Füßen. Ich sollte Mr. Babcock, meinen neuen Supervisor, um zehn Uhr treffen.

Ich eilte nach Wilson. Als ich mich diesmal dem Gebäude näherte, war ich wesentlich zuversichtlicher als bei meinem Vorstellungsgespräch. Wieder fiel mir die stille Schönheit dieser Gegend auf, und die ruhige Würde der Häuser aus dem letzten Jahrhundert, die einmal sehr reichen Leuten gehört hatten. Den Hauseingang säumten ziselierte Geländer, auf denen die Kinder herunterrutschten, die Tür war handgeschnitzt.

Als ich mich Dr. Babcocks Büro näherte, grüßte mich Dolly, die Verwaltungschefin von Wilson. Sie sah mich gebieterisch an, zeigte auf Babcocks Zimmertür und erklärte: »Gehen Sie nur, Bleichgesicht! Er wartet schon auf Ihre werte Ankunft.« Während sie das sagte, fiel mir auf, daß einige schwarze Teenager in der Nähe saßen und uns zuschauten. Mir war klar, daß sie gespannt darauf warteten, wie ich reagierte, und mich danach einschätzen würden. Ich mußte mir also etwas möglichst Originelles einfallen lassen.

Ich sah Dolly an, hob lässig die Hand und meinte: »Danke, Honey.« Sie und die Jungs lachten schallend. Die Jungs klatschten sich gegenseitig auf die Hand, und ich hatte es geschafft.

Babcocks Büro sah aus wie das Wartezimmer eines billigen Bordells: rote Tapete, roter Teppichboden und eine Bar mit einer Marmorplatte. Er bot mir ein Glas Sherry an und bat mich, in einem großen, mit Kissen überladenen Sessel Platz zu nehmen. Einen Moment lang betrachtete ich sein graues Haar und das blasse, dreieckige Gesicht. Erstaunt stellte ich fest, daß er Mardoff ein bißchen ähnlich sah. Aber im Gegensatz zu Mardoffs ruhiger, überlegener Art wirkte Babcock extrem hektisch. Seine fleischigen Hände waren permanent in Bewegung, fingerten zwanghaft an seiner Krawatte oder spielten an irgendwelchen Dingen auf seinem Schreibtisch herum. Am auffälligsten war ein deutlicher Tick seines linken Auges: Es zuckte ununterbrochen.

Babcock rutschte nervös auf seinem Stuhl herum und stellte mir zahllose Fragen, hauptsächlich zu meinem Studium. Meine Klinikerfahrung und meine Arbeit mit Patienten schienen ihn nicht zu interessieren, und jedesmal wenn ich versuchte, eine Frage ausführlicher zu beantworten, nahm sein Augenzucken bedrohlich zu. Es war fast wie ein Vorstellungsgespräch und nicht wie ein Gespräch über einen Job, für den man mich bereits eingestellt hatte. Trotz aller Bemühungen, mich in der Gewalt zu halten, fing auch mein Auge hin und wieder an zu zucken. Ich mußte innerlich lachen. Da saßen sich nun zwei Profis gegenüber, die dafür ausgebildet waren, andere Menschen zu heilen, und zwinkerten sich zwanghaft zu.

Nach einer Weile unterbrach ich seine Fragen. »Könnten Sie mir vielleicht ein wenig über meine Aufgaben als Therapeut in Wilson erzählen?« Meine Frage schien ihn zu verwirren. Dann begann er umständlich, mir die Schwierigkeiten zu beschreiben, die die Arbeit mit den ›Gangstern‹, wie er die Jungs nannte, mit sich brachte. Ich beugte mich vor. Genau so etwas wollte ich hören. Aber nach seinem kurzen Start schwieg Babcock wieder. Die Stille dehnte sich minutenlang aus. Es schien ihm unangenehm zu sein, mir hier so gegenüberzusitzen. Mit was für einer Art Mensch hatte ich hier zu tun? Ich hatte ihn doch nur gebeten, mir etwas über meinen Job zu erzählen, was war daran falsch? Irgendwie wirkte er wie ein genervter Vater seinem ständig fragenden Kind gegenüber. Nach einer Weile und nach unzähligen Augenzuckungen rettete er sich in die Beschreibung seiner Teilnahme an einer populären Rundfunksendung. »Die Sendung informiert Laien über psychologische Themen.« Babcock erzählte mir ausführlich, wie sehr der Moderator der Sendung ihn und seine Erfahrung auf dem Gebiet der Psychotherapie schätze. Als er sich weiter über seine einzigartige Bedeutung in der Welt der Therapie ausließ, fragte ich mich schließlich, ob ich auch so werden würde, wenn ich länger in Wilson arbeitete. Dann begann es auf einmal bei mir zu läuten: Was Babcock da sagte, kam mir bekannt vor!

Ich erinnerte mich. Dieser Typ wiederholte gerade Wort für Wort einen Vortrag, den er schon mehrfach im Radio gehalten hatte. Claude Brown hatte ein Buch mit dem Titel *Kindheit im Gelobten Land* geschrieben, in dem er über seine Erfahrungen in Wilson berichtete. Im Rundfunk hatte ich gehört, wie Babcock daraus vorlas und die Kommentare abgab, die er mir nun wiederholte. Ich merkte, daß sich mein Magen verkrampfte und ich dieselbe Aversion verspürte wie gegen Mardoff.

Ich konnte es nicht länger ertragen. »Mr. Babcock, können Sie mir sagen, wann ich mit meiner Arbeit beginnen werde?« Babcocks Auge hörte gar nicht mehr auf zu zukken, anscheinend mochte er es nicht, wenn er unterbrochen wurde. Ich tat so, als würde ich nichts merken, und fuhr fort: »Und wer mich supervidieren wird?«

»Ich«, antwortete er kalt. »In Wilson gibt es nur einen Supervisor: mich. Alle anderen sind nur dumme Sozialarbeiter. Ich habe Sprechstunden für diese kleinen Basta ... ich meine, Patienten zwischen eins und drei jeden Nachmittag. Sie können mich zwischen fünf und sieben sprechen.«

Moment mal. Die Jungen waren bis drei Uhr in der Schule. Und die Supervision, so hatte man mir mitgeteilt, sollte am Vormittag stattfinden. Wovon redete er da?

»Haben Sie nachmittags Dienst?« fragte ich.

»Nein, nur morgens.«

Jetzt war ich komplett verwirrt. »Aber wie können Sie mich dann von fünf bis sieben supervidieren?«

Wieder gab er keine Antwort.

Ich beschloß aufzugeben und sagte ebenfalls nichts mehr. Nach weiteren Schweigeminuten fing er an, mir die ersten freiwilligen Informationen zu meinem Job zu geben.

»Das Wichtigste ist, daß Sie dafür sorgen, daß sich die Jungen nicht zu sehr abhängig von uns zu fühlen. Sie kennen ja diese Geschichte mit der Vaterfigur. Bringen Sie ihnen Selbständigkeit bei, das ist unser oberstes Ziel. Geben Sie ihnen ihre Medizin und bringen Sie ihnen Selbständigkeit bei.«

Ich wartete auf mehr. Nichts. Er sah auf die Uhr. »Gibt es sonst noch etwas, worüber Sie reden möchten?« Ich schüttelte den Kopf. Er schien erleichtert darüber, daß das Ende unseres Gesprächs in Sicht war. Ich sagte nichts, und er griff zum Telefon. Die Person am anderen Ende der Leitung bat er, mir meine Patientenliste und die Liste mit den Dosierungen der Medikamente zu geben. Dann nickte er, um mir deutlich zu machen, daß unsere Besprechung beendet war. Ich verließ sein Zimmer. Als ich die Tür schloß, hörte ich, daß er in wildes Gelächter ausbrach. Es war das merkwürdigste Lachen, daß ich je von einem Menschen vernommen hatte.

Anschließend machte ich einen Rundgang durch das Gebäude. Immerhin machten die Jungen, die ich unterwegs traf, einen zufriedenen Eindruck. Dennoch konnte ich mir ihre emotionalen Wunden gut vorstellen. Es erschien mir absurd, daß diese jungen Leute darauf vorbereitet wurden, wieder dorthin zurückzukehren, wo ihre Schwierigkeiten entstanden waren.

Als ich an Dollys Schreibtisch vorbeikam, zwinkerte sie mir zu, als wüßte sie genau, was ich gerade bei Babcock mitgemacht hatte. Ich freute mich über die freundschaftliche Geste. Dolly führte mich zu Janet Carter, der Sozialarbeiterin. Sie war nicht in ihrem Zimmer, also setzte ich mich und wartete.

Im Geiste ließ ich noch einmal das Gespräch mit Babcock Revue passieren. Das ganze Erlebnis war einfach absurd gewesen. Die Zeit verging. Von Janet keine Spur. Ich wartete schon zwanzig Minuten, als ich plötzlich Schritte und Geschrei auf dem Flur hörte.

Ich stand auf und ging hinaus. Fünf aufgeweckte Jungs rannten an mir vorbei, wobei einer den anderen zurief: »Paßt bloß auf! Big Chuckie tritt euch alle in den Arsch.« Chuckie folgte ihnen. Es war Charles Hanson, der stattliche Mann, den ich beim Vorstellungsgespräch kennengelernt hatte.

Er begrüßte mich grinsend. »Hi! Sind Sie der neue Therapeut in meinem Stockwerk?«

»Ich denke schon«, antwortete ich. »Sicher weiß ich nur, daß ich angestellt wurde, um hier zu arbeiten.«

Er legte fürsorglich den Arm um meine Schulter. »Lassen Sie uns in mein Büro gehen. Sie können ein bißchen entspannen, und wir versuchen zusammen, die Dinge etwas zu klären.« Wir bahnten uns den Weg in sein Zimmer durch

Horden von Jungs, von denen die meisten zwischen zehn und dreizehn waren. Sie sprangen und hüpften herum wie Affen. Ein dünner Junge aus Puerto Rico versuchte ein Seil, das er irgendwo gefunden hatte, wie ein Cowboy um Chuckies Hals zu werfen. Er hob ihn hoch, gab ihm einen Klaps auf den Po und ließ ihn wieder herunter. Der Junge lief lachend davon. Ein anderer Junge kletterte auf Chucks Rücken, schlang die Arme um seinen Hals und versuchte Huckepack zu reiten. Ich konnte sehen, daß sie ihn liebten. Er machte einen starken, warmherzigen Eindruck.

Als wir schließlich in Charles' Büro saßen, schüttete ich mein Herz über Babcock aus. Er brach in schallendes Gelächter aus und meinte dann: »Babcock wird bei uns nicht sehr ernst genommen. Wir schaffen unsere Arbeit hier eher trotz als wegen ihm.« Dann kam Janet. Sie war eine attraktive, intelligente Frau Ende Zwanzig. Zu dritt überlegten wir, was für eine Rolle ich in Zukunft spielen sollte. Im Laufe des Gesprächs fand ich heraus, daß Janet in Wilson eine wichtige Frau war. Sie war sehr pragmatisch veranlagt und suchte immer nach praktischen Lösungen, um den Jungen zu helfen. Der Art und Weise, wie viele Angehörige der sogenannten »Sozialberufe« mit den Problemen der Armen umgingen stand sie höchst kritisch gegenüber.

Chuck schlug vor: »Bei diesen jungen Leuten können Sie sich getrost an die einfachsten Formen psychoanalytisch orientierter Therapie halten, die Sie gelernt haben.«

Janet stimmte ihm zu. »Auf jeden Fall.«

Der Behandlungsansatz in Wilson bestand hauptsächlich darin, die Probleme im Familiensystem der Jungen zu erkennen, sowie in Gruppenarbeit und der sogenannten »Milieu«-Therapie. Die »Milieu«-Therapie schuf mit Hilfe von künstlichen Familiensituationen eine Umgebung, in der die Kinder lernen konnten, ihr impulsives und zwanghaftes Verhalten zu kontrollieren. Ich war sehr beeindruckt von

Janets und Chucks Engagement. Ihre Art, den Kindern zu helfen, unterschied sich grundlegend von der Einstellung der Kliniktherapeuten, deren Bestreben lediglich darin lag, die Patienten zu kontrollieren und sie an ihre schwierige Umgebung anzupassen.

Nach dem Gespräch mit Janet und Chuck machte ich mich auf den Weg zum Battery Park am Südende von Manhattan.

Ich setzte mich auf eine Bank und dachte in Ruhe nach. Der Besuch in Wilson hatte mich angestrengt, und ich hatte ernste Zweifel, ob ich diesen jungen Menschen gerecht werden konnte. Nichts von dem, was ich in der Klinik gelernt hatte, würde mir hier helfen, dies war ein völlig neues Spiel. Während ich in Richtung Ellis Island und Freiheitsstatue blickte, die in der Abendsonne lagen, dachte ich daran, daß mein Vater ein Einwanderer gewesen war. Wie mußte er sich damals gefühlt haben, als er in diesem fremden Land ankam? Auch ich drang jetzt in unbekanntes Gebiet vor und mußte Wege finden, mit dem zurechtzukommen, was da auf mich zukam.

Als ich in die Klinik zurückkehrte, erwarteten mich gute Nachrichten. Die Klinikleitung hatte mir einen dreimonatigen Aufschub gewährt, damit ich mich noch etwas um meine jetzigen Patienten kümmern konnte. Außerdem bekam ich einen Teilzeitjob an der Klinik mit sechs neuen Patienten, oder Klienten, wie sie hier offiziell genannt wurden.

Ich fühlte mich bestens. Erst vor einem Monat hatte ich den Brief erhalten, in dem man mir mitgeteilt hatte, daß meine Prüfungsleistungen nicht alle ausreichend waren. Ich hatte damals befürchtet, meine Karriere als Psychologe wäre zu Ende, noch ehe sie richtig begonnen hatte. Jetzt hatte sich doch noch alles zum Guten, ja sogar zum Besseren gewandt. Und das Beste war, daß mir noch ein wenig

Zeit blieb, um daran zu arbeiten, daß ich Moira in meine Praxis übernehmen konnte.

Aber wie immer mußte ich sehr vorsichtig mit Moira umgehen. Sie war sehr böse darüber gewesen, daß sie an einen anderen Therapeuten überwiesen werden sollte. Inzwischen hatte sie sich wieder etwas gefangen, war aber noch sehr verstört. Ich mußte sicherstellen, daß sie den Wechsel zu einem neuen Therapeuten verkraftete, bis ich sie wieder behandeln konnte. Aber es gab noch mehr zu tun. Ich mußte mich darauf vorbereiten, daß ich bald zwei Jobs haben würde, einen ganztägigen und einen in Teilzeit. Dazu mußte ich meine eigene Privatpraxis und meine Dissertation in Angriff nehmen. Aber die Kooperationsbereitschaft der Klinik machte mir Mut. Zum erstenmal seit Monaten sah ich der Zukunft mit Freude entgegen.

19

Übertragung

Meine erste Aufgabe in Wilson bestand darin, eine Gruppe von Jungen zwischen sieben und vierzehn zu behandeln. Und was für eine!

Fünf waren Puertoricaner, sechs Afro-Amerikaner, dazu kam ein weißer Junge namens Lionel. Die Puertoricaner wurden von Angel angeführt, einem kräftig gebauten Psychopathen, der in Verdacht stand, am Ertrinken eines Jungen schuldig zu sein. Angel strahlte Macht und Gewalt aus, und kein anderer Junge wagte es, sich mit ihm anzulegen. Der zweitmächtigste in der Gruppe der Hispanier war Hector. Er war zwar wesentlich schmaler gebaut und sanfter, aber als Gehilfe Angels war auch ihm der Respekt der anderen sicher.

Hector besaß eine Vorliebe für Feuer, und hin und wieder, wenn ihm etwas nicht paßte, versuchte er, Wilson in Brand zu setzen. Um diese Leidenschaft bei Hector unter Kontrolle zu halten, hatte Babcock ihn unter hohe Dosen Thoraxin gesetzt. Die Folge war, daß der Junge die meiste Zeit im Halbschlaf herumlief. Die anderen drei Puertoricaner waren scheue, orientierungslose Jungen, die keine Ahnung hatten, weshalb sie in Wilson waren. Sie waren vom Jugendamt hierher geschickt worden, weil ihre Familien auseinandergebrochen waren.

Die schwarzen Kinder in meiner Gruppe waren ähnlich verstört, abgesehen von Hermit und Jasslow. Die beiden Teenager verband ein seltsames Verhältnis, das mir schließlich helfen sollte, meine Arbeit mit Moira ein großes Stück voranzubringen.

Hermit faszinierte mich von dem Moment, als er seinen Kopf in Chucks Büro steckte. Seine dunklen Augen funkelten, sein Körper war zierlich wie der eines Achtjährigen, obwohl er bereits dreizehn war. Seine Haut war ganz dunkel, und er trug ständig ein weißes T-Shirt und eine zerrissene Jeans. So gut wie nie nahm er den Daumen aus dem Mund, und ich hatte oft den Eindruck, daß er befürchtete, sich aufzulösen, wenn sein Schnuller seine Behausung verließ. Jasslow war mir nicht so symphatisch. Er neigte zur Schizophrenie, war geistig zurückgeblieben und unendlich stark, was dazu führte, daß er andere Kinder oft verletzte, ohne es zu beabsichtigen. Er wurde in Wilson gehalten, damit er nicht in eine staatliche Anstalt eingewiesen wurde, wo seine Chancen wesentlich schlechter sein würden.

Hermit war Jasslows einziger Freund. Sie waren vor fünf Jahren gemeinsam hergekommen und seitdem unzertrennlich. Sie paßten gegenseitig aufeinander auf und kompensierten so die tiefen Verlassensängste, an denen sie beide litten und die für verwahrloste Kinder typisch waren. Freud hatte einst von seiner »wichtigsten Beziehung« gesprochen, die zu einem Vetter. Freud war damals drei Jahre alt. Der Vetter war älter und stärker als der kleine Sigmund, der sowohl von der Nähe zu seinem Verwandten profitierte als auch von der Stärke, die er in dieser Beziehung entwickeln konnte. Hermit und Jasslow erinnerten mich an Freuds Erfahrungen. Hermit war der schwächere von beiden, und die Auseinandersetzung mit dem starken Jasslow konnte Hermit auf die Schwierigkeiten des Lebens vorbereiten.

Als ich Jasslow und Hermit näher kennenlernte, wurde ihre Verbindung plötzlich wichtig für meine Arbeit mit Moira. Ich hatte mit ihr über einen möglichen Wechsel zu einem neuen Therapeuten gesprochen. Nachdem sie zunächst erklärt hatte, einen solchen Wechsel nicht hinzunehmen und sich nicht länger herumschubsen zu lassen, hatte sich ihr Widerstand ein wenig gelegt. Sie war nun gewillt, in Ruhe mit mir über alles zu sprechen. Während wir das taten, erinnerte sie sich an ihre Beziehung zu ihrem schizophrenen Bruder Ray. Auch wenn ich wußte, daß ich vielleicht zu weit ging, drängte sich mir der Gedanke auf, daß das Verhältnis zwischen Moira und ihrem Bruder mit dem zwischen Hermit und Jasslow vergleichbar sein könnte. Wie Hermit suchte Moira Schutz, indem sie sich mit Ray verbündete, der körperlich viel stärker war als sie. Und Ray, der wie Jasslow physisch besser ausgestattet war, brauchte jemand, der seine emotionalen Bedürfnisse befriedigte. Ich beschloß, Moira in unserer nächsten Sitzung von den beiden Jungen zu erzählen und sie zu fragen, ob es eine Ähnlichkeit zu der Beziehung zwischen ihr und ihrem Bruder geben könnte.

Als wir uns trafen, bereitete ich die Frage vorsichtig vor.

»Wie fühlen Sie sich inzwischen bei dem Gedanken an einen Therapeutenwechsel?«

»Traurig und zurückgestoßen«, antwortete Moira.

»Warum?«

»Interessiert Sie das wirklich?« fauchte sie. »Meine Gefühle haben doch von Anfang an keine Rolle gespielt. Ich habe Ihnen gesagt, daß ich mich nicht länger von Männern herumschubsen lasse, und das meine ich ernst. Aber ich muß realistisch bleiben. Zunächst hatte ich daran gedacht, mich bei der Klinikverwaltung offiziell zu beschweren, aber was nützt das schon? Deshalb habe ich beschlossen, dem Wechsel erst einmal zuzustimmen. Ich bin nämlich ein bißchen neugierig, wie es sein wird, mit einem neuen Therapeuten zu arbeiten. Aber ich bin noch nicht sicher, ob ich dann zu Ihnen zurückkommen werde. Wenn ich den neuen Therapeuten nicht mag, dann vielleicht. Das ist alles, was ich im Moment zu diesem Thema sagen möchte.«

Danach beschrieb ich Jasslow, Hermit und ihr Verhältnis zueinander und fragte Moira, ob ihr irgendwelche Ähnlichkeiten zu der Verbindung zwischen ihr und ihrem Bruder auffielen. Moira fuhr sich mit den Fingern durch das lange Haar und lehnte den Kopf gegen den Stuhl. »Also, ich fange mal mit ein paar Dingen an, die mir kürzlich zu Ray einfielen. Ehe wir hier über ihn gesprochen haben, hatte ich kaum Erinnerungen an ihn, aber jetzt kommt eine Menge zurück. Diese Erinnerungen stammen aus der Zeit vor meinen sexuellen Begegnungen mit meinem Vater und meinem Onkel. Mit drei Jahren war Ray erstaunlich stark und aggressiv für sein Alter. Ich war fünf, und die anderen Kinder begannen mich zu hänseln. Ich entdeckte, daß ich Ray benutzen konnte, um mich zu verteidigen, deshalb schlossen wir einen Pakt: Er kämpfte für mich, wenn ich angegriffen wurde, und dafür mußte ich ihn in die Arme nehmen, wenn er sich einsam fühlte. Es funktionierte sehr gut. Ich glaube, wir waren wirklich ein bißchen wie Hermit und Jasslow.«

»Ihre Kindheit war eine schreckliche Erfahrung für Sie«, sagte ich. »Zunächst einmal bekamen Sie nicht genügend Zuwendung, und dann wurden Sie auch noch sexuell mißbraucht. Ein fürchterliches Erlebnis.«

»Ich bin einfach nicht sicher, was wirklich geschehen ist, und was ich nur phantasiere, und ich hasse diese Unsicherheit. Sie macht mich wahnsinnig.« Moiras Stimme zitterte.

Wir waren beide ein bißchen angegriffen und brauchten eine Erholungspause. Ich holte tief Luft und schnitt ein anderes Thema an. »Moira, Sie haben mir in letzter Zeit gar nichts mehr über Ihren Job erzählt und über das, was Sie in Ihrer Freizeit machen.«

»Danke der Nachfrage«, antwortete sie kühl. »Aber ich habe nicht viel Zeit mit Ihnen zusammen und möchte Sie gern für die Dinge nutzen, die ich für richtig halte. Der Wechsel zu einem neuen Therapeuten verunsichert mich sehr, ich bin immer noch sehr labil und benötige alle Hilfe, die ich kriegen kann. Ich möchte unbedingt verhindern, daß ich mich wieder in all diese anderen Leute aufspalten werde.«

»Ich verstehe. Ich würde gern noch einmal auf das Verhältnis zwischen Ihnen und Ihrem Bruder zurückkommen, aber entscheiden Sie, was Ihnen wichtig ist«, schlug ich vor. »Sie haben vorhin angedeutet, daß Sie sich an Dinge erinnern, die sehr lange aus Ihrem Gedächtnis verschwunden waren.«

Moira verzog das Gesicht. »Ja, und sie sind nicht lustig. Es fällt mir schwer, darüber zu reden. Ich war als Kind sehr einsam, aber mir ist aufgefallen, daß ich noch nie über Sex nachgedacht habe, bevor ich zu Ihnen gekommen bin. Ich konnte mir nie vorstellen, Vergnügen an meinem Körper zu finden. Im Laufe unserer Arbeit hat sich das geändert. Ich denke, ich muß auch als Kind sexuelle Gefühle gehabt haben, die ich unterdrückt habe. Aber meine Erinnerungen kreisen immer nur um meinen Vater, meinen Onkel und meinen Bruder. Jetzt frage ich mich, ob nichts davon wirklich passiert ist, vielleicht waren das alles nur die Wunschträume eines verzweifelten und vernachlässigten Kindes.«

Ich überlegte einen Moment. Ich wollte Moiras Gedanken nicht unterbrechen, aber für mich bestand kaum noch ein Zweifel daran, daß sie tatsächlich von ihrem Vater und ihrem Onkel mißbraucht wurde. Trotzdem mußten wir herausfinden, was tatsächlich geschehen war. Vorsichtig sagte ich: »Moira, denken Sie einmal daran, wie diese Erinnerungen zuerst in Ihnen auftauchten. Wichtig ist, daß Sie vom ersten Augenblick an nicht wußten, was an Ihren Erinnerungen Wirklichkeit war und was Phantasie. Wenn Sie alles nur erfunden hätten, um meine Aufmerksamkeit und vielleicht mein Mitleid zu erregen, wie manche Patienten es tun, dann wären Sie nicht so verwirrt. Sie hätten gewußt, daß Sie sich alles nur ausgedacht haben.

Ich bin inzwischen davon überzeugt, daß Sie sexuell mißbraucht worden sind. Es ist wirklich passiert. Das weiß ich erst, seit wir uns mit einer Reihe von komplexen Themen beschäftigt haben. Mardoff war immer der Meinung, Ihr Verhalten und Ihre Erinnerungen seien hysterischer Natur, aber ich weiß jetzt, daß er sich geirrt hat. Die wichtigsten Informationen über Sie erhielt ich, indem ich Ihre beiden Persönlichkeiten zusammenfügte: Marcia und Moira. Erinnern Sie sich noch, daß Sie als Marcia in das Hotel gingen und sich dann plötzlich als Moira an Dinge erinnerten, die bis dahin nur der Marcia-Teil in Ihnen ertragen konnte. Und nach dieser Über-Kreuz-Verbindung fielen Ihnen weitere Einzelheiten ein, ebenfalls als Moira. Ihre Persönlichkeit wurde langsam wieder zu einer Einheit. Und da wurde mir klar, daß Mardoff ganz falsch gelegen hatte und ich die richtige Antwort kannte: Sie haben an einer Persönlichkeitsspaltung gelitten und sind tatsächlich als Kind belästigt worden. Ihre Erinnerungen sind ganz richtig: Sie sind sexuell mißbraucht worden.«

Mit gerunzelter Stirn dachte Moira über meine Worte nach. »Manche Kinder werden sehr stark vernachlässigt«, fuhr ich fort, »und bekommen schon als Babys nicht die Liebe und Zärtlichkeit, die sie für eine gesunde Entwicklung brauchen. Wenn ein Baby spürt, daß es diese Zuneigung nicht erhält, entwickelt sein ganzer Körper eine tiefe Sehnsucht. Für Sie war diese Sehnsucht, berührt zu werden, der Ausgangspunkt für die Vergewaltigungen. Die ersten Berührungen begannen bei Ihrem Bruder, später kamen Ihr Vater und Ihr Onkel dazu. Zuerst ist es Ihnen wahrscheinlich nicht aufgefallen, weil es grundsätzlich nette Männer für Sie waren. Ihr Körper und Ihre Seele waren geradezu hungrig nach diesem Kontakt. Deshalb muß es ein Riesenschock für Sie gewesen sein, als die Berührungen plötzlich zur Vergewaltigung wurden.«

Moira brach in unkontrolliertes Schluchzen aus. Nach einer Weile ließen die Tränen nach, und sie sagte mit leiser Stimme: »Nachdem mein Bruder fort war, hatte ich niemanden mehr, der mir nahe war. Warum ist er nur gegangen?« seufzte sie. »Warum mußte er als Verrückter durch die Straßen ziehen, anstatt bei mir zu bleiben?«

»Das ist rational nicht zu erklären, Moira«, antwortete ich. »Für seine Krankheit sind zwei wesentliche Komponenten verantwortlich: eine biochemische Mangelerscheinung und die fehlende Zuwendung in seinen prägenden Jahren. Ich bin sicher, daß er auch nach der Trennung von Ihnen ein verzweifeltes Bedürfnis nach Nähe hatte, aber so krank war, daß er sich niemand anders mehr zuwenden konnte.«

Ich fuhr fort: »Sie haben mir beschrieben, wie einsam Ihr Bruder aufgewachsen ist, er hat sich mindestens so allein gefühlt wie Sie. Aus einem solchen Zustand heraus entwickelt sich dann in der Regel die Schizophrenie. Und ein Teenager, der zur Schizophrenie neigt, besitzt im allgemeinen keinerlei Sozialverhalten. Ihr Bruder war also gezwungen, sich in sich selbst zurückzuziehen — in eine Welt der Paranoia und der Halluzinationen. Das hört sich schrecklich an, aber er hat sich diese Welt geschaffen, um sich gegen die Realität zu schützen, die für ihn noch viel unerträglicher gewesen wäre als sein inneres Chaos.«

Moira seufzte tief, dann räusperte sie sich, putzte die Nase und blickte nachdenklich vor sich hin. »Ich weiß nicht, ob ich alles von dem verstehe, was Sie mir da erklärt haben, aber es klingt logisch.«

Sie rutschte auf ihrem Stuhl herum und hielt den Blick weiter traurig in die Ferne gerichtet.

Auch ich war in meine Gedanken vertieft. Zu Anfang hatte ich angenommen, Moiras familiäre Situation und ihr religiöser Fanatismus hätten ihr geholfen, die verwirrenden Gefühle in ihrem Innern zu unterdrücken. Aber nachdem die Vergewaltigungen tatsächlich stattgefunden hatten, hatte sie eine neue Strategie gefunden, um sich zu schützen. Sie entwickelte verschiedene Persönlichkeiten und flüchtete auf diese Weise sowohl vor der entsetzlichen Erkenntnis, daß sie vergewaltigt worden war, als auch vor ihren Schuldgefühlen.

Das war meine Interpretation von Moiras Krankheit, aber jetzt begann ich, diese Vermutung in Frage zu stellen.

Der erste Schritt meiner neuen Bewertung bestand darin, ihre sexuellen Phantasien als Kind von einem anderen Standpunkt aus zu betrachten.

Die wenigen Minuten bis zum Ende der heutigen Sitzung saßen Moira und ich uns schweigend gegenüber. Ich war einen Moment versucht, ihr von meinen neuen Theorien zu erzählen, aber dann beschloß ich, lieber bis zu unserem nächsten Treffen zu warten.

In der folgenden Sitzung machte ich mich sogleich an die Arbeit. Ich wollte Moira unbedingt heilen, ehe ich sie einem neuen Therapeuten überließ. Und dazu mußte ich meiner neuen Theorie, mit der ich ihre Krankheit erklärte, noch den letzten Schliff geben. Ich war so besessen davon, Moira in meine neuen Erkenntnisse einzuweihen, daß ich zu Beginn unserer Sitzung sofort losredete, ehe sie die Möglichkeit hatte, etwas zu sagen.

»Moira, ich habe eine neue Idee, wie wir uns Ihren Problemen nähern können. Sie sind als kleines Kind in Ihre Phantasiewelt geflüchtet, um mit der Erkenntnis fertigzuwerden, daß man Ihnen die Liebe und Zuneigung vorenthielt, die sie so dringend brauchten. Weil Sie derartig vernachlässigt wurden, haben Sie bereits in Ihrem ersten Lebensjahr autistische Züge entwickelt und sich völlig in sich selbst zurückgezogen. Ihre ersten Phantasien haben sich wahrscheinlich darum gedreht, daß Sie gefüttert und gestreichelt wurden, was Ihnen ja zumindest gefühlsmäßig vorenthalten wurde. Und ein Baby, dessen Grundbedürfnisse in dieser entscheidenden Zeit nicht erfüllt werden, behält tiefe seelische Wunden zurück. Sogar als erwachsene Frau benehmen Sie sich oft wie jemand, der nie ernährt und berührt worden ist. Sie sind ständig hungrig, aber nicht in der Lage, von anderen Erwachsenen die emotionale Nähe zu bekommen, die Sie brauchen. Sie haben sich schon als Kind daran gewöhnt, daß Ihre Bedürfnisse nicht erfüllt werden, deshalb setzen Sie sich auch als Erwachsene nicht dafür ein.«

Ich fuhr fort: »Sie haben sich schließlich an Ihren Bruder gewandt, um Ihre Sehnsüchte zu stillen. Er war in derselben

Situation wie Sie, und Sie haben Ihre ganzen Gefühle auf Ihren Bruder konzentriert. Erinnern Sie sich noch, wie gern Sie ihn in die Arme genommen haben, als er noch ein Baby war? Sie wurden für ihn und für andere Menschen zu einer Art Dienerin, und dazu paßt auch Ihr religiöser Fanatismus. Sie haben Ihre Rolle perfekt an die Bedingungen innerhalb Ihrer Familie angepaßt. Und Ihre Familie hat Sie für ihre sadistischen Ausbrüche benutzt, die aus ihrer frustrierenden ökonomischen Situation entstanden.

Aber Sie wollten immer fort von diesem elenden Familienleben, fort von diesen kranken, gefühllosen, brutalen Menschen. Deshalb haben Sie sich Marcia gesucht. Durch die Freundschaft mit Marcia konnten Sie wenigstens in Ihrer Phantasie vor allem davonlaufen. Die Verbindung zu Marcia und die Tatsache, daß Sie den Charakter des englischen Mädchens aus dem Film angenommen haben, hat Ihnen Mut und Zuversicht gegeben. Und es hat Ihnen das tiefe Gefühl der Einsamkeit und der Isolation genommen. Sie hatten plötzlich Freunde.«

Ich wußte, daß Moira damit eine Menge zu verarbeiten hatte, aber ich fand es wichtig und erklärte weiter: »Da Ihre frühesten Bedürfnisse nicht erfüllt worden waren, haben Sie sich nicht normal entwickeln können. Mit acht oder neun begann bei Ihnen schon sehr frühzeitig die Pubertät, und Sie fingen an, über Sex nachzudenken. Sie waren verwirrt, und Marcia hat Ihnen erzählt, was Männer und Frauen im Bett machen. Danach haben Sie sich von Ihren inneren sexuellen Phantasien gelöst und angefangen, diese mit anderen Menschen in Verbindung zu bringen. Sie dachten über Geschlechtsverkehr und Fellatio nach, so wie Marcia es Ihnen beschrieben hatte. Ihr religiöser Glauben hat Ihnen diese Gedanken zwar verboten, aber Sie wurden sie nicht mehr los.

Damit war der Weg für eine Persönlichkeitsspaltung vorbereitet. Bis zu jenem Zeitpunkt hatten sich Ihre Phantasien um andere Leute wie Ihren Vater gedreht. Als Sie jedoch von Ihrem Vater und Ihrem Onkel vergewaltigt wurden, kamen Sie nicht mehr klar. Sie hatten entsetzliche Schuldgefühle. Aber Sie hatten ja ein großes Talent für Phantasien entwickelt, und das haben Sie sich in dieser unerträglichen Situation zunutze gemacht. Sie haben andere Menschen erfunden, Marcia und das britische Mädchen, die während der sexuellen Angriffe Ihren Platz einnahmen. In der Innenwelt, die Sie konstruierten, waren sie es, die diese Vergewaltigungen erlebten. Was für eine Riesenerleichterung muß das für Sie gewesen sein!

Normalerweise entwickelt sich eine Persönlichkeitsspaltung nicht so wie bei Ihnen, mit all den Schuldgefühlen und den Phantasien. In der Regel wird die Person schon in früher Kindheit sexuell mißbraucht und beginnt schon mit fünf Jahren, verschiedene Persönlichkeiten auszuprägen.«

Ich unterbrach meine Ausführungen und registrierte, wie aufmerksam Moira mir zuhörte. »Moira«, sagte ich leise, »ich glaube nicht, daß Ihr Vater und Ihr Onkel unbedingt pädophil waren. Sie waren gesellschaftlich gescheitert und nicht in der Lage, mit erwachsenen Frauen umzugehen. Passive junge Mädchen waren ihnen viel lieber.«

»Was meinen Sie mit ›pädophil‹?« fragte Moira.

»Daß Erwachsene sich von Kindern sexuell angezogen fühlen«, erklärte ich.

»Oh mein Gott«, entfuhr es Moira. »Ist das wirklich passiert?« Zum erstenmal erkannte sie, daß sie zu jung und zu schwach gewesen war, sich gegen ihren Vater und ihren Onkel zur Wehr zu setzen.

Voller Abscheu sagte sie: »Ich war nur ein einsames Kind, und sie haben mich mißbraucht. Sie haben sich nicht darum gekümmert, was für Auswirkungen das alles für mich haben würde, und mich einfach nur für ihre eigenen Bedürfnisse benutzt.«

»Genau das ist passiert. Sie wußten, daß Ihre Schuldgefühle Sie davon abhalten würden, irgend jemand etwas zu erzählen. Bei den Nonnen in der Schule konnten Sie kein Verständnis erwarten, deshalb haben Sie sich eine junge Frau geschaffen, die, anders als Sie selbst, stark und aggressiv war. Und das englische Mädchen wurde dann ein Teil von Ihnen.«

»Warum haben mein Vater und mein Onkel nicht meine ältere Schwester Janice genommen oder sonst jemanden? Es gab doch eine Menge anderer einsamer Frauen.«

»Sie waren schlau genug, das nicht zu tun. Diese anderen Frauen waren zwar einsam, aber nicht so verletzbar und schuldbeladen wie Sie. Andere Frauen oder Mädchen hätten sie sofort verraten. Moira, in Wahrheit hat Sie niemand geliebt. Sie wurden nur ausgenutzt und herumgestoßen. Und um diese Enttäuschung und diesen Schmerz ertragen zu können, haben Sie sich in andere Personen verwandelt. In der Fachsprache nennt man das Talent, schmerzhafte Erlebnisse in angenehme zu verwandeln, *Masochismus*.«

Unsere Sitzung war beendet. Wir waren beide frustriert, daß uns keine Zeit mehr blieb, den Dingen weiter auf den Grund zu gehen. Mein Hauptanliegen war es, diese Gedankengänge weiterzuführen und nicht zuzulassen, daß Moira sie abblockte, weil sie ihr zu weh taten.

In der folgenden Sitzung begann ich gleich wieder damit.

»Als Sie das erstemal sexuell belästigt wurden, war das für Sie wie ein Traum. Dann schlich sich die Erkenntnis, daß man Ihnen Gewalt angetan hatte, ganz langsam in Ihr Vorbewußtsein und verschaffte Ihnen alle möglichen Probleme. Sie mußten sich schützen und suchten nach einem Weg, um dies zu tun. Die menschliche Psyche ist vergleichbar mit einer Zwiebel. Sie hat ganz viele Schichten, und eine Schicht schützt die nächste. Wenn ich eine Schicht entferne, erscheint die nächste, mit vielen neuen Informationen, die bisher unter den darüberliegenden Schichten verborgen lagen. Und Ihnen ist mit jeder Schicht deutlicher geworden, daß Sie mißbraucht worden sind. Im Laufe der Jahre half Ihnen die Dissoziierung immer mehr, mit den schrecklichen Wahrheiten Ihres Lebens fertigzuwerden.

Ich glaube übrigens, Moira, daß Sie sehr lange mißbraucht worden sind. Ihr Vater und ihr Onkel haben erst damit aufgehört, als sie wirklich Angst haben mußten, daß Sie etwas verraten könnten. Ich weiß, daß das alles sehr schwer zu verstehen ist, aber so etwas geschieht oft. Vergewaltigungsopfer unterdrücken häufig sämtliche Erinnerungen an ihr Erlebnis und an alles, was damit zusammenhing. Frauen unter Hypnose erklären immer wieder, daß sie sich während der Vergewaltigung psychologisch von ihren Körpern getrennt haben, um nicht verrückt zu werden. Etwas Ähnliches haben Sie auch getan.«

Die emotionale Wirkung meiner Erklärungen machte uns beide stumm. Wir sahen uns an. Moira war tief in ihre Gedanken versunken. Als wir die Sitzung beendeten, ging sie noch immer gedankenverloren zur Tür. Ich hielt sie auf. »Was denken Sie jetzt?«

Als sie aufblickte, sah ich, daß sie Tränen in den Augen hatte. »Ich weiß, daß wir uns nicht mehr lange treffen können, und ich frage mich, ob ich je in der Lage sein werde, dies alles einem neuen Therapeuten zu erzählen.« Ich klopfte ihr aufmunternd auf die Schulter, konnte aber kein Wort herausbringen.

20

Noch mehr Probleme

Die Sitzung hatte mich ebenso angestrengt wie Moira. Nachdem ich mich an diesem Abend zu Hause ein wenig ausgeruht hatte, schrieb ich an meinem letzten klinischen Bericht über Moira. Darin erweiterte ich den Blickwinkel meiner Beobachtungen und übertrug meine Erkenntnisse über Moira auf die gesamte Menschheit.

»Menschen haben immer auf komplizierte Mechanismen zurückgreifen können, um sich gegen unbewußte Ängste vor ihrer Umgebung zu schützen — vor Einflüssen, denen sie meist hilflos ausgeliefert waren. Ursprünglich schufen die Menschen Symbole und Rituale, um Bedrohungen abzuwehren. Als dann Wissen und Kenntnisse zunahmen, wurden die Konstruktionen komplizierter und ausgereifter. Nach und nach kamen die Menschen zu der Einsicht, daß es Ängste in ihrem Unterbewußtsein waren, die ihnen zum größten Teil verschlossen blieben und Spannungen in ihnen erzeugte, die sie dazu zwangen, solche Mechanismen zu entwickeln. Um sich angesichts ihrer Einsamkeit in einer bedrohlichen Umwelt ihrer selbst zu versichern, erdachten sich die Menschen Theorien über die Entstehung der Welt und über die Rolle, die ihnen selbst darin zuteil war. Im Laufe der Zeit beherrschte das Streben nach zwei wesentlichen Dingen die Menschen, um mit der verwirrenden Erfahrung ihrer Existenz zurechtzukommen. Das erste war psychologische Stabilität. Die Menschen machten sich die Fähigkeit zu eigen, alles was ihre eigene Sicherheit bedrohte, zu verdrängen und zu vergessen. Das zweite Streben war ganz gegensätzlicher Natur: der Versuch, die Wahrheit über die Dinge aufzudecken. Ein Teil dieser Wahrheitssuche befaßte sich mit uns selbst — wer sind wir und was sind wir in unserem inneren und äußeren Gefüge? Eine der größten Leistungen Freuds bestand darin herauszufinden, welch heftige Kämpfe wir mit uns selbst auszutragen haben. Damit meine ich folgendes: Nachdem wir Regeln für das Verhalten innerhalb unserer Familien und unserer Gesellschaft entwickelt hatten, verschaffte uns jeder Drang danach, gegen diese Regeln zu verstoßen, ein Gefühl der Gefahr, und deshalb unterdrücken wir diesen Drang. Ein wichtiges Beispiel ist etwa das Tabu der sexuellen Beziehung zu einem Blutsverwandten, der Inzest. Und dennoch fühlen sich Kinder von dem Moment ihrer Geburt an zu beiden Elternteilen hingezogen. Diese Bedürfnisse zu unterdrücken und in gesunde Bahnen zu lenken, ist eine der vielen Herausforderungen, denen sich die Menschen zu stellen haben und mit denen sie sich auf möglichst gesunde Art und Weise auseinandersetzen müssen. Und während des lebenslangen Kampfes gegen diese Gefühle kann die Seele mancher Leute Schaden erleiden.

Freud glaubte, daß viele dieser Konflikte nicht lösbar und nur zu bewältigen sind, indem man versucht, sie so umfassend wie möglich zu begreifen. Freud benannte zwei gegensätzliche zentrale Triebe: Eros (der griechische Gott der Liebe) und Thanatos (ebenfalls aus dem Griechischen: der Todeswunsch). Er befürchtete, daß Thanatos schließlich unser gesamtes Streben beherrschen würde.

Damit ist meiner Meinung nach im Augenblick gesagt, womit Moira und ich uns beschäftigen. Sie befand sich in einem Konflikt: Je weiter ihr Heilungsprozeß voran schritt, desto größer wurde einerseits ihr Lebenswille, andererseits wurde ihr aber auch ihre Neigung zur Verdrängung immer bewußter. Nach unserer heutigen Sitzung wurde mir klar, daß sich Moiras persönliche Wahrheit durchsetzen muß, damit sie psychisch überleben kann. Die Illusion einer Sicherheit, die sie aus ihrer Persönlichkeitsspaltung gewonnen hatte, muß zerstört werden, sonst wird sie emotional scheitern. Diese Illusion, die bisher immer ihre beste Freundin gewesen war, ist nun ihre Feindin. Im Laufe ihres Heilungsprozesses hat die Persönlichkeitsspaltung, die lebenswichtig für sie war, an Bedeutung verloren. Moira ist nun in der Lage, der schrecklichen Wahrheit über ihre Kindheit ins Gesicht zu sehen, direkt und ohne sie vor sich selbst zu verbergen. Und es ist für sie eine Erleichterung, sich mit der Wahrheit auseinanderzusetzen. Denn es kostet Energie, die Wahrheit ständig zu verstecken, und hinter den Verdrängungsmechanismen bleibt die Realität weiter bestehen, mit unangenehmen Auswirkungen auf ihren gesamten Organismus.

Moira muß den Kontakt zu dem Kind wiederherstellen, das sie war, ehe sie in ihre verzweifelte Verteidigungshaltung verfiel, zu dem vernachlässigten Kind, das hilflos in ihrem Innern steckt. Sie muß dieses Kind finden, es kennenlernen, es lieben und umarmen. So kann sie dem Kind in ihr die Zuneigung geben, die seine Eltern ihm vorenthalten haben. Sie muß gewissermaßen zu ihren eigenen Eltern werden und das Kind lieben, das sie einmal war, damit beide schließlich geheilt werden können.

Ich empfehle Moiras neuem Therapeuten dringend, die Zusammenführung ihrer Persönlichkeiten weiter fortzusetzen. Um gesund und selbstverantwortlich für ihre Gefühle zu werden, muß Moira der Tatsache ins Gesicht sehen, daß sie mehrere Persönlichkeiten entwickelt hat, auch wenn das bedeutet, daß sie für den Rest ihres Lebens sein wird.

Bei unserer nächsten Supervision überreichte ich Mardoff diese Analyse. »Ich weiß nach wie vor nicht, was für einen

Sinn es haben soll, Moira zu diesem Zeitpunkt an einen neuen Therapeuten zu überweisen«, sagte ich. Mardoff gab keinen Kommentar zu meinem Bericht ab. Ich konnte sehen, daß er erleichtert war, daß ich mich nicht weigerte, Moira der Verantwortung eines anderen Psychologen zu unterstellen. Ich konnte das Thema Moira nicht loslassen. Sie beschäftigte mich so sehr, daß ich weiter über sie sprach, auf dieses und jenes Problem bei ihr hinwies und auf die Fortschritte, die sie machte.

Mardoff wechselte ganz abrupt die Gesprächsrichtung. »Ich wollte Ihnen sagen«, erklärte er, »daß ich Ihnen beim Übergang von der Klinik zu einer Vollzeitbeschäftigung behilflich sein kann.« Wieder erschütterte mich sein mangelndes Interesse an Moira und ihrem Schicksal. Und wieder biß ich mir auf die Lippen und schwieg.

Er fuhr fort, seine Bemühungen für mich herauszustellen. »Und nicht nur das. Sie können auch weiterhin mit Ihrer Therapiegruppe arbeiten, und ich werde mich darum kümmern, daß Ihr Job in der Klinik etwas besser bezahlt wird als normalerweise üblich.« Natürlich freute ich mich über diese Nachrichten, aber ich fühlte mich ein bißchen unbehaglich dabei. Was ging hier vor sich?

Ich lehnte mich zurück und beobachtete Mardoff. Dabei wölbte sich mein Bauch unangenehm über meinen Gürtel und erinnerte mich daran, daß die zwei Jahre Arbeit mit Moira und der Gruppe ihre Spuren hinterlassen hatten. Auch die Arbeit in Wilson stellte sich als anstrengender heraus als erwartet, außerdem aß ich zuviel Fast food mit zuviel Kohlenhydraten. In den vier Monaten in Wilson hatte ich ordentlich zugenommen. Früher war ich immer fit und gesund gewesen, nun war mein Körper ausgelaugt und schmerzte. Ich fragte mich, ob mein körperlicher Zustand Ausdruck meiner Depressionen darüber waren, daß ich Moira vielleicht doch nicht zur völligen Heilung verhelfen konnte.

Mardoff schien meine Gedanken zu ahnen, jedenfalls unterbrach er seine Ausführungen plötzlich, um mir zu sagen, daß ich »schrecklich« aussähe. Er erkundigte sich nach meiner Gesundheit, kommentierte meine Gewichtszunahme und brachte mich fast zur Verzweiflung, als er sagte: »Ich hoffe, ich bin Ihnen nicht zu nahe getreten.«

»Ich habe nur ein bißchen viel gearbeitet«, erklärte ich mit zusammengebissenen Zähnen. »Mein Job ist anstrengender, als ich erwartet hatte, und ich habe noch nicht einmal mit meiner Dissertation anfangen können.«

Er runzelte die Stirn. »Mir scheint mehr dahinterzustecken. Was ist los mit Ihnen? Sie machen einen niedergeschlagenen Eindruck.«

»Ich mache mir große Sorgen um Moira«, gab ich zu. »Glauben Sie, ich sollte mich einmal mit ihrem neuen Therapeuten unterhalten? Ich würde ihm gern von meinen Erfahrungen mit ihr berichten.«

Ein schallendes Gelächter ertönte, dann antwortete Mardoff:

»Sie unterhalten sich gerade mit ihm, mein Junge. Er sitzt direkt vor Ihnen.«

Mir war, als habe mir jemand in den Magen geschlagen. Ich rang nach Luft, außerstande ein Wort hervorzubringen. Mühsam zwang ich mich, Mardoff zuzuhören.

»Angesichts der immensen Schwierigkeiten ihres Falles«, fuhr er fort, »habe ich auf den besten Psychotherapeuten zurückgegriffen, der zu haben ist. Und das bin ich. Sie haben ebenfalls eine Menge gelernt, aber, wie ich bereits mehrfach sagte, sind Sie dennoch auf ihre Hysterie hereingefallen. Moira braucht jemanden, der mit ihren ständigen Manipulationsversuchen umgehen kann. Ich bin dafür am besten geeignet, weil ich viel Erfahrung besitze und Sie supervidiert habe. Was halten Sie von dieser Entscheidung?«

Ich gab keine Antwort. Mardoff redete weiter. Er spielte

mit mir.»Außerdem kann ich durch meine Arbeit mit ihr verhindern, daß Sie Moira in Ihre private Praxis übernehmen. Sie wissen, daß das nicht gestattet ist.«

Zorn erfüllte mich. Ich mußten mich sehr beherrschen, um nicht aufzuspringen und ihm an die Kehle zu gehen. Die Worte strömten weiter aus seinem Mund, aber ich hörte nur das Ticken der Wanduhr und mein laut pochendes Herz. Ich hatte das Gefühl, zerrissen zu werden, ähnlich wie Moira. Ein Teil von mir war wie gelähmt, der andere, der noch ein paar Gedanken fassen konnte, kam zu dem Schluß, daß Mardoff geahnt haben mußte, daß ich Moira wieder zu mir holen wollte.

Dann verschwand meine Wut genauso plötzlich, wie sie gekommen war. Ich war völlig ruhig und beherrscht. »Ich könnte mir keinen geeigneteren Therapeuten vorstellen«, sagte ich.

»Ich bin froh, daß Sie es so sehen«, antwortete Mardoff überrascht.

Daraufhin folgte eines dieser sinnlosen Gespräche, die die schicksalsträchtigsten Momente unseres Lebens zu begleiten scheinen. Wir begannen, uns gegenseitig Komplimente zu machen und uns gegenseitig unsere Fähigkeiten und Stärken aufzuzählen. Während wir von diesen Nichtigkeiten sprachen, hatte ich jedoch tief innen das Gefühl, den Boden unter den Füßen verloren zu haben. Ich war geschlagen. Ich war nur deshalb in der Lage, der Wahrheit ins Gesicht zu sehen, weil ich nichts mehr zu verlieren hatte. Mardoff besaß alle Macht. Er hatte die ganze Zeit gewußt, daß er Moira selbst übernehmen würde. Aus irgendeinem Grund schien er diese hilflose Frau in seinem Leben zu brauchen.

An diesem Punkt fragte ich mich plötzlich, ob ich mit meinen Spekulationen über Mardoff und Moira recht hatte, oder ob ich sie wegen der gestörten Gefühle meiner eigenen

Mutter gegenüber nur projizierte. Intuitiv wußte ich, daß ich recht hatte. Und Moira brauchte dringend Hilfe. Ich mußte dafür sorgen, daß sie sie bekam.

Ich startete einen Versuch. In vertraulichem Ton sagte ich zu Mardoff: »Wir haben zwar nie darüber gesprochen, aber ich glaube, uns verbinden dieselben Frustrationen über unsere Ehe. Ich habe gehört, daß Sie sich scheiden lassen.«

Sein Gesicht wurde rot vor Ärger. »Passen Sie auf, was Sie sagen«, drohte er. »Denken Sie daran, offiziell sind Sie immer noch Student, und ich kann Ihr Weiterkommen behindern.

Erinnern Sie sich an das, was ich Ihnen schon einmal gesagt habe. Kümmern Sie sich nicht um mein Privatleben, es geht Sie nichts an.«

»Ich wollte Ihnen nicht zu nahe treten«, beeilte ich mich zu sagen. »Ich wollte nur ein bißchen ins Gespräch mit Ihnen kommen und offen mit meinem Kollegen und Mentor reden.«

Mardoff neigte den Kopf. »Lassen Sie uns bei Moira bleiben. Was spricht dagegen, daß ihre Überweisung schon innerhalb der nächsten Tage erfolgt? Mir ist sehr daran gelegen.«

»Warum fragen Sie mich? Sie haben doch alles entschieden. Ich möchte lieber noch einmal auf unsere Eheprobleme zurückkommen.« Eine leise Stimme warnte mich. Sei vorsichtig! Aber es war zu spät. »Wir verstehen uns doch, oder? Stimmt es, daß Sie sexuelle Probleme mit Ihrer Frau hatten und Moira heimlich getroffen haben? Wie wäre es mit ein paar pikanten Einzelheiten?«

Zornig sprang Mardoff auf und stürzte aus dem Zimmer. Mir wurde übel. Ich erhob mich mühsam und rannte zur Toilette.

Was ich dort im Spiegel sah, war nicht gerade erbaulich. Mein Gesicht war blaß und eingefallen. Und dann dieses

Übergewicht! Mein Äußeres ließ wirklich zu wünschen übrig. Ich war ein Workaholic, das wußte ich schon seit geraumer Zeit. Je mehr mich die Arbeit auffraß, desto besser. Und mein neuer Job in Wilson war schwieriger, als ich erwartet hatte. Zu wissen, was nun auf Moira zukommen würde, gab mir den Rest.

Ich zog an meiner Zigarette und saß zusammengekauert auf der Toilette, während mir Tränen über das Gesicht liefen. Nach einer Weile erhob ich mich zu einem weiteren entmutigenden Blick in den Spiegel. Meine Bemühungen, Psychologe zu werden, forderten einen hohen Preis. Ich sah älter aus, als ich tatsächlich war. Meine Schultern hingen kraftlos herab, mein Haaransatz lichtete sich. Plötzlich erkannte ich, daß ich aussah wie mein Vater. Mein Rücken war so krumm wie seiner, als er damals den Karren durch die Straßen geschoben hatte. Jede Faser meines Körper schrie: »Niederlage!«

Zum erstenmal wurde mir klar, daß mich der Tod meines Vaters mehr aufgewühlt hatte, als ich zunächst wahrhaben wollte. Ich hatte kaum um ihn getrauert, aber mein Gesicht im Spiegel, das seinem so ähnlich war, verdeutlichte mir, daß diese Tränen ihm ebenso galten wie mir selbst. Vielleicht hatte der erbitterte Konflikt mit Mardoff die Wut ausgelöst, die ich meinem Vater gegenüber empfand, weil er meiner Mutter weh getan hatte. Diese Wut hatte meine Trauer über seinen Tod lange nicht zugelassen. Jetzt jedoch, wo Moira von Mardoff in derselben Weise bedroht wurde wie meine Mutter von meinem Vater, brach der Schmerz aus mir heraus.

Obwohl ich Moira viel geholfen hatte und sie in die Lage versetzt hatte, sich selbst zu helfen, nahm ich mir vor, ihr klarzumachen, was Mardoff ihr antat. Ich würde ihr helfen, sich von seinem verhängnisvollen Einfluß zu befreien, der ihren Heilungserfolg gefährdete.

21

Alarmzeichen

Ende November beendete ich offiziell meine Tätigkeit an der Klinik. Mardoff hatte mir gesagt, daß er alle meine Patienten schriftlich benachrichtigen würde, daß mein Praktikum vorüber sei. In dem Brief an Moira würde stehen, daß sie mit ihm weiterarbeiten würde. Ich war noch immer wütend auf Mardoff, bemühte mich aber um Zurückhaltung. Ein Streit mit ihm konnte nicht nur meinen Teilzeitjob an der Klinik gefährden, sondern auch mein Abschlußgutachten und vor allem Moiras späteren Wechsel zu mir.

Ich informierte Moira zunächst nicht darüber, daß Mardoff künftig ihr Therapeut sein würde. Ich wußte genau, daß es sie sehr treffen würde, wenn sie erfuhr, wer sie künftig behandelte. Ich hoffte sehr, daß die Arbeit mit Mardoff keinen Rückfall bei ihr bewirken würde. Ihr Widerstand gegenüber Männern hatte sich zwar ein wenig gelegt, aber ich war mir nicht sicher, ob er nicht jederzeit wieder ausbrechen konnte. Und dann würde Moira vielleicht sogar ihre Therapie abbrechen, wie sie einmal angedroht hatte.

Deshalb erschien es mir sinnvoller, in unseren letzten Sitzungen nur über ihre geplante Rückkehr zu mir zu sprechen. Wir hatte uns darauf geeinigt, daß der erneute Wechsel zu mir im April stattfinden würde, fünf Monate nach meinem offiziellen Praktikumsende in der Klinik. Ich hatte mich für fünf Monate entschieden, weil ich der Meinung war, diese Zeit würde mich von allen ethischen und rechtlichen Verpflichtungen der Klinik gegenüber entbinden. Moira beteiligte sich zwar an den Planungen, dennoch wirkte sie gleichgültig und fragte nie danach, was in der Zwischenzeit mit ihr geschehen würde. Möglicherweise ahnte sie, daß ich etwas vor ihr verbarg.

Ein paar Tage später traf ich mich mit meiner Therapiegruppe, die mit mir und Marcuse jenes dramatische Wochenende erlebt hatte. Während meines Teilzeitjobs würde ich mit der neuen Therapeutin arbeiten, die ihnen zugeteilt worden war. Ich war erstaunt über die Entscheidung:

Helen Demar, eine pummelige Rothaarige mit wenig Erfahrungen, sollte die Gruppe übernehmen. Ich hatte eigentlich Marcuse für diese Aufgabe vorgeschlagen, weil er bereits mit der Gruppe gearbeitet hatte, aber Mardoff hatte meinen Vorschlag ignoriert. Als Helen, ich und die Gruppe uns bei einem zwanglosen Gespräch kennenlernten, fragte ich mich, wie ich wohl mit ihr zurechtkommen würde. Zu meiner Überraschung fragte keines der Gruppenmitglieder nach Moira, und ich schnitt dieses Thema ebenfalls nicht an.

In den nächsten zwei Monaten nahmen mein Job in Wilson und meine Graduiertenarbeit meine gesamte Zeit und Energie in Anspruch. Es war ein angenehmes Gefühl, für die Therapeutentätigkeit bezahlt zu werden. Aber mir wurde schon bald klar, daß die Arbeit in Wilson sich stark von meinen bisherigen Erfahrungen unterschied. In der Klinik hatte ich mit Erwachsenen zu tun gehabt, die zwar neurotisch waren, aber normal funktionierten und emotional unabhängig waren. Die Jungen in Wilson waren hingegen in einem viel übleren Zustand: Sie litten unter ernsten psychischen Störungen, die auf Vernachlässigungen im Baby- und Kleinkindalter zurückzuführen waren. Viele reagierten gar nicht auf traditionelle Therapieformen, und ich mußte nach neuen Ansätzen suchen, um ihre Probleme in den Griff zu bekommen. Dies alles forderte mich so sehr, daß die Arbeit mit meiner alten Therapiegruppe und mit den anderen Patienten aus der Klinik stark in den Hintergrund rückte. Im Laufe der Wochen überließ ich Helen mehr und mehr die Verantwortung für meine alten Patienten. Obwohl ich mir zunächst Sorgen gemacht hatte, erwies sie sich als kompetent, und ich half ihr, so gut ich konnte.

Nur Moira beschäftigte mich nach wie vor. Während meiner Supervisionen mit Mardoff erkundigte ich mich häufig nach ihr. Er reagierte meist ausweichend und gab mir nur vage Antworten. Ich war unbefriedigt und versuchte mich mit dem Gedanken zu trösten, daß sie bald wieder unter meinen Fittichen sein würde.

Das Promotionsprogramm an meiner neuen Universität stellte sich als das heraus, wovon ich immer geträumt hatte. Die exzellente Fakultät vertrat verschiedene theoretische Positionen innerhalb der Psychotherapie, die mir eine ganze Bandbreite von Behandlungsmethoden ermöglichten. Und in Wilson fand ich ein reiches Experimentierfeld. Man hatte mir noch einmal gesagt, daß Psychoanalysen bei den Jungen sinnlos seien, deshalb versuchte ich es mit Gruppentherapie und kognitiven oder behaviouristischen Behandlungsmodellen. Den Promotionskandidaten an meiner Schule gestattete man völlige Freiheit bei der Auswahl ihrer Themen, theoretische Ansätze wurden ebenso akzeptiert wie experimentelle.

Das einzige Kriterium an der Universität war ein ganz pragmatisches: Die Arbeit mußte einen praktischen Sinn haben und Behandlungsmöglichkeiten erläutern, die Patienten wirklich halfen. Psychoanalytische Ansätze wurden durchaus geschätzt, aber nur, wenn man mit ihnen Erfolge erzielte. Im großen und ganzen blieb die Psychoanalyse auf zwanghafte Störungen und sexuelle Probleme beschränkt.

Ich empfand dieses Klima als sehr angenehm und motivierend.

Meine frühere Ausbildung hatte bei mir zu Vorurteilen geführt gegen allzu starre Ansätze nach dem Motto »Wir haben es immer so gemacht, also werden wir es auch in Zukunft so machen«. Ermutigt durch die neuen Erfahrungen begann ich mich selbst nicht als »Psychoanalytiker« zu begreifen, sondern als einen pragmatischen Psychotherapeuten. Mein Hauptmotiv bestand darin, den Patienten tatsächlich zu helfen, und mein Behandlungsmotto lautete: Wenn du beim ersten Mal keinen Erfolg hast, versuche etwas Neues!

Bei meiner Ankunft in Wilson war mir aufgefallen, daß die Jungen dort alle an Konzentrationsschwäche litten. Sie konnten sich einer Sache höchstens zehn Minuten widmen, dann ließ ihre Aufmerksamkeit nach. Außerdem hatten alle Sprech- und Lernschwierigkeiten.

Als ich die Jungen besser kennenlernte, wurde auch mir klar, daß psychoanalytische Techniken bei ihnen völlig sinnlos waren. Ödipuskomplex? Verdrängte Sexualität? Alles Quatsch! Die meisten dieser Kinder wußten früher nicht, woher sie etwas zu essen bekamen. Viele hatten keine Beziehung zu ihren Eltern, die oft drogenabhängig oder ihren Kindern gegenüber völlig gleichgültig waren. Die meisten waren von ihren Brüdern, Schwestern, Großeltern oder irgendwelchen anderen Verwandten aufgezogen worden. Wenn Dr. Freud einen Blick in die Straßen von Harlem hätte werfen können, hätte sich ihm eine Welt präsentiert, die sich von seinem Wien etwa so stark unterschied wie eine Mondlandschaft. Die direkte und unvermittelte Auseinandersetzung mit Problemen, auf die ich nicht vorbereitet war, kam meinen Erfahrungen sehr zugute.

Meine Tage in Wilson bekamen allmählich etwas Routine. Ich kam morgens um zehn und kümmerte mich um die Kinder, die an diesem Tag nicht zur örtlichen Schule gegangen waren. Ein wesentlicher Schritt, die Jungen in die Gesellschaft und mit viel Glück auch in ihre Familien zurückzuführen, bestand darin, sie zum Schulbesuch zu bringen. Die meisten von ihnen haßten das, weil sie sich von Lehrern und Mitschülern nicht anerkannt fühlten. Viele der Jungen konnten nicht schreiben, weil sie die Schule bisher kaum besucht hatten, und waren nicht in der Lage, normalen Unterricht durchzuhalten. Entsprechend hoch war ihre Abwesenheitsrate, und ich erfuhr bald, daß dies der Schulleitung völlig gleichgültig war. Also versuchte ich während des Vormittags mit den Kindern, die nicht zum Unterricht gegangen waren, so gut wie möglich Therapie zu machen.

Ein weiteres Problem bestand darin, daß die Kinder, die nicht zur Schule gingen, aber auch nicht in Wilson blieben, durch die Gegend streiften, stahlen, Haschisch rauchten und ab und zu ältere Mitbürger belästigten. Die Schule informierte uns über ihr Fernbleiben vom Unterricht, kümmerte sich aber nicht weiter um sie. Und die Kinder berichteten uns, daß Polizisten sie brutal behandelt hätten. Wir konnten diese Berichte nie nachprüfen, und die Polizei nahm wegen dieser Dinge nie Kontakt mit uns auf. Wir versuchten, die Schulschwänzer zu bestrafen, wenn sie schließlich wieder auftauchten, indem wir sie für den Rest des Tages auf ihre Zimmer verbannten, aber meist erwies sich das als ziemlich fruchtlos.

Viele der Jungen, vor allem die, die nicht zur Schule gingen und sich auch nicht auf der Straße herumtrieben, hatten große Angst vor der Außenwelt. Das war nicht verwunderlich, denn die meisten hatten gleichgültige, psychisch gestörte Eltern. Viele hatten erlebt, daß ihre Eltern bei Drogenrazzien von Polizisten geschlagen wurden, und mußten daher zu dem Schluß kommen, daß sie in einer bedrohlichen Welt lebten. Da konventionelle Therapieformen bei meinen jungen Patienten nicht angebracht waren, gewöhnte ich mir an, ihnen in erster Linie zuzuhören, wenn sie über sich und ihr Leben erzählten, und nur ab und zu ein paar vorsichtige Fragen zu stellen. Die Geschichten, die ich dabei erfuhr, waren oft schrecklich und tragisch, aber manchmal auch amüsant und erfrischend menschlich. Nach und nach wurden die Jungen immer offener und vertraulicher, dennoch war ich frustriert, daß ich ihnen nicht noch mehr helfen konnte. Aber trotz aller Sorgen um sie fragte ich mich immer wieder, was wohl aus Moira geworden war.

Jeden Mittag versammelte sich in Wilson die gesamte Belegschaft, um über die erzieherischen und therapeutischen Fortschritte der Jungen zu sprechen und neue Strategien für die künftige Arbeit zu entwerfen.

Der wichtigste Ansatz in Wilson hieß »Familiensystem«, was bedeutete, daß die Probleme der Jungen auf lieblose, emotional verarmte Familien zurückzuführen waren. Man war der Ansicht, daß eine offene, kommunikative Atmosphäre in Wilson, eine neue »Familie« also, dazu führen konnte, daß die Jungen gesünder und stärker wurden und besser mit dem Leben zurechtkamen.

Ich stellte jedoch bald fest, daß der Anspruch dieser Versammlungen sich weit von dem unterschied, was dabei tatsächlich besprochen wurde. Im Grunde waren sie nichts weiter als die Möglichkeit, einmal Dampf abzulassen. Die Arbeit mit diesen Jungen war äußerst anstrengend, und wir alle mußten uns unbedingt regelmäßig austauschen, wenn wir nicht den Verstand verlieren wollten. Die Versammlungen boten uns den idealen Ort, unsere aufgestauten Frustrationen und andere angesammelte Emotionen loszuwerden.

Die Atmosphäre war jedesmal aufs äußerste geladen, wenn wir uns zusammensetzten. Die größte Spannung bestand immer in der Frage, von wem diesmal ein Ausbruch zu erwarten war und wer von der Gruppe ins Visier genommen werden würde.

Babcock nahm an diesen Treffen nie teil. Man schien allgemein zu akzeptieren, daß seine Aufgabe in Wilson sich darauf beschränkte, Beruhigungsmittel für die »überaktiven« Kinder zu verordnen.

Bei der ersten Kollegiumsbesprechung geriet ich, wahrscheinlich weil ich neu war, sofort ins Kreuzfeuer der wunderbaren Dolly.

Wie ich erwartet hatte, hielt sie einen Vortrag darüber, wie wenig Sinn analytische Methoden bei den Jungen hätten. Diese Argumentation nervte mich allmählich ein bißchen, zumal ich längst selbst festgestellt hatte, wie richtig sie war. Aber ich würde mich wohl noch eine Weile damit abfinden müssen.

»Stellt euch vor!« rief Dolly ihrem grinsenden Publikum zu. »Ich habe gehört, daß Obler den Jungs dieses analytische Zeug erzählt. Er versucht das sogar bei den richtig Verrückten. Glauben Sie, das hilft? Vergessen Sie es. Brauchen wir noch einen weißen Idioten mehr in dieser Klapsmühle? Wohl nicht. Der andere Irre gibt ihnen Pillen, um sie ruhigzustellen. Obler hat die Jungs gefragt, ob sie mit ihren Muttis schlafen wollen. Er verkorkst sie mit diesem Unsinn nur noch mehr.«

Die anderen brüllten vor Lachen. Als es allmählich wieder ruhiger wurde, fragte ich: »Welchen anderen Therapeuten haben Sie eben gemeint, Dolly?«

Sie verdrehte die Augen. »Wer weiß?« Alle, mich eingeschlossen, brachen in erneutes Gelächter aus. Dolly konnte Babcocks Namen nicht nennen, weil er ihr Vorgesetzter war, aber auch so wußten alle, von wem sie gesprochen hatte. Schon bald wurde mir klar, daß Dolly zu den bemerkenswertesten Menschen gehörte, die ich je kennengelernt hatte. Sie war über eine schreckliche Kindheit hinweggekommen und zu einer energischen, kompetenten Frau geworden. Sie war als Sekretärin angestellt, dabei aber so intelligent, daß sie die Strukturen in Wilson genau durchschaute. Sie war insgeheim die Hausvorsteherin und zudem eine brillante Verwalterin.

Da die weißen Verwaltungsleute und Psychiater nicht sehr kompetent waren, fiel die Arbeit mit den Jungen auf die farbigen Therapeuten und die Sozialarbeiter zurück. Sie waren nicht nur wesentlich engagierter, ihnen half auch ihr familiärer und ethnischer Hintergrund bei der Arbeit, weil er dem der jungen Leute ähnelte. Unter Dollys Regie arbeiteten die engagierten Kollegen Seite an Seite mit den Bürokraten. Dolly und ihr Team entwickelten in Wilson eines der effektivsten Behandlungsprogramme für junge Kriminelle. Als ich sie irgendwann einmal fragte, warum sie sich offiziell so im Hintergrund hielt und die Inkompetenz der Schulleitung nicht an die Öffentlichkeit brachte, fuhr sie auf. »Wem würden die eher glauben? Den studierten Weißen oder einer fetten, ungebildeten schwarzen Lady, wie ich es bin?«

Wir alle mochten und respektierten Dolly. Und wir alle fürchteten ihre Macht und ihre Offenheit. Ich hatte zuerst richtig Angst vor ihr, doch dann begann sie zunehmend, meine Fähigkeiten als Psychotherapeut zu schätzen. Eines Tages erklärte sie, ich sei der »einzig ehrliche Idiot, der etwas taugt«.

Das war ein großes Kompliment, und seither waren wir Freunde.

Dolly war die erste starke schwarze Frau, die ich kennenlernte. Obwohl sie auch in der Geschichte, in diesem Land oder wo auch immer ihren Platz hatten, sind starke, schwarze Frauen im Kampf um Gleichberechtigung für Schwarze in Erscheinung getreten. Die Bürgerrechtsbewegung vor allem der späten 60er und der 70er Jahre hat die Vorurteile vieler Weißer gegenüber den Schwarzen verändert. Der 350-Pfund-Broken Dolly und ihre Schwester –

aggressiv, provokativ und selbstbewußt — gehen noch einen Schritt weiter.

Bei Moiras erstem Besuch in Wilson präsentierte ich ihr Dolly als Beispiel für eine Frau, die es trotz immenser Schwierigkeiten zu sehr viel gebracht hatte. Ehe ich ihr Dolly vorstellte, flüsterte ich Moira zu, daß Dolly trotz ihrer rauhen Art eine sehr warme, sensible Person sei. Wir plauderten eine Weile, und ich hatte den Eindruck, daß Dolly und Moira sich sofort mochten. Als ich später mit Moira allein war, erzählte ich ihr, daß Dolly zwar im herkömmlichen Sinn ungebildet sei, aber eine Menge mehr über das Leben und andere Menschen wüßte als wir alle. Moira schien sehr beeindruckt zu sein. Offenbar dachte sie darüber nach, daß auch sie aus ihrem Leben etwas Ähnliches machen könnte wie Dolly.

Leider wurde mir in diesem vielversprechenden Augenblick auch klar, daß große Schwierigkeiten auf Moira zukamen. Die Therapie, die sie bei Dr. Mardoff machte, schien ihren Heilungsprozeß weder fortzusetzen, noch auf dem jetzigen Niveau halten zu können. Im Gegenteil, ihr Zustand schien sich wieder zu verschlimmern. Ich hatte Angst um sie.

Während ich nach Hilfe für sie suchte, gewöhnte ich mich an das Klima der Versammlungen in Wilson. Ich freute mich sogar auf sie und begann den verbalen und emotionalen Schlagabtausch, den wir uns lieferten, zu genießen. Wir waren ganz klar Sadomasochisten. Wir teilten Hiebe aus und steckten Hiebe ein, eine merkwürdige Art miteinander umzugehen. Aber diese Auseinandersetzungen erfüllten einen wichtigen Zweck, sie lösten aufgestaute Emotionen. Und nicht nur wir Betreuer, auch unsere Jungs profitierten davon, denn nachdem wir »alles herausgelassen« hatten, fühlten wir uns besser und wir arbeiteten besser.

Nach jeder Versammlung raste ich zur Universität, um

meine Graduiertenseminare zu besuchen. An zwei Nachmittagen in der Woche mußte ich zur Brooklyn-Klinik wegen der Supervision mit Mardoff. Später am Tag traf ich dann meine alte Therapiegruppe in der Klinik und hielt drei private Sitzungen ab. Jeden zweiten Tag raste ich nach der Supervision mit Mardoff nach Wilson zurück, um mich um die Jungen zu kümmern, die von ihren Streifzügen aus New York City zurückkamen. Mein Tag endete um neun, nachdem ich mich noch um zwei oder drei private Patienten gekümmert hatte, die mich in Wilson aufsuchten. Ich empfing diese Patienten in einem abgetrennten Raum im hinteren Teil des Hauses. Die Jungen aßen in der Zeit zu Abend und badeten, und die Sozialarbeiter versuchten, sie auf die Nachtruhe vorzubereiten. Der Raum war zwar von den anderen durch extra dichten Gipskarton abgetrennt, aber meine Patienten und ich mußten uns mit dem Lärm der Jungen und ihrer Betreuer abfinden, während wir versuchten, uns auf Probleme zu konzentrieren. Um eine neue Praxis zu starten, waren die Umstände denkbar ungeeignet, aber ich konnte mir noch kein eigenes Büro leisten.

Die Tage waren lang und anstrengend. Aber die Beschäftigung mit den Hochs und Tiefs der menschlichen Psyche machte mir großen Spaß, und ich fiel jeden Abend zufrieden ins Bett.

Später begriff ich, daß auch andere in Wilson bis zur Erschöpfung arbeiteten, es war die einzige Möglichkeit, nach einem aufreibenden Tag einzuschlafen.

Bis Februar machte ich mir Gedanken, wieso ich eigentlich unbedingt Psychologe werden und anderen Menschen helfen wollte. Früher hatte ich schon einmal vermutet, daß meine eigentliche Motivation darin bestand, mir selbst zu helfen und mich von meiner Einsamkeit zu befreien, indem ich mich bewußt auf andere konzentrierte.

Der schonungslos offene Kontakt zu den Kollegen und

Kindern in Wilson zwang mich dazu, noch einmal darüber nachzudenken. Ich hatte den Verdacht, daß es noch andere Gründe gab. Hatte ich Wilson vielleicht deshalb ausgesucht, weil das, was sich hier abspielte, so viel Ähnlichkeit hatte mit dem, was in meinem und Moiras Elternhaus passiert war? Moiras Verwandte hatten einander ausgenutzt — vor allem Moira —, weil sie arm waren und sich gesellschaftlich nicht akzeptiert fühlten. Das war auch in Wilson nicht anders. Die Betreuer halfen den Jungen zwar, so sehr sie konnten, aber hin und wieder schrien sie sie auch an und disziplinierten sie auf sehr rauhe Art und Weise. So erhielten sie sich ein Gefühl der Macht für ihre eigenes, oft unsicheres Leben. Die Jungen schlugen und mißhandelten sich gegenseitig, weil sie selbst geschlagen und mißhandelt worden waren. Meine eigene Kindheit war nicht viel anders gewesen.

Die Gründe, warum ich nach Wilson gekommen war, waren offensichtlich kompliziert und undurchsichtig, aber ich hatte keinen Zweifel, daß sich meine schwierige Beziehung zu Moira in meinen Erfahrungen dort widerspiegelte. Ich begriff, daß ich mich vielleicht deshalb für Wilson entschieden hatte, weil ich das Gefühl hatte, besser verstehen zu können, was sich in Moiras Elternhaus abgespielt hatte, wenn ich mich mit dieser Umgebung auseinandersetzte.

Im Januar traf ich Moira zufällig in der Eingangshalle der Klinik. Sie wartete dort auf ihre Sitzung mit Mardoff. Ich hatte sie seit November nicht gesehen, und wir begrüßten uns herzlich. Moira sah müde aus, sie war schmal geworden und hatte tiefe Falten um Augen und Mund. Ich hätte sie am liebsten in die Arme genommen, aber Gail, die Empfangsdame der Klinik, saß ganz in der Nähe, und sie wußte, daß Mardoff das überhaupt nicht gutheißen würde. Also beschloß ich, Moira nur die Hand zu schütteln, und stellte überrascht fest, daß ihre Hand zitterte. Wir wußten beide nicht, was wir sagen sollten, und schauten uns nur an.

Ich wollte nicht, daß Gail oder die anderen Patienten hörten, was ich mit Moira sprach, deshalb schrieb ich etwas auf ein Stück Papier und schob es ihr hin. Auf dem Zettel schlug ich ihr vor, bald wieder mit der Therapie zu beginnen und bat sie, mich in Wilson anzurufen. Während Moira meine Nachricht las, kam Mardoff aus seinem Zimmer, und Moira stopfte den Zettel in ihre Tasche. Während sie das tat, wirkte ihr Blick plötzlich völlig verängstigt. Ich war wütend. Warum brachte Mardoffs Erscheinen Moira so sehr in Panik? Im Geiste sah ich Moira vor mir, die Mardoff kräftig in die Eier trat, während ich ihn mit Handschellen fesselte. Ich biß die Zähne zusammen und versuchte, meine Wut zurückzuhalten, als Mardoff mir einen mißbilligenden Blick zuwarf. Wie können Sie es wagen, mit meiner Patientin zu reden?, schien er auszudrücken. Ich erwiderte seinen Blick, während Moira gehorsam aufstand und ihm in sein Büro folgte.

Obwohl Mardoff an diesem Nachmittag bei der Supervision kein Wort über die Begegnung verlor, war die Atmosphäre gespannt. Nachdem ich Moiras erschrockenen Gesichtsausdruck gesehen hatte, hatte ich mir vorgenommen, nach einem Weg zu suchen, um sie in meine Obhut zu holen, ganz gleich welche Konsequenzen das haben würde. Aber zunächst mußte ich mit ihr reden, um festzustellen, ob sie bereit dazu war. Ich fragte Mardoff, wie er mit Moira vorankäme. Er wich meiner Frage mit einer nichtssagenden Antwort aus und begann dann, meine Gruppentherapie auf fadenscheinige Art und Weise zu kritisieren. Sein Vortrag ging mir zum einen Ohr rein, zum anderen gleich wieder hinaus. Was er sagte, war Unsinn und offensichtlich nur eine Reaktion auf meine Frage nach Moira. Sie stand zwischen uns wie eine Bombe, die jederzeit zu explodieren drohte.

Im Laufe der Sitzung machte ich mir selbst Vorwürfe, das Thema Moira nicht hartnäckiger verfolgt zu haben. Als ihr ehemaliger Therapeut hatte ich ein Recht darauf, mich nach den Gründen für ihren angsterfüllten Gesichtsausdruck zu erkundigen, den ich gesehen hatte. Aber ich saß nur dort, schaute Mardoff stumm an und begriff, wie sehr er mich in der Hand hatte.

Meinem Impuls, mich gegen Mardoff aufzulehnen, stand der Wunsch entgegen, weit wegzulaufen.

Drei Wochen später rief Moira mich an. Sie war unsicher, ob sie mich treffen wollte, außerdem klang sie ängstlich und durcheinander. Ihre Unentschlossenheit machte mich wütend und besorgt zugleich. Wir hatten nun endlich die Möglichkeit, ihre Behandlung fortzusetzen, was wir lange geplant und erhofft hatten, und nun zögerte sie. Sicher war Mardoffs Einfluß für diese Unsicherheit verantwortlich. Ein merkwürdiges Gefühl in der Magengegend verhieß mir, daß sich eine Katastrophe anbahnte. Dennoch machten wir für Februar einen Termin aus. Als ich den Hörer auflegte, glaubte ich einen lauten Schrei zu hören, aber ob er von Moira stammte, von jemand im Haus oder von mir selbst, weiß ich bis heute nicht.

In der zweiten Februarwoche an einem windigen Abend kam Moira nach Wilson. Sie machte einen verwirrten Eindruck, als sie in die Eingangshalle kam, wo ich auf sie wartete. Als ich sie sah, erfaßte mich ein Gefühl der Wärme und zugleich der Hoffnung, sie doch noch heilen zu können.

Moira trug ein schlichtes schwarzes Kleid und einen dicken Wollpulli, in den sie sich einkuschelte, obwohl es im Zimmer viel zu warm war. Ich fragte mich, ob sie vor mir zu verstecken versuchte, daß sie eine Menge Gewicht verloren hatte. Sie war aufgewühlt und rutschte unablässig auf ihrem Stuhl herum.

Als wir ein Gespräch beginnen wollten, machten die Hintergrundgeräusche eines Betreuers, der ein paar Jungs zur Ruhe zu bringen versuchte, Moira noch nervöser. Das war wirklich nicht die ideale Atmosphäre, um über den Neubeginn unserer Therapie zu sprechen.

»Gehen wir in das Zimmer, das ich für meine privaten Patienten benutze«, schlug ich vor. »Dort ist es ruhiger.«

Schweigend gingen wir über den Flur. Ich folgte Moira in den Raum, schloß die Tür hinter uns und bat sie, sich zu setzen. Ich setzte mich auf einen Stuhl ihr gegenüber und nicht an den Schreibtisch. Leute am Schreibtisch strahlen Autorität aus, und ich wollte, daß Moira sich möglichst sicher und geborgen fühlte.

»Es ist schön, Sie zu sehen«, begann ich. »Ich kann kaum glauben, daß wir es endlich geschafft haben, uns wiederzutreffen. Wie wäre es, wenn Sie mir als erstes ein bißchen über Ihre Therapie erzählen?«

Moiras Gesicht verzerrte sich, und sie schrie mich an: »Wie konnten Sie mich in die Hände dieses Ungeheuers geben?« Sie klammerte die Hände ineinander und bewegte den Oberkörper erregt vor und zurück.

Ich zuckte zusammen. »Was ist passiert, Moira? Warum sind Sie so wütend?«

»Ich sage Ihnen die Wahrheit«, zischte sie. »Jeden Fortschritt, den ich gemacht hatte, zerstört dieser Mensch wieder. Ich bin nicht blöd. Ich weiß, daß Sie das Gefühl hatten, gegen die Klinik keine Chance zu haben, aber es ist entsetzlich mit ihm.«

Sie hielt inne und beugte sich vor. Ihre Stimme war nur noch ein Flüstern. »Ich hätte sowieso zu ihm gehen müssen.«

»Was meinen Sie damit?« fragte ich verständnislos.

»Ich habe herausgefunden, daß es irgendeine Versicherungsvereinbarung zwischen dem Police Department und

Mardoff gibt. Ich weiß nicht, um was es sich genau handelt, aber sicher ist, daß ich offiziell immer seine Patientin war, auch als ich mit Ihnen gearbeitet habe. Wenn sie herausfinden, daß ich Ihre Patientin war, könnte es sein, daß die Versicherung nicht zahlt.«

Moira machte eine Pause, dann begann sie wieder zu reden, erregt und fast ein bißchen hysterisch. Sie wiederholte noch einmal, was sie Sekunden vorher bereits gesagt hatte. »Trotzdem werde ich Ihnen nie verzeihen, daß Sie das nicht verhindert haben. Es ist mir egal, was für eine Scheißrechtfertigung Sie haben, Sie haben mich nicht beschützt. Sie hätten einen Weg finden können. Und jetzt stellt sich mir die Frage, was ich von Ihnen als Mann und als Therapeut zu halten habe.« Sie seufzte tief. »Trotzdem sind Sie im Moment mein geringstes Problem.«

Ich unterbrach sie. »Jetzt lassen Sie uns mal am Anfang beginnen. Oder von mir aus auch am Ende. Was für Probleme haben Sie? Wir können diese Versicherungssache irgendwie regeln, notfalls verlange ich kein Honorar von Ihnen. Den Schaden, den Mardoff bei Ihnen angerichtet hat, kann ich nicht mehr gutmachen, aber ich bringe Sie wieder dorthin, wo Sie waren, als wir unsere Therapie unterbrechen mußten, das verspreche ich Ihnen.«

Moira lehnte sich auf ihrem Stuhl zurück. Sie machte jetzt einen ruhigeren Eindruck, wirkte aber sehr niedergeschlagen. »So einfach ist das leider nicht«, sagte sie. »Ich bin nicht mehr dieselbe Frau wie damals. Ich bin emotional und körperlich am Ende. Vielleicht können wir mit dem Police Department ein Abkommen treffen, damit ich wieder zu Ihnen kommen kann. Aber es gibt da noch etwas anderes: Ich kann noch nicht von Mardoff fort.«

Ich schnappte nach Luft. »Wie können Sie so etwas sagen nach alldem, was Sie mir gerade erzählt haben?«

Sie warf mir einen verächtlichen Blick zu. »Manchmal

frage ich mich, ob Sie mich so gut verstehen, wie Sie selbst glauben. Können Sie sich nicht vorstellen, daß ich ihn attraktiv finde? Er weiß, daß ich eine Vaterfigur brauche. Und er weiß, daß er dieselbe Macht auf mich ausüben kann wie meine Mutter. Er tut es, vielleicht sogar noch ein bißchen stärker als sie.«

Moira seufzte erneut. »Er hatte mich so schnell im Netz wie eine hungrige Spinne ihr hilfloses Opfer. Er wußte, daß die Stärke, die ich durch Ihre Therapie aufgebaut hatte, sehr zerbrechlich war, und daß er mich leicht in seine Abhängigkeit bringen konnte. Was er damit für einen Schaden bei mir anrichtete, war ihm egal. Jetzt hat er mich fast vollständig in der Hand.« Sie starrte mich an. »Er und seine selbstsüchtigen Interpretationen meiner Probleme! Seiner Meinung nach habe ich die Leute selbst dazu gebracht, mich zu beherrschen, um ihre Aufmerksamkeit zu erregen. Ich habe mit meiner Mutter angefangen, die, wie Mardoff sagt, gar nicht so schlecht ist, wie ich sie mache. Aus seiner Sicht war ich eifersüchtig auf ihre Beziehung zu Janice und versuchte deshalb, sie durch übertriebene Forderungen auf mich aufmerksam zu machen. Und das wiederum zwang sie, hart mit mir umzugehen. Dann brachte ich meinen Mann dazu, mich mies zu behandeln. Dieser Bastard redet mir doch tatsächlich ein, daß ich selbst verantwortlich bin für die Brutalitäten, die ich erleiden mußte.«

Moira brach in Tränen aus, dann beruhigte sie sich und fuhr fort:

»Mardoff sagt, ich hätte mir insgeheim Gewalt und Brutalität gewünscht. Er kennt meine schwachen Punkte und nutzt sie gnadenlos aus. Er sagt, ich will, daß die Leute, die mir nahestehen, auf mich scheißen und mir das Gefühl geben, völlig wert- und nutzlos zu sein. Er meint, die meisten Frauen seien so, weil es für sie die einzige Möglichkeit ist, eine sichere Beziehung aufzubauen.« Moira schluchzte wieder, diesmal ungehemmt. Die Tränen strömten über ihr Gesicht. »Mardoff sagt auch«, fuhr sie mit bebender Stimme fort, »daß meine Krankheit schuld daran ist, daß ich wie ein Kind behandelt werde. Er glaubt, daß meine Mutter wahrscheinlich viel liebevoller war, als ich es in Erinnerung habe, und nur mein Bestes wollte, als sie mich bestrafte. Mein Vater hat seiner Einschätzung nach vielleicht ein paar Frustrationen an mir ausgelebt, aber möglicherweise übertreibe ich auch.«

Ich ballte die Hände zu Fäusten, sagte aber nichts.

Moira redete weiter: »Ich wollte unbedingt herausfinden, ob ich nach seiner Interpretation die Vergewaltigungen selbst provoziert habe. Er erklärte mir daraufhin, die Vergewaltigungen seien möglicherweise eine Antwort auf meinen Wunsch, mich mißhandeln zu lassen. Als ich ihn bat, mir das genau zu erklären und mir vor allem zu sagen, warum ich das alles verdrängt hatte, raubte mir seine Antwort fast den Atem. Verärgert erwiderte er, daß er mir das zwar eigentlich noch nicht hatte sagen wollen, aber daß die Vergewaltigungen seiner Meinung nach überhaupt nicht stattgefunden hätten, sondern nur Wunschvorstellungen gewesen seien, was für hysterische Frauen typisch sei. Dieser Wunsch sei auf mein überaus niedriges Selbstwertgefühl zurückzuführen und auf unbewältigte sexuelle Schuldgefühle. Er betonte noch einmal, daß so etwas bei Hysterikerinnen wie mir häufig vorkäme und daß die Psychoanalyse gezeigt hätte, daß Frauen, die sexuellen Mißbrauch in der Kindheit angäben, diesen meist erfunden hätten. Mit anderen Worten, ich hätte die Belästigungen alle meiner Phantasie zu verdanken.«

Moira schwieg jetzt. Ich dachte fieberhaft nach. Mich erschütterten nicht nur Mardoffs Fehlinterpretationen, ich hatte noch eine andere Sorge: Wie konnte ich Moira von Mardoffs verheerendem Einfluß befreien?

»Wissen Sie, Moira«, begann ich schließlich, »alles, was Sie mir da erzählen, überrascht mich nicht. Mardoff neigt eher zu klassischen analytischen Interpretationen, ob sie nun gerechtfertigt sind oder nicht. Aber was hindert Sie daran, die Therapie bei ihm abzubrechen und bei mir fortzusetzen?«

Moira schüttelte den Kopf. Sie wählte ihre Worte sehr sorgfältig aus und antwortete: »Mir ist nie aufgefallen, wie sehr ich mich zu dominanten Menschen hingezogen fühle. Ich kann einfach nichts dagegen tun.«

Moira fuhr fort: »Verstehen Sie mich nicht falsch. Ein Teil von mir wünscht sich einfach, bei ihm zu sein. Nach ein paar Sitzungen hatte ich beschlossen, von ihm fortzugehen. In Gedanken habe ich immer wieder durchgespielt, daß ich es ihm sagen und nie zurückkommen würde, aber ich habe es nicht getan. Statt dessen bin ich immer wiedergekommen. Ihr Männer könnt mir dankbar sein, weil ich mich euch zur Verfügung stelle, und das liebt ihr doch.«

Ich überging ihre Bemerkungen über mich, sie spielten jetzt keine Rolle. Wichtig war nur das armselige Bild, das sie von sich selbst hatte. »Aber Ihre Mutter hat Sie doch auch beherrscht, und sie war eine Frau.«

»Das stimmt. Aber sie hat mich vor allem deshalb beherrscht, weil sie sonst keine Macht in der Familie hatte. Sie und Mardoff hingegen haben richtige Macht, die Sie auch ausnutzen. Und dabei reden Sie sich noch ein, Sie seien sozial engagiert. Scheiß drauf, und scheiß auf Sie. In Wirklichkeit drücken Sie durch Ihre Kontrolle nur Ihre Wut darüber aus, daß Sie von Frauen abhängig sind. Mardoff ist ein Schwein. Er klammert sich an diese kaputte Beziehung zu seiner Frau und betäubt seinen Frust, indem er mich zum Opfer macht und mich ausnutzt.«

Ich sah in Moiras schmerzerfüllte Augen. Sie waren wunderschön — ein tiefes Grün, das jetzt in Tränen schwamm.

Meine Gedanken arbeiteten fieberhaft. Ich bewunderte Moira für ihre Sensibilität und für das Verständnis, mit dem sie die ganze Situation beurteilte. Sie war sehr intelligent, daran gab es keinen Zweifel. Wenn sie diese Intelligenz doch nur nutzen könnte, um sich selbst zu motivieren und zuerst Mardoff zu verlassen, um dann mit mir weiterzuarbeiten. Ihre Vorwürfe gegen mich und Mardoff und gegen unser Bedürfnis, mit weiblichen Patienten zusammenzuarbeiten, war sicher nicht völlig ungerechtfertigt, dennoch hatte ich eine Menge aufs Spiel gesetzt, um Moira zu helfen. Allerdings mußte ich zugeben, daß sie meinen Ehrgeiz richtig eingeschätzt hatte. Denn tatsächlich hatte ich zumindest im Hinterkopf immer den Gedanken, daß es meiner Karriere nützen würde, wenn der Fall Moira im Zusammenhang mit meinem Namen in psychologischen Fachkreisen bekannt würde. Aber war das so verwerflich? Ich nutzte Moira schließlich nicht im herkömmlichen Sinn aus und tat außerdem alles, um sie zu heilen. Und wenn sie geheilt wurde, warum sollte sich das nicht herumsprechen?

Am meisten beschäftigten mich Moiras Andeutungen darüber, daß sie tatsächlich ein persönliches Verhältnis zu Mardoff hatte, auch wenn ich diesen Verdacht schon lange hegte. Ich glaubte ihr. Mardoff war zu sehr ein traditioneller Analytiker, um einer Patientin gegenüber Einzelheiten aus seinem Privatleben zu erwähnen. Es mußte also noch etwas anderes zwischen den beiden stattfinden.

»Woher wissen Sie so viel über Mardoffs Eheleben?« fragte ich.

Wieder schlug mir Moiras Zorn entgegen. »Das interessiert Sie sicher«, höhnte sie. »Aber ich werde Ihnen nichts erzählen. Warum auch? Wenn ich könnte, würde ich mich von Ihnen beiden verabschieden. Aber wenn Sie und ich wieder mit der Therapie anfangen, müssen Sie mir glauben, was ich Ihnen über Mardoff erzähle. Wozu auch immer ich mich entscheide, es ist meine Entscheidung und nicht die von jemand anders. Was Mardoff angeht, sage ich Ihnen nur, daß ich meine Beziehung zu ihm fortsetzen werde, auch wenn ich wieder mit Ihnen arbeite.«

Ich war wütend. Erst wollte sie eine Therapie mit mir, dann plötzlich nicht. Was war aus dem Vertrauen zu mir geworden, das wir so mühsam aufgebaut hatten? Ich mußte unbedingt in Erfahrung bringen, was für eine Verbindung zwischen ihr und Mardoff bestand, denn wie konnte ich sie sonst heilen?

»Kommen Sie, Moira, was verbindet Sie mit Mardoff?« stieß ich hervor. Moira wollte gerade antworten, als Hermit, gefolgt von Jasslow, ins Zimmer stürmte. Die beiden Jungen blieben vor uns stehen und starrten uns an. Hermit lutschte an seinem Daumen.

»Was tut ihr denn hier?« brüllte ich sie an. »Ihr wißt, daß ihr hier nichts zu suchen habt.«

Moira war irritiert und sah aus, als würde sie im nächsten Moment aufspringen und davonlaufen. Ich stand auf, legte meine Hand auf ihre Schulter und flüsterte: »Bleiben Sie.« Dann forderte ich die beiden Jungen auf zu gehen.

Jasslow drehte sich gehorsam in Richtung Tür, aber Hermit blieb wie angewurzelt stehen, starrte Moira unverwandt an und lutschte immer heftiger an seinem Daumen. Zu meiner Überraschung streckte Moira den Arm aus, zog Hermit auf ihren Schoß und streichelte ihn zärtlich. Sie schauten sich an und fingen beide an zu weinen.

»Was ist denn los?« flüsterte sie ihm zu. Hermit gab keine Antwort, und sie wiegte ihn liebevoll hin und her. Nach einer Weile flüsterte er ihr zögernd, aber für mich hörbar zu:

»Angel und die Jungs haben versucht, mich in den Arsch zu ficken. Jasslow sagt, er würde sie verprügeln, aber ich habe trotzdem Angst.«

Ehe irgend jemand von uns etwas sagen konnte, kam Chuck ins Zimmer. »Okay Hermit, warte bitte draußen«, befahl er dem Jungen. Hermit rutschte von Moiras Schoß und schoß aus dem Zimmer. Chuck lächelte uns zu und wandte sich dann an Moira. »Tut mir leid, daß Sie gestört wurden. Wir haben hier so viele Jungs, auf die wir aufpassen müssen, manchmal entweichen sie uns einfach.« Chucks ruhige Überlegenheit, seine Wärme und Ehrlichkeit bewegten Moira. Sie brach erneut in Tränen aus.

Nachdem Chuck wieder gegangen war, fragte ich Moira, wie sie sich fühlte. Sie trocknete sich die Augen und antwortete:

»Vernachlässigte Kinder rühren mich immer. Vielleicht sehe ich mich selbst in ihnen.«

»Identifizieren Sie sich auf besondere Weise mit Hermit?«

Moira steckte den Daumen in den Mund und begann daran zu saugen. Dann zog sie die Beine auf den Stuhl und steckte wie ein Fötus den Kopf zwischen die Beine. Es war genau die Stellung, die die Kinder in Wilson einnahmen, wenn sie Angst hatten.

»Ist alles in Ordnung, Moira?« fragte ich leise.

»Ich will zu meiner Grandma.« Es war die Stimme eines schwarzen Kindes, die ich von ihr noch nie gehört hatte. Ich war verwundert. »Was sagten Sie?«

»Bitte, Mister, tun Sie mir nicht weh. Ich will nach Hause. Meine Mama schlägt mich, wenn ich nicht nach Hause komme.« Schluchzend stieß Moira diese Worte in einem fremden Dialekt hervor. Die Stimme war weder die von Marcia noch die des britischen Mädchen oder des älteren Mannes. Die Stimme war die eines Kindes, und sie machte mir angst. Mein Herz sank. Moira brauchte ganz dringend eine wirkungsvolle Therapie. Als ich die Klinik verlassen hatte, hatte ich gehofft, sie wäre so weit gestärkt, daß sie nicht mehr in andere Persönlichkeiten zurückfallen würde. Jetzt erkannte ich, daß das falsch war und daß die üblen Erfahrungen mit Mardoff einen Rückfall bei ihr auslösten. Als ich jetzt an unseren Abschied in der Klinik zurückdachte, wurde mir klar, daß ich schon damals vermutet hatte, daß noch weitere Ichs in ihr schlummerten. Jetzt erkannte ich, daß ich ihr gegenüber zu ehrgeizig gewesen war. Sie hatte eine Menge Fortschritte gemacht, aber viel weniger, als ich angenommen hatte. Ich rief mir andere Situationen ins Gedächtnis, in denen deutlich geworden war, daß Moira noch viel Hilfe benötigte: Gedächtnislücken und Ungereimtheiten und ihre Angewohnheit, sich ganz oder teilweise wie ein Fötus zusammenzukrümmen — so wie sie es jetzt tat.

Ich beschloß, sie direkt anzusprechen. Ich zog sie vorsichtig hoch und sagte mit fester Stimme: »Moira, Sie machen mir nichts vor, oder?« In meinen Armen nahm sie den Daumen aus dem Mund, hörte auf zu schluchzen und beruhigte sich allmählich wieder. Dann lief ein Zittern durch ihr Gesicht und plötzlich stand wieder die erwachsene Moira vor mir. Sie sah mich mit schläfrigem Gesichtsausdruck an, und ich sagte: »Sie haben meine Frage noch nicht beantwortet.«

»Welche Frage?«

»Ich habe Sie gefragt, ob Sie nur so getan haben, als verfielen Sie in die Rolle eines kleinen schwarzen Mädchens, das seine Mutter sucht.«

Sie riß erstaunt die Augen auf. »Wovon reden Sie?« Dann sah sie mich mißtrauisch an. »Ich verstehe. Sie versuchen, mich zu beeinflussen, damit ich die Therapie bei Ihnen fortsetze. Aber das wird Ihnen nicht gelingen. Ich treffe die Entscheidung, und ich werde mich nicht von Ihnen beeinflussen lassen. Jetzt sagen Sie mir die Wahrheit, es ist gar nichts passiert, oder? Sie sagen nur, daß ich jemand anders war, weil Sie wollen, daß ich zu Ihnen zurückkomme.«

»Ich versuche nicht, Sie zu beeinflussen«, antwortete ich mit Bestimmtheit. »Aber ich bin mir nicht sicher, ob das, was gerade mit Ihnen geschehen ist, mit früheren Situationen zu vergleichen ist. Ihr bewußtes Ich war verschwunden, und Sie haben geredet und sich benommen wie ein verängstigtes kleines Mädchen, das am Daumen lutscht. Es ist passiert, ich habe es gesehen. Erinnert Sie das an irgend etwas? Haben Sie so jemand einmal kennengelernt?«

Ich spürte, daß Moira Angst bekam. Sie wechselte abrupt das Thema, was mich nicht wunderte. Schließlich war es nicht leicht für sie, sich einzugestehen, daß sie nach wie vor dissoziierte.

Auf einmal sprach Moira davon, zu mir in die Therapie zurückzukommen. »Es wird noch ein paar Monate dauern«, meinte sie. »Wenn alles glattläuft, können wir im Juni beginnen. Ich möchte gern versuchen, ohne Ihre Hilfe von Mardoff fortzukommen. Das wäre gut für mich.« Sie lachte leise. »Vielleicht braucht er mich mehr, als ich ihn brauche. In der Zwischenzeit wäre ich Ihnen sehr dankbar, wenn Sie sich um meine Versicherung kümmern würden. Ich brauche das Geld, um Sie zu bezahlen. Und wenn ich mich dann von Mardoff befreit habe, können wir im Juni wieder mit den Sitzungen beginnen. Wie finden Sie das?«

»Das wäre sehr schön, Moira«, antwortete ich. »Aber ich würde gern noch ein bißchen mehr über das erfahren, was ich eben beobachtet habe. Sie haben gerade wieder die Persönlichkeit gewechselt, beunruhigenderweise war es eine, die ich noch nie bei Ihnen erlebt habe. Offenbar habe ich die Situation falsch eingeschätzt, als ich annahm, daß Ihnen das nicht mehr passieren würde. Aber machen Sie sich keine Sorgen, wir müssen eben noch ein wenig daran arbeiten. Ich halte es für sehr wichtig, daß wir möglichst bald damit beginnen. Ihre persönliche Beziehung zu Mardoff ist Ihre Privatangelegenheit, da können Sie ganz sicher sein. Am liebsten würde ich gar nichts davon erfahren.« Das stimmte zwar nicht, aber ich hielt es im Moment für besser, ihr das zu sagen. Später konnte ich dann immer noch versuchen, etwas mehr zu diesem Thema aus ihr herauszubekommen.

»Ich bin froh, daß Sie es so sehen«, antwortete Moira ernst. »Sie haben nämlich keine andere Wahl. Wir fangen im Juni an, bis dahin sollten wir die Versicherungsfrage geklärt haben. Wenn ich meine Meinung ändern sollte, lasse ich es Sie wissen.« Moiras Gesicht verdüsterte sich plötzlich.

Sie stand rasch auf, zog ihren Mantel an und ging. Ich sah ihr gedankenverloren nach. Ich mußte dringend dafür sorgen, daß ich sie von Mardoff wegbekam und mich so bald wie möglich wieder selber um sie kümmern konnte.

22

Entdeckungen

Ich seufzte erleichtert, als Mardoff unsere Sitzung damit eröffnete, daß Moira ihn um Erlaubnis gebeten hatte, mich zu treffen. Ich war fest entschlossen, Mardoff gegenüber unnachgiebig zu bleiben, um Moira von ihm fortzubekommen. Rasch beschloß ich, ihm nichts von ihren Drohungen zu erzählen. Ich tat überrascht. »Meinen Sie das ernst? Ich habe mich schon gewundert, daß Sie ihren Namen monatelang nicht erwähnt haben. Was halten Sie von ihrem Wunsch, mich zu sehen? Hat es etwas mit Ihrer gemeinsamen Arbeit zu tun?«

»So weit ich sehen kann, hat es überhaupt nichts mit unserer Arbeit zu tun«, antwortete er knapp. »Und ich habe Moira gesagt, daß ich absolut gegen ein Treffen mit Ihnen bin. Aber sie hat sich das in den Kopf gesetzt und meinte, sie würde die Therapie abbrechen, wenn ich es ihr nicht gestattete. Es gibt also keine Möglichkeit, Ihr Treffen zu verhindern, aber ich werde Ihnen genau vorschreiben, wie Sie sich zu verhalten haben, was Sie sagen werden und was nicht.« Mardoff war offensichtlich sehr erregt. Ich hatte noch nie erlebt, daß er in solch einer Situation die Ruhe verlor.

»Warum haben Sie denn etwas dagegen, wenn ich mich mit Moira treffe?« fragte ich mit einer Unschuldsmiene.

Mit hochrotem Gesicht sah er mich an. Er hatte jetzt völlig die Beherrschung verloren. »Sie Idiot«, brüllte er. »Sie wissen, wie unangemessen es für einen Therapeuten ist, einen ehemaligen Patienten wiederzusehen.« Ich starrte ihn an. Ich konnte kaum glauben, daß er das zu mir gesagt hatte, wo er doch sonst immer so kühl und selbstsicher war. Mit übergroßer Anstrengung brachte er sich wieder in seine Gewalt und entschuldigte sich bei mir. Er hatte sich wieder gefaßt, trommelte aber immer noch nervös mit dem Finger auf die Schreibtischplatte. Zum ersten Mal hatte ich das Gefühl, die Oberhand über ihn gewonnen zu haben. Wenn ich doch nur aus ihm herausbekommen könnte, was sich zwischen ihm und Moira abspielte. Dann konnte ich diesen Krieg endgültig gewinnen und Moira wieder zurückbekommen. Mardoff stand mit dem Rücken zur Wand, und ich versuchte ihm den Rest zu geben.

»Moment mal, Mardoff«, sagte ich seelenruhig. »Finden Sie nicht auch, daß Sie auf die simple Bitte einer Patientin, ihren ehemaligen Therapeuten wiederzutreffen, etwas übertrieben reagieren? Es geschieht doch häufig, daß Patienten den Kontakt zu ihren Therapeuten halten wollen. Moira und ich hatten lange Zeit ein sehr enges Verhältnis. Was ist daran so besonders? Warum müssen Sie die totale Kontrolle über das haben, was sie und ich bereden? Ich finde, Sie verhalten sich sehr unprofessionell.«

Mardoff hatte ganz offensichtlich Mühe, sich zurückzuhalten. »Vielleicht reagieren Sie jetzt ein bißchen übertrieben.

Ich gebe zu, daß mir weder der Gedanke gefällt, daß Moira ihre Therapie abbricht, noch daß sie sich mit Ihnen trifft. Sie ist noch sehr instabil, und ich mache mir Sorgen um sie. Ich habe vermutet, daß sie Sie deshalb treffen will, weil sie sich einen weniger bedrohlichen Therapeuten wünscht.«

Alle meine Anstrengungen, die Ruhe zu bewahren, waren nun zunichte gemacht. »Was versuchen Sie eigentlich«, fuhr ich Mardoff an. »Wollen Sie einen Wettbewerb zwischen uns dreien starten, um festzustellen, wer von uns Moira am nächsten sein kann und mehr Einfluß auf sie hat? Wenn Sie mir erzählen würden, wie Sie mit ihr arbeiten, könnte ich Sie vielleicht besser verstehen, aber so muß ich arge Zweifel an Ihren Motiven haben und mir ernsthaft Sorgen um Moira machen.«

Einen Moment lang machte Mardoff einen verlegenen und schuldbewußten Eindruck. Ich frohlockte innerlich. Offenbar hatte ich ihn doch noch treffen können. Aber zu meiner Überraschung wurde er plötzlich vertraulich. Er erzählte mir, daß er Behandlungsprobleme mit Moira hätte. Ich wollte den Stier gerade bei den Hörnern packen und ihn fragen, ob er ein privates Verhältnis mit Moira hatte, als das Telefon klingelte. Ich versuchte zu verhindern, daß er den Hörer abnahm. »Ich könnte verstehen, wenn Sie dieselben Gegenübertragungsprobleme mit ihr gehabt hätten wie ich«, fuhr ich hastig fort. »Wir wissen beide, wie verführerisch sie sein kann, Sie selbst haben mich von Anfang an gewarnt.«

Er wirkte unschlüssig, und es sah so aus, als würde er das Telefongespräch nicht annehmen. Doch dann ertönte ein zusätzliches Summen — das Zeichen, daß es sich um ein wichtiges Gespräch handelte. Er nahm den Hörer ab. »Dr. Mardoff.« Eine Weile hörte er der Person am anderen Ende zu. Dann huschte plötzlich ein höhnisches Lächeln über sein Gesicht, und er schien zu entspannen. Die Veränderung seines Gesichtsausdruckes war bemerkenswert. Mein Herz schlug schneller. Gott, was für eine Bestie er war! Ich hatte geglaubt, ihn dort haben, wo ich ihn haben wollte, aber jetzt war ich nicht mehr sicher.

Nachdem er den Hörer aufgelegt hatte, war er wieder ganz der alte. Gelassen sagte er: »Ihr Verdacht, ich wäre zu sehr in Moiras Sache verstrickt, ist wohl auf unverarbeitete Projektionen Ihrerseits zurückzuführen. Wie ich bereits sagte, habe ich auf ihren Wunsch, Sie zu treffen, wohl ein wenig zu heftig reagiert. Mir hätte sofort klar sein müssen, daß das nur ein sinnloser Versuch von ihr ist, sich meinen Behandlungsbemühungen zu widersetzen. Ich werde ihr einfach sagen, daß ein Treffen mit Ihnen nicht in Frage kommt, solange sie sich in meiner Behandlung befindet.« Er fuhr fort: »Ich mache mir keine Sorgen mehr, sie wird ihre Therapie bei mir nicht abbrechen.« Mardoff sah mich an. »Moira ist an mich gebunden. Wie Freud und Breuers ›Anna O‹ ist sie krankhaft fixiert auf Vaterfiguren.«

Anscheinend war Mardoff sich seiner selbst jetzt wieder ganz sicher. Er fuhr fort: »Wenn sie darauf besteht, Sie zu treffen, schlagen Sie ihr einfach vor, daß sie sich von mir einmal analysieren läßt, welche Motive sie hat, einen Dreieckskonflikt zwischen Ihnen, mir und ihr zu provozieren. Dann erklären Sie ihr, daß Sie sich nicht treffen können. Wenn sie darauf bestehen sollte, soll sie Ihnen versprechen, mit mir darüber zu reden. Erinnern Sie sie daran, daß es keine gute Idee ist, seinen früheren Therapeuten wiedertreffen zu wollen.«

Ich war erstaunt über diesen plötzlichen Stimmungsumschwung. »Ich brauche etwas Zeit, um über alles nachzudenken«, antwortete ich. In dieser Zeit mußte ich unbedingt herausfinden, wer ihn vorhin angerufen hatte und was er oder sie gesagt hatte. Konnte es Moira gewesen sein? Ich mußte es in Erfahrung bringen und nahm mir vor, Gail zu befragen, sobald ich hier heraus war. Vielleicht konnte sie mir sagen, wer angerufen hatte.

Nachdem ich all seinen Bitten zugestimmt hatte, erklärte ich Mardoff, daß ich die Klinik im Juni endgültig verlassen würde. »Alle Beteiligten werden froh sein, wenn Sie gehen«, antwortete er lächelnd. Ich sah in seine Augen. Sie waren hart wie Stahl. *Ich bin sicher, daß Sie das sein werden, Sie Schwein,* dachte ich. *Dann komme ich Ihnen endlich nicht mehr in die Quere.* Wir sahen uns beide mit äußerster Verachtung an.

Gerade als ich gehen wollte, klingelte das Telefon wieder. Diesmal war es seine Frau. Ich hörte, daß sie sich stritten, weil er einen Theaterbesuch absagen wollte. Ihre erregte Stimme klang bis zu mir. Nachdem das Thema Theaterbesuch beendet war, schrie sie ihn an wegen einer Affäre, die er hatte. Er begann zu zittern. Ihre Stimme war so laut, daß ich einfach zuhören mußte. Ich stand auf, um zu gehen, aber Mardoff bedeutete mir mit einer Handbewegung, noch zu bleiben. Ich kam seinem Wunsch nach und hörte ihn sagen: »Wir sollten beim nächsten Anwaltstermin über unsere Probleme reden.«

Als ich zur Tür ging, hörte ich sie zurückschreien. »Ich werde mich nicht von dir scheiden lassen, ich mache dir das Leben zur Hölle.«

Ich drehte mich noch einmal um. Mardoff hatte den Hörer aufgelegt. Er saß erschöpft in seinem Sessel und starrte vor sich hin.

Als ich an Gails Schreibtisch vorbeikam, fragte ich möglichst beiläufig: »Hätten Sie nicht Lust, nach der Arbeit mit mir einen Kaffee zu trinken?«

»Gute Idee«, stimmte sie zu. Gail und ich waren während meiner Klinikzeit Freunde geworden. Vielleicht konnte ich von ihr erfahren, wer angerufen hatte. Supervisionen wurden nur in Notfällen unterbrochen, es mußte also etwas Außergewöhnliches gewesen sein.

Später an diesem Nachmittag begann ich mein Gespräch

mit Gail, indem ich ihr erzählte, daß ich die Klinik im Juni verlassen würde. Sie war sehr angetan davon. »Ich befürworte es immer, wenn Praktikanten sich von ihren Mentoren abnabeln und in die Welt hinausgehen«, sagte sie lächelnd. Ich stimmte ihr zu. Dann lenkte ich das Gespräch auf Moira. Ich erzählte Gail, daß ich aus Moiras Äußerungen schloß, sie könnte ein Verhältnis mit Mardoff haben. Ich berichtete ihr auch von meinem Treffen mit Mardoff, daß ich versucht hatte ihn auszufragen und sich sein Verhalten nach dem mysteriösen Telefonanruf so dramatisch geändert hatte. Gail begann zu lachen.
»Was ist daran so witzig?« fragte ich sie.
»Ich kann Sie beruhigen, falls Sie glauben, Moira wäre die Anruferin gewesen. Es war eine schwarze Krankenschwester, die aus dem St. Vincent Hospital anrief, weil irgend etwas mit einem von Mardoffs Privatpatienten war.«
»St. Vincent Hospital?« wiederholte ich nachdenklich. Irgend etwas an diesem Namen kam mir bekannt vor, aber ich wußte im Moment nicht was. Ich wunderte mich immer mehr. Wie konnte ein solches offizielles Gespräch Mardoffs Stimmung so verändern? Und warum reagierte er so merkwürdig auf ein Gespräch mit einer Krankenschwester?
Ich sprach Gail darauf an, und sie antwortete: »Keine Ahnung. Ich kann Ihnen nur sagen, daß es ein offizieller Anruf war. Und ich bin sicher, daß es eine schwarze Krankenschwester war, weil ihr Dialekt und ihre Aussprache so klangen.«
Ich verstand nun gar nichts mehr und beschloß, Gail in die ganze Geschichte einzuweihen. Ich erzählte ihr von meiner Diagnose, beschrieb Moiras Persönlichkeitsspaltungen und die vielen Rollen, in die sie in meinem Beisein geschlüpft war. Als ich fertig war, lehnte Gail sich zurück und sah mich verwirrt an. Ob sie mich jetzt für einen Verrückten mit einer ausgeprägten Phantasie hielt? Ich hätte es ihr nicht

verübeln können. Aber ich wußte auch, daß sie mich immer respektiert und mein Urteil ernstgenommen hatte.

Gail war zuständig für den täglichen Kleinkram in der Klinik, so ähnlich wie Dolly in Wilson. Sie war eine kluge, sympathische Frau. Als wir Freunde wurden, war sie für mich eine wichtige emotionale Stütze bei der Arbeit. Sie kannte sich bestens mit den Strukturen innerhalb der Klinik aus und mit dem neusten Klatsch. Deshalb wußte sie vielleicht, was sich zwischen Mardoff und Moira abspielte. Ich fragte sie: »Glauben Sie, daß Mardoff sich privat mit Moira trifft und vielleicht sogar mit ihr schläft?«

Gail schüttelte den Kopf. »Das kann ich mir nicht vorstellen. Ich habe Kontakt zu fast allen in der Klinik, und wenn irgend etwas passieren würde, wüßte ich das sicher. Mardoff hat seine Probleme, aber er ist zu schlau, um etwas mit einer Patientin anzufangen, schon gar nicht mit einer, die in so schlechter Verfassung ist wie Moira. In seiner Ehe gibt es seit Jahren Schwierigkeiten, und er hatte sehr viele Affären, aber er ist dabei sehr vorsichtig. Ich würde eher schätzen, daß er Ihnen Moira weggenommen hat, weil er ein Buch über seine Erfahrungen mit ihr veröffentlichen möchte. Er nutzt jeden aus, wenn er will, aber er ist nicht dumm. Er ist jede Sekunde auf der Hut.«

»Gail, ich glaube trotzdem, daß sie ein Verhältnis haben, und ich möchte es gern genau wissen. Unterstützen Sie mich dabei? Es ist die einzige Möglichkeit, Moira zu helfen.«

»Ich habe Ihnen schon alles über das Telefongespräch erzählt. Es war eine Krankenschwester. Was kann ich sonst noch tun? Sind Sie sicher, daß Ihre Mutmaßungen nicht nur Hirngespinste sind?«

»Gail«, antwortete ich bestimmt, »Moira ist eine mit Schuldgefühlen beladene, masochistische, religiöse Fanatikerin, die sich zu sadistischen und dominanten Personen hingezogen fühlt. Das hat sie immer getan. Ich glaube ihr, wenn sie mir sagt, daß Mardoff sie braucht, und ich befürchte, daß sie eine Art Symbiose gebildet haben, aus der Moira nur schwer herauskommen kann. Ich bin ganz sicher, daß sich zwischen Mardoff und Moira etwas abspielt, was über ein normales Therapeut-Patientin-Verhältnis hinausgeht. Und es gibt da noch ein Problem: ihre Versicherung. Es gibt eine Differenz zwischen den Kliniksätzen und dem Honorar, das ich verlange. Ich habe Moira angeboten, sie umsonst zu therapieren, aber sie möchte ihre Behandlung gern weiterbezahlen. Um aber weiterhin Geld von ihrer Versicherung durch das Police Department zu erhalten, muß sie in psychiatrischer Behandlung bleiben. Und dieser Psychiater ist Mardoff.«

Gail riß erstaunt die Augen auf. »Aber das ist doch Unsinn. So ist es ganz und gar nicht. Es stimmt zwar, daß die Versicherung über die Polizei die Behandlungssätze begrenzt, aber diese Limitierung lief vor sechs Monaten aus. Seither hat Moira das Recht, eine Privattherapie zu machen, bei wem sie will.«

Ich war schockiert. Gail kannte sich mit Versicherungen bestens aus, es stimmte also, was sie sagte. Offenbar hatte Moira die Ausrede mit ihrer Versicherung nur als Vorwand benutzt, um bei Mardoff bleiben zu können. Sie hätte jederzeit zu mir wechseln können, seit ich die Klinik im November verlassen hatte!

»Gail«, entfuhr es mir. »Ich muß unbedingt Mardoffs Aufzeichnungen zu Moira sehen. Vielleicht finden wir in den Akten einen Hinweis auf das, was sich tatsächlich abspielt.«

»Sie sind wahnsinnig! Es würde Ihnen gar nichts helfen. Moira führt Sie beide an der Nase herum, wenn Sie mich fragen. Es ist das alte Machtspiel: Wenn du mich nicht mehr liebst, wechsel ich eben den Therapeuten. Das passiert oft bei Neurotikern.«

Ich erreichte nichts, aber ich mußte es weiter versuchen. »Hören Sie, Gail, ich bin sicher, daß Moira niemanden an der Nase herumführt. Irgend etwas ist zwischen den beiden, und ich weiß nur, daß Moira nicht von ihm wegkommt.« Während ich redete, hatte ich plötzlich einen Geistesblitz. St. Vincent – das war doch der Ort, an dem Moira während ihrer dreiwöchigen Abwesenheit mit Mardoff war – entweder tatsächlich oder in ihrer Phantasie. Ich erschauderte. »Ich glaube, daß Moira angerufen und meine Sitzung mit Mardoff unterbrochen hat. Vielleicht hatte sie Angst vor seiner Reaktion auf ihre Bitte, mich sehen zu dürfen. Vielleicht hat sie ihm erzählt, daß sie es sich anders überlegt hat und mich doch nicht treffen will, und deshalb war er plötzlich wie ausgewechselt. Was immer es war, ich muß Moira retten, und dazu benötige ich Ihre Hilfe.«

Gail holte tief Luft, blies die Wangen auf und ließ die Luft langsam hinaus. »Oh zum Teufel. Warum nicht!« Ich umarmte sie vor Erleichterung und Dankbarkeit.

Als wir das Café verließen und Richtung Klinik zurückgingen, erinnerte Gail sich im Zusammenhang mit Moira an zwei Punkte, die ihr ungewöhnlich erschienen waren. »Das erste ist«, erklärte sie, »daß ich nie irgend etwas von Moiras Akte gesehen habe. Das ist seltsam, weil ich Mardoffs Aufzeichnungen normalerweise jeden Abend tippe und sie in die Akten einordne. Außerdem kam Moira bei ihren letzten drei Sitzungen immer abends als letzte Patientin. Auch das ist ungewöhnlich, weil Mardoff seine Patienten sonst zu unterschiedlichen Zeiten sieht und die Termine nie so genau vorschreibt, wie er das bei Moira getan hat.«

Ich nickte. Egal was Gail dachte, ich kam immer mehr zu der Überzeugung, daß Moira Mardoffs Geliebte war.

Als wir wieder in der Klinik waren, überprüfte Gail als erstes ihre Telefonliste. Erstaunt registrierten wir, daß Mardoffs Frau in den letzten fünf Monaten jedesmal im Anschluß an seine Sitzungen mit Moira angerufen hatte. »Das ist merkwürdig«, stellte ich fest. »Warum ruft eine Frau ihren Mann regelmäßig abends an, wenn er doch ohnehin wenig später nach Hause kommt?«

»Tja.« Gail wurde jetzt offenbar auch mißtrauisch. Als nächstes untersuchten wir die Ordner, in denen normalerweise die Akten aller Patienten aufbewahrt wurden. Aber es gab keine Spur von Moiras Unterlagen. Gail dachte einen Moment nach. »Er hat in seinem Büro einen besonderen Ordner, in dem er auch einige Patientenakten aufbewahrt. Wir sollten die einmal überprüfen und anschließend seinen Schreibtisch durchsuchen.«

Gail betrat Mardoffs Zimmer. Jetzt wo sie einmal Blut gerochen hatte, war sie nicht mehr zu halten. Sie nahm einfach einen Flaschenöffner und öffnete die Schubladen, ohne die Schlösser zu beschädigen. Das meiste, was wir fanden, waren nichtssagende Briefe, unter anderem einen von seinem Rechtsanwalt wegen eines Termins für ein Scheidungsgespräch mit seiner Frau. Es war mir unangenehm, derart in Mardoffs Intimsphäre einzudringen. Aber ich mußte Moira retten, redete ich mir ein, und dafür würde ich eine Menge tun. Wir fanden in Mardoffs Schreibtisch keinerlei Hinweise auf Moira und wandten uns als nächstes einem kleinen privaten Schrank zu. Gail griff hinter eine Bücherreihe auf einem Regal und zog einen Schlüssel hervor. Wir öffneten die oberste Schublade, und dann lag Moiras Akte fein säuberlich geordnet vor uns. Wir zogen uns zwei Stühle heran und setzten uns, um die Akte in Ruhe anzuschauen. Die ersten Seiten, die ich herauszog, waren Moiras Eingangstests, dann fand ich die ausführliche Diagnose von Mardoff. Als nächstes stieß ich auf meine eigenen Aufzeichnungen und Bewertungen der ganzen zwei Jahre, die mit Mardoffs kritischen Anmerkungen versehen waren. Überraschenderweise fand ich dahinter noch einige Notizen, in denen Mardoff meine Erkenntnisse lobte! Wir wollten den Ordner gerade zurückstellen, als uns ein Stapel Briefe von Moira an Mardoff in die Hände fiel. Sie waren mit »privat und vertraulich« gekennzeichnet. Gail und ich sahen uns an, zögerten kurz, dann zog ich einen der Briefe heraus. Ich warf einen Blick auf den Poststempel. Der Brief stammte aus der Zeit, nachdem Moira ihre Therapie bei Mardoff begonnen hatte. Ich öffnete ihn und begann laut zu lesen:

Liebster John, ich bin eine schlechte und durchtriebene Frau, wie Du vor ein paar Tagen richtig festgestellt hast. Aber es stimmt nicht, daß die Vergewaltigungen und Mißhandlungen, die ich erlitten habe, nur meiner Phantasie entspringen. Obler dachte das zuerst auch, aber dann kam er zu der Erkenntnis, daß ich als Kind tatsächlich mißbraucht worden bin.

Ich nehme an, Du glaubst mir nicht, weil Du in Deiner Ehe so viel durchmachst. Ich habe vor ein paar Tagen einen schrecklichen Fehler begangen und habe in Deinen Sachen gewühlt, während Du fort warst. Dabei habe ich die Drohbriefe Deiner Frau gelesen, nach denen auch sie in ihrer Kindheit sexuell mißbraucht worden ist. Es muß schlimm für Dich sein, von ihr zu hören, daß sie sich von Dir genauso behandelt fühlt wie von ihrem Vater.

Vielleicht haben diese Anschuldigungen zu Deinen Vorurteilen gegenüber Frauen geführt, und jetzt denkst Du, wir sind alle hysterisch. Du kannst ganz sicher sein, daß ich nur geheilt werden und Dich nicht als Vaterfigur ausnutzen möchte. Ich brauche Deine Hilfe. Bitte versuch in mir die Person zu sehen, die ich wirklich bin.

Aufrichtig
Deine hilflose Moira

»Schauen Sie sich das an.« Gail reichte mir einen weiteren Brief. Er war auf den 16. Februar datiert, drei Tage bevor Moira in Wilson aufgetaucht war.

Liebster John,

ich habe mir überlegt, meinen alten Therapeuten Dr. Obler zu besuchen, um mit ihm zu reden. Ich hoffe, daß Du darin nicht wieder einen Versuch siehst, die Männer in meinem Leben zu manipulieren und auf mich aufmerksam zu machen. Ich habe über Deine Feststellung vor ein paar Tagen nachgedacht, nach der Männer alle auf der Suche nach Wahrheit sind, während Frauen nur nach Sicherheit streben. Ich glaube das nicht. Meiner Erfahrung nach ist Sicherheit sowohl für Frauen als auch für Männer sehr wichtig. Und beide können sich auch für die Wahrheit interessieren. Denk doch nur an Madame Curie oder Florence Nightingale. Vielleicht können wir irgendwann einmal bei einer Tasse Kaffee darüber sprechen . . .

Gail flüsterte plötzlich: »Was war das?« Wir hörten auf zu lesen und lauschten. »Ich glaube, ich habe ein Geräusch gehört«, sagte sie besorgt. Wir hörten, daß ein Schlüssel in der Haupteingangstür umgedreht wurde. Wer konnte das zu dieser Zeit sein? Schritte näherten sich Mardoffs Büro. Rasch schob ich die Ordner wieder an ihren Platz und verschloß den Schrank. Glücklicherweise hatte das Zimmer noch einen Hinterausgang. Wir waren gerade draußen, als jemand einen Schlüssel ins Türschloß steckte.

»Lassen Sie uns bloß hier verschwinden«, flüsterte Gail.

»Wenn wir entdeckt werden, kann mich das meinen Job kosten.« Auch ich machte mir Sorgen, erwischt zu werden, aber ich mußte unbedingt wissen, wer da in Mardoffs Büro gekommen war. Ich machte Gail ein Zeichen, ruhig zu sein und noch einen Moment zu warten. »Sind Sie verrückt«, zischte sie. »Wir können hier nicht bleiben. Wenn Mardoff herausfindet, daß ich mit Ihnen unter einer Decke stecke, bin ich erledigt. Mein Job bedeutet mir mehr als diese verrückte Moira.«

»Psst«, murmelte ich. Ich fühlte mich merkwürdig ruhig. »Niemand benutzt diesen Flur hier, um die Klinik zu verlassen. Wenn wir uns still verhalten, wird uns niemand entdecken.«

Wir lauschten angestrengt. Offenbar war mehr als eine Person in die Klinik gekommen. Sie waren jetzt in Mardoffs Büro. Durch die Wand konnten wir die Stimmen einer Frau und eines Mannes ausmachen. »Es ist Mardoff«, flüsterte Gail. »Und seine Frau.« Jetzt konnte ich sie auch hören. »Sie streiten sich.« Wir warteten gespannt. Gail wollte erneut gehen, aber ich überredete sie zum Bleiben.

Als wir dort standen, dachte ich noch einmal über die Briefe nach, die Moira an Mardoff geschrieben hatte. Warum hatte sie das getan, wo sie sich doch regelmäßig trafen?

Die Stimmen waren jetzt wieder deutlich zu hören. »Können Sie verstehen, was sie sagen?« fragte ich Gail.

»Psst, hören Sie«, antwortete sie.

Ich drückte mein Ohr gegen die Wand. Mardoffs Frau redete gerade. »Ich werde dich bei deinen Kollegen verraten, wenn du dich von mir scheiden läßt. Ich werde deine Karriere ruinieren und alles an die Presse weiterleiten und an jeden, den es interessiert.«

Mardoffs Stimme war voller Verachtung. »Es ist mir völlig egal, was du tust.«

»Ich werde dafür sorgen, daß dein Besuchsrecht bei den Kindern eingeschränkt wird und du hohe Alimente zahlen mußt.«

»Deine Drohungen lassen mich kalt«, sagte er. »Ich mußte mir andere Frauen suchen, weil du Sex mit mir abgelehnt hast.«

»Ja, eine verrückte arme Patientin, die dich Daddy nennt, während du über ihrem Gesicht abspritzt und sie aufforderst, das klebrige Zeug abzulecken.« Sie imitierte erst seine Stimme, danach die der Frau. Danach wurde es richtig unangenehm, sie beschrieb detailliert, warum sie keinen Sex mehr mit ihm wollte.

»Du bist pervers«, schrie sie schließlich, dann senkte sie die Stimme, so daß ich den Rest nicht verstehen konnte.

»Haben Sie das gehört?« fragte ich Gail. Sie nickte. »Was für Perversionen waren das?«

Gail lachte. »Das möchte ich nicht laut sagen. Entweder Sie fragen ihn selbst oder schaffen sich ein Hörgerät an.«

Ich preßte mein Ohr wieder gegen die Wand. Das Gerede in dem Büro hatte aufgehört. Schritte. Jemand ging aus Mardoffs Zimmer, dann hörte ich die Klinktür zuschlagen. Ich bückte mich und schaute durchs Schlüsselloch. Ich sah Mardoff an seinem Schreibtisch sitzen. Er hielt einen Brief in der Hand und wählte mit der anderen eine Telefonnummer.

Ich richtete mich auf. »Lassen Sie uns verschwinden«, flüsterte ich Gail zu, und wir gingen. Wir liefen ein ganzes Stück, dann hielten wir an der Promenade von Brooklyn Heights und setzten uns auf eine Bank.

Eine Weile schwiegen wir beide. Dann brachen wir in erleichtertes Lachen aus. Wir kamen uns vor wie Kinder, die gerade etwas ausgefressen hatten und mit heiler Haut davongekommen waren.

»Ich hatte also recht«, sagte ich schließlich. »Mardoff ist ein Frauenheld. Je mehr ich über ihn erfahre, desto vollständiger wird das Bild, das ich mir von der Beziehung zwischen ihm und Moira machen kann.«

»Werden Sie sie anrufen?«

»Ich weiß es noch nicht. Ich glaube, daß die schwarze Krankenschwester, die heute nachmittag angerufen hat, Moira gewesen sein könnte.«

»Wenn Sie nicht mit ihr sprechen, werden Sie die perversen Einzelheiten ihrer Romanze nicht erfahren«, neckte Gail.

Dann fügte sie ernst hinzu: »Warum reden Sie nicht mit ihr und finden heraus, wie es ihr dabei geht?«

Ich rieb mir nachdenklich über das Kinn. »Ich möchte vorsichtig sein. Wenn ich Moira zu sehr bedränge, läuft sie mir vielleicht weg. Sie scheint bei Mardoff große Rückschritte gemacht zu haben.«

Wir schwiegen wieder.

Dann brachte ich Gail nach Hause. Wir schlenderten durch die kühle Nachtluft, und ich fühlte mich plötzlich sehr zu ihr hingezogen. Ihre dunklen Augen drückten aus, daß es ihr ähnlich ging. Ich nahm ihre Hand und sagte: »Ich hatte noch nie eine Freundschaft mit einer Frau, wo es nicht auch um Sex ging.« Das stimmte. Frauen hatten mich immer für den Zorn entschädigt, den ich meiner Mutter gegenüber verspürt hatte. Dieser Zorn gegen meine Mutter, die nicht in der Lage gewesen war, mir Wärme und Geborgenheit zu geben, hatte sich tief in mir eingegraben und mir ständig das Gefühl gegeben, einsam zu sein. Als ich jetzt in Gails Augen schaute, wurde mir erstmals klar, daß meine rein sexuellen Beziehungen zu Frauen mich vor dieser Angst geschützt hatten.

Ich umarmte Gail und küßte sie auf die Wange. »Ich möchte gern, daß das so bleibt«, flüsterte ich in ihr Ohr.

Und es blieb so. Gail hat mir sehr geholfen.

23

Ultimaten

Als Moira mich eine Woche später anrief, um mir mitzuteilen, daß wir unsere Therapie im Juni fortsetzen konnten, war ich außer mir vor Freude. Jetzt, wo ich sie am Telefon hatte, konnte ich meine endlosen Versuche, die Wahrheit aus ihr herauszubekommen, endlich fortsetzen. Ich erzählte ihr von meiner und Gails detektivischer Arbeit und berichtete ihr auch von dem Streit zwischen Mardoff und seiner Frau, den wir mitangehört hatten. Ich betonte, daß wir das nur getan hatten, um ihr zu helfen. Dann fragte ich Moira, ob sie die mysteriöse Anruferin gewesen sei, aber sie gab mir keine Antwort. Sie weigerte sich auch, irgend etwas über ihre Beziehung zu Mardoff preiszugeben und nannte mein und Gails Verhalten »unprofessionell«. Ich seufzte. Sie machte es einem wirklich nicht leicht.

Anschließend verkündete sie: »Ich habe vor, die Beziehung zu Mardoff aufrechtzuerhalten, auch wenn ich mich wieder von Ihnen behandeln lasse.«

»Warum?« fragte ich schockiert, aber sie gab wieder keine Antwort. Ich bedrängte sie. »Warum wollen Sie das tun?«

»Das geht Sie nichts an.« Die Bestimmtheit, mit der Moira das sagte, erstaunte mich, zumal sie noch vor einer Woche einen schlimmen Rückfall gehabt hatte. Aber wahrscheinlich hatte sie dieses Erlebnis längst verdrängt und war nun zu einer Art Frankenstein-Monster geworden: Ich hatte ihr geholfen, sehr viel sicherer und stärker zu werden, und jetzt setzte sie diese neue Stärke gegen mich ein.

Ich stand mit dem Rücken zur Wand, wie schon so oft bei Moira. Ich überlegte verzweifelt, wie ich ihr doch noch etwas entlocken konnte. »Moira, warum haben Sie Mardoff erzählt, daß Sie mich gern treffen würden?«

Moiras Stimme wurde lauter. »Weil ich dafür verantwortlich bin, seine Eifersucht Ihnen gegenüber zu mindern. Ich wollte, daß er sich an die Idee gewöhnt, daß ich Kontakt zu Ihnen habe. Wir sind uns beide sehr wichtig, und es wird ihm sicher nicht leichtfallen, sich damit abzufinden, daß ich bald nicht mehr seine Patientin bin.«

»Großer Gott!« entfuhr es mir. »Haben Sie wirklich vor, eine längere Beziehung mit diesem skrupellosen Verbrecher zu haben?«

Moira sagte eine Zeitlang gar nichts. Dann explodierte sie: »Ich dachte, ich hätte das klargemacht, Marty. Entweder akzeptieren Sie, daß Mardoff mir wichtig ist, oder ich setze die Behandlung bei Ihnen nicht fort. Vergessen Sie endlich Ihre Vorbehalte gegen mein Privatleben und denken Sie lieber über Ihre eigenen Probleme nach. Begreifen Sie endlich, daß ich zwar so intensiv wie möglich mit Ihnen arbeiten werde und Ihre Hilfe sehr zu schätzen weiß, daß ich aber ansonsten mein eigenes Leben führe und niemand Rechenschaft schuldig bin.«

Ich gab auf. Wenn ich ihr jetzt noch widersprach, erreichte ich möglicherweise genau das Gegenteil von dem, was ich beabsichtigte. »Okay, ich werde das Thema Mardoff nicht mehr ansprechen, zumindest nicht vor unserer ersten Sitzung. Aber Sie sollen wissen, daß ich es nicht hinnehmen werde, wenn er Sie sexuell ausnutzt, um mit seiner gescheiterten Ehe fertigzuwerden. Ein derart unprofessionelles Verhalten kann ich nicht akzeptieren.«

Moira hängte schließlich ein. Ich hätte meine Drohungen am liebsten sofort wahrgemacht, aber im Moment gab es Wichtigeres zu tun.

Ich konnte es zwar kaum erwarten, meine Arbeit mit Moira zu beginnen, aber zuvor hatte ich noch eine Menge zu erledigen. Ich versuchte, den jungen Menschen in Wilson zu helfen und wollte meine Dissertation beenden.

Die Vorbereitungen für meine Dissertation waren sehr schwierig, denn ich wollte meine Untersuchungen und meine Arbeit in Wilson und in der Klinik darin unterbringen. Aber bis Juni konnte ich es schaffen. Dann konnte ich meine Verpflichtungen in der Klinik aufgeben und hatte mehr Zeit für Moira.

Als ich meine jungen Schützlinge besser kennenlernte, kam

ich zu der Erkenntnis, daß ein Teufelskreis aus Vorurteilen, Angst und Diskriminierung innerhalb der Gesellschaft ihre Chancen minimierte, ein normales Leben zu führen. Sie waren wie ihre Eltern abhängig von Sozialleistungen und lebten in einer Gesellschaft, denen ihre Unwissenheit und Unsicherheit gleichgültig waren. Weder das Schulsystem noch Therapien oder Ausbildungsprogramme versprachen diesen Menschen wirkliche Hilfe. Auch ich hatte es anfangs sehr schwer gehabt, aber als jüdisches Ghettokind wußte ich wenigstens immer, daß harte Arbeit und etwas Glück mir zu einem respektablen Leben verhelfen konnten. Ich stellte mich der Herausforderung: Ich würde mir die Institutionen einmal vornehmen, die verhinderten, daß meine Jungs ihrer elenden Existenz entkommen konnten. Mein erstes Ziel: die Schule.

Die Einstellung, die die Schule Wilson gegenüber hatte, ließ sich am treffendsten mit einem Zitat ihres Direktors beschreiben. Gegenüber einem Vertreter der Stadtverwaltung hatte er einmal geäußert: »Wir wollen diese schmutzigen Bastarde einfach nicht bei uns haben. Die meisten unserer Kinder haben Angst vor ihnen. Diese Typen vom Sozialamt glauben, sie könnten uns alles zumuten. Aber ich habe meinen Lehrern die Anweisung gegeben, diese Jungs so zu behandeln, daß sie freiwillig wieder verschwinden. Ich werde das Niveau der Schule nicht senken, nur um diesen dämlichen Hurensöhnen zu helfen.«

Dagegen würde ich mich wehren. Ich wußte, daß vor allem Angel von der gesamten Schule als Plage empfunden wurde. Dennoch nahm ich mir vor, etwas mehr Toleranz für meine Jungen zu schaffen.

Ich plante, eine Delegation der Schule zu einer unseren nachmittäglichen Therapiestunden einzuladen. Wenn die Lehrer erlebten, wie sehr die Kinder sich öffneten, und hörten, was sie erlebt hatten, würden sie vielleicht ihre Einstellung ändern. Ich bat Chuck, zur Schule zu gehen und eine herzliche Einladung auszusprechen. Der berüchtigte Angel selbst sollte ihn dabei begleiten und sich von seiner besten Seite zeigen. Chuck informierte den Direktor, daß die Besucher hinter einem Spezialspiegel sitzen würden und alles verfolgen konnten, ohne selbst gesehen zu werden. Der Direktor schaffte es, über seinen eigenen Schatten zu springen und die Einladung anzunehmen. Daraufhin baten wir den Leiter von Wilson und Babcock um ihre Teilnahme und schärften den Therapeuten ein, sich während des Besuchs von ihrer Schokoladenseite zu präsentieren. Der Tag kam. Wir setzten unsere freundlichsten Gesichter auf und begrüßten die Gäste.

Dreiundzwanzig Besucher und unser Leiter wurden ins Wartezimmer geleitet. Babcock war wie üblich nicht zu sehen. Hermit und Jasslow trugen weiße Uniformen und servierten Tee und Kuchen, während die Lehrer es sich bequem machten. Ich hatte keine Ahnung, wo die weißen Uniformen herkamen, aber sie gefielen mir nicht. Die beiden erinnerten mich darin an Bedienstete, die ihren weißen Herren zu Willen sein mußten. Später erfuhr ich, daß die Jungen die Uniformen in einem benachbarten Geschäft gestohlen und für diese Gelegenheit mit viel Mühe herausgeputzt hatten. Unsere Gäste bestanden zu gleichen Teilen aus alten, konservativen Lehrern über fünfzig und jungen Lehrern, deren Berufsleben gerade erst begonnen hatte. Ich vermutete, daß den alten Lehrern eine Gruppentherapie völlig fremd sein würde. Ich erklärte unseren Besuchern, was sie jetzt erwarten würde. »Bitte verhalten Sie sich so ruhig, daß man Sie im Nebenraum nicht hört.«

An diesem Tag führte Angel die Therapiestunde an. Er begann, indem er einige Ankündigungen zu den nächsten Sitzungen machte. Ich hatte den Jungen eingeschärft, daß es wichtig war, einen guten Eindruck zu machen, denn ihre Entlassung war auch von einem guten Zeugnis ihrer Lehrer abhängig. Angel beendete seine Ankündigungen und setzte sich. Es war ganz still im Raum, und man konnte die Anspannung deutlich spüren. Zunächst dachte ich, die Jungen seien nervös, und das würde sich legen, sobald wir mit der Therapie begannen. Doch dann spürte ich plötzlich, daß irgend etwas anderes im Busch war. Hermit saß mit gesenktem Kopf da und lutschte heftig am Daumen. Jasslow hatte sich vorgebeugt und hämmerte seinen Kopf rhythmisch gegen seine Knie. Die anderen Jungen starrten vor sich hin. Schließlich warf Hermit Angel einen gequälten Blick zu und wandte sich an mich.

»Mr. Obler, Angel und Joey haben mich gestern abend in den Arsch gefickt.«

Die anderen Jungen rutschten unruhig auf ihren Stühlen hin und her.

»Du meinst, sie haben dich vergewaltigt, Hermit?« Ich war völlig schockiert.

»Mit Griffin. Sie haben es mit Griffin getan!« Sein Daumenlutschen wurde immer heftiger.

»Griffin? Was meinst du damit?« fragte ich und sah die anderen der Reihe nach an. Drei von den Jungs sprangen grinsend auf und brachten eine Dose gute alte Griffin-Schuhcreme zum Vorschein, mit der sie das Hinterteil des armen Hermit für ihre Zwecke eingeschmiert hatten. Aufschreie und Empörungsrufe der Zuschauer drangen aus dem Nachbarzimmer. In meinem Entsetzen hatte ich völlig vergessen, daß wir beobachtet wurden. Ich rannte über den Flur nach nebenan, um die ausbrechende Panik einzudämmen. Die Gäste waren in völliger Auflösung begriffen. »Bitte bleiben Sie ruhig!« schrie ich verzweifelt, aber meine Worte prallten an ihnen ab. Die ganze Mannschaft strömte hinaus auf die 18. Straße. Dolly, die am Empfang saß, verschluckte sich fast vor Lachen. Ich rannte die Eingangsstufen hinunter und stieß auf zwei ältere Lehrerinnen, die zurückgeblieben waren. Die eine übergab sich gerade, und die andere sah aus, als würde sie es ihrer Kollegin jeden Augenblick gleichtun. »Warten Sie«, flehte ich. »Bitte. Ich kann alles erklären. Es ist nicht so schlimm, wie Sie glauben. Für die Jungen sind das ganz normale Erlebnisse . . .«

Ich merkte, daß meine Worte nicht bis zu ihnen drangen. Die eine hatte sich inzwischen wieder aufgerichtet und stützte sich erschöpft gegen die andere. Ich lief die Straße hinab, um die anderen noch zu erreichen und ihnen alles zu erklären. Sie bedachten mich nur mit verächtlichen Blicken. Mir wurde klar, daß mein Experiment gründlich fehlgeschlagen war und ich meinen Vorgesetzten eine Erklärung schuldig war. In diesem Moment kam Babcock die Straße hinauf. Er hatte die vielen Menschen aus dem Haus laufen sehen und fragte mich: »Was ist los? Was ist das für ein Theater?«

Meine Erregung schlug in einen seltsamen Humor um. Jetzt war alles egal. »Ich glaube, Mr. Babcock, die Herrschaften mögen keine Schuhcreme zum Tee.«

Er sah mich verständnislos an, schüttelte den Kopf und ging davon.

Er erfuhr schon bald, was tatsächlich geschehen war, denn das Fiasko, das ich angerichtet hatte, sprach sich schnell herum. Jemand aus der Verwaltung, ein Dr. Mashipian, reagierte am heftigsten. Er ließ mich wissen, daß ich sofort gefeuert würde, wenn ich ein ähnliches Experiment wiederholte. Aber er sagte mir auch, daß Robert Lowe Harris, der frühere Direktor von Wilson, sich für mich eingesetzt und mich unterstützt hatte. Er war der Experte im Bereich der Familientherapie, dessen Pionierarbeit mich ursprünglich nach Wilson gelockt hatte. Nachdem ich mir Dr. Mashipians Vorwürfe angehört hatte, versuchte ich mich zu verteidigen. »Aber verstehen Sie doch, Herr Doktor, was wir hier normalerweise mit den Jungen machen, ist Unsinn. Wir müssen nach neuen Wegen suchen. Es nützt nichts, nur mit ihnen zusammenzusitzen und zu reden. Deshalb habe ich versucht, ihre Lehrer mit einzubeziehen. In Wilson tun wir sehr viel für die Jungen, aber wir brauchen alle Hilfe, die wir kriegen können, auch außerhalb von Wilson.«

Er dachte einen Moment nach. »Hören Sie, reden Sie einfach mit Babcock, wenn Sie noch einmal so etwas vorhaben. Ich schätze Ihre Arbeit sehr, und die anderen tun das auch. Aber Ihr früherer Supervisor in Brooklyn meint, daß Sie manchmal ein wenig zu impulsiv und überstürzt reagieren. Wir werden privat gefördert und können uns keinen Skandal leisten.«

»Moment mal«, unterbrach ich ihn. »Ich war der Ansicht, daß ein solches Experiment dazu führen könnte, daß die Lehrer die Lebensumstände unserer Kinder begreifen.«

»Vergessen Sie es«, schnappte Mashipian. »Treiben Sie es nicht zu weit. Leisten Sie anständige Arbeit, dann werden Sie es in Wilson zu etwas bringen. Schauen Sie sich Babcock an. Er ist jetzt seit sechs oder sieben Jahren hier, und wir hatten nie Ärger mit ihm. Er ist ein guter Mann, ich höre fast nie etwas von ihm.« *Das tut auch sonst keiner*, schimpfte ich im stillen. *Ist es das, was einen erfolgreich macht — ein völlig unproduktiver Arzt wie Babcock zu sein?* Mashipian fuhr fort:

»Nehmen Sie sich an Babcock ein Beispiel. Warum forschen Sie nicht ein bißchen? Benutzen Sie Ihre Fähigkeiten, um Ihre Dissertation fertigzustellen.« Ich nickte gehorsam, und das Gespräch war beendet.

Glücklicherweise beruhigte sich die Lage in Wilson bald wieder. Die Leitung vergaß mein gutgemeintes Desaster rasch, und Dr. Babcock beschäftigte sich weiter mit seinen Rundfunksendungen.

Ich konnte einige Erfolge mit meinen Jungen verbuchen, vor allem mit Hermit und Angel. Ich wandte ein paar psychoanalytische Techniken an, um ihren Erinnerungen und Träumen auf die Spur zu kommen und tastete mich dann langsam voran. Ich brachte sie dazu, sich mir zu öffnen, mir von ihren Gefühlen zu erzählen und das eine oder andere Erlebnis aus ihrem Leben zu berichten. Ich konnte spüren, wie ihr Vertrauen zu mir wuchs und sie mehr und mehr Selbstbewußtsein aufbauten — wahrscheinlich zum erstenmal in ihrem Leben.

Ich begann an Hermits Kindheit Züge zu entdecken, die den frühen Erfahrungen Moiras sehr ähnlich waren. Sein Daumenlutschen war eine Art Schutz gegen die Angst, von seiner Mutter geschlagen zu werden, die auch seine sechs Geschwister regelmäßig verprügelt hatte. Nach allem, was ich erfuhr, war Hermit auf diesem kindlichen Niveau stehengeblieben, während sich seine Geschwister normal entwickelt hatten. Eines Tages begriff ich warum: Wenn Hermit ein infantiles Schutzbedürfnis demonstrierte, brachte er andere Menschen dazu, sich um ihn zu kümmern und ihn zu verteidigen. Ein kleiner hilfloser Junge, der am Daumen lutschte, erregte Mitleid. Moira war aus einem ähnlichen Schutzbedürfnis heraus in ihre verschiedenen Rollen geflüchtet. Beide wirkten nach außen sehr schwach und verletzlich, waren aber in Wirklichkeit recht stark. Die Vergewaltigung durch Angel hatte in Hermit eine Menge Erinnerungsmaterial aus seiner Kindheit freigesetzt, das mir auch half, einige Züge an Moira besser zu verstehen. Ich erfuhr von Hermit, daß er schon häufig mißbraucht worden war, weil er so klein und wehrlos war. Hermit verarbeitete die seelischen Schmerzen, die diese Angriffe ihm bereiteten, mit Hilfe seines Daumens. Er übertrug seine Wut und seine Verletzungen auf seinen Finger, indem er daran lutschte. Sein Daumen wurde zu einer Art Ventil für den Zorn, den er an seinen Peinigern nicht auslassen konnte, ähnlich wie die täglichen Versammlungen in Wilson uns Betreuern als Ventil dienten, um mit den Frustrationen unserer Arbeit fertigzuwerden. Und ähnlich wie Moira ihren Schmerz umleitete, indem sie in andere Ichs schlüpfte.

Zu meiner Freude schien Hermit mich zu verstehen. »Ist es das, was ich tue? Ich habe Angst vor Mama und den anderen Jungs, deshalb lutsche ich am Daumen und denke nicht so viel an meine Angst?«

Ich umarmte ihn. »So ist es, Hermit. Vielleicht kannst du auch verstehen, daß andere Leute dich so schlecht behandeln, weil sie als Kinder ebenfalls schlechte Erfahrungen gemacht haben.« Ich frohlockte. Mit Hilfe von psychotherapeutischen Techniken und mit viel altmodischer Liebe, Geduld und Verständnis hatte ich diesem kleinen Jungen etwas beibringen können, was er sein ganzes Leben nicht erfahren hätte, wenn ich nicht die Möglichkeit gehabt hätte, mit ihm zu arbeiten. Ich erkannte, daß einige der klassischen analytischen Ansätze bei diesen Kindern funktionierten, auch wenn Dolly und die anderen dem nicht zustimmten.

Hermit blieb hartnäckig. »Ich konnte nicht mit meinen Fäusten kämpfen, weil ich zu klein und zu schwach war. Aber meine Brüder und Schwestern konnten das. Die waren stark und hatten keine Angst. Ich hatte viel Angst.«

»Sie hatten auch Angst, Hermit. Du wirst irgendwann verstehen, daß sich auch um sie niemand gekümmert hat. Der Unterschied zwischen ihnen und dir war der, daß sie ihre Enttäuschung an dir ausgelassen haben und du deinen Daumen dazu benutzt hast.«

Dann kam einer der Augenblicke, in denen ein Psychotherapeut für all das entschädigt wird, was er durchgemacht hat: Während ich diese Worte aussprach, nahm Hermit zum allerersten Mal den Daumen aus dem Mund. Ich begriff plötzlich, warum Hermit und Moira sich in meinem Büro in die Arme gefallen waren. Zwischen ihnen bestand dieselbe Verbindung wie zwischen Moira und ihrem schizophrenen Bruder. Sie hatte Hermit so zärtlich in den Armen gehalten, als würde sie ihn schon Jahre kennen. Diese Erkenntnis weckte in mir das Verlangen, meine Arbeit mit Moira wieder aufzunehmen. Wir wollten uns im April treffen, um ein vorbereitendes Gespräch für unseren Neuanfang im Juni zu führen, und ich war fest entschlossen, nichts dazwischen kommen zu lassen.

Plötzlich hatte ich einen Einfall. Wie wäre es, wenn ich Hermit und Moira so zusammenbrächte, daß sie sich gegenseitig helfen könnten?

Ich rief Moira an und unterbreitete ihr meinen Vorschlag. »Wie können Sie davon ausgehen, daß wir uns im April treffen?« antwortete sie gereizt. »Ich habe Ihnen doch gesagt, daß alles davon abhängt, wie sich meine Beziehung mit John entwickelt. Wenn ich Sie am 24. April treffe, werde ich Hermit vielleicht besuchen. Ich möchte ihm wirklich gern helfen. Aber bitte setzen Sie mich bis dahin nicht unter Druck.«

Verärgert erwiderte ich: »Oh, entschuldigen Sie bitte. Wer ist denn John? Ach, Sie meinen Mardoff. Dann reden Sie sich also jetzt mit Vornamen an, wie rührend. Hat John-Boy Sie einer Gehirnwäsche unterzogen, damit Sie dieses Machtspiel mit mir spielen? Hören Sie, Moira, ich habe unser Treffen für zehn Uhr am 24. April geplant, und ich möchte gern, daß Sie Hermit bei dieser Gelegenheit nach Hause begleiten.« Ich knallte den Hörer auf die Gabel. Was für ein erhebendes Gefühl, einmal das zu tun, was Moira schon so häufig getan hatte. Ich wußte, daß es nicht sehr souverän war, meine Gefühle auf diese Art zu zeigen, aber zum Teufel, ich hatte genug von ihrem ewigen Zögern und Zaudern.

Vielleicht minderte mein Verhalten Moiras Streitsucht ein bißchen. Wenn ich sie für Hermit interessieren konnte, würde ich vielleicht erreichen, daß sie die Therapie bei mir noch vor Juni begann. So stand ich nun wieder da und entwarf eine Strategie nach der anderen. Ich hatte mich längst an den Gedanken gewöhnt, daß ein großer Teil einer Therapie darin bestand, Strategien zu entwickeln und seine Patienten zu beeinflussen, um sie zur Heilung zu führen. Vor allem bei Patienten, die sich energisch dagegen wehrten, etwas preiszugeben, war ein frontaler Angriff meist zwecklos. Ich mußte also immer nach Auswegen suchen, um Moira und die anderen zu überlisten, und dies ging nur über Strategien, die für sie selbst unsichtbar blieben. Natürlich war der Therapeut dafür verantwortlich, daß diese Manöver zugunsten des Patienten stattfanden. Ich holte tief Luft und bemühte mich, objektiv zu bleiben.

Zu meiner Überraschung tauchte Moira pünktlich auf. Als Chuck und Angel am 24. meine Bürotür öffneten, um sie hereinzuführen, glaubte ich meinen Augen nicht zu trauen. War das wirklich die arme, leidende Moira? Sie strahlte Schönheit und Selbstbewußtsein aus. Das blonde Haar fiel weich auf ihre Schultern, ihr Gesicht hatte Farbe und war voller Leben. Ein tief ausgeschnittenes Kleid betonte ihre wohlgeformten Brüste.

Während ich mich bemühte, vor Staunen nicht den Mund aufzureißen, setzte sie sich mir gegenüber an den Schreibtisch. »Okay, Marty«, sagte sie in sanftem, aber bestimmtem Ton. »Ich bin hier, um unter Gleichgestellten mit Ihnen zu reden, nicht von Patientin zu Arzt. Unter keinen Umständen möchte ich über meine Beziehung mit John diskutieren, die ich bis Juni beenden werde. Zumindest was den professionellen Aspekt betrifft.« Ich war versucht aufzuspringen und sie zu fragen: Bedeutet das, daß Sie diesen Schmarotzer als Liebhaber treffen werden? Sie schien zu ahnen, was ich sagen wollte und warf mir einen drohenden Blick zu, ehe sie fortfuhr: »Wenn ich im Juni immer noch therapiebedürftig bin, werde ich auf Sie zurückkommen. Die Versicherungsangelegenheit ist inzwischen bereinigt. Ich kann für meine Therapie

317

selbst aufkommen. Der Grund, warum ich heute hergekommen bin, ist der, daß ich alles tun möchte, um dem kleinen Hermit zu helfen. Lassen Sie uns also zu ihm nach Hause gehen.«

Ich bat Chuck, Hermit zu holen. Moira lächelte mich an, und mein Ärger verrauchte.

Als Moira dann noch sagte, »es tut mir leid, daß ich so arrogant war«, schmolz alle Feindseligkeit zwischen uns dahin.

»Kein Problem«, antwortete ich. »Ich möchte unbedingt weiter mit Ihnen arbeiten, aber ich werde Sie zu nichts drängen.«

»Ich lasse mich auch zu nichts mehr drängen.« Moiras Lächeln verzauberte mich.

Dann kamen Chuck und Hermit herein. Moira stand auf und umarmte den schmächtigen Jungen, der ihre Zärtlichkeit dankbar erwiderte. Sie nahmen sich an der Hand und gingen aus dem Zimmer. Chuck und ich folgten ihnen.

An der Ecke Fifth Avenue/116. Straße traten wir, Hermit, Moira, Chuck und ich, aus der Subway. Während wir die 116. Straße entlanggingen, begegneten uns viele mißtrauische Blicke. Ein böse hervorgestoßenes »Was tun Sie hier, Weißer?« beschleunigte unsere Schritte. Mein Herz raste. Wir gingen durch Ostharlem. Überall verschmutzte, mit Müll übersäte Straßen und verlassene Häuser. Schäbige Mietskasernen, winzige Läden und Kneipen, dazwischen hellere, etwas hübschere Häuser. Zerstörte Autos standen am Straßenrand, wo Heimatlose, hauptsächlich Schwarze und Hispanier, sich an Flaschen in Papiertüten klammerten. Der Besuch schien Hermit zu erregen. Moira hielt seine Hand aufmunternd fest, aber in seinen Augen stand Angst, und er lutschte wieder am Daumen.

Ich wußte, daß die Erinnerungen an sein Zuhause nur bruchstückhaft waren. Er wußte lediglich, daß er mit sechs

Geschwistern und seiner Mutter in einer Dreizimmerwohnung gelebt hatte, konnte sich aber nicht mehr daran erinnern, wie sie aussahen.

Als wir vor Hermits Haus ankamen, konnte man einen lauten Streit im Innern vernehmen. Schreie, polternde Möbelstücke und knallende Türen. Plötzlich kam ein Teenager aus dem Haus gelaufen, stürmte an uns vorbei und hätte uns dabei fast umgerannt.

»Das ist mein Bruder«, rief Hermit.

Der Krach ließ etwas nach. Chuck klingelte, und ein hübsches junges Mädchen mit kupferfarbener Haut öffnete und bat uns herein. Ihrer Ähnlichkeit mit Hermit nach zu urteilen, war sie eine seiner Schwestern.

Nach einem kurzen Weg durch einen mit Graffiti beschmierten Flur, betraten wir die Wohnung der Familie.

Eine schmale, kränklich wirkende Frau begrüßte uns. Sie sah älter aus, als sie wahrscheinlich war. Es war Hermits Mutter. »Hi, Hermit«, rief sie zur Begrüßung. Ihre schwarzen Augen wirkten starr, offenbar hatte sie Drogen genommen. Neben ihr standen ein muskulöser, dunkelhäutiger Mann, wahrscheinlich ihr Liebhaber, und mehrere Mädchen. Alle benahmen sich wie im Rausch.

»Hermit«, sagte der Mann. »Wie findest du Wilson?« Hermit saugte heftig an seinem Daumen und nickte nur.

»Schau, Mama!« rief eines der Mädchen. »Hermit lutscht immer noch am Daumen wie ein Baby.«

Wütend schrie die Mutter: »Halt die Klappe, du dumme Ziege. Das ist dein kleiner Bruder, sei nett zu ihm.«

Moira setzte sich neben seine Mutter auf ein zerschlissenes Sofa. Chuck nahm einen der beiden Klappstühle, und die Mädchen hockten sich auf einen alten Plüschsessel.

Die Mutter warf mir einen neugierigen Blick zu. »Wozu bringen Sie Hermit hierher?«

Chuck erklärte ihr, daß jeder Junge in Wilson einen Testbesuch bei seiner Familie machen müsse, ehe er endgültig nach Hause entlassen wurde.

Die Mutter wurde wütend. »Nach Hause entlassen? Warum das denn? Es ist doch gut da, wo er ist, oder? Ich habe überlegt, daß meine Tochter Jessie«, sie zeigte auf einen schmalen Teenager, »dort besser aufgehoben wäre, anstatt auf der Straße herumzuhuren. Und das tut sie, auch wenn sie das abstreitet.«

Sie beruhigte sich wieder und wandte sich an Chuck. »Können Sie in Wilson nicht einen Platz für Jessie finden?«

Das Mädchen protestierte heftig. »Aber Mama, ich will da nicht hin. Ich habe Freundinnen in der Schule. Warum willst du mich wegschicken?« Die Aussicht machte ihr offenbar Angst. Ich beobachtete sie aufmerksam. Hermits Mutter war also wie Moiras Mutter — eine mächtige Tyrannin! Ich warf Moira einen Blick zu und erkannte eine seltsame Leere in ihren Augen. Ob diese Frau Erinnerungen an ihre eigene Mutter bei ihr auslöste und sie gleich wieder die Persönlichkeit wechseln würde?

Als nächstes schrie Hermits Mutter ihre Kinder an: »Jetzt verschwindet alle. Ich möchte in Ruhe mit den Leuten reden.«

Die Kinder stoben hastig in alle Richtungen davon. Hermit war bei uns geblieben und lief nun unruhig im Zimmer auf und ab, als sähe er irgendeine Katastrophe auf sich zukommen.

»Nimm den Daumen aus dem Mund«, herrschte seine Mutter ihn an. »Ich habe dich fortgeschickt, damit du das nicht mehr tust.« Der Freund zog eine Flasche Scotch aus seiner Jackentasche und bot sie uns an. In seiner Aufregung griff Hermit nach der Flasche und wurde dafür mit einer Ohrfeige von seiner Mutter bedacht. Er brach in Tränen aus, woraufhin der Freund auf Hermit zuging und die Hand hob, um ihn erneut zu schlagen. Chuck, der sich bisher mühsam zurückgehalten hatte, verhinderte es, indem er seinen Arm festhielt. Chuck, Moira und ich durchschauten das Machtgefüge in diesem Haushalt sofort. Hier herrschten Gewalt und Aggression, und eine Menge davon wurde auf Hermit, dem schwächsten Familienmitglied, abgeladen.

Unter Chucks ruhiger, aber bestimmender Gegenwart beruhigte sich die Familie allmählich wieder, und ich sprach mit ihnen darüber, wie wir uns Hermits Rückkehr vorgestellt hatten.

Die Mutter schien diese Idee nach wie vor nicht zu begeistern. »Wozu soll ich ihn zurücknehmen?« fragte sie. »Ich versuche doch, die anderen Plagegeister loszuwerden. Ich habe die Nase voll von dieser Armut. Es gibt nichts, was ich ihnen geben könnte.« Sie machte eine Atempause, rollte ihren Ärmel hoch und zeigte uns einen Arm, der über und über mit Einstichen übersät war. Sie wartete einen Moment, bis wir verstanden, was das bedeutete, dann fügte sie hinzu: »Reden Sie mit meiner Ma. Sie hat Hermit immer gemocht. Vielleicht will sie ihn.«

Danach schwieg sie. Ich schaute zu Hermit herüber; er war auf der Couch eingeschlafen.

»Chuck«, sagte ich langsam. »Weißt du irgend etwas über die Großmutter?«

Er schüttelte den Kopf. »Ich habe nur ihre Adresse.«

»Gut, wenn Sie mit uns fertig sind, verschwinde ich jetzt.« Hermits Mutter stand auf und verließ das Zimmer, ihr Freund folgte ihr. Ich hob Hermit vom Sofa, dann gingen wir. Im Hausflur begegneten uns Nachbarn und schauten uns nach. Hermit wachte auf. Ich stellte ihn auf seine Füße, während Chuck sich den Weg zu seiner Großmutter von einem Mann erklären ließ, der eine in Papier eingewickelte Flasche Bier in der Hand hielt.

Wir hielten ein Taxi an und fuhren schweigend zu einem

würdigen, bräunlich verputzten Haus in Harlem. In einer behaglich möblierten Wohnung trafen wir auf Hermits grauhaarige Großmutter, eine schmale Frau, die Ruhe und Freundlichkeit ausstrahlte. Sie saß auf einem kleinen Sofa. Hermit stürmte sofort auf sie zu, und sie hielt ihn fest umschlungen und wiegte ihn liebevoll hin und her. Währenddessen beklagte sie sich über die Bürokratie in den Ämtern, die in den großen Städten nur allzu üblich war. »Nach der Verhandlung war Hermit aus dem Haus seiner Mutter verschwunden, und ich konnte ihn nirgends finden. Die Leute vom Gericht, die Sozialarbeiter und die anderen Beamten — keiner konnte mir helfen, ihn zu finden, obwohl ich ihnen immer wieder sagte, daß Hermit bei mir leben könnte und ich ihn gern adoptieren würde.

Es war sinnlos. Man sagte mir, daß ich mich in meinem Alter nur noch um die beiden geistig zurückgebliebenen Pflegekinder kümmern dürfte, die ich angenommen habe. Sie meinten, Hermit sei zu schwierig für mich.«

Hermits Großmutter schwieg. Dann stand sie auf und mit einer Kraft die man einer Frau in ihrem Alter niemals zugetraut hätte, trug sie Hermit in ein anderes Zimmer. Wir stellten uns in die Tür, um zu beobachten, was geschehen würde. Die beiden älteren Pflegekinder spielten auf dem Boden Karten. Hermit lief zu ihnen und umarmte sie liebevoll, und sie erwiderten seine Begrüßung voller Begeisterung. Ich schaute zurück in das Wohnzimmer, wo wir uns mit Hermits Großmutter unterhalten hatten. Es überraschte mich nicht, daß Moira angesichts der emotionalen Belastungen zusammengebrochen war und nun in Fötusstellung zusammengekrümmt auf einem Sessel saß. Die alte Großmutter lief an mir vorbei auf Moira zu, stellte sie auf ihre Füße, umarmte sie und tröstete sie wie ein Wickelkind. Meine Kehle zog sich zusammen, Tränen traten in meine Augen. Moira erwiderte die Berührung, indem sie die Großmutter mit verzweifelter

Sehnsucht umklammerte. Die Großmutter setzte sich und zog Moira zu sich heran, um sie zärtlich zu streicheln.

Beim Essen erzählte Hermit uns Horrorgeschichten über Gewalt und Mißbrauch, die er in den Anstalten erlebt hatte, in denen er vor Wilson untergebracht gewesen war. Wilson, das konnte Hermit bestätigen, war zwar nicht das Paradies auf Erden, aber sehr viel erträglicher als die meisten anderen Einrichtungen dieser Art. Die Großmutter zwinkerte uns zu, während Hermit seine Geschichten erzählte, als wollte sie uns sagen: »Das stimmt alles nicht so ganz. Er erfindet das jetzt.« Ich zog es vor, ihr nicht zu sagen, daß ich keinen Zweifel daran hatte, daß Hermit die Wahrheit sagte.

Nach dem Essen spielte Moira glücklich mit den beiden zurückgebliebenen Kindern. Sie kam mir vor wie ein Waisenkind, das endlich ein liebevolles Zuhause gefunden hatte. Hermit gesellte sich für ein paar Minuten zu ihnen, danach kuschelte er sich zufrieden an seine Großmutter. Im ganzen Raum waren Zufriedenheit und Zuneigung zu spüren. Diese zierliche alte Frau hatte einen Hafen der Sicherheit geschaffen, indem sie nur das war, was sie war — eine liebende Frau. Warum war solche Liebe und solche Sicherheit so selten? Während ich gegen die Tränen ankämpfte, sagte ich zu ihr: »Hermit ist jetzt so weit, daß er Wilson verlassen kann, und Ihre Wohnung scheint der ideale Ort für ihn zu sein. Ich werde mich darum kümmern, daß es keinerlei Probleme gibt, wenn er zu Ihnen kommt. Ich werde dafür sorgen, daß er Sozialhilfe und andere finanzielle Zuwendungen erhält. Wenn Sie zustimmen, kann er Wilson jederzeit verlassen«, erklärte ich. »Er braucht Sie.«

Die Frau legte die Hände auf die Köpfe der beiden anderen Jungen, die in der Zwischenzeit zu ihr gekrabbelt waren und sich an ihre Beine schmiegten. Sie fing an zu weinen. »Ich wünschte, ich könnte es. Ich wünschte, ich könnte ihnen allen ein Zuhause geben. Aber die Ärzte haben mir gesagt, daß ich nur noch wenige Monate zu leben habe. Jetzt mache ich mir dauernd Sorgen, was aus ihnen werden soll. Sie müssen mir helfen, ein Zuhause für meine Jungen und für Hermit zu finden. Helfen Sie mir, ich habe nicht mehr viel Zeit.«

Ich war erschüttert. »Ich werde tun, was ich kann, und mich bei Ihnen melden.« Es wurde Zeit zu gehen. Wir mußten den schluchzenden Hermit aus der Wohnung zerren, dem einzigen Ort, an dem er jemals Liebe erfahren hatte. »Wir dürfen Hermit nicht hierlassen«, erklärte ich traurig. »Das Gericht muß das erst bewilligen.« Ich hatte Angst davor, Hermit die Wahrheit zu sagen. Moira ging es ebenfalls nicht gut, sie starrte ausdruckslos vor sich hin. Chuck hielt ein Taxi an. Wir mußten diese beiden geplagten Menschen nach Wilson zurückbringen und für sie tun, was wir konnten.

24

Ausbruch

Während der Taxifahrt erinnerte ich mich an eine andere traurige Szene: Meine Großmutter wurde in ein Heim für geistig Behinderte eingeliefert. Ich war damals erst zwei Jahre alt, aber die Erinnerung daran, wie sie auf einer Trage in den Krankenwagen transportiert wurde, hatte sich in meinem Gedächtnis tief eingeprägt. Mein Vater hatte Tränen in den Augen gehabt, wahrscheinlich hatte er geahnt, daß er seine Mutter zum letztenmal sah. Ebenso wußte wohl auch Hermit, daß er seine Großmutter nicht wiedersehen würde. Wie merkwürdig, überlegte ich jetzt, daß mein Vater damals um seine Mutter geweint hatte — er hatte sie gehaßt. Ich dachte daran, daß ein Tag kommen könnte, an dem ich zusehen müßte, daß auch Moira in ein Sanatorium gebracht wird. Ich hatte noch das Gezeter meiner Mutter im Ohr. »Laß die Alte gehen! Sie war sowieso eine Hexe. Sie kriegt nur, was sie verdient . . . die alte schmutzige Hure!« Zwei Jahre später wurde meine Schwester von Sanitätern aus dem Haus getragen. Immer wieder schrie sie: »Laß es nicht zu, daß sie mich mitnehmen, Mama. Ich werde ein gutes Mädchen sein. Ich schwöre es.« Vielleicht fühlte Hermit sich jetzt genauso, nachdem wir ihn von der einzigen Person weggezerrt hatten, die ihn liebte und sich je um ihn gekümmert hatte.

Als wir nach Wilson zurückkehrten, lutschte Hermit am Daumen und Moira starrte ausdruckslos vor sich hin. Chuck nahm Hermit mit in sein Büro, um ihm ein wenig zuzureden, und ich kümmerte mich um Moira. Ich führte sie zu einem Stuhl, sie setzte sich und war sofort tief eingeschlafen. Ihre Reaktionen auf den Besuch bei der Großmutter beunruhigten mich zwar etwas, aber vielleicht entwickelten sie sich noch zu ihren Gunsten. Möglicherweise löste er sogar den Wunsch in ihr aus, sobald wie möglich die Therapie fortzusetzen. Ich kämpfte gegen die Müdigkeit und betrachtete Moiras schlafendes Gesicht. Sie war sehr schön, aber die Auswirkungen ihres Schmerzes und ihrer Einsamkeit hatten tiefe Spuren hinterlassen. Ihre Lippen waren fest aufeinandergepreßt, ihre Stirn gerunzelt. Ich wußte, daß sie sich an Mardoff klammerte, weil sie eine starke Vaterfigur brauchte und sich der Illusion hingab, ebenfalls stark zu werden, wenn sie von dieser Figur endlich die Liebe bekam, die sie als Kind so sehr entbehrt hatte. Dabei konnte sie diese Stärke nur aus sich selbst heraus entwickeln, und bis dahin boten ihre Schutzmechanismen die einzige Möglichkeit zu überleben.

Mir wurde zunehmend klar, daß vom Therapeuten ebensoviel verlangt wurde wie vom Patienten, wenn eine Therapie ehrlich und wirkungsvoll sein sollte. Hermit, Mardoff, Moira und ich waren Opfer von Einsamkeit und Traurigkeit, die wir mit so vielen anderen Menschen teilten. Vom Augenblick unserer Geburt an wurden wir immer wieder daran erinnert, daß wir allein waren in einem Universum, das unseren Ängsten gegenüber gleichgültig war. Wir bekämpfen diese existentielle Einsamkeit, indem wir uns jemand suchen, mit dem wir unser Leben teilen können, jemand der uns genügend liebt, um sich für das zu interessieren, was wir sind. Einige von uns, wie Moira, Hermit und ich, verbrachten das ganze Leben damit, einen Menschen zu finden, der uns so akzeptierte, wie wir waren. In der Therapie wurden einige von uns zu Zuhörern und die anderen zu Suchenden, um diese Bedürfnisse zu stillen. In anderen Situationen wurden die Zuhörer zu Suchenden und die Suchenden zu Helfern.

Leute wie Mardoff wählten andere Möglichkeiten, um mit ihrer Einsamkeit fertigzuwerden. Sie können die Nähe zu anderen nicht ertragen und retten sich deshalb in ein Gefühl uneingeschränkter Macht. Mardoff und die anderen Herrschertypen waren ständig auf der Suche nach Menschen, die sie unterdrücken konnten. Meine Aufgabe als Therapeut bestand darin, Hermit und Moira klarzumachen, daß sie sich von Personen wie Mardoff fernhalten mußten, weil sie ihnen die Zuneigung, die sie versprachen, nicht geben konnten. Hermit und Moira mußten lernen, sich um sich selbst zu kümmern und Menschen zu erkennen, mit denen sie wirkliche Liebe teilen konnten.

Moira konnte nur dann ein erfülltes Leben leben, wenn sie begriff, daß die meisten ihrer Bindungen Ausdruck ihres Selbsthasses waren. Jedesmal, wenn eine Beziehung zu einer dieser machtbesessenen Vaterfiguren schiefging, geriet sie so in Panik, daß sie sich schutzsuchend in eines ihrer vielen Ichs flüchtete, wo sie ihren Schmerz vergessen konnte. Sie mußte begreifen, daß keine dieser Figuren sie retten konnte. Wenn sie je gesund werden wollte, mußte sie lernen, sich dem Leben selbständig zu stellen. Nur dann konnte sie Beziehungen zu anderen Erwachsenen aufbauen, denen sie etwas bedeutete. Während ich meinen Gedanken nachhing, erwachte Moira. Sie öffnete zögernd die Augen und hatte offenbar überhaupt keine Ahnung, wo sie war. Sie sah sich im Zimmer um, und dann entdeckte sie mich.

»Was ist los?« fragte sie. »Und wo ist Hermit?«

»Sie sind wieder in Wilson«, antwortete ich ruhig. »Hermit geht es gut, ich schätze, Chuck bringt ihn gerade ins Bett. Wir haben alle eine Menge durchgemacht. Wie fühlen Sie sich?«

»Komisch.«

»Was heißt das?«

»Ich stecke tief in der Scheiße!«

»Was meinen Sie denn damit?«

»Ich kann jetzt nicht darüber reden.«

»Ich weiß, daß der Tag Sie sehr mitgenommen hat, aber Sie sollten mir trotzdem erzählen, was Sie für Schwierigkeiten haben.«

Moiras Gesicht verzog sich. »Ich«, begann sie, dann stoppte sie, holte tief Luft und fuhr fort: »Also, es ist so: Ich erlebe im Moment etwas, was ich immer mal wieder erlebe. Ich kann über das nachdenken, was ich durchgemacht habe. Ich fühle mich wie eine Erwachsene. Ich weiß, wer ich bin. Ich habe das Gefühl, eine Art Mitte in mir zu haben, wie die meisten gesunden Menschen. Ein Zentrum, auf das man sich verlassen kann. Was auch immer passiert, man hat so eine Basis, an der man sich festhalten kann. Als ich die Therapie bei Ihnen machte, spürte ich das zunehmend deutlicher. Je mehr wir zusammen arbeiteten, desto stärker wurde dieses Gefühl einer Mitte, und diese Blackouts, die ich manchmal hatte und nach denen ich mich an nichts mehr erinnerte, wurden immer seltener. Bei Mardoff kommen sie plötzlich zurück. Beim kleinsten Problem sacke ich weg, und danach weiß ich nicht mehr, wo ich war und was ich getan habe. Ich erlange das Bewußtsein wieder, und dann fragt mich irgendein Freund oder Bekannter«: »Weißt du, daß du wie eine schwarze Krankenschwester geredet hast? Vor ein paar Tagen trug ich in der Polizeiwache irgendwelche ausgeflippten, sexy Klamotten, die wir dort im Lager haben. Ein Kollege fragte mich später, ob ich für verdeckte Ermittlungen als Prostituierte trainiert hätte, und ich hatte keine Ahnung, wovon er redete. Ich hatte es verdrängt. Ich kann es einfach nicht mehr ertragen, eine verrückte, verängstigte Frau zu sein, die ihre Identität nicht in Griff hat. Ich kann einfach so nicht leben.«

»Haben Sie Mardoff von diesen Rückfällen erzählt? Haben sie etwas mit ihm zu tun?«

»Mardoff hat von Anfang an nicht akzeptiert, daß ich immer wieder in andere Rollen schlüpfe, weil ich der Welt als Moira nicht gewachsen bin. Er hat immer behauptet, ich würde ihm das nur vormachen, weil ich ihn dazu bringen wollte, für mich die Vaterfigur zu sein, nach der ich immer gesucht hätte.«

»Warum bleiben Sie bei ihm, wenn er Ihnen nicht hilft?«

»Wir haben das doch schon so oft diskutiert, ich möchte nicht schon wieder darüber reden«, erklärte sie müde.

»Einverstanden. Aber nur, wenn wir unsere Therapie wie geplant im Juni fortsetzen.«

»Ich bin bereit, aber ich bin nicht sicher, ob Mardoff mich gehen läßt. Meine Verfassung ist nicht gut genug, um von ihm fortzugehen. Ich bin an ihn gefesselt. Ein verhungernder Mensch nimmt auch Krümel, selbst wenn er oder sie genau weiß, daß sie keine richtige Nahrung bedeuten.«

Ich sah sie an. Jetzt kam endlich die Wahrheit ans Licht. »Was heißt das, Moira?« forschte ich vorsichtig.

Ihr Blick war schmerzerfüllt. »Ich kann es Ihnen nicht sagen, ich kann es einfach nicht. Bitte verstehen Sie das.« Sie hielt inne, dann sagte sie mit zitternder Stimme: »Heute, als ich mit Hermit und seinen Stiefgeschwistern gespielt habe, wurde mir klar, was mir fehlt. Die Großmutter war mit Ihnen und Chuck im Hintergrund, und ich begriff plötzlich, wie es ist, in liebevoller Umgebung aufzuwachsen. Sie haben mir einmal erklärt, daß man als emotional gestörter Erwachsener gesund werden kann, wenn man die Liebe bekommt, die einem in der Kindheit vorenthalten wurde. Mir ist das nie gelungen, weil ich bisher immer nur nach Menschen wie meinen lieblosen Eltern gesucht habe, um sie irgendwie dazu zu bringen, mir doch noch Liebe zu geben. Das versuche ich auch bei Mardoff, obwohl ein Teil von mir genau weiß, daß ich es niemals schaffen werde. Niemals.«

»Aber es ist Ihnen doch gelungen, die Verbindungen zu anderen Menschen abzubrechen, die schädlich für Sie waren, wie Ihr Ehemann und Marcia. Auch auf die waren Sie einmal fixiert, aber sie haben sich davon lösen können. Was macht Mardoff so besonders? Da Sie das bei ihm nicht herausfinden werden, sollten Sie schleunigst zu mir kommen, damit ich Ihnen helfen kann.«

Moira zog die Beine hoch und umfaßte ihre Knie mit beiden Händen. Dann begann sie wie ein autistisches Kind vor und zurück zu schaukeln. Ich hatte Angst, sie könnte erneut einen ihrer Anfälle erleben.

Aber zu meiner Erleichterung schaute sie auf und sah mich ganz normal an. »Sie müssen blind sein, Marty. Können Sie denn nicht sehen, daß Mardoff ganz und gar nicht besonders ist? Und er ist auch keineswegs so dominant, wie er sich gerne gibt. Im Gegenteil, eigentlich ist er sehr schwach. Sowohl meine Mutter als auch Mardoff sind schwache Menschen mit wenig Selbstbewußtsein. Sie müssen versuchen, andere zu beherrschen, um wenigstens ein bißchen das Gefühl von Macht über sich und andere zu verspüren. Und sie müssen verhindern, daß sie anderen Menschen zu nah kommen. Dabei ist es genau das, was sie eigentlich brauchen und was sie wirklich liebenswert machen würde. Aber sie können es einfach nicht.«

Ich war beeindruckt. Moira erklärte das viel besser, als ich es selbst gekonnt hätte. Sie fuhr fort: »Da sie Nähe also nicht ertragen können, suchen sie nach Macht, aber sie hassen die Menschen, die sie beherrschen, weil sie sich selbst dafür hassen, keine zufriedenen, liebenden Menschen sein zu können. In Wirklichkeit sind sie es, die nach Hilfe schreien. Ich habe den Eindruck, das schon mein ganzes Leben lang gewußt zu haben. Und ich fühle mich schuldig, können Sie sich das vorstellen? Aber es ist so. Ich kann nämlich ihren Schmerz nachvollziehen, den Schmerz darüber, daß sie sich selbst und ihre Opfer mißbrauchen. Aber anstatt ihnen zu helfen, mache ich es mir einfach und erlaube ihnen, sich an mir auszulassen.«

Das reichte! »Moment mal, Moira! Sie tun jetzt so, als sei Mardoff ein schwacher, hilfloser Mensch und mit Ihrer Mutter und Ihrem Vater vergleichbar. Das ist doch Unsinn! Er ist ein skrupelloser, hinterhältiger Mann, der genau weiß, was er will.«

Moira protestierte. »Woher wollen Sie wissen, daß ich nicht dasselbe Spiel mit Ihnen getrieben habe? Vielleicht hatte ich das Gefühl, daß Sie ein ebenso schwaches Selbstbewußtsein haben wie Mardoff und ich Ihnen das Gefühl vermitteln müßte, eine möglichst starke Position zu haben. Ich kann in andere Menschen hineinsehen. Vielleicht habe ich erhofft, die Liebe zu bekommen, die ich nie erhalten hab, wenn ich Ihnen und Mardoff das gab, was Sie wollten, nämlich das Gefühl der Überlegenheit. Andererseits wußte ich, daß die Leute, denen ich zu gefallen versuchte, mir nie Liebe geben konnten. Auch ich habe ihnen eigentlich nichts gegeben und lediglich ihre neurotischen Bedürfnisse befriedigt. Im Grunde ist es ein sinnloser Austausch.«

Jetzt sah ich eine Möglichkeit, Moira von einer wichtigen

Einsicht zu überzeugen. »Okay«, antwortete ich. »Sie benutzen also Ihre Selbstschutzmechanismen so, wie Sie es gerade beschrieben haben. Aber sie betrügen sich selbst! Denn mit diesen Mechanismen sperren Sie sich und Ihr Leben hinter dicken Mauern ein. Sie teilen sich nicht mit und sind einsam und isoliert. Sie müssen aus Ihrer Höhle herauskommen. Beziehen Sie Stellung! Seien Sie wütend auf die Menschen, die Ihren Müll bei Ihnen abladen. Nur dann bekommen Sie, was Sie sich immer von Ihnen gewünscht haben. Sie werden Sie vielleicht nicht lieben, aber sie werden wenigstens erkennen, daß Ihre Bedürfnisse ebenso wichtig sind wie ihre eigenen.«

Moira sah mich eine Weile schweigend an, dann zog sie einen handgeschriebenen Brief aus der Tasche und reichte ihn mir. »Das ist ein Brief, den ich an Mardoff geschrieben habe, und ich möchte, daß Sie ihn lesen, bevor ich ihn absende. Ich habe ihn in Vorbereitung auf unser Apriltreffen geschrieben, gleich nach unserem letzten Telefongespräch.«

Mein liebster John,
ich habe in letzter Zeit viel über unsere Beziehung sowohl in als auch außerhalb der Therapie nachgedacht. Es ist nicht gut, daß ich auf Deinen Vorschlag eingegangen bin, meine Therapie bei Dir fortzusetzen, nachdem mein vorheriger Therapeut die Klinik verlassen hatte. Ich lasse andere Leute viel zu oft Entscheidungen treffen, die ich eigentlich selbst treffen müßte. Inzwischen bin ich überzeugt davon, daß ich besser bei meinem früheren Therapeuten geblieben wäre, mit oder ohne Zustimmung der Klinik. Ich habe begriffen, daß mein Wechsel zu Dir meine neurotischen Probleme nur verstärkt hat. Ich habe ein krankhaftes Bedürfnis, Autoritäten zu folgen, egal, was das für mich bedeutet. Aber ich denke, jetzt ist es das beste, meine Therapie mit Mr. Obler wiederaufzunehmen. In der Arbeit mit ihm habe ich große Fortschritte ge-

macht, er scheint ein sehr tiefes Verständnis für mich und meine Krankheit zu haben.

Bitte glaube nicht, daß ich Dich nicht schätze. Es ist mir sehr wichtig, unsere private Beziehung fortzusetzen, denn Du bedeutest mir eine Menge. Ich würde gern bis Juni mit Dir weiterarbeiten, damit ich Dir meine Entscheidung noch einmal in Ruhe erklären kann. Ich hoffe, daß Du Deinen Ärger nicht an Marty Obler ausläßt, ich weiß, daß Du ihn in Schwierigkeiten bringen könntest. Sicher kann ich mich darauf verlassen, daß Du nur das Beste für mich willst und einen Wechsel zu Marty schließlich verstehen wirst.

Ich möchte Dich auch noch einmal an das erinnern, was ich schon einmal gesagt habe. Als mein Therapeut kannst Du nicht alle persönlichen Gedanken und Sorgen mit mir teilen, auch nicht außerhalb unserer Sitzungen. Wichtig an unserer neuen Beziehung ist deshalb, daß wir endlich mehr gemeinsam teilen können als in unserem jetzigen Verhältnis. Du hast Probleme wie wir alle. Demnächst kann ich Dir vielleicht eine richtige Freundin sein und Dich überall unterstützen. Ich hoffe es sehr. Wir können alles in unserer nächsten Sitzung besprechen.

Deine Moira

»Wie finden Sie das?« Moira sah mich gespannt an, nachdem ich den Brief zu Ende gelesen hatte.

»Eine große Entscheidung«, antwortete ich. Ich wollte wissen, warum sie immer noch darauf bestand, weiter eine Beziehung mit Mardoff aufrechtzuhalten. Doch dann beschloß ich, sie zunächst nicht danach zu fragen. Wenn sie wütend wurde, überdachte sie ihre Entscheidung vielleicht noch einmal. »Es ist ein großartiger Brief. Ich habe nur einen Vorschlag: Seien Sie vorsichtig, daß Mardoff Sie nicht umzustimmen versucht, indem er Ihre Schuldgefühle ausnutzt. Ich bin nicht sicher, ob Sie schon so stark sind, wie Sie glauben. Erinnern Sie sich noch, wie Sie reagierten, als diese arme alte Frau uns erzählte, wie krank sie ist? Seien Sie also auf der Hut.«

»Sonst noch Vorschläge?«

»Schicken Sie den Brief noch heute ab.«

Moira lachte, dann sagte sie: »Jetzt habe ich auch einen Vorschlag für Sie. Hören Sie auf zu raten, was für Erfahrungen ich mache, fragen Sie mich selbst. Und glauben Sie nicht jedesmal, wenn ich ein wenig wegdrifte, ich würde dissoziieren, denn manchmal stimmt das nicht. Und noch etwas: Tun Sie alles, was in Ihrer Macht steht, um für Hermit ein Zuhause zu finden, bis ich mehr Zeit mit ihm verbringen kann. Ich muß mich um vieles kümmern, einschließlich meiner Familie. Ich weiß noch nicht, ob ich bei ihnen bleibe oder stark genug bin, es allein zu schaffen, aber ich würde gern eines Tages Hermit adoptieren. Ihn und mich verbindet etwas ganz Besonderes.«

»Ich muß Ihnen etwas sagen, Moira. Nicht als Therapeut, sondern als Freund. Manchmal scheinen Sie einer der zerbrechlichsten Menschen zu sein, den ich je geschehen habe. Und dann sind Sie plötzlich der gescheiteste, netteste und stärkste Mensch, den ich je kennengelernt habe. Das ist oft sehr verwirrend.«

»Ich weiß auch nicht, warum sich das bei mir so oft ändert.«

Moira drückte mir einen scheuen Kuß auf die Wange und ging dann. Ich fühlte mich großartig, endlich würden wir wieder zusammen arbeiten. Vielleicht konnte ich Moira doch noch heilen. Aber leider hatte ich dieses Gefühl zum letzten Mal.

In den nächsten drei Monaten machte Hermit große Fortschritte. Die Begegnung mit seiner Muter und der Besuch bei seiner liebvollen Großmutter hatten ihn gestärkt. Er hatte aufgehört, am Daumen zu lutschen. Er hatte seine Mutter und ihren Freund bei einem Besuch in Wilson empfangen können, und seine Stärke half ihm auch über den Tod seiner Großmutter hinweg. Seine Mutter und ihr Freund erschienen nicht zu Beerdigung. Nur ich, die beiden Pflegekinder und ein katholischer Priester waren anwesend. Traurig fragte ich mich, was wohl aus den beiden Kindern würde.

Mit Hermit ging es weiter voran. Während er mit mir arbeitete, kam er zu der Erkenntnis, daß sein Schicksal das vieler Ghettokinder war. Er begriff, daß seine Mutter zu krank und zu schwach gewesen war, ihn bei sich zu behalten, und daß sie ihn nicht in böser Absicht fortgeschickt hatte. Jede Information aus seiner Vergangenheit, die ihm half, sich selbst zu verstehen, hatte wunderbare Auswirkungen auf ihn. Zum ersten Mal seit ich ihn kennengelernt hatte, erlebte ich Hermit glücklich. Er begann zu fragen, ob er und seine Brüder mit Moira zusammenleben könnten. Ich versprach, sie zu fragen, wies ihn aber auch daraufhin, daß ihre eigenen Probleme dies vielleicht noch eine Weile verhindern würden.

Eines Tages überraschte Hermit mich, indem er erklärte: »Ich habe entschieden, was ich tun möchte, wenn ich Wilson verlasse.« Er klang ernst, dabei hatte er bisher nur wie ein Kind darauf gehofft, jemand zu finden, der ihn liebte.

»Und was ist das, Hermit?«

»Ich möchte nach Hause zu meiner Familie. Sie braucht mich.«

Aus ihm klangen der Stolz und die Reife eines erwachsenen Mannes. »Ich werde Jasslow fragen, ob er mit mir kommt, er hat ja keine Eltern. Ich werde mir einen Job suchen und meine Brüder und Schwestern von der Straße holen. Böse Menschen werden sie drogensüchtig machen, wenn ich ihnen nicht helfe. Ich möchte mich gern um mich selbst, um meine Freunde und meine Familie kümmern.«

»Hermit, das ist eine tolle Idee, aber du bist doch noch ein Kind.« Ich fand, daß er Wilson noch nicht verlassen sollte.

»Was für einen Job willst du dir denn suchen? Einen als Dealer oder Zuhälter? In deinem Alter bekommst du doch noch nicht einmal eine Arbeitserlaubnis. Ich möchte ja auch, daß du von Wilson wegkommst, aber zuerst müssen wir ein anständiges Zuhause für dich finden, wo du normal leben und zur Schule gehen kannst.«

In den nächsten Tagen redete Hermit ununterbrochen davon, daß er seiner Familie helfen wollte. Er brachte sogar einige seiner Brüder und Schwestern dazu, an der Gruppentherapie in Wilson teilzunehmen. Sie arbeiteten alle begeistert mit und diskutierten eifrig über ihre Probleme.

Für einen Dreizehnjährigen setzte sich auch Hermit in der Einzeltherapie mit mir erstaunlich gut mit seinen Schwierigkeiten auseinander. Er akzeptierte die Tatsache, daß er als Siebenjähriger keine Chance gehabt hatte, sich gegen seine Verwandten, das Jugendamt und das Gericht durchzusetzen.

Seine Mutter hatte sein Daumenlutschen als ernstes emotionales Problem angesehen und ihn in ein Heim gesteckt. Die Mißhandlungen, die Hermit in seiner Familie hatte ertragen müssen, setzten sich dort fort. Er wurde ständig von den älteren Jungen vergewaltigt, weil er jung und hübsch war. Wegen seiner mangelnden körperlichen Stärke stand er in der Hierarchie immer ganz unten, obwohl er intelligent und beliebt war. Die Therapeuten und Lehrer, mit denen er in Kontakt kam, hielten ihn für zurückgeblieben, weil er am Daumen lutschte, sich manchmal unter dem Bett versteckte und einige Sprachprobleme hatte.

Als Hermit dreizehn wurde, konnte seine Anstalt ihn nicht länger behalten und er wurde nach Wilson geschickt. Damals wurde beschlossen, daß das Gericht die Vormundschaft über ihn bekam, wenn für Hermit kein geeignetes Heim gefunden wurde. Das würde bedeuten, daß er in Anstalten für junge

Kriminelle gesteckt und mit einundzwanzig in die Welt hinausgestoßen würde, um für sich selbst zu sorgen. Und das alles ohne jemals ein kriminelles Delikt begangen zu haben.

Als ich ein Kind war, war meine größte Angst, weggeschickt zu werden, wenn ich böse war. Hermit hatte nichts getan, weshalb er dieses Schicksal verdiente, er war lediglich als Kind einer ernsthaft gestörten Mutter und eines unbekannten Vaters geboren worden.

Allmählich kam die Zeit, in der sich Hermits Schicksal entscheiden mußte. Er war nun vierzehn Jahre alt. Wenn sich kein geeigneter Platz in einer liebevollen Pflegefamilie für ihn fand, war es die beste Lösung, ihn auf eigene Füße zu stellen. Vielleicht konnten wir in Wilson einen Weg finden, weiterhin nach ihm zu sehen.

An einem Montagmorgen um zehn Uhr hatten wir einen Termin bei Familienrichter Liebowitz. Es war derselbe Richter, der schon damals über seinen Fall entschieden hatte.

Normalerweise waren diese Verfahren eine Routineangelegenheit, und das Gericht akzeptierte gewöhnlich die Vorschläge, die die Betreuer machten. Es war zwar nicht üblich, daß ein Vierzehnjähriger ohne Pflegeeltern in die Gesellschaft entlassen wurde, aber wir waren zuversichtlich, daß der Richter seine Einwilligung geben würde. Wir warteten.

Der Richter kam zu spät. Um fünf Minuten vor zwölf war es dann soweit. »Bitte erheben Sie sich . . .« Der Richter, ein großer, elegant gekleideter älterer Mann betrat den Saal.

Nervös warteten wir, bis ein Fall nach dem andern abgeurteilt wurde: Familienfehden, Vormundschaften, Jugendkriminalität. Um halb drei fragte Chuck den Gerichtsdiener, ob wir als nächstes an die Reihe kommen könnten, um die Sache voranzutreiben.

Der Gerichtsdiener flüsterte dem Richter etwas zu, und wir wurden als nächstes aufgerufen.

Richter Liebowitz las den Bericht, den wir ihm ausgehändigt hatten. »Sie wollen ihn also nach Hause zu seiner Familie zurückschicken? Wurde er auf einen Job vorbereitet, hat er Schwierigkeiten gemacht, während er bei Ihnen in Wilson war?«

Zu unserer Überraschung erhob Hermit sich von seinem Stuhl, ging entschlossenen Schrittes auf die Richterbank zu und erklärte: »Euer Ehren, ich kann für mich selbst sprechen.«

Überrascht sah der Richter Hermit an. Sein linkes Auge begann in einer mir bekannten Weise zu zucken. Ich flüsterte Chuck zu: »Ist das Babcocks Vater, oder halluziniere ich?«

Der Richter hatte gehört, was ich gesagt hatte. »Habe ich da den Namen Babcock gehört?« rief er mir zu. »Er arbeitet bei Ihnen, nicht wahr? Warum ist er heute nicht hier?«

»Er arbeitet nur zwischen fünf und sieben, Euer Ehren«, antwortete ich. »Außerdem ist dies hier ja nur eine Routineangelegenheit. Dieser junge Mann hat bemerkenswerte Fortschritte gemacht, und das gesamte Kollegium von Wilson ist der Ansicht, daß er in die Gesellschaft entlassen werden kann.«

Ich kaute nachdenklich auf der Unterlippe. Janet, die über Gerichtserfahrung verfügte, hatte uns geraten, so wenig wie möglich zu sagen. Ich hatte das Gefühl, daß wir Richter Liebowitz' Geduld bereits genug strapaziert hatten, und machte Hermit und Chuck ein Zeichen, Ruhe zu bewahren. Aber in Hermit schien etwas vorzugehen, von dem ich keine Ahnung hatte. Doch ich sollte es bald herausfinden: Es war die Auflehnung gegen das System, das ihm schon einmal alle Freiheit und Würde genommen hatte.

Seine Stimme klang laut und deutlich. »Euer Ehren, wir warten seit dem frühen Morgen auf Sie, damit ich endlich meine Papiere bekomme und nach Hause gehen kann. Ich habe nichts getan, weshalb ich hier sein müßte, deshalb würde ich es sehr schätzen . . .«

»Erklären Sie mir bitte nicht, wie ich die Verhandlung zu führen habe, junger Mann«, brüllte Liebowitz. »Ich habe seit Jahren Erfahrung mit Jungen wie Ihnen, die eine Tracht Prügel vertragen könnten. Ihre Gesichter gefallen mir nicht, dabei hatte ich bisher noch nie Schwierigkeiten mit Wilson.« Er schlug mit seinem Hammer auf den Tisch und erklärte: »Ich vertage die Sitzung, bis einer der leitenden Angestellten von Wilson erscheint, vorzugsweise Dr. Babcock.« Hermit schien erschüttert zu sein. Wieder einmal hatte er das Gefühl, alle Ungerechtigkeiten dieser Welt einstecken zu müssen. Er ging zur Bank und versuchte mit dem Richter zu sprechen. Dieser herrschte den Gerichtsdiener an: »Schaffen Sie mir diesen Bengel unverzüglich vom Hals.«

Wir fuhren zurück nach Wilson. Wie vorherzusehen war, war Babcock wütend, als er erfuhr, was geschehen war. »Ich habe allmählich genug von Ihnen, Obler« fauchte er. »Dieser Richter ist einer meiner besten Freunde, ein hochrangiger Politiker. Jetzt will er, daß ich vor Gericht erscheine. Sie wissen doch, daß ich für so etwas keine Zeit habe. Wie heißt der Junge? Hermann? Hermit? Ich werde nicht mit zum Gericht kommen, ich möchte, daß Sie das wieder ins reine bringen, sonst sind Sie hier erledigt.«

Er holte tief Luft und lehnte sich zurück. Dann fuhr er etwas ruhiger fort: »Wissen Sie, Obler, Sie sind eigentlich gar kein schlechter Kerl. Wenn Sie nur etwas umsichtiger wären. Sie haben mir mit Ihrer Sexualforschung einen großen Dienst erwiesen. Wir könnten zusammen an dieser Studie arbeiten, dann wären Sie uns in Wilson echt nützlich. Warum beschäftigen Sie sich soviel mit diesen hoffnungslosen Fällen? Sie wissen doch, wie wenig wir letztlich ausrichten können, auch wenn wir uns noch so sehr bemühen.«

Ich hätte ihn am liebsten gefragt, warum er dann überhaupt noch in Wilson war, aber ich kannte die Antwort: Es war ein angenehmer Arbeitsplatz, von dem aus er bequem seine eigenen Interessen verfolgen konnte. Ich wollte nicht länger mit ihm streiten, denn ich brauchte seine Hilfe, um für Hermit das Beste zu erreichen.

»Hören Sie, Dr. Babcock«, antwortete ich. »Vielleicht haben Sie ja recht. Aber Hermit ist jetzt in der Lage, auf sich selbst aufzupassen. Sogar Janet ist da mit mir einer Meinung.«

»Vergessen Sie diesen Unsinn, Obler. Der Junge ist in Warwick oder in einem dieser anderen Jugendgefängnisse viel besser aufgehoben. Was wird auf der Straße mit ihm geschehen? Reden wir lieber über mein Forschungsprojekt. Was halten Sie davon, mit mir zu arbeiten?«

»Klingt gut, Sir.« Ich sah Babcock an und dachte, daß ich ihm den Arsch küssen würde, wenn er uns nur half. »Ich würde sehr gern mit Ihnen zusammenarbeiten, aber zunächst möchte ich diesen jungen Mann hier herausbekommen. Ich habe vor einiger Zeit mit Ihnen darüber gesprochen, und Sie haben meine Beurteilung unterschrieben.«

»Tun Sie, was Sie wollen, aber lassen Sie mich in Ruhe. Sie wissen, daß ich ein paarmal in der Woche für diese Rundfunkserie arbeite. Das erfordert viel Vorbereitung, und ich habe keine Zeit zu verschwenden.«

Enttäuscht ging ich hinaus. Ohne Babcocks Hilfe würde Hermit ein weiteres Jahr warten müssen, ehe er entlassen werden konnte. Was sollten wir jetzt tun? Aber ich hätte mir keine Sorgen zu machen brauchen. Hermit hatte von Babcocks Widerstand erfahren und sein Schicksal selbst in die Hand genommen. Ich sah ihn nie wieder. Etwa ein halbes Jahr später bekam Jasslow einen Brief von ihm, der auch eine Nachricht für mich enthielt:

Lieber Mr. Obs, das Zeug, über das wir uns unterhalten haben, hat meinem Kopf gutgetan. Ich bin glücklich. Habe einen Job für 95 Dollar in der Woche gefunden und transportiere jetzt Kleiderständer in einer Textilfabrik. Mein Mädchen und ich heiraten vielleicht bald. Für meine Familie konnte ich nicht viel tun. Mom hängt irgendwo herum und Lucille auch. Man trifft sie auf der Third Avenue. Ich lebe mit meinem Mädchen zusammen und besuche die Abendschule, um das Diplom für die High School zu bekommen. Mein Lehrer hilft mir bei diesem Brief. Ich komme Sie bald besuchen, wenn ich keine Angst vor den Cops haben muß.
Ich vermisse Sie alle höllisch
In Liebe, Hermit

Ich schrieb Moira und berichtete ihr von Hermits Entkommen. Ein Brief war die einzige Möglichkeit der Kommunikation, die sie im Moment zuließ. Sie hatte mir erklärt, daß sie die drei Monate bis zu unserem Therapiestart brauchte, um sich über ihre Beziehung zu Mardoff klar zu werden. Ich hoffte inständig, daß alles gutgehen würde.

Die Atmosphäre bei meiner nächsten Supervision mit Mardoff war frostig. Wir machten keinen Hehl daraus, daß wir uns beide auf die Zeit freuten, wenn wir uns nicht mehr sehen mußten. Nach und nach hatte ich meine Klinikpatienten an andere Therapeuten übergeben. Als ich Mardoff um sein Supervisionsgutachten bat und um das Empfehlungsschreiben, das ich brauchte, um mein Promotionsprogramm beginnen zu können, versprach er, sich darum zu kümmern. Bei unseren Treffen hatte ich das Gefühl, daß er von Moiras bevorstehendem Wechsel wußte. Ich nahm an, daß er noch versuchte, sie umzustimmen, und das Thema mir gegenüber deshalb nie anschnitt. Niemals wäre ich auf die Idee gekommen, daß Moira ernste Schwierigkeiten haben könnte, ihn zu verlassen. Ich war mir sicher, daß sie stark genug war, die Trennung zu bewältigen.

Aber so war es nicht. Bis Juni hörte ich nichts mehr von Moira und begann, mir Sorgen zu machen. In kurzer Zeit würde ich meine Tätigkeit an der Klinik beenden, und dann würde es immer komplizierter, ihr zu helfen, falls sie Schwierigkeiten hatte, zu mir zu kommen. Zugleich mußte ich mir eingestehen, daß die Situation zwischen Moira, Mardoff und mir komplizierter war, als ich bisher zugeben wollte. Es würde viel Zeit in Anspruch nehmen, sie zu entwirren, und erst, wenn wir alle etwas Abstand hatten, konnten wir versuchen herauszufinden, was unsere Dreierkonstellation zu bedeuten hatte. Ich erkundigte mich bei Gail nach Moira. Sie erklärte mir, daß Moira ihre Therapie schon vor einem Monat beendet hatte. Zur gleichen Zeit hatte sie sich auch im Police Department beurlauben lassen.

Ich erschrak und versuchte, Kontakt mit Moira aufzunehmen. Ohne Erfolg. Moira war offenbar verzogen und hatte keinerlei Adresse hinterlassen. Im ersten Moment wollte ich in Mardoffs Büro stürmen und ihn zur Rede stellen, aber Gail erzählte mir, daß er ebenso im Dunkeln tappte wie ich. Ich fragte mich, ob Moira jemals meinen Brief erhalten hatte, in dem ich ihr von Hermits Verschwinden berichtet hatte. Ich fragte Gail erneut, ob sie oder Mardoff seit April etwas von Moira gehört hätten. Sie schüttelte den Kopf und sagte mir nur, daß Mardoff sich sehr darüber aufgeregt habe, daß Moira ihre Therapie beendet hat, und daß er sich im Moment viel mit seiner bevorstehenden Scheidung beschäftigen würde.

Der Sommer kam und ging. Alle meine Anstrengungen, Moira zu finden, blieben ergebnislos. Ich suchte überall und nahm Kontakt zu jedem auf, der sie kannte. Ich ließ sie bei der Polizei in die Vermißtenliste eintragen und rief ihren

Mann an. Er reagierte sehr gleichgültig, und auch ihre Mutter behandelte mich abweisend. Ich hatte nur noch eine Idee: Während der Therapie hatte ich Moira einmal gefragt, ob sie sich vorstellen könnte, sich völlig von ihrer Familie zu befreien. Sie sagte, die einzige Möglichkeit dazu bestände für sie darin, wie ihr Bruder durch die Straßen New Yorks zu ziehen. Allmählich gab ich die Hoffnung auf, sie zu finden. Dann endlich, im September, hörte ich etwas von ihr. Es war eine hingekritzelte Notiz in meinem Briefkasten in Wilson, die den Absender eines Heims für Obdachlose trug.

Lieber Freund,
ich habe Ihren Brief über Hermits Entscheidung bekommen und beschlossen, etwas Ähnliches zu tun. Es sieht aus, als würde die Loslösung von Mardoff länger dauern, als ich gedacht hatte, deshalb wird sich der Beginn meiner Therapie bei Ihnen etwas verschieben.
In Liebe, Moira

P.S. Ich bin Ihnen dankbar für alles, was Sie für mich getan haben, aber bitte versuchen Sie nicht, mich zu finden. Ich werde mich bei Ihnen melden, wenn ich soweit bin.

25

Abschied für immer

An einem windigen Herbsttag schlenderte ich auf meinem Weg zur Arbeit durch das herumwirbelnde rot-, gelb- und braungefärbte Laub. Ich hatte beschlossen, daß meine Tage in Wilson von nun an gezählt sein würden. Das Brooklyn College hatte mir einen Lehrauftrag angeboten. Vielleicht half mir die wissenschaftliche Tätigkeit, die Einsamkeit zu überwinden, die ich empfand, seit Moira und Hermit fort waren. Immer wieder mußte ich an sie denken, hielten die Erinnerungen an sie mich von meiner Arbeit und von meiner Dissertation ab. Ich brauchte dringend eine neue Umgebung, die mich wieder zu meiner Doktorarbeit motivierte.

Als ich mich Wilson näherte, sah ich zu meiner Überraschung Moira in ihrer Polizeiuniform am Eisenzaun stehen. Mein Herz begann laut zu pochen. Gott sei Dank, es schien ihr gut zu gehen. Sie lächelte, und wir umarmten uns. Ich empfand zugleich Ärger und Zuneigung für sie.

Wortlos gingen wir die Treppe hinauf in die Eingangshalle von Wilson, wo Dolly und Chuck uns begrüßten. Als Dolly Moiras Uniform erblickte, bekam sie zunächst einen Schreck, weil sie annahm, einer der Jungen sei in Schwierigkeiten. Doch dann erkannte sie Moira, und die beiden Frauen umarmten sich herzlich. Ich zog Chuck zur Seite und bat ihn, meine Therapiegruppe zu übernehmen, damit ich mich um Moira kümmern konnte. Er willigte sofort ein.

In meinem Büro zog Moira ihren Polizeimantel aus. Erschrocken stellte ich fest, daß sie noch mehr abgenommen hatte. »Wie geht es Hermit?« fragte sie mit einer Direktheit, die mich verblüffte. Sie redete, als hätten wir uns vor ein paar Tagen noch zum Essen getroffen.

»Was soll das?« schrie ich. »Ich habe monatelang nichts von Ihnen gehört. Wenn Sie eine Sekunde nachdenken, erinnern Sie sich vielleicht, daß ich Ihnen in meinem letzten Brief von ihm erzählt habe. Haben Sie meinen zweiten Brief erhalten? Wo zum Teufel haben Sie gesteckt? Ich finde, nach allem, was wir zusammen durchgestanden haben, schulden Sie mir eine Erklärung.«

Moira ignorierte meinen Ärger einfach und fragte: »Glauben Sie, es geht ihm gut?«

Ich beruhigte mich etwas. »Keine Ahnung. Ich habe keine Möglichkeit, das in Erfahrung zu bringen. Er ist irgendwo draußen und versucht, seinen Brüdern und Schwestern zu helfen. Ich glaube, er hat einen Job gefunden. Wahrscheinlich unterstützt er seine Familie. Immerhin war er so höflich, mir zu schreiben, was Sie ja nicht getan haben. Aber weichen Sie nicht auf Hermit aus. Ich möchte gern wissen, was aus unseren Plänen wird, die Therapie fortzusetzen. Ist das noch aktuell? Steckt Mardoff hinter Ihrem plötzlichen Verschwinden? Ich erwarte ein paar Antworten.«

»Antworten, Antworten«, wiederholte Moira müde und legte die Hand über ihre Augen. »Hören Sie, wenn ich Antworten hätte, würde ich sie Ihnen von selbst geben. Ich habe versucht, das zu tun, was Sie von mir verlangt haben und bin vor dem Bastard geflüchtet und vor den Leuten, die mir dauernd zugesetzt haben. Es war die einzige Möglichkeit für mich, erwachsen und selbständig zu werden, also habe ich versucht, mich auf der Straße durchzuschlagen. Aber es hat nicht geklappt.« Sie machte eine Pause und holte Luft. »Mardoff hatte recht. Er hat mich davor gewarnt, daß hysterische und abhängige Frauen mit Freiheit nicht umgehen können. Sie brauchen starke Männer, die sie überwachen. Ich glaube, ich habe gelernt, daß ich es allein nicht schaffe.

Ich brauche Leute wie meine Mutter, meinen Mann und Mardoff, die mein Leben in die Hand nehmen. Sie sind alle krankhafte Abbilder meiner Mutter — wie alle Therapeuten.«

Das konnte ich nicht akzeptieren. »Was sollte diese halbe Nachricht, die Sie mir hinterließen und in der Sie schrieben, Sie bräuchten etwas Zeit, um über Ihre Beziehung mit Mardoff nachzudenken, ehe Sie Ihre Therapie fortsetzen können?«

Moira schwieg lange, dann antwortete sie leise: »Für Leute wie mich gibt es im Leben nur zwei Alternativen — Selbstlosigkeit oder Heimatlosigkeit.«

Meine Gefühle überschlugen sich. »Auf der Nachricht, die ich von Ihnen erhielt, stand im Kopf der Name eines Obdachlosenheims. Haben Sie dort gelebt?«

Sie lächelte flüchtig. »In der Zeit, als ich nach meinem Bruder gesucht habe, ziemlich oft. Ich dachte, ich würde ihn finden, wenn ich mich unter die Leute von der Straße mischte. Wissen Sie, wie viele von ihnen an Persönlichkeitsspaltungen leiden wie ich? Es geht ihnen genauso wie mir. Irgendwie genießen sie eine merkwürdige Art von Freiheit, auf eine Weise, die Sie nicht verstehen würden.«

»Freiheit? Freiheit?« wiederholte ich und versuchte ruhig zu bleiben. »Sie nennen es Freiheit, auf der Straße herumzuhängen, zu hungern und zu frieren? Verrückt zu sein oder einfach nur arm? Was für eine Art Freiheit ist das, halb irre zu sein, einsam und niemand zu haben, der einen Pfifferling für einen gibt.«

Moira wurde nachdenklich. Dann antwortete sie langsam. »Es ist Freiheit, wenn man ohne Schuldgefühl und schlechtes Gewissen einfach anders sein kann. Da draußen hält man niemanden für verrückt. Wir sind nur Leute, die versuchen, sich von einem Tag zum nächsten durchzuschlagen. Wir leiden nicht mehr, im Gegensatz zu den sogenannten normalen Menschen. Nur das Überleben zählt. In unserer Welt sind alle gleich.«

Ich wollte nicht philosophisch werden. Ich wollte wissen, was sie getrieben hatte, und bedrängte sie. »Haben Sie Mardoff getroffen?«

Moira schüttelte den Kopf. »Ich wollte doch von Mardoff weg, Sie Dummkopf, und von den anderen machtgierigen Typen, die sich an Kranken wie mir befriedigen. Aber das war nicht alles, was ich loswerden wollte. Ich bin auch vor der schwachen, selbstsüchtigen, abhängigen, ängstlichen Person geflohen, die Sie und ich als Moira kannten. Solange ich bei meiner Familie oder in der Therapie oder in Mardoffs Klauen blieb, konnte ich nicht zu mir selbst finden.«

Sie fuhr fort: »Ich habe eine schizophrene Frau namens Maria kennengelernt. Sie lebt seit sie Mitte zwanzig ist in den Subway-Tunnels unter dem Grand Central. Vorher war sie Lehrerin in einer der Schulen von New York City. Nach allem, was ich erfahren habe, war sie eine gute Lehrerin. Aber die Kollegen und die Kinder machten Witze über sie, weil sie sich manchmal etwas seltsam benahm. Als sie erfuhr, daß sie schizophren war, machte sie zugleich die schmerzhafte Erfahrung, daß sie in einer Gesellschaft lebt, die andersartige Menschen nicht toleriert. Als sie siebenundzwanzig war, verschlimmerte sich ihre Krankheit und sie schloß sich der Unterwelt an — Verrückten wie sie, die in den Subway-Tunnels lebten. Dort wurde sie geschlagen, bespuckt, vollgepinkelt und vergewaltigt. Aber sie litt nicht darunter, wie es gewesen wäre, wenn sie versucht hätte, ein konventionelles Leben zu führen. Sie sagt, die anderen Heimatlosen, die ihre Brüder und Schwestern wurden, hätten sie besser behandelt als ihre eigene Familie, als diese wunderbaren, gesunden New Yorker, unter denen sie aufwuchs.« Moira runzelte die Stirn, und ich hatte den Eindruck, als versuchte sie sich über ihre eigenen Gefühle klar zu werden.

»Etwas Merkwürdiges passiert, wenn man nicht länger als Außenseiter und verrückter Typ behandelt wird: Die Krankheit nagt nicht mehr so an einem. Es ist egal, ob man sich so fühlt, weil man aus der ›Wirklichkeit‹ herausgefallen ist. Das Ergebnis ist dasselbe, man leidet nicht mehr. Wenn man sich von dem Schrecken eine Welt befreit, in die man nicht paßt, und alle physischen und psychischen Verbindungen zu dieser Welt aufgibt, kann sie einem nicht länger weh tun.«

Moira sah mich an. Ihre Stimme war kaum hörbar, als sie weitersprach: »Ich glaube nicht, daß Sie sich die Schmerzen und das Leid vorstellen können, die ein psychisch gestörter Mensch durchmacht. Wenn die eigene Wahrnehmungsfähigkeit getrübt ist, ist es einfach nicht möglich, in der normalen Welt zu funktionieren. Man wundert sich, wie normale Menschen die einfachsten Dinge handhaben, die einem selbst riesige Schwierigkeiten bereiten.«

Mit brüchiger Stimme fuhr Moira fort: »Ich will jetzt nicht länger darüber reden. Wichtig ist, daß ich es nicht geschafft habe und daß ich dank Ihrer Hilfe nicht mehr in die Welt der Illusionen entfliehen kann. Was die Realität mir bietet, erscheint mir nicht sehr verlockend. Als ich meine Familie besuchte, schlugen meine Mutter und meine Schwester mich sofort, weil ich meinen Mann und die Kinder verlassen habe. Sie riefen Mardoff an, und dann zwangen sie mich gemeinsam zu unterschreiben, daß ich geistesgestört sei und meine Handlungen nicht kontrollieren könne. Das bedeutet, daß ich jederzeit in ein Heim eingewiesen werden kann, in ein Leben, aus dem ich nie wieder entfliehen kann. Jetzt kann ich nirgends mehr hin, weder vor noch zurück.«

»Was meinen Sie damit?«

»Es bedeutet, daß ich nicht wieder in meine Krankheit fliehen kann, weil ich zu gesund bin, gleichzeitig bin ich aber noch zu schwach, um selbständig zu leben. Also muß ich mich Menschen anschließen, die mich ausnutzen wie diese

Schildfische, die sich an den Bäuchen anderer Fische festsaugen und als Parasiten von ihnen leben. Aber die Fische, an die ich mich anhänge, schaden mir nur.« Ein zaghaftes Lächeln huschte über Moiras Gesicht.

»Wenn wir nicht wenigstens die Hoffnung haben, Liebe finden zu können, werden wir zu Menschen, die andere zerstören. Die meisten Leute, und dazu gehören auch Sie und Mardoff, retten sich von Beziehung zu Beziehung und von Job zu Job, um herauszufinden, wann sie sich gut fühlen. Mardoff und Sie glauben, daß Sie um so mehr geliebt und gebraucht werden, je mehr Menschen Sie von sich abhängig machen können. Es ist Ihnen egal, wenn Sie dadurch diese Menschen bei der Wahrheitsfindung behindern. Oder wie und wo Sie Ihre eigenen Bedürfnisse erfüllen. Meine Mutter war brutal. Sie wußte, daß ich ihre Liebe brauchte, und sie nutzte das aus und sorgte dafür, daß ich nie von ihr unabhängig werden konnte. Weil ihre eigene Mutter sie gehaßt hatte, haßte sie sich selbst. Da sie nicht geliebt wurde, versuchte sie andere Leute in ihre Gewalt zu bekommen, um sich das Gefühl zu verschaffen, wichtig zu sein. Es war eine Art Ersatz für die Liebe, die sie auf direktem Weg nicht bekommen konnte. Daß sie dabei mein Leben zerstörte, interessierte sie nicht im geringsten. Natürlich war sie so sehr in ihre eigenen Probleme verstrickt, daß sie nie hätte begreifen können, daß sie mir schadete, und wenn man ihr das vorgehalten hätte, hätte sie es abgestritten. Aber sie hätte nie damit aufgehört, da bin ich mir sicher. Für sie zählte nur ihr eigenes Überleben, nichts anderes.« Ich sah den stummen Schmerz in Moiras Augen und sie tat mir sehr leid. Ich wollte ihre Hand nehmen, aber sie stieß mich fort.

»Ich bin von allen brutal behandelt worden, von meinem Vater, meinem Onkel, meinem Mann und jetzt von Mardoff. Sie alle haben meinen Körper oder meine Seele oder beides vergewaltigt, um ihre eigenen Bedürfnisse zu befriedigen.

Auf diese Weise holt ihr Männer euch Liebe. Ihr mögt alle unterschiedliche Probleme haben, aber ihr habt dasselbe im Kopf: Die Sucht nach Macht. Ich habe mir das gefallen lassen, weil mir keine andere Wahl blieb. Ich war auf jede Form von Aufmerksamkeit angewiesen, die ich kriegen konnte. Mein Gefühl für mich selbst war zerstört, und die Leute konnten mit mir machen, was sie wollten.«

Moira machte eine Pause, seufzte und fuhr dann mit ihren traurigen Beobachtungen fort. »Wissen Sie, Marty, ich habe begriffen, daß es zwischen Täter und Opfer keine großen Unterschiede gibt. Sie sind beide auf der Suche danach, gebraucht und erwünscht zu sein. Aber das Opfer hat das Gefühl, keine Wahl zu haben, während sich der Täter der Illusion einer freien Entscheidung hingeben kann.

Die einzige Möglichkeit für das Opfer besteht darin, sich zu befreien und zu versuchen, allein zu überleben. Ich habe Mardoff um diese Chance gebeten, aber er hat sie mir verweigert.«

»Warum kommen Sie nicht zu mir zurück?« bat ich. »Ich kann Ihnen zu wirklicher Freiheit verhelfen.« Ich hätte Moira am liebsten auf Knien angefleht. In ihren ganzen Ausführungen glaubte ich etwas Positives herausgehört zu haben: Moira war reifer geworden und bat mich vielleicht auf indirektem Weg darum, sie dazu zu drängen, ihre Therapie fortzusetzen. Wenn das nicht so war, warum war sie dann nach Wilson gekommen?

»Die Therapie mit Ihnen«, sagte sie, und ihre Augen füllten sich mit Tränen, »hat für mich keinen Zweck mehr. Ich habe nichts mehr zuzusetzen. Es ist vielleicht schwer verständlich, aber schwache Menschen können irgendwann einfach nicht mehr. Wir müssen der Wahrheit ins Gesicht sehen: Wegen meines früheren Lebens mußte ich mich in andere Persönlichkeiten verwandeln. Der Versuch, mich zu heilen, ist gescheitert. Dabei sollten wir es bewenden lassen.«

Moiras Blick war so schmerzerfüllt und ängstlich, daß es mir fast das Herz brach.

Moira lehnte sich auf ihrem Stuhl zurück und blickte mich an. Ich wußte, worauf sie wartete. Sie wollte, daß ich sie bat, zu gehen, weil sie es selbst nicht schaffte. Seither habe ich dieses Phänomen mehrfach erlebt, daß ein Patient die Therapie nicht länger fortsetzen will, aber auch nicht gehen kann, weil er dann in seine Einsamkeit zurück muß, aus der er sich eine Weile befreit hatte. Ich wollte nicht, daß Moira ging. Ich war noch nicht bereit, sie aufzugeben.

»Moira«, begann ich verzweifelt. »Warum nehmen Sie sich nicht etwas Zeit, um über Ihre Entscheidung nachzudenken?«

Trotz meiner Beharrlichkeit spürte ich, daß ich die Hoffnung verlor. Ihr Schicksal war durch Mardoffs Drohung, sie in ein Heim einzuweisen, besiegelt worden. Vor der Gewalt, die Mardoff und ihre Familie über sie hatten, konnte Moira nicht in eine Persönlichkeitsspaltung flüchten. Ich erinnerte mich an den Traum, den sie mir zu Anfang unserer Therapie einmal beschrieben hatte: Sie würde in einer geschlossenen Anstalt enden und nur noch Marmorwände zum Schutz um sie herum haben. Der einzige Weg in die Freiheit bestand für sie darin, mir zu vertrauen, daß ich sie vor Mardoff schützte. Aber dieses Vertrauen hatte sie nicht. Zwischen uns hatte sich eine Tür geschlossen.

»Marty, dazu ist es zu spät. Es ist zu spät für alles.« Es war ein dünner, verängstigter Hilferuf, der mich mehr erschütterte als alles, was sie je gesagt hatte.

»Sagen Sie das nicht, Moira, bitte, sagen Sie das nicht«, flehte ich.

»Ich bin so müde. Ich möchte nur ein bißchen Ruhe und Frieden«, antwortete sie. Sie stand auf und küßte mich zärtlich.

»Auf Wiedersehen, Marty«, sagte sie mit einer schrecklichen Endgültigkeit.

Nach dem Gespräch mit Moira eilte ich sofort zu Mardoffs Büro. Ungeduldig wartete ich darauf, daß Gail mich anmeldete. Endlich sagte sie: »Sie können hineingehen.«

Er stand am Fenster und drehte sich zu mir um. »Kann ich etwas für Sie tun, Obler?«

Ich hatte keine Zeit für Geplänkel. »Ich habe Angst, daß Moira sich umbringt«, brach es aus mir heraus.

Sein Gesichtsausdruck wurde ungeduldig. »Und ich, Obler«, zischte er, »habe Angst, daß Sie sich zum größten Idioten auf dieser Welt machen. Ich sage Ihnen zum letzten Mal, daß Moira eine hysterische Frau ist.«

»Aber die Anzeichen sind erschreckend deutlich«, widersprach ich.

Mit fester Stimme entgegnete Mardoff. »Ja, das sind sie, Obler, und ich fürchte, das eigentliche Problem ist, daß Sie einfach nicht wissen, wie man sie deutet.«

»Wie soll ich mich also ihren Drohungen gegenüber verhalten?«

Nach einer kurzen Pause antwortete Mardoff einfach: »Ich schlage vor, Sie ignorieren sie.« Die Ungeduld in seiner Stimme war nicht zu überhören. Ich wartete. Gerade als ich meine Bitte erneut vortragen wollte, erhob Mardoff sich. »Bitte schließen Sie die Tür, wenn Sie hinausgehen.«

»Aber ich bin noch nicht fertig«, protestierte ich.

»Doch, das sind Sie, Obler. Völlig fertig.« Sein eisiger Blick streifte mein Gesicht. »Und nun gehen Sie.«

Ich blieb noch einmal an Gails Schreibtisch stehen. »Bitte, benachrichtigen Sie mich, sobald Sie etwas von Moira erfahren«, bat ich sie.

»Das werde ich«, antwortete Gail. »Ich verspreche es.«

Kurze Zeit nach unserem Gespräch informierte Gail mich, daß Mardoff Moira an einen anderen Therapeuten übergeben hatte. Wahrscheinlich hatte er Angst, sie würde sonst wieder zu mir kommen. Nach Gails Auskunft war Moira zu ihrer Familie zurückgekehrt. Sie würde jeden Therapeuten, den Mardoff ihr vorschlug, kurz besuchen und dann fortbleiben. Ich wußte, warum Mardoff sie nicht dazu drängte, zu ihm zurückzukommen: Er wollte seinen Kopf retten. Wenn Moira tatsächlich Selbstmord beging, brachte man seinen Namen wenigstens nicht damit in Verbindung.

Danach wurde es zunehmend schwieriger, etwas über Moira in Erfahrung zu bringen. Mardoff hatte unsere Beziehung damit beendet, daß er mein Dissertationsthema annahm und mir ein positives Gutachten ausstellte. Danach verweigerte er jeden Kontakt zu mir und unterwies Gail und seine Mitarbeiter, Moiras Fall nicht mit mir zu besprechen.

Im Dezember war meine Zeit in Wilson zu Ende, und ich trat meinen neuen Posten an der Universität an. Moira war aus meinem Leben, aber nicht aus meinen Gedanken verschwunden.

Als ich Heiligabend mein Büro verließ, hörte ich wie immer Musik aus meinem Walkman. Während ich durch den dicht fallenden Schnee über den Campus lief, gesellte sich ein Psychologiestudent aus einem meiner Seminare zu mir. Er klopfte mir auf die Schulter, und ich zog meine Ohrhörer ab.

»Haben Sie von der Polizistin gehört, die sich heute erschossen hat? Sie hatte denselben ungewöhnlichen Namen wie die Patientin, von der Sie neulich im Seminar erzählt haben. Mariel, nein Moira. Wahrscheinlich ist es nur ein Zufall.«

Ich rang nach Luft. Ich wußte, daß sie es war, konnte aber nicht sofort antworten. »Nein«, brachte ich dann mühsam hervor.

»Nein, ich habe es nicht gehört.« Danach verfiel ich in Schweigen.

Wir gingen noch ein Stück weiter, bis er sich verabschiedete und in eine andere Richtung verschwand. Mit verschleiertem Blick lief ich weiter. Ich bildete mir ein, Moira am Eisenzaun vor der Klinik auf mich warten zu sehen. Wenige Schritte weiter hatte ich eine andere Vision. Es war meine Schwester Shirley. Wie früher sah sie von dem Altar der Anstaltskapelle zu mir herab.

Erschüttert setzte ich mich auf eine Bank vor dem Zaun. Ich schaltete das Radio an, das ich in der Hand hielt. Die Nachricht wurde gerade übertragen.

Der Sprecher sagte: »Zunächst hatte die Polizei angenommen, ihre Kollegin Moira McCarthy wäre Opfer eines Raubüberfalls geworden. Spätere Untersuchungen ergaben jedoch, daß sie sich mit der Waffe ihres Vaters in den Kopf geschossen hatte.«

Moira war tot. Schluchzend saß ich auf der Bank, während die Weihnachtsglocken läuteten und die Schneeflocken schneller und schneller herabfielen und mein Haar und meine Augen bedeckten.

26

Letzte Erkenntnis

In den ersten Wochen nach Moiras Tod versuchte ich, alle Gedanken an sie zu verdrängen, aber es wollte mir nicht gelingen.

Ein Assistent von Mardoff bat mich, eine Zusammenfassung über meine Arbeit mit Moira zu schreiben. Für die Klinik formulierte ich folgenden bestürzenden Abschlußbericht.

Ihr märtyrerhafter Schutzmechanismus gestattete Moira, abweisend zu sein, ohne sich abweisend zu benehmen. Er ermöglichte es ihr, Anerkennung zu bekommen und akzeptiert zu werden, ohne zerstört oder wie eine Verrückte behandelt zu werden.

Durch die Therapie entwickelte Moira emotionale Stärke und Selbstvertrauen, die es ihr ermöglichten, zu erkennen, was in ihr vorging. Durch diese Erkenntnis war sie in der Lage, gesündere und bessere Wege für ihr Leben zu suchen. Unglücklicherweise hatte sie keine Chance, die Therapie fortzusetzen, durch die sie hätte geheilt werden können. Und sie war nicht in der Lage, eine positive Verhaltens- und Erfahrungsbasis aufzubauen, so daß der Tod ihr schließlich als einzige Lösung erschien.

Die Weichen für Moiras Zerstörung waren bereits vor ihrem fünften Lebensjahr gelegt worden.

Eines Tages lud Marcuse mit dem ich mich seit meinem Abschied von der Klinik angefreundet hatte, mich zum Essen ein. Während wir über dies und das sprachen, schoß mir plötzlich ein Bild von Marcuse und Moira an unserem Therapiewochenende durch den Kopf.

Marcuse bemerkte sofort, daß mich etwas beschäftigte. »Was ist los?« fragte er.

»Ich muß mit Erinnerungen vorsichtig sein, vor allem mit Erinnerungen an meine Zeit an der Klinik. Manche von ihnen sind sehr schmerzhaft, vor allem meine merkwürdige Beziehung zu einer Patientin betreffend.«

»Möchtest du gern darüber sprechen?« bot Marcuse an.

Ich zögerte. Wollte ich wirklich über Moira reden? »Ich weiß es nicht«, antwortete ich nachdenklich. Dann wurde mir klar, daß ich über sie reden wollte. »Erinnerst du dich noch an die Polizistin, die mit uns bei diesem Wochenende war?«

»Moira?« fragte er leise.

Ich nickte. »Weißt du, daß sie sich umgebracht hat?«

»Ich habe es gehört«, erwiderte er. »Es muß schlimm für dich gewesen sein.«

Ich seufzte tief. »Ich fühle mich schuldig.«

»Warum schuldig?« Marcuse sah mich an. »Es war nicht dein Fehler.«

»Ich habe das Gefühl, sie im Stich gelassen zu haben, nachdem Mardoff mir verboten hat, mich privat um sie zu kümmern. Als ich die Klinik verließ, schlug ich ihr vor, sie nach einer Weile in meine Privatpraxis zu übernehmen, aber dann hat Mardoff sie selbst therapiert und, so fürchte ich, ein Verhältnis mit ihr angefangen. Ich vermute, es war eine sexuelle und emotionale Bindung, die die Grenzen einer Therapie weit überschritt. Anfangs sprach er ansatzweise mit mir über seine Arbeit mit ihr, aber gegen Ende erzählte er mir gar nichts mehr. Nachdem ich die Klinik verlassen hatte, habe ich Moira ein paarmal getroffen. Sie berichtete mir, daß Mardoff tatsächlich ein Verhältnis mit ihr angefangen hatte. ›Er kann nicht von mir lassen‹, so hat sie es formuliert. Sie blieb länger in seiner Obhut als geplant, und dann erklärte sie mir eines Tages, ihre Familie habe sich mit Mardoff gegen sie verschworen und drohe, sie in ein Heim zu bringen, wenn sie nicht tun würde, was man von ihr verlangte. Und man verlangte von ihr, weiterhin in Mardoffs Klauen zu bleiben. Irgendwann gelang es ihr schließlich, sich von Mardoff und ihrer Familie zu befreien. Sie verschwand einfach.«

Danach erzählte ich Marcuse von meinen Versuchen, Mardoff nachzuspionieren. Er wurde blaß, als ich ihm den Streit zwischen Mardoff und seiner Frau in seinem Büro beschrieb. Ich dachte, er würde sich wegen meines naiven Benehmens so aufregen, aber es stellte sich heraus, daß er andere Gründe hatte.

»Ich hatte immer das Gefühl, daß Mardoff Frauen haßt«, sagte ich langsam. »Seine Schwierigkeiten führten dazu, daß er sich auf neurotische Art mit Moira einließ, und zwar so weit, daß er ihr unmöglich zu einer Heilung verhelfen konnte. Vielleicht übertrug er seinen ganzen Frauenhaß auf Moira. Einen Moment benahm er sich positiv ihr gegenüber, und dann wurde er plötzlich abweisend – so wie ich ihn im Streit mit seiner Frau erlebt habe. Wenn das alles wahr ist, erklärt das auch, warum er meine Diagnose nie akzeptiert hat. Solange er in Moira eine Hysterikerin sah, die versuchte, Männer für ihre Zwecke zu benutzen, konnte er auch sein dominierendes Verhalten ihr gegenüber rechtfertigen, denn das war ja die einzige Methode, mit ihr fertigzuwerden. Er konnte seine ganzen Probleme mit Frauen bei Moira abladen und mir warf er ständig vor, ich hätte Übertragungsprobleme mit Moira. Würdest du mir nicht zustimmen, daß sein ganzes Verhalten eine Art Abwehrmechanismus war? Wie viele Supervisoren schlüpfen einfach in die Therapeutenrolle und übernehmen den Fall des supervidierten Praktikanten, sobald dieser die Klinik verläßt? Mir erscheint das alles sehr verdächtig.«

»Moment mal«, unterbrach Marcuse mich. »Das ist sehr wichtig. Laß uns das Ganze noch einmal durchgehen. Ich muß wissen, wann genau alles passiert ist. Versuche, dich an die Daten zu erinnern.«

Wir wiederholten die Einzelheiten noch einmal. Dabei schien Marcuse sich besonders dafür zu interessieren, daß Mardoff Frauen generell als Wesen betrachtete, denen man nicht trauen konnte. Ich wiederholte noch einmal seine Worte: »Man darf ihnen nicht trauen.«

In diesem Augenblick schien Marcuse deutlich unter Schock zu stehen.

»Was zum Teufel ist los mit dir?« fragte ich.

Sein Gesicht war aschfahl, als er mir antwortete: »Seine Frau hat sich genau an dem Tag umgebracht, als Moira verschwand.«

Marcuse machte eine Pause, um sich zu beruhigen.

Dann fuhr er fort: »Allmählich wird mir alles klar. Zunächst hat Mardoff alles unternommen, um den Selbstmord seiner Frau zu verheimlichen. Aber seine Störungen wurden immer auffallender. Wahrscheinlich hatte er noch andere Verhältnisse mit Frauen, nicht nur mit Moira. Irgend jemand hat ihn einmal vor sich hinmurmeln gehört, daß er seine Praktikanten vor seinen gefährlichen weiblichen Patientinnen schützen müsse. Er war völlig besessen von diesem Gedanken.«

Marcuse schaute mich traurig an. »Ich versuche jetzt nicht, sein Verhalten zu rechtfertigen. Morias Verschwinden und der Tod seiner Frau waren schlimme Schläge. Mardoff hatte seine Frau gehaßt. Er hatte sie aus einer Abhängigkeit heraus geheiratet und aus dem Bedürfnis, sie zu beherrschen. Ich möchte mich jetzt nicht über Mardoffs neurotische Züge auslassen, aber sie haben eine Menge mit seiner besitzergreifenden Mutter zu tun, die er verabscheut hat.«

»Moment mal«, unterbrach ich ihn. »Was ist mit Mardoffs neurotischen Problemen? Woher weißt du so viel über seine Beziehung zu seiner Frau?«

»Weil seine Frau eine Analyse bei mir gemacht hat.«

Ich war überrascht. Dann mußte Marcuse ja eine Menge mehr über die ganze Sache wissen, als ich bisher angenommen hatte.

Er fuhr fort: »Mardoff übertrug seine Probleme mit seiner Mutter auf seine Frau. Er wurde abhängig von seiner Frau, und sie verstärkte das, indem sie ihm immer wieder vorhielt, was sie alles für ihn getan habe. Unter anderem hat sie ihn durch seine Ausbildung gebracht, und dafür erwartete sie verständlicherweise seinen Dank.«

Marcuse holte tief Luft und fuhr fort: »Da er seine Frau genauso haßte wie seine Mutter, flüchtete Mardoff sich in Verhältnisse zu anderen Frauen, worüber er mit seiner eigenen Frau erbittert stritt. Mardoff war eigentlich ein sehr schwacher Mann, der Frauen brauchte, die sich um ihn kümmerten. Aber seine gestörte Beziehung zu seiner Mutter verhinderte ein normales, erwachsenes Verhältnis zu einer Frau, bei dem beide Partner gleichberechtigt sind.

Statt dessen suchte er sich in seinem verzweifelten Hunger nach Liebe Frauen, die ihn bewunderten und über die er die volle Gewalt hatte.«

»Und eine davon war seine Patientin«, schloß ich erschüttert.

Marcuse nickte. »Unglücklicherweise ja. Aber«, fuhr er fort und offenbarte eine wichtige Wahrheit, »Menschen wie Mardoff sind Opfer ihrer mißratenen Kindheit und fühlen sich hilflos, verletzbar und ungeliebt. Ich glaube, daß er bei seinen Beziehungen zu Frauen unbewußt versucht hat, die Macht zurückzuerlangen, die er an seine Mutter abtreten mußte. Als er immer neue Frauen suchte, wehrte sich seine Ehefrau natürlich. Er reagierte darauf, indem er in ihr die mächtige, dominierende Mutter sah, die er haßte, aber brauchte. Der Bastard schleuderte seiner Frau seine Ehebrüche ins Gesicht. Sie war ziemlich stark, aber seine Affäre mit Moira setzte ihr sehr zu, und sie zerbrach daran.«

»Mir wird gerade klar, daß du einen Vertrauensbruch begehst«, stellte ich fest. »Warum tust du das?«

Er sah mich ernst und fast ein bißchen liebevoll an. »Weil du unter dieser Geschichte verdammt leidest. Du machst dir zu viele Vorwürfe, schuld an Moiras Tod zu sein. Mardoffs Frau ist tot, und Moira ist tot. Keine von den beiden braucht mehr zu leiden. Aus allem, was du mir erzählt hast, schließe ich, daß Mardoff dich in seinem Spiel mit den Frauen benutzt hat. Er hat sich Moira ausgesucht, um seine Konflikte auszutragen. Als sie stark genug wurde und ihn zu verlassen drohte, mußte er verhindern, daß sie ging, denn dazu brauchte er sie zu sehr.«

»Aber ich dachte, er wollte seine Frau loswerden.«

»Das ist die klassische Doppelbindung. Er hatte den Wunsch, seine Frau, seine Mutter und andere Menschen loszuwerden, nachdem er sie völlig geschwächt hatte. Auf diese Weise hat er sich unbewußt gerächt und die Macht von seiner Mutter, die ihn so unterdrückt hat, zurückbekommen. Aber er kann Frauen wie Moira, die ihn anhimmeln und ihn brauchen, nicht loslassen. Also muß er sie gleichzeitig behalten und loswerden. Bis du mir vor ein paar Minuten das Dreieck mit Moira und Mardoff beschrieben hast, habe ich nicht verstanden, was passiert ist. Jetzt sehe ich ganz klar.«

Ich holte tief Luft. »Willst du damit andeuten, daß Mardoff seine Frau und Moira in den Selbstmord getrieben hat?«

»Sagen wir lieber so: Dieser entsetzliche Zwiespalt — zugleich gebraucht und gehaßt zu werde — hat ihnen alle Motivation zum Leben genommen.«

Ich atmete langsam aus. Vor meinem inneren Auge sah ich wieder die Schneeflocken, die am Tag von Moiras Selbstmord vom Himmel gefallen waren. Plötzlich konnte ich nicht mehr davonlaufen, mich nicht länger verstecken. Ich brach in Tränen aus. Der Schmerz über Moiras Tod übermannte mich. Alle drei hatten wir eine Vergangenheit hinter uns, wo Selbsterniedrigungen notwendig waren, um in unseren Familien zu überleben. Jetzt erkannte ich ganz deutlich unsere Rollen in dieser Tragödie: Moira hatte die Rolle der Märtyrerin gewählt, die ihre menschlichen Bedürfnisse unterdrückt hatte, um die Angriffe ihrer Familie überstehen zu können. Mardoff hatte Moiras schwachen Vater gespielt und sich hinter einer Fassade aus Professionalität und Macht versteckt. Als er die Kontrolle über Moira und seine Frau verlor, mußte er sie symbolisch zerstören oder der Tatsache ins Gesicht sehen, daß er hilflos war. Das hätte seinen ohnehin großen Haß gegen sich selbst noch gesteigert. Ich selbst hatte als eine Art Verbündeter gedient und mich des drohenden Verlustes von Anerkennung entzogen, indem ich mich schließlich mit Mardoff zusammenschloß. Anerkennung zu verlieren bedeutete in meinem Fall den Verlust meiner Karriere. Und das hatte ich bei allen Risiken, die ich eingegangen war, sorgfältig vermieden. Marcuse sah mich mitleidig an. »Worüber denken Sie nach?«

»Ob wir je mehr als nur oberflächliche Dinge über einen anderen Menschen in Erfahrung bringen können?« fragte ich ratlos. »Wir, die wir doch ausgebildet und angeblich in der Lage sind, die menschliche Psyche zu durchschauen. Aber ganz tief in uns wissen wir, daß wir letztlich auch ohnmächtig sind. Oh Scheiße! Wir können uns nicht damit abfinden, daß wir sterben müssen. Wir können uns nicht mit unserer eigenen Bedeutungslosigkeit abfinden. Deshalb verdrehen wir die Wahrheit, um wenigstens ein kleines Stück Selbstachtung zu erlangen. Das schlimmste ist, daß ich immer noch das Gefühl habe, ich hätte Moira retten können.«

Marcuse rückte seinen Stuhl näher zu mir heran, packte mich mit beiden Armen und schüttelte mich heftig. »Stop!« schrie er. »Es ist vorbei! Wir müssen weiterleben. Was vergangen ist, ist vergangen, und wir werden es ohnehin nicht begreifen.«

»Vielleicht«, sagte ich, während wir aufstanden und uns zum Abschied umarmten. »Aber ich bin noch nicht bereit, alles aufzugeben.«

27

Abrechnung

In den nächsten Tagen beherrschte mich nur der Wunsch nach Rache. Der Gedanke an Mardoff ließ mir keine Ruhe. Ohne eine Hand oder eine Waffe zu erheben, hatte er Moira getötet, genauso als hätte er sie kaltblütig erschossen. Ich mußte etwas für sie und für all die anderen tun, die in Zukunft kommen und bei ihm Hilfe suchen würden. Aber was?

Meine gequälten Gedanken sprangen von einem Plan zum nächsten. Zunächst erwog ich, zur Polizei zu gehen, aber dann verwarf ich diese Idee. Niemand würde mir glauben, und selbst wenn, war sein Verbrechen so subtil, daß es sich jeder Bestrafung entzog. Als nächstes überlegte ich, mich an einen der anderen Supervisoren an der Klinik zu wenden, aber Mardoff war ihr Chef, und sie würden mir wahrscheinlich nicht glauben. Nein, alle üblichen Möglichkeiten, Gerechtigkeit zu erhalten, waren mir verschlossen.

Dennoch konnte ich die Sache nicht auf sich beruhen lassen. Als ich mich eines Nachts schlaflos hin und her wälzte, faßte ich einen Plan.

Es gab einen Weg. Ich setzte meinen Plan in die Wirklichkeit um und ging bei nächster Gelegenheit vor seiner Sprechstunde in Mardoffs Büro. Diesmal wartete ich nicht darauf, daß Gail mich anmeldete. Ich stürmte einfach ins Zimmer. Mardoff saß an seinem Schreibtisch. Er sah überrascht auf.

»Sie, Obler? Was wollen Sie denn diesmal?« Die Irritation in seiner Stimme war nicht zu überhören.

»Ich komme wegen Moira«, antwortete ich ruhig.

»Was ist mit ihr? Sie wissen doch, daß sie tot ist, oder?«

Die gleichgültige Art, mit der er über ihren Tod sprach, brachte mich fast um den Verstand. »Sie Bastard«, schrie ich. »Sie haben sie getötet!«

Er sprang auf. »Sie sollten lieber vorsichtig sein, Obler«, zischte er. »Es wäre mir unangenehm, wenn ich die Polizei rufen müßte, um sie gewaltsam entfernen zu lassen — oder schlimmer noch, dafür zu sorgen, daß Sie psychiatrische Hilfe erhalten.«

Ich starrte ihn wie hypnotisiert an. Der ganze Haß, den ich

ihm gegenüber verspürte, kam in mir hoch. »An Ihrer Stelle würde ich das nicht tun, Mardoff«, sagte ich mit leise drohendem Unterton.

»Nein?« meinte er verächtlich. »Warum nicht? Sie sind doch nicht etwa hergekommen, um mir mit Gefängnis oder so etwas zu drohen, oder?«

Ich schüttelte den Kopf. »Nein. Sie wissen genauso gut wie ich, daß ich das nicht könnte, auch wenn ich es sehr gern tun würde. Das, was Sie getan haben, entzieht sich aller Rechtsprechung.«

»Was dann?« fragte er kühl.

»Ich bin hergekommen, um Ihnen meine Pläne mitzuteilen.«

»Sehr interessant, Obler, aber beeilen Sie sich. Ich erwarte jeden Moment eine Patientin.«

»Es dauert nicht lange«, erwiderte ich. »Und ich bin der Meinung, daß Sie zuhören sollten.«

»Bestimmt.« Er lächelte überlegen.

»Ich habe beschlossen«, ich sah ihm in die Augen und genoß diesen Moment, »daß es nur eine Möglichkeit gibt, Moira zu rächen.«

»Und die wäre?«

»Ich werde Moiras Fall an die Öffentlichkeit bringen.«

»Das glaube ich nicht«, spottete Mardoff. »Sie haben doch gar keine Beweise.«

»Ich habe keine Beweise, die vor Gericht gegen Sie ausreichen würden«, stimmte ich zu. »Aber ich habe meine Notizen und Aufzeichnungen. Und es gibt noch andere, die die Wahrheit kennen.« Ich brach ab, ohne Marcuses Namen zu nennen.

»Und was genau beabsichtigen Sie?« fragte Marcuse kühl.

»Dies hier ist ein Auszug aus dem Artikel, den ich schreibe.« Ich warf ihn auf seinen Schreibtisch. »Es sind natürlich außer meinem keine Namen genannt, aber das dürfte reichen. Die Öffentlichkeit wird auch so wissen, um wen es hier geht. Sicher wird das ein Zuckerstückchen für die Presse.« Mardoffs Gesicht wurde weiß vor Zorn. »Ich glaube nicht, daß Ihr enormes Ego das ertragen kann«, fügte ich hinzu.

»Ich sollte Sie umbringen, Obler.«

»Dazu sind Sie viel zu feige, Mardoff«, antwortete ich.

»Was wollen Sie von mir?« fragte er langsam.

»Ich möchte, daß Sie Ihren Job aufgeben. So bald wie möglich«, erklärte ich.

»Und dann veröffentlichen Sie diesen Schrott nicht?«

»Nein.« Ich ging zur Tür. »Es ist das letzte, was ich für Moira tun kann.«

Ich ließ ihn einfach stehen.

Wenige Tage später rief Marcuse mich in meinem Büro in der Universität an. »Mardoff hat ganz unerwartet gekündigt«, erklärte er aufgeregt. »Es war eine totale Überraschung für uns alle. Hast du etwas damit zu tun?«

»Nein«, antwortete ich. »Es war sicher sein schlechtes Gewissen.« Ich legte auf, ging zum Fenster und schaute hinaus. Der Frühling machte sich allmählich bemerkbar. Junge Frauen und Männer spazierten Arm in Arm unter knospenden Ahornbäumen. Wie schön dieser Anblick war. Ein kurzes Gefühl der Traurigkeit überfiel mich. Moira würde den Frühling nie wieder sehen, überlegte ich, während ich meine Sachen zusammensuchte und in den warmen Tag hinausging. Aber zumindest war sie nun gerächt. Endlich hatte sie die Gerechtigkeit bekommen, die sie verdiente.

Nachwort

Niemand kümmerte sich um Moiras Grab auf Long Island. Mit der Zeit wurde es von herumfliegendem Müll und Unrat bedeckt, den ich oft wegräumte, damit der Stein mit ihrem Namen und ihrem Geburtsdatum sichtbar blieb.

Moiras Bruder war in den Straßen von Bensonhurst aufgegriffen worden, wo er immer wieder vor sich hinmurmelte, Dämonen hätten seine Familie heimgesucht, was tatsächlich der Wahrheit entsprach. Er wurde in eine geschlossene Anstalt eingewiesen. Moiras Mann heiratete erneut und zog nach Westchester County. Ihre Mutter und ihre Schwester blieben zusammen und lebten hauptsächlich von Sozialhilfe. Ihr Vater trank noch mehr als vorher und endete in einem Sozialheim des Police Departments. Sein Alkoholkonsum führte zu erheblichem Gedächtnisverlust. Wilson mußte wegen mangelnder Zuschüsse schließen. Dolly fand eine neue leitende Position in einer ähnlichen Institution. Chuck Hanson arbeitet in einer Klinik und hilft weiterhin, so viel er kann. Babcock trat regelmäßig in Talkshows auf, bis die Öffentlichkeit das Interesse an ihm verlor. Er arbeitet heute für den Staat. Robert Lowe Harris, wegen dem ich mich ursprünglich in Wilson beworben hatte, wurde ein vielbeachteter Spezialist auf dem Gebiet der Familientherapie und eröffnete eine eigene Praxis. Mashipian wurde Verwaltungsleiter in einem Kinderheim.

Hermit übernahm die Verantwortung für seine Familie. Er

zwang seine Mutter zu einer Entziehungskur, heiratete und bekam einen Job in der Stadtteilverwaltung von Harlem. Angel wurde zu einem Psychopathen. Er gilt bei den Ordnungskräften im West Village als skrupellos und belästigt Straßenkinder und Homosexuelle. Mehrere Haftstrafen und Versuche, seine Drogenprobleme in den Griff zu bekommen, verliefen erfolglos.

Von den neun Kindern, die ich in Wilson betreut hatte, wurden leider sieben kriminell und begingen Drogen- oder vergleichbare Delikte. Jasslow wurde in eine Klinik für geistig Behinderte eingeliefert. Die Ärzte dort baten mich um einen Bericht über meine Arbeit mit ihm. Er wurde später als schizophren eingestuft.

Gail gab ihren Arbeitsplatz auf. Sie lebt heute von Sozialhilfe und einer Rente und genießt ihr ruhiges Leben.

Mardoff, einst einer der wichtigsten Persönlichkeiten innerhalb psychoanalytischer Kreise, ging kurz nach unserem Zusammenstoß in Rente.

Die Klinik, in der ich Moira behandelt hatte, erfüllt heute noch dieselbe Funktion wie damals. Marcuse arbeitet immer noch dort.

Einige der Patienten aus meiner Therapiegruppe haben ihre Analyse in meiner Privatpraxis beendet, zwei von ihnen sind selbst erfolgreiche Psychotherapeuten geworden.

Innerhalb von vier Jahren schloß ich meine Dissertation ab. Mir wurde der Doktortitel verliehen, ich lehrte Psychologie am Brooklyn College und baute mir eine gutgehende Privatpraxis auf.

Meine unglückliche Ehe mit meiner ersten Frau zerbrach, wir sind inzwischen geschieden. Später traf und heiratete ich die Frau, mit der ich eine lange und glückliche Beziehung führe. Während meiner zweiten Ehe habe ich ein sehr intensives Verhältnis zu meinem Sohn und meiner Tochter aus meiner ersten Ehe entwickeln können. Mit meiner jetzigen

Frau habe ich zwei Kinder adoptiert, eins aus Südamerika, das andere aus der Karibik. Ich führe ein zufriedenes Leben. Vieles daran verdanke ich der Bereitschaft meiner Patienten, meine Bemühungen um ihre und meine Heilung zu unterstützen. Diese Bemühungen halfen mir, zu dem Wissenschaftler und Therapeuten zu werden, der ich heute bin.

Ich schreibe das alles ohne allzu große Bescheidenheit. Ich bin stolz auf das, was ich erreicht habe. Harte Arbeit und Durchhaltevermögen haben mir zu Wissen und Erfahrung verholfen. Viele Menschen, die ich kennengelernt habe, haben zu dem beigetragen, was ich heute bin. An erster Stelle steht jedoch Moira, die mir beibrachte, ein aufrichtiger Mensch zu sein.

Band 61302

Sarah Aziz
Ich leb' nicht mehr in eurer Welt

Mit 16 Jahren wird Sarah von ihrer jordanischen Familie an ihren Cousin Samir verheiratet. Sie ist in Deutschland aufgewachsen und bringt es nicht über sich, ihrem Mann wie einem »kleinen Gott« zu dienen und seine Befehle und Mißhandlungen widerspruchslos hinzunehmen, wie ihre traditionsbewußte Familie dies verlangt. Die Ehe wird für sie zur Hölle.
Bei Frank, einem jungen Deutschen, findet sie zum ersten Mal Liebe, Verständnis und Unterstützung. Als sie Samirs Terror nicht mehr erträgt, flieht sie mit ihrem kleinen Sohn Farid. Sie muß damit rechnen, daß ihre Angehörigen versuchen werden, sich für die Schande, die sie durch ihr Verhalten über die Familie gebracht hat, zu rächen. Deshalb verwischt sie alle Spuren und versteckt sich. Schließlich wird sie doch gefunden: von der Kriminalpolizei, denn Samir ist ermordet worden.

Band 61293

Béatrice Saubin
Dieser Hunger nach Leben

1959 in einem kleinen französischen Provinznest geboren, von der Mutter abgeschoben, von der Großmutter eingeengt, spürt Béatrice den Drang, aus dieser Welt auszubrechen. Ihre abenteuerlichen Reisen durch Asien enden, als sie zwanzig Jahre alt ist und zum Werkzeug professioneller Drogenschmuggler wurde, vor Gericht. Das Urteil: Tod durch Erhängen.
Zehn Jahre verbringt Béatrice unschuldig in den Gefängnissen Malaysias. Diese zehn Jahre kann ihr niemand zurückgeben – verloren sind sie dennoch nicht. Denn Béatrice fand die Freiheit dort, wo sie sie am wenigsten vermutete...